2014年北京国际武术交流大会混元太极总会荣获团体第一名、武术贡献奖。

混元太极总会百余人参加2014年第三届武术文化交流大会,荣获各类奖牌269枚、其中金牌183枚。

2013年9月作者受邀为国际功夫联合会第一届功夫技击培训班武术指导。

2013年9月作者接受全球电视台、全球功夫网、全球创业网媒体采访。

1990年作者在少林武术学校为弟子示范少林童子功——倒立。

作者带领众弟子习练混元太极禅修坐功。

2009年作者与北京中医药大学宋天彬教授在全国中医养生交流大会共同探讨混元太极。

2013年5月作者受邀在北京体育大学《武学讲坛》传授混元太极。

2013年11月作者在国际功夫联合会第一期混元太极培训班开学典礼致开幕词。

国际功夫联合会第一期混元太极教练员、裁判员培训班。

国际功夫联合会第一期混元太极教练员、裁判员培训班全体师生合影留念。

延龙入道内经系列丛书

混元太极拳功法学

释延龙 著

人民体育出版社

武　德

　　武德育良师，苦恒出高手，习武为健身，以德来养性。一名真正的武林高手，必须具备高尚的道德品质，遵纪守法、尊师敬业、勤学研练、武禅兼修、德才兼备，以继承和发扬中华传统武学文化为己任，弘扬民族精神，为祖国奉献，为人民造福。做有理想、有道德、有文化、有纪律、有觉悟、有智慧、有才能、有爱心的新一代武术人才。

释延龙
1991 年 9 月于少林

前 言

太极拳扎根于中华传统文化的深厚土壤，在中华文明的历史长河中，历经千年演化、发展和传承，是中华武学文化之瑰宝。内家拳术指出："若要练好太极拳，首先要练好丹田混元气（丹田内气）。"这是衡量一个武术家功底的重要标志。"练武不练功，到老一场空。"练拳者如果不修炼内功，就好似大树没有根，拳打得再漂亮，也是天天在消耗体力，随着年龄的增长将会力不从心。所以拳家指出："武术（套路）是内功的基础，内功是武术（套路）的命根。"习练混元太极从内功入手，修炼精（形）、气、神，要求"以内为主，内外兼修"，"形神相合，禅武一体"，由太极功入手修炼太极拳直走太极道。

人本血肉之躯，在修炼中必须整体强化精、气、神的功能。古人曰："人之生也，安而不病，壮而不老，生而不死，何道可至如此？"自古以来，有许多老人去世时没有疾病，俗称无疾而终。有人曾问，没有病为什么会死呢？这是因为体内的混元气消耗完了。人体实为两个系统，外形的身躯与四肢（包括皮肉筋脉骨、五脏六腑）是第一系统，而精、气、神则为第二系统。社会上一般性的锻炼皆属于练第一系统。但第一系统是有限的，其可比一盏油灯，即使没有风吹雨打等外来因素，灯内的油耗尽了同样会熄灭。所以，我们要想长寿，只是不生病还不行，必须对第二系统进行开发（习练内功），修炼自身的精、气、神，学会收虚空大自然更多的混元气（能量）为己所用，达到炼炁入骨，敛炁入脏，不断地给"灯"内加油（混元气），才能内气充足，鹤发童颜。

混元太极有九套主要拳法、六套主要桩法，从拳法（套路）到桩法（内功），动作千变万化，层次井然，拳功一体，理法圆融，是一个循序渐进、科学完整的锻炼体系。《混元太极拳功法学》是在《混元太极拳入门》《混元太极拳健身养生学》《混元太极拳拳学》的基础上，进一步诠释混元太极之精髓。本书是混元太极习练者习武（修道）的必修课程。

混元太极的习练对象是人自身精气神三者合一的整体，所以本系列书籍中的拳法、桩法，都是围绕精气神三方面为核心展开阐述的。本书的第一部分（第一章）详细论述了混元太极的"调身、调息、调心"之心法。其在理法上各有侧重，在实践中相互为用。修炼者在习练混元太极各套路、桩法的过程中要做到调身、调息、调心三者合一，特别是注重调整心态，时刻保持心平气和；在日常生活中，也要保持一贯，行住坐卧，不离"这个"。

第二部分（第二章）阐述的混元太极十大理论是在传统太极理论的基础上借鉴了"儒、释、道"之经典，分述拳论、精论、气论、神论……道论。习练混元太极，除了每日行拳走架、活桩习练和揉手听劲之外，更是要把修炼生活化，做到行住坐卧，无时不悟，无刻不禅，无处不拳。混元太极内功心法有效地破解了人体生命奥秘，当套路、桩法习练到深层次后，身体内部会发生质的变化，产生一种无形的能量（体内能量由量变到质变）。修炼者必须先明其理、循其道，才能功到自然成。

第三部分详细介绍了六十四式混元太极拳的"动作详解、攻防含义、康复养生"和敛气入脏五元桩的"动作详解、意境指导、内涵解说"以及拳法、桩法的内功心法……混元太极不仅是一门武学，更是一门人体生命科学，需要习练者细心体悟，方能成就太极大道。

本书在编撰的过程中得到了李兴丽、胡亭琨、孟森、张明强、莫海军、陈海涛、许文、楼高正、Montanaro Sandra、Marsilio Giuseppe等同仁的大力支持和帮助，在此表示衷心感谢！不足之处，深望同仁和健身爱好者予以批评、指正。愿此书的出版能为国家和人民的体育、健身、养生事业做出微薄的贡献。

释延龙

2014年10月

目 录

第一章 混元太极拳功法学综述 ……………………………… （1）

第一节 调身是练好混元太极拳的基础 ………………… （1）
一、调身的含义 ……………………………………… （2）
二、习练混元太极拳对身形各部的要求 …………… （2）
三、习练混元太极拳静功的体式要求 ……………… (12)
四、调整身形 益寿延年 …………………………… (16)

第二节 调息是练好混元太极拳的关键 ………………… (19)
一、调息的含义 ……………………………………… (19)
二、呼吸的种类 ……………………………………… (21)
三、混元太极拳整体习练调息（胎息）法 ………… (25)

第三节 调心是练好混元太极拳的根本 ………………… (37)
一、调心的含义 ……………………………………… (38)
二、混元太极拳借鉴佛道儒三家"调心"心法 …… (40)
三、练混元太极拳须性命双修（调心与调身的关系） (42)
四、练混元太极拳须体悟"六妙法门"（静坐禅修入大道） …… (44)

第二章 混元太极拳十大理论 ………………………………… (52)

第一节 混元太极拳的十大理论名称 …………………… (52)
第二节 混元太极拳的十大理论详解 …………………… (52)
一、拳之论 …………………………………………… (52)
二、精之论 …………………………………………… (56)
三、气之论 …………………………………………… (58)
四、神之论 …………………………………………… (61)
五、心之论 …………………………………………… (63)

六、意之论 …………………………………………………… (66)
　　七、理之论 …………………………………………………… (68)
　　八、情之论 …………………………………………………… (72)
　　九、招之论 …………………………………………………… (76)
　　十、道之论 …………………………………………………… (81)

第三章　六十四式混元太极拳义解 ……………………………… (88)

　第一节　六十四式混元太极拳综述 ………………………… (88)
　　一、"炼精化炁"养身心 ……………………………………… (88)
　　二、"炼炁化神"走虚灵 ……………………………………… (89)
　　三、"炼神还虚"入大道 ……………………………………… (90)
　第二节　六十四式混元太极拳拳谱与动作名称 …………… (91)
　第三节　六十四式混元太极拳动作详解 …………………… (93)
　第四节　六十四式混元太极拳口令词 ……………………… (219)

第四章　敛气入脏五元桩义解 …………………………………… (230)

　第一节　敛气入脏五元桩综述 ……………………………… (230)
　　一、习练本桩法增补人体混元气 …………………………… (230)
　　二、简述敛炁入脏五元桩之内功心法 ……………………… (232)
　　三、简述修炼混元太极拳由量变到质变的练功效应 ……… (233)
　第二节　敛气入脏五元桩功谱及动作名称 ………………… (235)
　第三节　敛气入脏五元桩解述 ……………………………… (235)
　第四节　敛炁入脏五元桩口令词 …………………………… (338)

附　录 ………………………………………………………………… (347)

　　一、太极拳解 ………………………………………………… (347)
　　二、混元太极拳解 …………………………………………… (347)
　　三、人身太极解 ……………………………………………… (349)
　　四、十三势行功心解 ………………………………………… (350)
　　五、十三势行功要解 ………………………………………… (351)
　　六、八五十三势长拳解 ……………………………………… (351)

七、太极体用解 …………………………………… (352)

八、太极文武解 …………………………………… (352)

九、太极懂劲解 …………………………………… (353)

十、太极阴阳颠倒解 ……………………………… (353)

十一、太极分文武三乘解 ………………………… (354)

十二、太极下乘武事解 …………………………… (354)

十三、太极正功解 ………………………………… (354)

十四、太极轻重浮沉解 …………………………… (355)

十五、太极四隅解 ………………………………… (355)

十六、太极平准腰顶解 …………………………… (356)

十七、太极血气根本解 …………………………… (356)

十八、太极力气解 ………………………………… (356)

十九、太极尺寸分毫解 …………………………… (357)

二十、太极膜脉筋穴解 …………………………… (357)

二十一、太极补泻气力解 ………………………… (357)

二十二、太极字字解 ……………………………… (358)

二十三、太极指掌捶手解 ………………………… (357)

二十四、太极节拿抓闭尺寸分毫解 ……………… (359)

二十五、太极十三字行功诀 ……………………… (359)

二十六、太极十三字用功诀 ……………………… (360)

二十七、太极八字法诀 …………………………… (360)

二十八、太极虚实诀 ……………………………… (360)

二十九、太极乱环诀 ……………………………… (360)

三十、太极阴阳诀 ………………………………… (361)

三十一、太极三环九转诀 ………………………… (361)

三十二、太极十八在诀 …………………………… (361)

三十三、太极五字经诀 …………………………… (361)

三十四、太极轻重分胜负五字诀 ………………… (362)

三十五、混元太极全体大用诀 …………………… (362)

三十六、混元太极套路运用法诀 ………………… (363)

三十七、太极运用周身经脉诀 …………………… (364)

三十八、太极指明法 …………………………………… (365)
三十九、太极审敌法 …………………………………… (365)
四十、太极行功说 ……………………………………… (366)
四十一、太极行功歌 …………………………………… (367)
四十二、积气开关说 …………………………………… (367)
四十三、太极丹功要术 ………………………………… (368)

后　记 ……………………………………………………… (369)

第一章　混元太极拳功法学综述

混元太极拳是在中国传统文化"混元"理论学说的基础上，圆融佛学、道学、儒学、武学、医学、哲学及现代科学等诸家文化思想，并汲取了古今多家拳法之精、功法之髓、习练之诀，经过深入挖掘、系统整理及多年实践编创而成的。因为混元太极拳的练习对象是"人"自身之精（形）、气、神三者合一的混元整体，所以其系列桩法、套路，都是围绕精（形）、气、神三方面为核心展开的，就是练精（形）、练气、练神，即先贤所谓的调身（形）、调息（气）、调心（神）。但它不能简单地理解为单纯的精（形）、气、神锻炼，而应该是：调身，以身形的要求为侧重，调息、调心贯穿于其中，从而强化身形的功能；调息，以气息的练习为侧重，如呼吸、气的开合升降，调身、调心贯穿于其中，身形、心神服从于气息；调心，以心性的修炼及神意的锻炼为侧重，身形、气息服从于心神。故调身、调息、调心在理法上虽各有侧重，但在实践中是相互为用的。

混元太极拳"调身、调息、调心"的整体理法是笔者在师传功夫、理论的基础上，结合自己几十年研练禅法、武学的结晶。本章按三部分（调身是练好混元太极拳的基础；调息是练好混元太极拳的关键；调心是练好混元太极拳的根本）阐述，供混元太极拳爱好者学习参考。

第一节　调身是练好混元太极拳的基础

混元太极拳不仅具有一定的技击性，更具有良好的养生保健、增强体质、延年益寿、开发潜能之功效。在练习的过程中，身体各部分姿势须符合人体生理规律，特别对于初学者来说，必须力求动作姿势正确规范，先求"形似"，配合好呼吸，然后向"神似"下功夫，使功夫水平一层层提高，这是练好混元太极拳的基础，也是入门练习的重点。本节所述调身内容，着重于人的形体方面，习练者应克服许多后天形成的、不利于气血流通的错误姿势，建立起合乎习武（修道）要求的体势，从而使人的身形趋于完美。

一、调身的含义

从字义上讲，调是调整，身指身形。调身是指对身形进行调整，使之符合练功量度的要求，又称为身形合度。这里说的身形，不仅限于人体外形的躯干、四肢，内至五脏六腑，外而四肢百骸，筋、膜、骨、血、肉等人体有形之精，都属于形的范畴。混元太极理论中所谓调整身形，主要是指皮、肉、筋、脉、骨之间的相对运动。无论是拳法、桩法，还是坐功、卧功，都有一个调整身形的问题。例如，站桩、静坐以及卧功，都要放松形体，在放松过程中，各部关节、肌肉、腱、膜、筋等都需调整，所以调整身形并非单指动功。

习练混元太极为何重视调整身形呢？这是因为形神是不可分割的统一整体。古人把人的精神与人的肉体看作一个整体，认为人是精气神（也称形气神）三者的统一体，并以之考察人的生命活动。《淮南子·原道训》中有："夫形者，生之舍也。气者，生之充也。神者，生之制也。一失位则三者伤矣，是故圣人使人各处其位，守其职，而不得相干也。故夫形者，非其所安也而处之，则废；气不当其所充而用之，则泄；神非其所宜而行之，则昧。此三者，不可不慎守也。"就是说，形体（精）是人生命活动的基础；神是人生命活动的主宰；气是人生命活动的特殊物质，它充斥周身，把形和神结合成一个统一体。要保持人的身心健康，三者必须保持平衡。

二、习练混元太极拳对身形各部的要求

太极之道即中庸之道，不偏不倚，无过而无不及。混元太极拳修炼者无论是在习练桩法（包括定桩和活桩），还是行拳走架、揉手（推手）中都要中正不偏，一气相存。混元太极拳各桩法、拳法都需依此而行。比如练活桩时，动的部分要结合动势体现，而不动的部分则需保持身形的正确姿

势。由于错误的姿势会导致气脉阻碍，因此当习练者出现一些病理现象时，切不可皆归结为练功反应，应首先检查自己的身形是否合度，若有不合则需要纠正，其次修炼者处处都要注意保持平和的心态，否则，症状是难以靠调理来解决的。

1. 头颈部要求

要求做到"虚灵顶劲"。虚是空松，灵是通明，顶是上引，劲是力量。总的要求是头颅中正，颈直，显得很精神。经络和顺，气血通畅，练起功来感到轻松、舒适（图 1-1）。

头为至高清虚之地，脑在其中，《黄帝内经·灵枢·海论篇》中说："脑为髓之海，髓海有余，则轻劲多力，自过其度；髓海不足，则脑转耳鸣，胫酸眩晕，目无所见，懈怠安卧。"又"脑为元神之府"。故头正，顶虚悬，不仅是周身中正之关键，而且能诱导气机上升以养脑营神，增强神主宰全身活动的机能，而呈现精神抖擞。

（1）头部

以前拳论中有提顶、吊顶、头顶悬之说，习练混元太极要求做到虚灵顶劲。虚灵顶劲应注意以下三点：

①喉头回收，下颌回收找喉头，喉头向后、向上找玉枕，玉枕向上找百会，百会上领（注意：喉头回收为重点，收喉头不是向后挤，而是喉头向后拉，若只收下颌，则上来的气只是头上的气，而喉头一收，往上一提，就把丹田气提起来了。百会上领，应将意念注于百会上方，百会上提的同时，注意展眉落腮）。

图 1-1

②鼻尖向下找会阴，会阴后兜沿脊柱上提到百会，百会虚悬（注意：绕会阴上行时，意念兜着会阴沿脊柱内侧向上）。

③两眉间印堂穴回收到脑中心（上丹田），脑中心上提到百会，百会上领（说明：若头后仰，督脉气升不起来，易导致颈项部发紧发木；若下颌

上翘，任脉气下降受阻，可导致头晕、高血压等；顶若失悬则精神易萎靡，身体难以达到平衡的要求，会出现前俯、后仰、左右倾斜。上述之症解决办法均应从头中正、虚灵求之）。

(2) 眼睛

古练功家认为"目为心之先锋"，"其机在目"，且"五脏六腑之精皆上注于目"。

①存心凝神：这是集中精神的重要手段。《性命圭旨》中说："夫行气用眼者何也？昔施肩吾曰：气是添年药，心为使气神，能知使气者，便是得道人。昔人谓：目之所至，心亦至焉，心之所至，气亦至焉。"这是因为，眼睛是阴跷脉、阳跷脉二脉交会之所，是卫气内外出入必由之路。故练功家均重视目之调摄，要求练拳时重技者应怒目扬眉，使卫气散于外而强筋壮骨以迎敌；而养生者则目似垂帘，含光默默，使卫气和敛于中，充养五脏以长寿。

②闭目垂帘：中医认为"目为肝之窍"，魂由之出入，故闭目是安魂寄魄的重要方法。所以闭目垂帘是收摄凝练神光的重要方法，练桩法时多用此法。用意念把目光从大自然中收敛回来，在眼里意念和目光相合，两眼轻轻闭合或垂帘后均可感到尚有一线光芒在眼里，这就是神光。经过锻炼后神光可以有治疗疾病、清除杂念等作用。

③锻炼神光：在练功中有守上丹田者，可将神光寄于上；有守下丹田者，可将神光寄于下。寄上者古称"面南观北斗"，是收视返听之良法；寄下者古称"神光下照元海"，是益气添精之妙术。此即《庄子》所说的"以神遇而不以目视"。目视（包括闭目观看）之意守，守上则眼珠上翻视顶门；守下则眼珠下转视关元、气海。因为都是以形动而运用目光，故实为意与形合，意随形动，故守上守下气机变化与效果均不相同。神光意守是"光随神动"，神气相随，所动之气连及先天（混元气），故如此守法对身体均无害。

长期锻炼神光还是治疗眼疾之妙法。当目视前方天地交接处后，目光不再回收而是瞠目凝神，全神贯注地平视远方，而且不要眨眼，圆睁两三分钟后，会有眼泪等分泌物流出，不要管它。如此长期坚持习练不仅可以预防治疗近视、远视、白内障、青光眼、视网膜病等多种眼病，而且身体内在的某些疾病亦可得到康复。

习练混元太极拳，一般要求眼睛要有神，正前平视，随出手的方向，随动作要求转动而转动，跟动作协调起来。眼睛是心灵的窗户，炯炯有神的眼睛，具有深沉莫测的威力。体弱的人、眩晕病人或极度神经衰弱者，如果用眼随手运的练法有时会感到头晕不适，此时可以将动作放慢（形神相合），这样练对体内气血变化的感觉比较明显。初学者将动作放慢也有助于记忆和动作细节的体验，并能促使精神内敛。

混元太极桩法的习练，要求闭目垂帘，含光默默，做到眼睑下垂，仅留一线光线或完全闭合，眼球在内保持平视位置，目光回收，将内收之目光集中到练功部位。

混元太极揉手的上乘功夫要求两眼轻闭，精神集中，全凭心意用功夫。

(3) 口腔

①要求唇齿似闭非闭，似开非开。练拳时（除发音外），五官七窍、面部肌肉都要放松，嘴唇既不可紧闭，又不宜大张，应根据自身情况轻轻自然闭合或微微张开。练桩法时（除发音外），则上下唇轻闭。

②上下门齿似接非接，两侧臼齿似咬物状。牙齿不可咬紧，应稍微离开，保持休息状态的自然咬合间隙，这样咀嚼肌能适当放松，有助于唾液分泌。

③舌自然平放或舌尖轻抵上腭。如果舌尖抵上腭，其位置应是普通话读"二"字音时舌尖自然向上轻顶之处，这样有利于唾液排出。初练者可抵在上门齿根与齿龈交界处。

④有唾液时应随时咽下。根据近年来国内外研究结果，唾液中不仅有唾液淀粉酶，而且有脂酶、氧化酶、过氧化酶、过氧化氢酶、精氨酸酶、脱水酶等。唾液中的蛋白酶和辅酶能与食物发生聚合作用，有助于消化及提高食欲。唾液中还含有免疫球蛋白，它具有抗感染、防癌和增强体质的作用。

唇齿相合、舌抵内龈交（上门齿根与齿龈交界处），此接通之气属皮表膜络的范畴；舌抵上腭（软硬腭交界处）则是为了接通任督二脉的运行，使任督二脉之气环流。初练者舌抵内龈交，待督脉气充足后，难以下降会出现眉间跳动感，影响入静，这时把舌尖后移，其气自下，眉间跳动自除。督脉真气充足时，可化成气液，从软硬腭交界处涌下，通常多是当中一穴开，有时可三穴（两旁0.3厘米处）同时开，涌出之气液清香甘如蜜，但不黏滞，此属任督通，气凝为液之征验。一般的习练者不呈现此象，而是口腔唾液增多，状如清水。遇此，切勿张口吐出，而要轻轻回收喉头，头微后仰，待清液满口时，将液推向咽喉，有如气呛之感，而后轻轻送下，似入肺中而实未入肺（仅有少许津液入肺），以意送至肚脐之深部。

另外，也可以舌抵下腭。因为舌下有两个金津玉液穴，它们是通肾的。舌抵下腭，用舌头往下一压，搅一搅唾液就会出得多些。津液不足的人、肾阴比较亏损的人可舌抵下腭，让舌头在底下转一转，有了津液咽下去，再舌抵上腭。

(4) 颈项部

颈项，既要端正竖直，又要放松，不僵硬，这样左右转动方能自然、灵活。竖直是指颈项不前塌也不后倾，颈项后倾必然会导致头后仰，这样会使背部的气难以上行，时间长了有可能引起高血压；放松是指颈项不要僵硬。要做好颈项的这个要领需要与头部的要求相配合，通过顶头悬来实现，即下颌、喉头回收向后找玉枕，玉枕上提到百会，百会向上虚悬。用百会把头部和颈项部领起来，以做到颈项部的既竖直又放松。虚领顶劲要做到"起而不过"，顶劲太过，颈项会连带地僵硬起来；顶劲不起，颈项则会连带地软塌下去。练拳时，颈项还要随眼而动，即眼神向何处转动，颈项也要随着向何处转动。

十三势歌指出："满身轻利顶头悬。"这是前人多年练功的经验总结。在习练时提起精神不用特意领顶，头颈姿势就能做得正确，能练到这种程度，才算做到"虚领顶劲"。这与骑自行车熟练后，用不着注意脚蹬或手驾驶，自然能够做好周身动作协调的道理是一致的。在混元太极习练中，首先要做到"虚领顶劲"，进而做到"虚灵顶劲"。

2. 胸背部要求

要求做到"含胸拔背、开胸落膀"。对胸部的要求是放松内含，使胸部解除紧张与压力；对背的要求是背与脊柱上拔伸直，克服脊柱的过度弯曲。前人说："含胸者，胸略内涵，使气沉于丹田。胸忌挺出，挺出则气拥胸际，上重下轻，脚跟易于浮起。拔背者，气贴于背。能含胸则自能拔背，能拔背则能力由脊发，所向无敌也。"（图1-2）。

图1-2

(1) 含胸与开胸相结合

含胸指胸前天突穴与两乳头之间的三角地带微微内含。其做法是深吸一口气，先挺起胸，同时两肩向上、后、下、前划圆，而后慢慢地呼气，胸部放松下落。若含胸不够（挺胸），会使气沿肾经、任脉上升，气血充于头面，易招致高血压；含胸过度可能会带来胸部憋闷、两肋闷疼、心口疼、喘不过气等现象。为使含胸合度，相应地要与开胸相结合，这样才能有效地避免因含胸不当造成的弊病。开胸的方法是吸气后使胸向两侧外开，用两个腋窝、两肩头向外上方一拉，把胸廓拉向两侧，然后自然放松即可。

(2) 拔背与落膀相结合

拔背的做法是百会上领，大椎带动颈、胸椎上拔，腰与骶椎尾闾下沉，尽量把脊柱抻直。如果拔背不及，会影响背部气机上升，可出现背部冷凉、麻木、颈椎骨质增生等病；而上拔过度，即在拔背过程中拱肩，易招致气血上壅而出现耳根、头后发胀、头痛等。其解决办法是拔背与落膀相配合。就是在拔背时先把肩上耸，然后肩头向后划一圆弧下沉，两膀相随而动，同时外开放松，一气呵成。

(3) "含胸拔背"的效应

"含胸拔背、开胸落膀"，含胸与开胸的结合可使胸腔开扩，心肺安居于胸中，使气血自然畅通。胸背放松，首先身柱穴（第三胸椎棘突下）放松，身柱穴放松了（配合舌抵上腭）不但能带动全身放松，而且有利于接通任督二脉。其次胸部又是六阴经交会之所，胸背的放松，可使连于五脏（实际上还有心包——应称六脏）的阴经保持交接通畅，从而保证五脏机能的正常。而拔背与落膀相合（尤其是两膀外开）可松动背部膏肓穴（在第四胸椎下旁开 1.5 寸），此穴一开，夹脊关之气不仅可以破关而过，还可以内通于心肺与腹内之肓膜。另外大椎穴旧称"上天梯"，谓其气难以上行，而通过拔背则可以助其上行。

(4) "含胸拔背"在技击中的灵活运用

在揉手（推手）中"含胸拔背"并不是固定不变的姿势。不同深度的含胸，常能有效借势将对方吸带过来，让对方有落空感，使捋化对方的攻击容易得多，同时捋化、吸带时能使手臂上力的分量很轻。动态的含胸，主要是胸肌的工作引起胸骨带动锁骨内侧和肋骨内侧内缩后移。

在技击中，深度的含胸拔背也会压缩胸腔，但胸段脊柱上段并不前倾，脊柱几乎平行地后移，而且姿势是动态变化的，不是长时间持续维持的，所以对胸部健康是无害的。

3. 两上肢要求

要求做到沉肩、坠肘、坐腕、含掌、舒指。在练功中，上肢放松的目的是把肩、肘、腕连接起来，越松越有功夫（图1-3）。

（1）肩部

肩部主要是松肩、空腋。肩为臂之枢纽，两臂能否圆转全在于肩，两肩不松则关节旋转不灵。注意不端肩，不缩肩，而是臂自然下垂；同时，上臂稍内转，腋窝部虚撑，似乎夹着一个"气饼子"，然后肩微向外提耸，再放松即可。

图1-3

（2）肘部

肘部的总体要求就是肘坠（垂）而悬。这是为了让肘部关节和关节周围放松，不阻碍气血的畅通。坠肘不要过重，否则肩肘会感到重滞，所以在坠肘的同时还要悬肘，关键在曲池穴（肘部横纹头）和肘髎穴，使二穴部位有虚悬之意。古人说："肘中窍"，即指这些穴位都要开张。

沉肩必须坠肘，否则气上浮而不得力，周身之劲合不住。

（3）腕部

腕的要求是坐腕。即神门穴微有下沉之意，使腕成下坐之势，同时腕背侧有上提之意。坐腕时不能僵硬，手腕上下不能有劲的感觉，劲是贯输到全身的，肩、肘、腕、掌指连接上肢，不能出现僵硬。

（4）拳

握拳时拇指放在食指、中指的第二节上，虚虚握实，不要僵硬，拳面要平。

（5）掌指

掌指的要求是含掌、舒指。含掌是掌心内含，如抱球状；舒指是五指自然舒展，四指间留有一定的间隙，间隙之间要有圆撑之意。混元太极称之为竹叶掌。

4. 腰腹部要求

要求腹部微微回收，腰部命门向后放松。各门派对腰腹部的地位和作用都非常重视。要想练好混元太极，一定要把腰松开（图1-4）。

（1）腹部

图1-4

腹部勿要外腆，须有微微回收之意，同时气沉丹田。即髂后上棘向腰阳关穴收，髂前上棘向章门穴收，配合收缩会阴，肚脐往命门收。如站桩时在做好前面要求的基础上，意念髂前上棘到章门，再由章门向下兜会阴，会阴上提到大包，大包上提到百会，百会上领。体会丹田整体开合，练丹田混元气（在混元太极形体动作练习中所指的丹田，是人体下丹田），人与大自然融为一体，接收虚空混元气转化为人体内气，沉藏于丹田。

（2）腰部

练功时一般要求命门向后放松，具体地说是第二、三、四腰椎处放松后突，不仅如此，腰部放松还包括腰椎、腰部的韧带肌肉等都得放松。并逐渐改变腰部的自然弯曲状态，达到站立时腰部伸直乃至后突。腰伸直不是让硬挺，而是脊柱用意上下牵拉，好似各脊椎轻轻重叠在一起。

腰为一身之主宰，上下沟通之枢纽，左右转换之中轴，犹如动力机械的大轴。腰一动不仅会带动腹部蠕动，还能带动上下运动，一动无有不动，有意识地带动全身蠕动，使各部功能得到锻炼。腰维系一身的中正和身体的平衡（与胯相联而言），又关系到中气贯注，气沉于下丹田，内气出入和上虚下实（与脊相联而言）。所以，腰至关重要，故有"命意源头在腰隙""刻刻留意在腰间，腹内松静气腾然"之说。

腰松了，肾气才能出入畅通，贯注丹田；身体各部正气皆可上下相通，遍布周身；清气上升，浊气下降；上至百会，下达涌泉，气随意动，处处开张，内气自然充盈。

5. 两下肢要求

下肢包括胯、大腿、膝、小腿、踝、足。这里所谈的主要是胯部、膝部、踝部、足部以及裆部和尾闾。

两腿的枢纽在两胯。两胯要松开，松开则圆裆，裆圆则回转皆灵。习练拳法、桩法之前，应注意两腿是两根通明透亮的气柱子，踩入地下的虚空。清阳之气上升，百会领起来，把背部脊柱拉直，神意照体（图1-5）。

图1-5

（1）胯部

胯包括髋关节、骶髂关节和耻骨联合。这些关节都要松开，即松前胯和松后胯。松前胯主要是松开髋关节和耻骨联合，为双盘坐打下基础；松后胯是通过松动胯后的骶髂关节，扩大丹田的"领域"，加强丹田对真气的摄拿能力，使真气内敛于丹田。

如站大马步桩和易筋易骨形神桩的平足开胯等都是松胯的好方法，这都是练好混元太极拳的基本功。混元太极拳练习松胯时，要求与松膝、松踝、松脚贯穿一起练习，这样才能收到更好的效果。

（2）尾闾

内家拳都注重松腰胯，而罕有谈及松尾闾者。然而尾闾能运动周身之阳气。松尾闾要求从垂尾闾入手。其做法是站桩时两脚呈后八字，以两脚后跟连线为边长，向后做一等边三角形，三角形的中心即尾闾下垂的指定点，松胯、臀部下蹲，意念尾闾部似连着一根棍子，挂于地上。如此久久行之，尾闾则可下垂。

（3）裆部

裆部有吊裆、调裆（圆裆）的要求。

吊裆，是使会阴部上提。完成这一动作有三部分内容：①肛门（亦称后阴、谷道）外括约肌轻轻收缩，微微上提，如忍大便状；②前阴部（尿道部）肌肉轻轻收缩，如忍小便，呈似尿非尿状；③会阴部（旧称海底）肌肉连及大腿内侧微微收缩。

调裆，把裆调圆。此动作与松胯、泛臀、垂尾闾相结合，以会阴收缩为中心，形成四周圆活而开阔。膝内扣是做好圆裆的又一条件。

（4）膝部

膝是人体最大的关节，是大腿与小腿之间承上启下、阴阳变动之枢纽。膝的屈伸灵活，直接关系到下肢的灵活。在站桩时需松膝内扣（膝放松微屈，轻轻内扣并结合意念髌骨上提）；在套路行功中，只要脚部松得开，踝自然松弛，膝旋转自如，无须人为支配。如混元太极易筋易骨形神桩的膝跪足面三节连和混元太极其他的许多动作都是松膝的好方法。武术与内功均重视"三节贯通"，两膝着力，有内向之意，两条腿如一条腿，能分虚实，谓之裹裆。

（5）踝部

踝与足相连接，踝是足与膝中间的一个重要关节，要做到全身放松，踝的位置仅次于脚，有许多足部动作都需要踝来辅助完成。若要达到脚下轻灵，踝不松开和通透是很难实现的。松踝的方法是，脚平松落地后，脚趾各大小关节都松开的同时，意念扩展至踝即可得到放松。还有，如双盘坐和金刚跪坐等，都是习练松踝的好方法。

（6）足部

足在身体的下部，为全身之根。足动，则全身动，足停则全身停，故习练太极者，应注意研究足之所在地，然后方能定攻守之计划，且步法敏捷，身法灵活，进退得势，攻守得当，因敌变化，以示神奇。习练混元太极，要求两脚虚实互用（五趾抓地则脚心虚，五趾舒展则脚心实），双脚各大小关节要逐一松开，脚与大地融为一体，即落地生根。这是一个很形象的比喻，人的双腿和两脚是深深扎在地下的根，躯体是大树之干，上肢是枝杈，手是枝叶。练功就是往地下慢慢扎根的过程，功夫越高根基越深。在练习活桩时，双脚各大小关节全部松开，特别注意末端的趾关节也要松开。如易筋易骨形神桩的弹腿翘足和混元太极套路练习中的碾脚都是松足的好方法。松开趾关节能扯动足三阴经、足三阳经，使气机运行通畅，进而周身松柔不带拙力。

在混元太极行功时，通过足下阴阳虚实转换，旋转碾脚的缠丝运动，可使下肢气机更加通畅，清阳之气绵绵不断上升，浊气下降，为练通整个下肢打好基础。

三、习练混元太极拳静功的体式要求

古人说："静以养神，动以炼形，能动能静可以养生。"要想真正练好混元太极，使健康的层次步步提高，静功修炼不可少。无论练哪种功法，都必须采取一定的体式，静功也不例外，有站式、坐式、卧式等。其中站式在前面身形各部要求里已详细地阐述，下面再将后几种予以介绍。静功修炼，总体要求："上身中正，两眼轻轻闭合，全身放松，观想体内。"

1. 坐功

坐功分为座具坐、直腿坐、跪坐、自然坐、单盘坐、双盘坐等。过去儒释道习练坐功比较多，基本都追求超凡入圣达真。前人曰："超凡入圣达真的过程就是变换气质的过程。"拳经曰："混元一气吾道成，道成莫外五真形，真形内藏真精神，神藏气内丹道成……"习练混元太极坐功，首先要把气收到命门，炼精化炁；第二步是气从命门出来，练全身开合升降；进一步气返回内脏，炼脏真混元气；最后从人天混融到天地人合，层层深入，步步提高。每一次习练的开始都要求：上身中正，躯干伸直，自然放松；下颌回收，玉枕微上提，肩自然放松下沉，腰部放松；目平视前方，目光合着意念匀速回收，两眼轻轻闭合，把神收回来，把气收回来，收到大脑中心；以脑中心这一点向下察照全身，全身从上到下、由里至外连成一个整体。

（1）座具坐

座具坐也称方便坐，如坐在椅子上或凳子上都可以。一般要求座具高度与小腿等高，坐时小腿垂直，两脚平踏于地，大腿保持水平位，臀部坐稳；腰部伸直或稍微前塌，提前阴，收小腹，松命门，含胸、拔背，收下颌，百会上领，身体保持中正，两手可自然放在腿上；两眼轻轻闭合，全身放松，观想体内。座具坐的优点是比较容易放松，每个人都可以练习（图1-6）。

（2）直腿坐

直腿坐是整体坐功的基础。具体坐法是，于平铺之地端身正坐，两腿向前平伸，脚尖微微翘起，两脚并拢，两膝相合；两手自然放在膝关节上，手心向下，大腿、腘窝和坐具贴实；上身中正，两眼轻轻闭合，全身放松，观想体内（图1-7）。

图 1-6 　　　　　　　　　　图 1-7

(3) 双跪坐

双跪坐也叫金刚坐，在混元太极修炼中，跪坐是练直腿坐的辅助放松法。具体坐法是，两膝跪于柔软的垫子上，小腿往后平行伸直，两脚并合，脚面放平，然后臀部下坐；两手自然放在大腿上，手心向下；上身中正，两眼轻轻闭合，全身放松，观想体内（图1-8）。

(4) 自然坐

自然盘坐是给单盘坐打基础的，主要习练觉知运动。具体坐法是，先把一条腿伸直，另一只脚搁在这条腿的腘窝里边，用脚尖顶着。然后把伸直的腿盘在外面，把它挤上（这个姿势还有个特性，用一只脚的脚趾顶到另一条腿的腘窝上，腘窝靠上一点，里面是肾经，外面是肝经，这样的放法有通肝肾的效果）；两手自然放在膝关节上，手心向下（或者两手腹前重叠，掌心向上，大拇指似接非接）；上身中正，两眼轻轻闭合，全身放松，观想体内（图1-9）。

图 1-8 　　　　　　　　　　图 1-9

(5) 单盘坐

单盘坐，又叫单跏趺，是在自由坐基础上进一步习练的功法。其坐法是，一只脚后跟抵住会阴，另一只脚压到这条腿的大腿根上；两手自然放在膝关节上，手心向下（或者两手腹前重叠，掌心向上，大拇指似接非接）；上身中正，两眼轻轻闭合，全身放松，观想体内（图1-10）。

(6) 双盘坐

双盘坐，又叫双跏趺坐，是在单盘坐基础上习练的。具体坐法是，左腿自然放平，把右脚搁在左大腿上，再把左脚搬到右大腿上（可以左右调换，初练者可以在臀部下面垫起两三寸高）；两手腹前重叠，掌心向上，大拇指似接非接；上身中正，两眼轻轻闭合，全身放松，观想体内（图1-11）。

图1-10 　　　　　　　　　图1-11

混元太极拳坐功习练继承和发展了佛家、道家混元派传统丹道功。道家正宗丹道功从下丹田练起，打开阴蹻库，然后走任督二脉循环。其小周天所走的督脉在脊柱里面，把先天气的信息直接通过督脉上升到头部。头里面藏神，生殖系统阴蹻库这儿藏阴精。精气作为先天混元气，躯体的全息性比较强，而头部神的全息性比较强，这样小周天走一圈，把神和精气结合到一起，就能强化人的全息性。

（注：混元太极坐功详解请参阅《混元太极拳入门》第三章第六节——坐功是习练内功的根本。）

2. 卧功

卧式有仰卧、侧卧之分，详细阐述如下。

(1) 仰卧

过去有人认为仰卧式不好，所谓"仰卧如尸"。但从练功的角度看，仰卧身体容易放松。仰卧有自然仰卧式、还阳仰卧式和混元卧三种。

①自然仰卧：人体平躺在床上，两手平放于体侧，枕头的高度要合适，一般一至三寸，头和躯干基本持平（图1-12）。

②还阳仰卧：仰卧后，屈膝外翻，两脚心相对，两腿成环，两手心放于大腿根部或下丹田。此练法对补肾的作用明显（图1-13）。

③混元卧：仰卧后，屈膝外翻，两脚心相对，两腿成环，两手重叠或交叉捂在头上。它的作用是补肾气又可强心神（图1-14）。

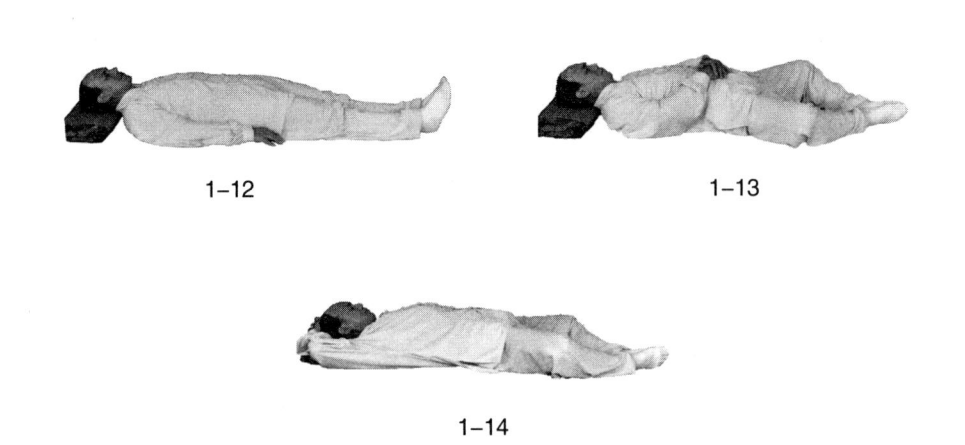

1-12

1-13

1-14

还阳仰卧与混元卧由于补肾的作用强，容易出现性兴奋，即活子时。一旦出现这种情况，要宁心定意，不要让其化为浊精（女人化为白带跑掉）。当"活子时"出现时，是练功的最好时机，要用"吸、抵、撮、闭"的口诀。吸是吸气，同时意念从肛门处随吸气上升；抵是舌抵上腭；撮也可为提，指提肛；闭是闭目上视头顶，闭住气，手脚蜷曲。以上做法，可以还精补脑。

(2) 侧卧

侧卧有青龙式、白虎式和蛰龙卧三种。

①青龙卧：青龙式又称左侧卧式（脐向左侧卧），两腿微屈并拢，或左腿蜷屈，右腿微伸展，左腿的脚背贴于右小腿；左手贴于左脸侧，拇指按

于左耳门或置于耳后，使左耳孔能自然呼吸，右手掌心敷于右胯后的环跳穴（图1-15、图1-16）。

②白虎卧：白虎式又称右侧卧式（脐向右侧卧），两腿微屈并拢，或右腿蜷屈，左腿微伸展，右腿的脚背贴于左小腿；右手贴于右脸侧，拇指按于右耳门或置于耳后，使右耳孔能自然呼吸，左手掌心敷于左胯后的环跳穴（图1-17、图1-18）。

③蛰龙卧：此卧只用于男人。两腿姿势与上同，左右侧卧均可，在下面一侧的手与青龙、白虎卧同，贴于脸侧，上面一侧的手握住睾丸（图1-19）。

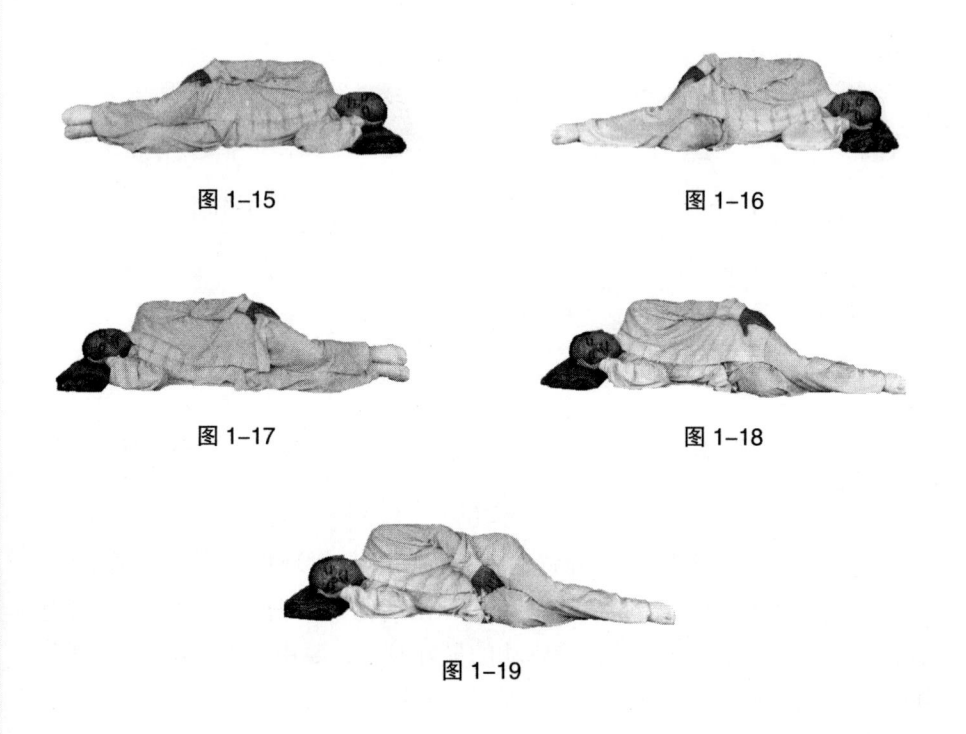

图1-15

图1-16

图1-17

图1-18

图1-19

四、调整身形　益寿延年

调整身形是能够在皮、肉、筋、脉、骨的不同层次上来用功夫的。形包括肌肉、血管、皮肤、肌腱、韧带、神经、神经结缔组织等，每个组织外面都有膜，做到形松要注意由表至里，一层一层地放松到各组织。习练混元太极随着功夫的深入，必须懂得调整身形也是一起深入进去，懂得一层层地往里体会，从"身形俱松"到"形神俱妙"。

1. 调整身形的效用

调整身形的过程是主动运用意识的过程，是使意识活动与自己的身形和动作结合起来的过程。练功开始时，认真调整身形，便能不知不觉地从常态意识过渡到练功的意识状态中，收获应有的效果。

①正确的姿势可促进人体内的气血沿着正确的轨道运行，而错误的姿势（包括动作）会导致人体气血的阻滞。古人说："气随桩（桩字作姿势解）动"就是这个意思。不仅如此，通过对身形的调整，还可以形成健康体态的习惯，使人呈现气宇轩昂的恢宏气度。

②适当地引动形体，有利于入静。因为正确地调整身形，可以畅通气血的运行，生发真气，减少不正常的干扰，故易于达到形安神静。所以，卧功、坐功和站桩功都要求"调身"。不仅如此，在练拳（练功）时，意念集中在运动的形体上，可以起到收摄心神的作用，人们常说："动中求静，外动内静"，就是这个意思。初练者不易入静。若先练动功，则可免去不能入静的焦躁心理，而易于收到练功效果。

③正确地调整身形是调动、生发自身真气的手段。一般而言，虽然重以神意调动气机之气多属混元气，重以姿势、呼吸调动之气多属经脉之气，但征诸实际，两者是难以截然分开的。如姿势的开合，应该牵动经脉之气，然而又必须是以神意为主导的，所以调动之气，亦必然有混元气参与其中。

④对形体的引动、调整，能使全身各部分变得灵活，使神意对形的控制、调整变得更为灵敏有效。由于筋脉通利，气血和畅，故稍有外邪干犯，即可感知而引起反应将病邪排除，以保证强健的身躯。

⑤正确地调整身形可达到开关通窍。关窍的气充足了，里外气就通畅。习练混元太极从形体通脊柱入手，练通肩、肘、腕、胯、膝、踝各大小关节，进而打通人体大小周天和九宫十三门，真气直通皮、肉、筋、脉、骨、骨髓、脏腑、血液、细胞，达到气满混元身，健康长寿不老春。

总之，习练混元太极须有身法（调整身形），身法不可缺一，它们是一个整体，互为联系，互为配合，互为作用。身法可以一个一个地来讲，讲得越深、越透、越详细、越具体越好。若能做好前文所述调身要领，功夫就能达到六七层。当然它要靠行功走架来逐条验证，逐条完成。同时要与"调心"的一个"静"字互为帮助。杨式太极拳宗师杨澄甫先生指出："拳可以不放在身上，动作全在静中产生，不静则不专心。"

2. 领悟形神之妙法

①存神固气论（形神俱妙）指出：内而求之，性则心也，命则肾也。知道者，以性复命，以肾交心，五气交感，一归戊己。魏真君所谓三五一者，正为此也。然则《易》谓之三五一，五行颠倒，火生木，水生金。以生数推之，水一金四，五也；火二木三，五也；土数亦五，是为三五。萃而一，故曰三五一，《黄庭经》云：五行相推大归一，以是观之，魏君之意，岂不昭昭乎？学者悟此，则呼吸之义可明，而阳光之精可见矣！阳光之精，即丹砂也，丹砂即大药也。自古修性命者，莫不由大药而获度世也。然知性而不知命，则执空而无变化，故钟离先生云：只修真性不修丹，久后多应变化难。知命而不知性，则形黑无宰，故茅真君曰：但明行气主，便是得仙人。则知性与命，独修则不成。欲修性者，必以道全其神；欲修命者，必以术延其形。道术相符，则性命会合矣！故《太平经》云：神以道全，形以术延。以可证也。遇之者未可便修，必周览古今神仙经书歌诀，以明之义无不通，然后可以绝疑。

②内功曰（膜论）指出："故炼筋必须炼膜，炼膜必须炼炁。然而炼筋易而炼膜难，炼膜难而炼炁更难也。先从极难极乱处立定脚跟，后向不动不摇处认斯真法。务培其元气，守其中气，保其正气，护其肾气，养其肝气，调其肺气，理其脾气，升其清气，降其浊气，闭其邪恶不正之气。勿伤于气，勿逆于气，勿忧思悲怒以损其气。使气清而平，平而和，和而畅达。能行于筋，串于膜，以至通身灵动，无处不行，无处不到。气至则膜起，气行则膜张。能起能张，则膜与筋齐坚齐固矣。"

③习练混元太极从内功入手，修炼精（形）、气、神。人本血肉之躯，在修炼中必须整体强化精、气、神之功能。身心合一是练功的整体内容，能合到什么程度，功夫就到什么程度。当调形调到一定深度，达到一定的水平后，不仅"皮、肉、筋、脉、骨、骨髓"发生变化，而且"脏腑、血液、细胞"都会发生变化，一旦细胞里边的染色体和遗传工程发生变化了，

就会进入"形神俱妙"的层次，如佛家的肉身成佛（肉身菩萨）就是"形神俱妙"的层次。

诗曰："勤学苦练为何因，立志调和精气神；君求长生须保精，纯精化气除病根。五气归元坐金莲，三昧真火运乾坤；凝神还虚方为道，脱胎换骨修真人。"

第二节　调息是练好混元太极拳的关键

"调息"，主要就是调整呼吸，是帮助调心的一个重要手段。气息和顺舒畅，心境才能平静安定，习武（修道）至上层阶段特别重视呼吸。人体生理的动静与呼吸的气和息有着依存关系，所以，"调息"是练好混元太极的关键和重要组成部分。调息的方法有很多，以呼吸的粗细分为：风呼吸、喘呼吸、气呼吸、息呼吸等；以呼吸的部位分为：喉呼吸、肺呼吸、肩呼吸、腹呼吸等；以呼吸性质分为：后天呼吸、先天呼吸等。要想练好混元太极拳整体功夫，必须详细地了解混元太极拳不同层次的"调息"方法，勤学苦练，方能成就。

一、调息的含义

从字义上讲，"调"字有调和、调整、调治、调理之意。调是动词，是通过往复规范使之符合要求。关键是"息"字，"息"字含义有三：一指精神；二指呼吸；三指气息。

1. 息指精神的安宁

"息"字可分解为上自下心，即自立于心之意。自己立在心上就是息。这个自己不是指肉体的我，而是意识这个我，把意识这个我放在心上，不受外界各种影响干扰。把我放在心上，意识与心一连接，精神就会安宁，这就是息。古息字还有长的意思。《易经》中称：阳退阴进为消，阳进阴退为息。自己与心一结合，阳气就会生长，生命力就会增强。

严格说息字的这一古意，不属于后世调息的范畴，而属于调神的范畴。

古修炼家李道纯说："息缘返观禅之机，息心明理儒之极，息气凝神道之玄，三息相需无不克。"说明佛、道、儒三家练功都非常重视息字。①佛家："息缘返观禅之机"，佛家一般讲参禅，虚灵宁静，把外缘（外在事物称作缘）都摒弃掉，不受外界影响，把神收回来，把精神返观自身就是禅。虚灵宁静，一尘不染，本性出现就是"圆陀陀，光灼灼"，禅的机窍、关要就在于此。②儒家："息心明理儒之极"，把心安定下来去考察事物的理，最后能明了自身，也能明了外界的理。安静以后身体里发生变化，对各种事物就能观察得非常详细、细致、微妙，这时功夫就到了极点，即"尽性致命"的道理。③道家："息气凝神道之玄"，把气凝聚住，神注意在气上，更深点讲是把气停止。通过神与气结合，气凝聚起来，神也随之而凝，这就是大道的奥妙所在。

《黄帝内经》曰："恬淡虚无，真气从之，精神内守，病安从来。"古养生家亢仓子息字诀曰："息心勿乱（心要安宁，勿乱想），息精勿泄（气、血、津、精、液、涕、唾不要耗损），息神勿惕（精神安宁，不害怕、不心慌），息汗勿出（不要出大汗），息口勿言（不说或少说话），息目勿视（不看不该看的），息血勿滞（气血不要停滞，要流通），息唾勿远（唾液要咽下去；痰吐出即可，不要吐远），息涕勿泣（心神安宁，不要悲哀、哭泣），息嗔勿恼（不要不高兴、恼人家），息情勿忧（不要忧愁），息怒勿愤（不要愤怒），息贪勿求（不要贪求），息痴勿迷（不盲目干事，明白不迷了再干），息怨勿念（有了恩怨不要总记住别人对自己的不好），息仇勿报（有仇不报，既往不咎），息害勿记（受到伤害不记仇），息事勿竞（遇事不争高低），息我勿争（不要争谁行谁不行，要心宽、神宁）。若人"行住坐卧"十二时长行如是，则心自宽、神自宁、丹自结、道自得。

2. 息指呼吸

中医认为，一呼一吸谓之一息，含有气往来之意，一吸脉行三寸，一呼脉行三寸，呼吸定息脉行六寸。呼吸时人体的毛窍气机也随着开（呼）、合（吸），气息亦随之变化。一呼一吸谓之息，可以说是人体的呼吸，也可以说是大自然的呼吸，是彼此的气机都在开张。在习练时通过呼吸，人和大自然相融，心心相印、息息相关。

古人认为，呼、吸及其间的停顿各有其特定的作用，所谓呼出心与肺，吸入肾与肝，停顿则是脾为之斡旋。懂此理，练功时每一呼吸大自然也一起动，气感就不一样了。气息从字义上讲有两个意思，气字指呼吸之意，息字是休息之意，指呼吸之间的停顿。人一降生就开始有了自主呼吸。后天的自然呼吸，吸气是主动的，因而呈现出吸、呼、停，再吸气、再呼气、再停……如果我们能把精神注意到停的一刹那，即能很好地调整身体。吸与呼之间的停顿虽也有，但更短促，故一般不易注意到吸呼之间的停顿。根据现在一般正常人每分钟呼吸18次计算，一昼夜是25900多个呼吸。由于呼吸与大自然紧密相连，所以呼吸转起来也是一大周天之数。古人认为若能把每个呼吸都能带着意念走，意念注重呼与吸之间的停顿，天地之间的精气就能被你所用。注意呼吸之间的停顿非常重要，它可以引发修炼者直入上乘境界。

二、呼吸的种类

人生下来后就需要呼吸，这是维持生命的呼吸。混元太极内功行气心法就是要改变其后天呼吸法，逐步回归胎息，即先天呼吸法。可以按其练功阶段和层次逐渐推进，绝不可强求，要顺其自然。从自然的后天呼吸，逐渐深化到腹式呼吸、丹田呼吸，最后回归到胎息。《内功四经》对调息的论述："气调而匀，劲松而紧，缓缓行之，久久功成。先吸后呼，一出一入，先提后下，一升一伏，内收丹田，气之归宿，吸入呼出，勿使有声。下收谷道，上提玉楼，或坐或立，吸气于喉，以意送下，渐至底收。升有升路，肋骨齐举，降有降所，气吞俞口。"

郝为真先生曾对修炼上乘功法这样论述："以力生血，以血化精，以精化气，以气归神，此中不只有甘苦可言，直有生死之险矣。学者可于力上求，勿轻向气上觅，一入歧路，戕生堪虞。古人之不轻传人，匪吝也。不忍以爱人之术而杀人耳。无明师真诀，不可盲从冒险。学问之邃，予尚浅陋，未能窥其深，不敢赞一词也。"

1. 以呼吸的粗细分

呼吸以其粗细来分有风呼吸、喘呼吸、气呼吸、息呼吸四种（息呼吸又有鼻息、腹息、胎息、龟息四个层次）。

(1) 风呼吸

呼吸带有声音谓之风呼吸。由于这种呼吸气息比较粗，出入量比较大，往往呼、吸气都带有声音，故称风呼吸。比如天地人合洗髓桩快速闭气法，吃气（舌头上卷，牙齿微闭，像龙卷风呼啸般地吸气），敛炁入脊（入骨）。在吃气的同时，身体以腰带动整个脊柱迅速直起，一股热量由脊柱通透全身。然后自然松动，缓缓呼气，一动以腰带动，全身无处不动，上下揉动，左右开合，从上到下、由里至外进一步通透。这种上乘功夫的呼吸法，在特殊的练功境界中吸入大量的氧气，能使习练者内功快速提高。所以快速闭气法既是武功中炼炁入骨、敛炁入髓、封闭全身穴道的上乘功夫，又是混元太极修炼中炼精化炁、炼炁化神、炼神还虚之法宝。

(2) 喘呼吸

是指呼吸深度比较表浅的呼吸，而且气息较粗，似乎在喉部换气，吸不能达于下焦，呼亦无力送出，因而喘之急促，神不易安定。喘息多属病态，如哮喘、老年性气管炎等病，气喘息得比较粗，大部分用口呼吸，换气量小且短，达不到一呼气、一吸气而气通五脏的作用。

(3) 气呼吸

指常人的呼吸，没有声音，只是气出入于肺之间。日常生活中每个人都在呼吸，但感觉不到。人出生后第一个后天运动哭就是呼气，是自然而然带来的。有些人在练功时，由于老师提醒不让注意呼吸，反而总感觉到自己的呼吸，因而散不开、丢不掉，有的竟因此而出现急躁，这是因为入静后，感觉功能敏锐了，虽然呼吸是轻轻的活动，但也已成了可感知的兴奋内容，若能神意与呼吸相合，则能达到神安心静而息自调。

(4) 息呼吸

指深细匀长的呼吸，这是练内功（静功）所需要的呼吸。既无声音，也不结滞、不粗浮，虽在极静的时候，也不觉鼻息出入，似有非有，若有若无。息呼吸分为四个层次。

①鼻息：用鼻孔呼吸，是常人的自然呼吸法，一般听不到呼吸声，呼吸是平常的速度，主要是靠肺的自然律动。不练功的人，突然发现呼吸速度快了（头晕）、慢了（胸闷），这是病态的反应，要及时解决问题；如果是修炼的人，体内有气机反应（如发现呼吸困难，或头晕、胸闷等现象），可以先静坐调息，

一小时内恢复正常了就好，若不行的话，应及时想办法解决问题。

②腹息（顺息）：仍用鼻孔呼吸，吸气时小腹微微外开，把大自然的混元气吸入小腹（丹田），呼气时全身放松，百脉通畅。一般练功的人，锻炼一段时间后，呼吸自然地会通过横膈达到"丹田"位置，随着功夫的增长，呼吸达到深细匀长，习练者不仅能感到胸部、腹部气充足，而且全身的气（甚至每一个细胞）都会感到充足。

③胎息：胎儿在母体内时，不用鼻孔呼吸，是以与母体相连的循环系统来呼吸。修炼之人的胎息是"顺息"的进一步功夫，其不仅鼻孔呼吸，而且全身的毛孔、窍穴与丹田一起呼吸（功夫高的人感觉到鼻子长在丹田上一样）。师曰："……纳尽天地日月气，采得丹药不老翁；一生勤奋能得道，浩浩然然混元中。"这里所述的方法可以说是胎息的入门法，关于"胎息"参阅后文。

④龟息：动物之中，龟的寿命极长，甚至将其埋入地下数百年，无饮食、无空气也能继续活下去。《脉望》载："牛虽有耳，而息之以鼻；龟虽有鼻，而息之以耳。凡言龟息者，当以耳言也。"意思是说，龟息导引，要以听息为之。《芝田录》言："睡则气以耳出，名龟息，必大龟寿。"龟息是道家之上乘功夫，也是佛家到四禅定后的功夫（修炼超凡入圣功法）。

2. 以呼吸的部位分

按呼吸的部位来分有喉呼吸、肺呼吸、肩呼吸、腹呼吸四种。

(1) 喉呼吸

①指表浅的呼吸，似在喉部呼吸，此在过去是贬义词。庄子讲："众人之息在喉，真人之息在踵。"

②指喉头的缩张作动力的呼吸，是一种特殊的呼吸方法：吸气时开始张着嘴发"喝儿"音，呼气用鼻子也发"喝儿"音，这是吃气法的练法（也叫服气法）。

(2) 肩呼吸

这种呼吸比较表浅，换气部位在肺尖部，要借助抬肩来完成呼吸动作。肩呼吸与喘呼吸相接近，因其换气量小，一般练功不用肩呼吸。虽然呼吸只限于在肺尖部是不可取的，但如果掌握了深呼吸，再借助于抬肩来增加吸量（如练习竞走时，要借用肩的抖动，这既是呼吸又帮助走路），则是一种帮助运动的方法。

(3) 肺呼吸

这是通过胸廓的扩张与收缩来完成的呼吸，也叫胸式呼吸。一般人都是这种呼吸方式，尤其是女性以肺呼吸为多（男性以腹呼吸为多）。肺呼吸的动力在胸廓处，胸廓一扩张肺形成负压空气就进去了，一般是从肺中叶开始，而后至肺尖、肺底。肺中、肺尖、肺底吸气皆满，则称为满息。运用肺呼吸的方法练功，一吸气能使气上升，一呼气能使气下降，通过呼吸的升降来促使身体内真气的升降。

(4) 腹呼吸

指通过膈膜的运动来完成的呼吸，其分两种。

①顺呼吸：吸气时膈膜下降，把腹内脏器向下推，腹部向前膨出；呼气时膈膜上升，恢复原来位置，腹内脏器上来，腹部凹进。这种呼吸符合正常生理机制，所以叫顺呼吸。它不仅可以加大肺的换气量，而且可对腹腔内脏起到按摩作用。更为重要的是：上下往复运动，推动中宫起到加强斡旋中气的作用。一般练功中调息用的呼吸主要指此。

②逆呼吸：这种呼吸与顺呼吸相反，吸气时小腹向内收缩，呼气时小腹向外突出。由于吸气时膈膜下降、腹部收缩，所以增加了腹压。由此可见，逆呼吸的好处是能使上、下二气往一块聚：呼气时后天气往下，吸气时小腹收缩，会阴、前阴上提，先天气往上提，两个气往一块挤，能使丹田气更集中、更加强，而"丹田气贴脊，练气入脊"。初练者开始应多练顺呼吸，有一定基础后才允许练逆呼吸。

3. 以呼吸性质分

呼吸按其性质来分有后天呼吸、先天呼吸两种。

(1) 后天呼吸

后天呼吸也称外呼吸，是指一般人通过口、鼻、肺进行的呼吸。它主要是与外界进行气的交换。

古人讲鼻通天气，口通地气。鼻通天气，右鼻孔通天气的阳气，左鼻孔通天气的阴气，根据时辰（六个阴时与六个阳时）与男女性别而变化。实践证明，阳时通右面，阴时通左面，后天呼吸顺应阴阳，而身体一旦发生变化需要与外界保持平衡时也可能会反过来。

（2）先天呼吸

先天呼吸也叫内呼吸，是指不（全）依靠口、鼻、肺进行的呼吸。古人认为胎儿的呼吸形式就是先天呼吸。胎儿在母体内肺不能呼吸，通过脐带胎盘与母体气血进行营养交换。这可以理解为先天气的出入交换方式。先天呼吸又分为两种形式。

①胎息：所谓胎息乃相对于普通人的呼吸而言（古人称普通人的呼吸为凡息）。凡息是通过口、鼻、肺完成的呼吸吐纳，它吸进的是氧气，呼出的是二氧化碳，这些都是三维空间所具有的，因此，凡息是后天之息。胎息则不然。胎息吸进的是先天之气，是为四维以上之空间的能量，是超出我们这个三维空间的，因此，胎息是为先天之息。

按道家功的根本理论认为，胎息是在人体内气达到一定程度（结胎）后，胎内气机自动开张进行的呼吸才叫胎息。这时肺的呼吸基本停止，但不是完全停止，肺与皮肤粘膜部分都有一定程度的呼吸作用，人体内练得结胎后，内呼吸状况、细胞层次的呼吸状况就明显了。

现在社会上有以腹式呼吸为胎息者；有以闭息为胎息者（闭息就是不喘气，能憋很长时间，不是停止呼吸。现代医学讲，一般在脑细胞中5~6分钟没有氧气就要受损伤，而修炼者可以把这个时间延长到7~8分钟甚至更长）；有以体呼吸为胎息者；有以踵息为胎息者（庄子说真人之息在踵。所谓踵息即一吸气意念引气到脚后跟，一呼气从脚后跟引上来再吐出去。还有一种解释为：一吸气意念引气从踵到肺，一呼气从肺到踵）。这些都可作为一家之言。

②体呼吸：用意念在体表进行呼吸。吸气，气从外面透过皮肤毛孔而入；呼气，从毛孔而出，这时肺呼吸若有若无（把鹅毛放到鼻孔处，鹅毛不动就是若有若无，有人用此法测量呼吸的深、细、匀、长）。此法也是先天呼吸的一种方式，因为它对细胞间的呼吸也起到了巨大的推动作用。

三、混元太极拳整体习练调息（胎息）法

"调息"，本是古代"佛、道、儒、武、医"等诸家习练的上乘功法。《黄帝内经》中说："黄帝曰：余闻上古有真人者，提挈天地，把握阴阳，呼吸精气，独立守神，肌肉若一，故能寿敝天地，无有终时，此其道生。"

达摩祖师《胎息经》中说："胎从伏气中结，气从有胎中息，气入身中为之生，神去离形为之死。知神气可以长生，固守虚无，以养神气，神行则气行，神住则气住。若欲长生，神气相住。心不动念，无来无去，不出不入，自然常住，勤而行之，是真道路。"《胎息经》经上千年的传承，现在已普及为全民健身之法。

1. 内功入门调息法

习练混元太极入门调息法，从普通调息法入手，是习练胎息法的准备阶段。此法要求神意和呼吸相结合，把神意集中到呼吸上，借助呼吸节律来入静。初练者可以先集中到形体运动上，注意一吸一呼身体怎样运动，是腹部运动还是肠壁运动。进一步把意念集中到呼吸出入的气流上，使身体各个部位都安静下来，只有呼吸还在运动，慢慢地把呼吸调得深、细、匀、长，使神意与呼吸结合到一起，慢慢再把神意内守，真气足了就能达到改变气质、祛病强身之效果。

（1）变气质调息法

习练者通过调整呼吸，可以改变人的性格。吸气帮助内向，呼气帮助外向。深呼吸可增强丹田内气，使人生命力旺盛；柔和的呼吸则可以调整气场，提高人际关系。比如当遇到与人交谈话不投机时，要明白这是因为生命活动没有同步。此时最好的方法是调整自身呼吸，同时意念想着对方与自己的心境和谐一致，这样的气息变化对方能感觉得到，其反馈的信息也会渐渐变得和谐相处。如果你在生活中容易急躁，在对方说话时你就多吸气少喘气，别人说够了，你也把他的呼吸节律把握了，再与他同用一频率呼吸，这样谈话的气氛就融洽了，这也是生活上的调息方法。

（2）添油益精调息法

元气虚弱、精气不足的人，或老年人元气耗损，可用"添油益精"调息法培补元气。具体做法：吸气时，气至脊中后继续下行至尾闾，前行至会阴，经前阴而后入下丹田。至此忍住气暂不吐气，而后再自然呼气。这种调息方法实际是多吸（吸气长）少呼（呼气短），用后天来培补先天。

一般练功是督脉上升，任脉下降，而此法是吸气督脉下降（逆行督脉），让后天气充足了由后天转化成先天。通过这种方法把大自然的混元气收回自身，强化人体生命力。此法认真习练，很快就会得到效果，一般体弱的人习练一个月就会强壮起来。

(3) 心静体松调息法

本法不拘时候，习练者找一个安静的地方随便而坐，要保持身体中正，全身放松，使身心舒畅，然后用舌在口中牙龈内外上下左右搅动数遍，微微呵出浊气，不得发出声音，同时用鼻子轻轻吸气。可进行3~5遍。上下牙齿相叩四五次，口中津液逐渐增多，然后舌抵上腭，唇齿轻贴，将口水分3次咽下（咕咕有声），咽津时上提前阴后肛如忍便状。同时两睑下垂朦朦胧胧似闭未闭，慢慢调整呼吸减慢频率，以气不喘、气不粗为度。

在习练过程中可以数呼气或数吸气（参阅后文"六妙法门"），从一到十，从十到百至千，务须收摄心神不致散乱，终至心静入定之境。如果达到心神不乱杂念不生，思维和呼吸合而为一，则可停数。任其自然，久坐为妙。收功时须慢慢放松身体舒展上下肢，然后站起，自然活动，这是内功入门调息的方法，长期习练不仅能达到防病治病、养生益智之功效，而且能达到心静体松、延年益寿之目的。

(4) 神息相合调息法

调息不是要做呼吸运动，而是着眼于呼吸的气息出入及意念集中到呼吸运动的节律上，即把自己的意念活动和呼吸运动或气息的出入紧密结合起来，这样不但可以收摄心神，而且可以激发真气产生。古人之所以把调息当作练功中非常重要的内容，并视为能否从后天转先天的一项指标，就因为他们认为只要还有呼吸，命就还在后天里，没有一点气了，才能转化成先天。因为只要有呼吸，神就不可能真正做到安静。有呼吸肌肉一颤动就产生肌电位，传至神经产生神经电位，再传至脑中产生脑电位，脑就安静不下来。只有呼吸停断后才能达到"我命由我不由天"。

(5) 炼精化炁调息法

炼精化炁是周天功的一个层次，有多种练法。混元太极和佛道两家练法一样，为了更好地由后天返先天，强调风、火、药合炼，因此特别强调以意引气通周天（参阅混元太极周天功——炼精化炁）。调息属于风火的内容。古时练功中讲到风即指呼吸的气，火即意念活动集中以后真气聚集体内产生的温热感。火候中有文火、武火之分。武火即指意念与呼吸结合紧密,呼吸急促,真气结合得好;文火即意念与呼吸结合得不特别紧密,似守非守,真气聚合得慢,达到息气守神的作用,即古说的"沐浴"。懂得了风、火、药,就知道了调整呼吸在练功中的重要性。

具体做法:在内外开合的基础上达到人天混融。吸气时意念外开,意想无边无际、空空荡荡;呼气时内合,意想无形无象、恍恍惚惚。将虚空的混元气源源不断地收入体内,意想收天地之精补我之精,收天地之灵气补我之真气,收天地之神补我之神。随着体内内气的充盈,舌抵上腭时,口腔里有金津玉液哗哗地往下流,送入下丹田(气穴),这是聚津成精初境。在练好开合的基础上,是以意引气通周天的最好时机。

(6) 后天转化先天法

通过调整呼吸,将后天的水谷之气转化成先天的元气。调息在练功的高级阶段还存用,直至精气全部化尽了,呼吸可以自然停止,这时可以不用调息了。一般的门派都极为重视调息,因为人的生命活动与呼吸是相并而行的,只要有生命活动就得有呼吸,这是普通人所必须的。不呼吸的一为死人,二为超人。如何才能达到超人?人呼出气不再吸就死了,若吸进一口气不再呼则死不了。因此要想达到高级水平,需从呼吸着手,将后天呼吸转化为先天呼吸。

具体做法:吸进一口气不呼,安安静静地呆着,让气往组织细胞里渗透,而后再吸第二口……慢慢地每个组织细胞中的生物电就会发生变化,生命就会从初级向高级进展。初练者不能故意憋气,这是修炼闭气的心法。

混元太极习练者要懂得呼吸是伴随生命活动而进行的,呼吸的深浅粗细变化能改变生命活动,呼吸对神经、真气、气机的升降、开合都有作用。通过后天呼吸还可以改变体内的先天呼吸。每个人的精神活动、生命活动都是在这些气机的影响下而起作用的。这就是调息在混元太极内功锻炼的重要所在。

内功入门调息法虽然是混元太极初级调息法,其内容也包含了中级、高级调息方法。从入门调息、养生调息……至观想、胎息是一个整体,每一个练法既有自己的特点,又相互依存。总的来说,调息首先要达到"防病治病,强身健体,养生益智",进而达到"修身养性,净化心灵,增强神意对形体的驾驭能力",最后达到"益寿延年,身心完美,潜能开发"之目的。

2. 内功养生调息（胎息）法

　　混元太极内功养生调息法与入门调息法相辅相成，此中包含养生胎息法，它是习练胎息的基础方法。胎息的本义是胎儿在母腹中的呼吸。引申义是以下丹田为中心，从中层次向高深层次修炼的内呼吸，它是先天呼吸（也叫胎息）。《抱朴子》曰："得胎息者，能不以鼻口嘘吸，如在胎胞之中。"《坤元经》曰："静养胎中生息，全在默运身中呼吸。不在鼻口，未离鼻口。虽有呼吸之名，实无呼吸之相。"胎息如同胎儿在母腹中的呼吸一样，胎息自成系统，不受外息（肺呼吸）影响，进入胎息状态的，外呼吸依旧自然进行，但却若存若亡，最高层次者，可达口鼻呼吸停止。

　　人们对胎息的入门法有不同的认识，如有人认为外息深长细微是胎息，有人认为结丹是胎息，有人认为气运行周天是胎息，实际上这三者都是胎息的特征。习练胎息法古人称之为"长生之径""仙道之门"，是人体涤除疾病、返还青春的好方法。随着生命力的加强，人的免疫能力随之增强，进而达到抵抗疾病、强身健体、益寿延年、开发潜能之目的。

　　（1）胎息法的特点

　　胎息是混元太极练功高度入静的一种特殊呼吸状态，它有四个特点。

　　①柔长细缓、若有若无。经过收心敛神，神息相依，气沉丹田等修持之后，主体形成了柔长细缓的腹式呼吸。《胎息铭》中所说的"吐唯细细，纳唯绵绵"，准确地表明了胎息时的气息流动状态。

　　②神息相依、神气合一。在收心敛神之后，逐渐做到神息相依、神息相抱乃至神气合一。《胎息经疏略》说"令能专气抱神，如婴儿然，则一团纯阳，还老返童长生也"。这是强调胎息时的神气合一状态。

　　③丹田呼吸、开合自然。在收心敛神、神息相依之后，主体便逐渐形成丹田呼吸。丹田呼吸有别于一般的口鼻呼吸，它要求意守丹田，呼吸皆行于丹田。这是腹式呼吸的深化。《摄生三要》说，胎息"出从脐出，入从脐灭，调得极细"，如在胞胎中一般。故实现呼吸注意点从口鼻到丹田的转移（或移至），也是胎息的重点要求。

　　④伏气结胎、内气氤氲。经过收心敛神、神息相依并形成了丹田呼吸

之后，丹田部位会逐渐出现气感，随着气感的不断增强，还会出现活跃的气团。此时习练者的呼吸与内气活动完全凝结在一起，不分彼此，好像是丹田在呼吸，又好像是内气在跃动。逐渐形成柔长细缓、神气合一，这就是伏气结胎、内气氤氲的状态。

(2) 丹田翕张胎息法

翕是合的意思，张是开的意思，此法就是用丹田一合一开来调息。此处的丹田指下丹田，这是性命双修的调息法。首先意念把鼻子的呼吸和丹田连上，好像鼻子长在丹田上，吸气时意想丹田往四面八方开，呼气时往里面合。这种方法从形式上看相当于腹式呼吸，但不是用膈肌来推动的，而是从丹田里面用意念带着开合，以意气引动，好像一个气囊，丹田随呼吸一合一开，使上下内外结合。注意它不是用呼吸运动来引动，而只是借助呼吸的节律，意念不要注意在腹壁运动，不要注意外部形体变化，而是着眼于丹田内部的翕张。其动点应在肚脐以下，做到似守非守，若有若无。此呼吸法可以使气沉丹田，集聚内气，有时可以直接引发息住，直入高级境界。

丹田翕张胎息法可以借鉴开合桩。首先吸气时小腹微微胀起，呼气时小腹回收。进而吸气时感觉丹田能量向四面八方开，一开意想开到无边的虚空，呼气时往里合，一合意想把虚空的混元气合于丹田（通透全身）。进一步意想丹田开合腰椎命门也在开合，随着命门开合好像两肾在吞吐呼吸，脊柱两边膀胱经、五脏六腑的穴位连于脏腑也在呼吸。这是练精化炁炁入脊的妙法，长期习练则能达到内气充足、松腰开窍之目的。

(3) 内外开合调息法

此法是在丹田开合的基础上习练的。习练者用意念打开全身的毛窍穴道和腠理，人与虚空相融，收虚空更多的能量为己所用。具体方法是：吸气，意想大自然混元气从虚空源源不断地进入体内（透过皮肤毛孔而进入体内）；呼气，意想全身病气、浊气排出体外（从毛孔、汗腺排出体外）。此法呼吸尽量做到深、细、匀、长，以使进入若有若无的状态，达到内气外放、外气内收的意境。在上面开合的基础上，进而要以形体动作的开合引动全身气机的开合（上至百会，下至涌泉）；进一步用内气带动脊柱、全身的关节一起开合，达到周身内外混融一体。这是祛病养生的好方法，长期习练，能从节节放松至节节贯通。

(4) 混元中丹田调息法

此法强调中丹田调息，也叫玄关调息，调息的位置在心口（剑突到中脘中间）。具体方法：吸气，气从心口降到中脘深处；呼气，从中脘到心口。此法既不强调胸式呼吸，也不强调腹式呼吸，只是在心口处来回运动。这种调息法最好先意守鼻根的山根穴，待杂念净除以后再随着呼吸进行中丹田的往复运动。有时入静后会自动出现中丹田的气机往复运动，这也叫玄关窍开。如能自动开张就自然入静了，甚至肺也跟着上下运动。此法的好处在于不勉强，不搞运动，从意守进入调息，不易出弊病，直接打开玄关，进入高深境界。

(5) 中道七门调息法

中道是指头顶至会阴之间的空间而言，相当于人体的中轴。在这轴上有七个部位与人体生命活动有紧要关系，称为七门。具体位置是：①"体中线"会阴向内一寸半；②"体中线"脐下三寸至肚脐；③胃的后方处，相当于中脘穴深处之"体中线"（混元太极称之为混元窍）；④"体中线"第二至第四肋骨；⑤相当于喉部甲状腺后面的"体中线"；⑥两眉间水平向里的"体中线"；⑦"体中线"头顶内一寸。对头顶至会阴之间这一空间的气柱（有的叫气线）不练功体会不到，练功后即能感觉到此气柱在不同的部位上与身体周围有着密切的联系，这些与生命相联的脉络称为门，门一开气即可顺利进出，此调息法即是利用此。具体方法是：利用满吸法，吸满后停气，意念从会阴逐门向上，上升至头顶，再向下返回至胃脘，而后停留，最后自然呼气。本法只要认真习练，对增强人体生命力和打通中脉都有很好的效果。

3. 内功观想调息（胎息）法

内功观想调息法是借助呼吸运动的一种想象方法，用来加强身体气机的开合升降。观想调息法也称作运动意识法，古人以此为重要的调息方法。练功本是很简单的事，只要心中一静，"心月孤圆，迥脱根尘"，即可顿入上乘法门。但这不是一般人马上能做到的，故仍需有方法，以使神意集中，让神的功能增强。

观想调息法与养生调息法都是习练调息的基础功法。习练者在懂得调息方法，掌握调息的要素，明确调息目的后，进而要做到身心放松。要想真正地达到身心放松，首先是形体放松，如果形体（尤其是腰部）不放松，气就不容易下沉，此时若强行进行腹式呼吸（丹田呼吸），易出现气憋、胸闷等现象，神就不能安静调息，这样呼吸就不容易做到深、细、匀、长。混元太极中讲心静体松或心平气和即指此言。

(1) 脐轮胎息法

①脐轮开合出入法：意识中要忘掉呼吸道的气息出入运动，只注意脐轮（下丹田）开合，这是入静后的自我感觉，吸气时气从脐入，脐轮微微有内缩的感觉，呼气时气从脐而出，脐轮有开张的感觉。古人称之为神阙呼吸。

②脐轮旋转法：意念围绕着肚脐（下丹田）逆时针立体旋转。做此意念运转时是整个下丹田在转，而不是某一点转，不是在皮肤表面，而是在脐深约二寸处。初练者可以先顺时针立体旋转（由里向外开，人与自然混融），进而逆时针立体旋转（由外向里合，聚敛归田）。

此呼吸法多配合目似垂帘，留有一线光线，内视着旋转部位。当调息入静时可能会觉有光芒，这时需要安心继续调息，不可分辨光芒的大小强弱。如果光球过大（如拳头大）则须在旋转时逐渐令其缩小，直至比脐轮稍小为止。过去称此为气丹，也有些门派称之为金丹（有气则成窍，有窍能还丹）。

(2) 体表开合胎息法

这种方法在习练混元太极功法有了一定基础后方可实施。平时的习练中要注意在做开合时，首先要做到神意集中在开合上，习练者体会似有非有的感觉；当手中有气感后就可以与虚空混元气相合，通过混元太极功法的锻炼，意想大自然混元气（太和元气）进入体内，以意引气，以气运形，气通百脉，运化脏腑。

体表开合胎息法的具体方法是：首先打坐入静，鼻吸鼻呼，但意念不在鼻子上，而是在全身。用意不可太猛，调息一会，静心养气，意守丹田，记住可不要死守。随着静坐的时间加长，当忘却了呼吸运动及气流的出入以后，胎息自动显现。此时通过意念活动进行皮肤、毛窍的开合出入运动。吸气（指意念中的感觉），气息从毛窍、腠理而入，直达人体小宇宙的天地混元地带（在脐上三寸六至四寸八处，身体前后径的中央，混元太极称之为混元窍），呼气，气从混元窍通过毛窍腠理而出。

此调息法开始是体会皮肤、毛窍的开合出入，继而逐步体会一吸天地与之俱吸，一呼天地与之俱呼，使人和大自然融为一体。此时人体小宇宙的天地之心就成了宇宙的中心，即不再是我们人的自身，而是整个宇宙都和自己合到一起了。至此即可体会古人所说的人乃天地之中心。人即宇宙的中心，宇宙是无限的，没有中心点，而又无处不是中心。

此调息法练好了会有球体的感觉，无处不在往里面缩，此即"天地之间其犹橐籥（tuó yuè）乎"。这一张缩运动即形成万物之生机。练功者通过观想（体察）加强这种开合，使自身在大自然中起到主导作用，大自然的混元气来我们身上多了，反之我们对大自然的影响也就大了。实际此亦混元气场的作用。通过体表开合可以加强混元气场的强度。

（3）体内十字中点调息法

此亦系直练先天的方法，此法假想体内有一个十字，具体位置有二，一是身体正中线从百会到会阴与两臂平伸中指尖连线之交叉点；二是身体正中线与两内眦连线中点水平向后的中线交叉点。调息时可任选其一。具体方法：此法不要求高度入静，吸气时意念想十字中点，气从十字的端头向中心合拢，呼气时意念从十字中心向四端发散。

行此方法时切忌着相（即不要把身体太具体化了），如追求十字点的具体位置在哪，吸气时气从哪儿走的等；应该是若有若无。十字中点即自身之中，也是宇宙之中心。古人说："十字街前一座楼，楼上点灯不用油"。"楼"即脑袋，"灯"是亮点，这句话的意思是意念集中以后头里面会产生明亮感。此法既简单又好练，认真体会，不但能达到开关通窍，而且能开通中脉。

（4）天门出入调息法

天门指与大脑相通的穴位，鼻尖称中天门，头顶称南天门。具体方法：吸气时从鼻尖到脑中，脑中在眉间正中水平向内与百会向下的垂直交点上方的圆球体；呼气时从脑中至头顶而出。第二次吸气从头顶至脑中，第二次呼气从脑中至鼻尖出来。别的呼吸法都是以一个呼吸为周期，唯独此法是两个呼吸为一个周期。

此法强调的是天门的气机出入，吸气时从鼻尖进气，不是从鼻孔走而是从鼻柱向里走，呼气从头顶出。反过来再从头顶进气，从鼻尖出气。此法反复习练不但可以帮助调神，而且可以开发潜能。呼吸与意念结合直接走脑子（修上田）。神气合一，内有玄妙。

4. 返璞归真胎息法

返璞归真胎息法是在一般胎息法的基础上向高层次习练的方法，是脱胎换骨、超凡入圣的上乘功法。圣人曰：胎者，胎其神也；息者，息其气也。故"胎"字指的是："神之泰定，不动不摇，不忧不惧，不思不想，如婴孩之处母腹一般"。"息"字指的是："粗气绝灭，亦是外气不行，气即不引，自然百脉中和，一片光明"。月动由于水漾，神摇由于气牵，水澄则月明，气定则神慧。在玉液还丹中，始终不外神气相抱，不出不入，如女之怀孕然。而亦唯有依此神不离气，气不离神，气气相依，方能达于大定，而内丹自成，故曰胎息。

(1) 古人胎息修炼法决

①张景和胎息诀："真玄真牝，自呼自吸，似春沼鱼，如百虫蛰，灏气融融，灵风习习，不浊不清，非口非鼻，无去无来，无出无入，返本还元，是真胎息。"此述丹道胎息之景象。

②赤松子胎息诀："气穴之间，昔人名之曰生门死户，又谓之天地之根，凝神于此，久之元气日充，元神日旺，神旺则气畅，气畅则血融，血融则骨强，骨强则髓满，髓满则腹盈，腹盈则下实，下实则行步轻捷，动作不疲，四肢康健，颜色如桃，去仙不远矣。"

③幻真先生胎息诀："三十六咽，一咽为先，吐唯细细，纳唯绵绵，坐卧亦尔，行立坦然，戒于喧杂，忌以腥膻，假名胎息，实曰内丹，非只治病，决定延年，久久行之，各列上仙。"②③二诀，是以腹式呼吸为胎息，后者重在述其练法，前者重在述其效验。

④太始氏胎息诀："夫道，太虚而已矣，天地日月皆从太虚中来。故天地者，太虚之真胎也；日月者，太虚之真息也。人能与太虚同体，则天地即我之胎，日月即我之息，太虚之包罗，即我之包罗，岂非所谓超出天地日月之外，而为混虚氏其人欤。"

⑤性空子胎息诀："我之本体，本自圆明，圆明者，是我身中天地之真胎也；我之本体，本自空寂，空寂是我身中日月之息也。惟吾身之天地有真胎矣，而后天地之胎与我之胎相为混合，而胎我之胎。惟吾身之日月有真息矣，而后日月之息与我之息相为混合，而息我之息。惟吾之本体既

虚空矣，而后虚空之虚空与我之虚空相为混合，而虚空我之虚空。"④⑤二诀，是以体呼吸为胎息，行此诀之窍要在于自身与太虚混融。

(2) 传统胎息修炼法

①双眼相交胎息法：左目属阳，右目属阴，二目对视（双眼相交），产生神光。神光照视气穴，久而久之，气足丹成。具体方法：习练者入坐后，放松全身，轻闭口唇，舌顶上腭，息心静虑。然后用双目相交对视正中鼻梁根处的外光，把心意定在双目中心。观光不可用力，而是轻松自如地看，观到双目发胀，或者模糊不清时，才是阴阳二气集中的景象。再闭目沿眼眶周转眼珠，把阴阳二气聚成圆形。左升右降转36圈，为巩固阳气，再睁眼左降右升转24圈，退化阴气。转完之后，闭目内视祖窍穴中圆形。约5分钟，这时口中会产生金津玉液，然后用天目穴吸气，气光向下沿中脉线路直贯下丹田（口中的津液也随神光送入气穴，这叫聚津成精），随着目光照视下丹田（气穴），做到一念不起，三元归一（即神光向里照气穴，耳朵向里听气穴，意念向里守气穴）。意想丹田空空荡荡，吸气时意到气穴，呼气任其自然，这样反复体会。大约经过三个月的习练，才能感觉双目中心含有小气珠，这是神光产生，是性光初显（混元太极叫气丹）。

欲达到以上境界，习练者必须得有耐心和毅力。在功中如觉有阳物勃举时，是精气冲动的"产药"信号，这时要辨别清浊采练。没有一丝杂念的阳举，采练出口水，咽入气穴封存运化，是练丹的真清原料。采练的方法为，阳物力量疲软，是微阳（小药）过嫩，不宜采取，可用神光协同真意由阳物动处，引回气穴，照视穴中虚空境界。这种过程，要循环多次，微阳经过多次积累，就会达到阳物举而挺胀，进入不老不嫩的阶段，这时应立即采取烹练。用意将它由动处采回丹田，略停，然后吸气用意引导精气，从下丹田直接运向尾闾，沿督脉上升到百会稍停，呼气从百会下降到下丹田，这样周而复始转动，不计其数，直至阳物缩小即止，这是小周天炼精化炁的妙法。

②心肾相交胎息法：心肾相交是在双眼相交的基础上习练的。心神属阳中阴，肾气属阴中阳，心肾相交，产生精气，化生津液，濡养五脏。

具体方法：当习练者入坐安定后，使外来精气与神光相交，绵绵密密，存于丹田，心无一物，混混沌沌。忽然一动，元气显于丹田。元气在丹田中灵动活泼，宛转悠扬，美在其中，畅于四肢，如痴如醉。元气大动时，用意往后一引，元气上升于脑，停止片刻，此时心轮（中丹田）吸气，真气沿中脉线路直贯下丹田（口中的津液也随之送入下丹田），这时就会感觉鼻息似有似无，只觉元气后升前降，上下往来循环。这就是心肾相交的景象，也就是所谓"要得谷神长不死，须从玄牝立根基"。谷神就是双目中收神光的元神，玄牝是心肾中间门户。元气在虚无的心肾门户中，一上一下，一往一来地盘旋，才能建立真胎息的根基，是心肾之初交。

在上面习练的基础上，意念中丹田推动真气沿中脉线路周围逆时针方向转圈，从上至下，密密匝匝，慢慢旋转至下丹田，稍停，再从下丹田沿中脉线路周围顺时针方向转圈，从下至上，如此反复，直至忘却后天呼吸，放弃任何后天意识，让真气在中丹田至下丹田自动往来，一上一下，形成节律。转圈可以由小到大，但大不出体，神光和意念一起转动，达到"心肾相交，水火既济"。这也是炼精化炁、还精补脑之心法。《胎息诀》曰："运心肾两气，上下往来，交媾于中宫，诸神不散，温养元气，丹砂共同芽自出，深根固蒂，永息绵绵，久而长生，去世得道矣。"混元太极道诀指出："神是心中之神，气是肾中之气，神气合一修大道。"

③天人合一胎息法：天人合一胎息法是在心肾相交的基础上习练的。内气属阴中之阳，天气属阳中之阴，二气相交（天人合一），产生内丹，化全身之阴，炼成纯阳之体。具体方法：百会吸气，真气沿中脉线路至下丹田，稍停，然后下丹田轻轻呼气，真气沿中脉升至上丹田。如此反复，直至忘却后天呼吸，真息在上、中、下三个丹田自动往来，一上一下，形成节律。由节律胎息进入忘息，也就进入了入定的状态，似睡非睡，似觉非觉，恍恍惚惚，空空荡荡，人在气中，气在人中（子、午、卯、酉，真气沐浴周身）。神光照上丹田，清清亮亮，虚灵明镜；神光照中丹田，空空荡荡，心包天地；神光照下丹田，若有若无，一片光明。师曰："混元一气吾道成，道成莫外五真形，真形内藏真精神，神藏气内丹道成……"

古人认为："虚空是一个大宇宙，天地上下距离八万四千里，上面三万六千里称天气，下面三万六千里称地气，中间一万二千里，称天体混元"；"人体是一个小宇宙，心肾距离八寸四，心距混元三寸六，心气连接天，肾距混元三寸六，肾气连接地，中间一寸二称人体混元"。习练者到了胎息的上乘功夫，必须由人天混融到天地人合。当功夫练到深层次后，身体内会发生质的变化，产生一种无形的能量，在意识的导引下，能达到聚则成窍（炁丹），散则成气（炁光）。这种宝贵物质（能量）受自身意念支配，使人如时能进入状态，运行全身，内养脏腑，外通百骸，祛病强身，开发潜能。而此时如结合"止观"（六妙法门）习练，那进步就会更快。

(3) 返本还源胎息法

返本还源胎息法是在"古人胎息修炼法决"和"传统胎息修炼法"的基础上习练的。初层功夫"以丹田为炉，以气穴为鼎"；中层功夫"以虚空为炉，以太极为鼎"；上层功夫"以混元为炉，以身心为鼎"。本法百会与会阴形成通天彻地的无形气线，连于虚空母体，合于脊柱（脊柱是人体的支柱，若脊柱练得通明透亮了，实际上是"心"明了），虚空混元气（太和元气）源源不断地进入体内，收天地之精补我之精，收天地之灵气补我之真气，收天地之神补我之神。意照下丹田，躯体混元气向脏真混元气转化（炼精化炁、元炁洗髓）；意照中丹田，脏真混元气向神意混元气转化（炼炁化神、五气归元）；意照上丹田，神意混元气统帅人的生命活动（炼神还虚、净化心灵）。天地人合，合于混元；五心相合，合于混元；三田相合，合于混元；五脏的脏真之气相合，合于混元（炼虚合道、返本还源）。任督通则八脉通，八脉通百脉皆通。在状态中感觉到脊柱像一根日光灯灯管一样通明透亮，十二经脉练通好像十二条大河，奇经八脉是与十二条大河相通的湖泊，任督二脉是湖泊大河的主干。功夫到此，玄关窍开，习练者方可步入太极大道之门。

诗曰："道生太极气育功，无极生化圆与空；观守吐纳调阴阳，开合升降妙无穷。纳尽日月天地气，采得丹药不老翁；一生勤奋能得道，浩浩然然混元中。"

第三节　调心是练好混元太极拳的根本

人不同于一般动物的一个重要标志是人有意识，而意识对于习武（修道）的效应起着决定性的作用，调心的中心内容是意念的集中和应用。练功就是把自己的思想、情绪、思维意识与功法的要求统一起来，排除杂念，使大脑活动有针对性地高度集中，从而进入一种虚空、轻松愉快的境界。习练混元太极拳的各套路、桩法都要求调整习练者的心态，做到心平气和。古人说，淡泊明志，宁静致远。调心的目的就在于妄心的调伏，妄心调伏则智慧明朗、身心健康，故修炼之人行、住、坐、卧无处不在调心。

一、调心的含义

从字义上讲，"心"指的是心意、思维、意识、道德等，调心，顾名思义就是调节人们的心理活动。心理学认为："人的意识是整个心理活动的总和。"所以，调心要从运用意识和修养意识入手。如果说习武（修道）中的理、法及运用意识是在人的意识原有层面进行的话，那么修养意识就是直接针对意元体的修炼。道家说："圣人常无心，以百姓之心为心。"儒家有："正心、诚意、修身、齐家、治国、平天下。"佛家以"大悲之水浇益众生则能成就菩提华果！"这些都说明习武（修道）到达一定层次就需由"小我"上升到人我平等、物我同观的"大我"。一个人能修炼到在大自然以天地之心为心，在社会以百姓之心为心，达到心包天地、心包太虚的胸怀，这才是真正的健康长寿、和谐自控、自由自觉、美满平等的人生境界。

1. 运用意识

"意识"一词，本源于佛家，在此之前，我国古代称之为心、神，泛指高级神经活动。"意"是指人的意念、意思、心思、心愿、思想、思量、思考事物等，"识"指认识、知识、见识、知道、分辨、区别、明了事物等，意与识都是心的功能，是心境作用的体现。心、意、识三者虽有区别，但又是一体。佛家小乘经《俱舍论》中讲："心、意、识三者，所诠之意虽异而体是一炉。"在《大乘义章》中又说："识者，神之别名也。"意和识连在一起就成为一个专有名词，即"意识"。

古人把"外向"性的意识活动称为"人心""欲心"等，把"内向性"的意识活动称为"道心""清净心"等。这就是我们习武（修道）时的集中意念和日常生活、工作、学习中的集中注意力的差别。然而这二者又不是绝然割裂的，是有联系的。可以说"内求"是为了修身，是本，是体；"外求"是为治学，是末，是用。本强则用广，故习武（修道）过程中运用意识的锻炼，将会大大提高日常生活、工作、学习中运用意识的效能。当习武（修道）达到天人合一的境界时，便无外无内，这时工作、学习及处理日常事物都是修炼，"内求"和"外求"已合二为一了。运用意识是习练混元太极拳的关键与核心，习武（修道）就是通过主动地内向性运用意识，来达到改变、增强人们身心素质之目的。

2. 修养意识

在传统功法中，"修养"一词作为动词使用，是修、养二字之义的总和。古练功家认为修字、养字都是功夫，"修"指修行、修持、修炼；"养"指炼养、涵养、养育。修养二字一般认为是修持炼养之总和。"修"多指修德而言，"养"多指养神、养气而言，故有"德要修，气要养"之说。修养又可看成是"修真养性""修心养性""修道养真""修身养性"等的简称。在传统功法中，把修养视为超凡入圣达真的根本内容。儒家以"内圣外王"为修养目的，要达到"天人合一"的圣人气象。道家强调修养自身之道以合天地之道，达到"上与造物者游，而下与外死生、无终始者为友"的先天境界。佛家则主张出世间，修"八正道""戒、定、慧""六波罗密"等，无不属于修养工夫。

在传统功法里，先辈反复教导修炼者，一定要"未炼还丹先炼己，未修大道先修心"。黄元吉进一步指出："只徒炼丹，不先炼心，吾见未有成也。由是以思，人之炼心，第一难事。"《唱道真言》对此阐述得更加清楚，说："炼丹先要炼心，炼心之法，以去闻思妄想……吾心一念不起，则虚白自然相生，此时精为真精，气为真气，神为真神……以神合气，静养为功，孟子所谓存心养性是也；以气合神，操持为要，孟子所谓持其志勿暴其气是也；以精合神，清虚为本，孟子所谓养心莫善于寡欲是也……此入门下手之法。"该书指出炼心性和修丹浑然一体，相辅相成，相互为用，修丹者不可忽视心性的修炼。为此《唱道真言》作了生动的比喻："奈何世之师家，但知炼命，不知炼性；但知无关闭气，移炉换鼎之法，不知性始真空浑然无物之理。所结之胎原是凡胎……无可奈何，只得重做工夫，使这孩子，重去修真学道，重去明心见性……此所谓因其本而反求其末也。譬如一人本原虚弱，兼带风寒，盲医无识，但去补其虚弱，连这风寒通补在内，病何由去？仙家炼命之学，补原之药也；炼心之学，去病之药也。欲要炼命，必先炼性；欲要补元，必疏其杂病而先去之。此一定之理也。"所以说修养意识既是习武（修道）的基础，又是功夫练到高层次净化心灵的根本。

二、混元太极拳借鉴佛道儒三家"调心"心法

混元太极拳的调心借鉴了佛、道、儒三家之精髓，习武（修道）不离调心，即《金刚经》所云"降伏其心"也。混元太极理论认为，勤学研炼是基础，运用意识最关键，涵养道德（净化心灵）为根本。

1. 佛家"调心"

佛家认为"心"是真实之心，就是常住不变的真心，是自性清净心，如来藏心，真如本体。这个心"不在心，不在脑"，不在中间及内外，其实又无处不在，佛家一切唯心（万法唯心）就是这个心。《金刚经》说："应无所住而生其心。"又说："心生种种法生，心灭种种法灭。"世界上万事万物，小至吾人思虑心所思虑之法，集起心所集其之法，大至山河大地，虚空人物，无一不是此真实心所显现者，这个心是万法之根本，明白了这个心，可以说是"明心"，洞察这个心的体性，才可以说是"见性"，然后才可以渡生死流到达涅槃的彼岸。

人的心念活动可简单地归纳为三层：一是感觉，如由身体产生的病痛、快感、饱暖、饥寒等；二是知觉，由感觉而引发的联想和幻想等活动；三是觉知，如心里莫名而来的情绪、痛苦、烦恼等。不论是感觉、知觉或觉知都叫一念，若能够做到在念念之间，或起心动念的每一刻，自己都能观察清楚，再无不知不觉的状态，就可体察到心理活动分为三个阶段：前一念头已经过去，叫作过去心；刚来的念头，叫作现在心；还没有来的，是未来心。由此可知心中的一切都是庸人自扰。看来好像是"我"的一连串思维活动，实际上也只是像电流、火花、流水一样，都是由无数接连不断的前后念的因缘形成的一线，如镜中花、水中月。由此渐渐进入似有非有、若有若无的状态。内观其心、心无

其心，外观其形、形无其形，远观其物、物无其物，在大自然以天地之心为心，在社会以百姓之心为心，物我两忘，人我同观。自然而然达到"应无所住而生其心"，其实就是"因无所执着而生清净心"。

2. 道家"调心"

道家认为修道的关键在于修心，得道的关键在于自心得道。通过习练，心常清净，达到清净无为，无为而无不为的境地。老君曰："内观之道，静神定心，乱想不起，邪妄不侵；周身及物，闭目思寻，表里虚寂，神道微深；外观万境，内察一心，了然明静，静乱俱息；念念相系，深根宁极，湛然常住，杳冥难测，忧患永消，是非莫识。吾非圣人，学而得之，故我求道，无不受持，千经万术，惟在心也。"又曰："道之道，尽于天矣；天之道，尽于地矣；天地之道，尽于物矣；天地万物之道，尽于人矣。"邵雍《自余吟》曰："身在天地后，心在天地前。天地自我出，自余何足言。"在他看来，"天地之心"即"人之心""吾之心"。人居天地之中，心居人之中，心在天地之中即在人之中。习练混元太极拳求大道，在大自然，以天地之心为心；在社会，以百姓之心为心。所谓"心包天地，心包太虚"，就是指"心即道也，道生万物也"。

《太上老君清静心经》说："道所以能得者，其在自心。自心得道，道不使得。得是自得之道，不名为得。故言实无所得。"又说："道不得者，为见有心。既见有心，则见有身。既见有身，则见万物。既见万物，则生贪著。既生贪著，则生烦恼。既生烦恼，则生妄想。妄想既生，触情迷惑，便归浊海，流浪生死，受地狱苦，永与道隔。人常清净，则自得道。"《太上老君内观经》说："人之难伏，唯在于心。心若清净，则万祸不生。所以流浪生死，沉沦恶道，皆由心也。""虚心者，遣其实也；无心者，除其有也；定心者，令不动也；安心者，使不危也；静心者，令不乱也；正心者，使不邪也；清心者，使不浊也；净心者，使不秽也。此皆以有，令使除也。四见者：心直者，不反覆也；心平者，无高低也；心明者，不暗昧也；心通者，无窒碍也。此皆本自照者也。粗言数者，余可思也。"所以教人修道，必修心也；教人修心，即修道也。故而大凡修道，必先修心。修心者，令心不动。心不动者，内景不出，外景不入，内外安静，神定气和，元气自降。此乃真仙之道也。

3. 儒家"调心"

儒家倡导"内圣外王"的思想。内圣，即内明之学，外王，即外用之学，在内明与外用的功夫及学养之中，正心是关键。古人云："息心明理儒之极。"儒家讲"息心明理"，即把心安定下来，然后去考察事物，明了事理。息心的"息"字，从精神方面讲，息就是休息。"心"上头一个"自"就是"息"，找自己的心，让自己的心和自己结合一下就是息。这样一想就是内向性运用意识，即自己首先要明白自己的心，也是儒家修道的根本。

《大学》讲"格物致知"，好多人把格物理解为克除精神里面的各种杂念，有的则说是变革事物。而事实上应该是这两种解释结合起来，即把你的精神安定下来，去观察事物、变革事物，以明了道理。如此去增长智慧，最后达到豁然贯通的境界。朱熹在《观书有感》中的两首诗是儒家调心的代表。师曰："半亩方塘一鉴开，天光云影共徘徊。问渠哪得清如许，唯有源头活水来。"又曰："昨夜江边春水生，艨艟巨舰一毛轻；向来枉费推移力，此日中流自在行。"这是祖师调伏了心之后，以那种自由自在、任运自然的境界来说明道是需要用身心来实证的。

三、练混元太极拳须性命双修（调心与调身的关系）

混元太极点破"存心凝神，凝神聚津，聚津成精，炼精化炁，炼炁化神，炼神还虚，人天混融，天人合一……"之诀窍，并指出"意引气、气引形、形引气、气动意"的整体练习过程就是体内气机（能量）转化的过程。这个过程同时也是主动运用意识的过程。

1. 调身与调心是相辅相成

人的生命是神、气、形三者的统一体，其活动特征是神主意、意引气、气引形，对于形体来说，无形的神、意、气占主导地位。因此，在混元太极习练中，调神与调身相比，占主导地位的是调神。古人说："抱神以静，形将自正。"意思是说，只要使神达到真正的静，形体就自然中正了。但这并不是说，练功只着意练入静，而不管其他就可以达到修炼之目的。因为精神若达不到真正的静，"形"是不会自正的。普通人要想达到真正入静需要相当的练功过程，其不是一蹴而就的。因此对每个尚未达到"神静""形正"的习练者来说，不能以调神（心）代替调身。需知调整身形使之符合练功要求后能促进气血正常循行，有助于神的安静，所以调神、调身两者不能偏废。

《易筋经》指出："证正果者，其初基有二：一曰，清虚；二曰，脱换。能清虚则无障，能脱换则无碍，无障无碍，始可出定入定矣。知乎此，则进道有基矣。所谓清虚者，洗髓是也；脱换者，易筋是也。"又说："精气神无形之物也，筋骨肉有形之身也，必先练有形者为无形之佐，培无形为有形之辅。若专培无形而弃有形既不可，专练有形而弃无形则更不可。所以有形之身必得无形之气相依而不相违，乃成不坏之体。"

有人认为《易筋经》所言乃指动功而言，不足为凭。下面再引证几段道家功专著中的论述。《赤凤髓·跋》中说："夫善摄生者，导其血脉，强其筋骨，使营卫贯通，脉络通畅，自能合天地运行之晷度、阴阳阖辟之机宜。"古人说的"借假修真"即指此而言。《嵩山太无先生炁经》中说："是以摄生之士，莫不练形养气以保其生，未有形而无气者，即气之与形，相须而成。"由此可见，古练功家虽然重神、气，但从未忽视形。对此，陆彦浮真人说得最为透彻："神者生之本，形者神之容。道以全神，术以固形，神全而形固，则去留得以自如矣。"这与《易筋经》的讲法是完全吻合的。

2. 身心合一是修炼的本体

道家正宗世匠李道纯在他著的《中和集》中说："身心两字是药也是火，所谓天魂、地魄、乾马坤牛、阳铅阴汞、坎男坤女、日乌月兔，无出身心两字也。"又说："身心合一、神气混融、性情成片，谓之丹成，喻为圣胎。"陈泥丸亦说："以身为铅，以心为汞，以定为水，以慧为火，在片饷之间可以凝胎，此乃上品炼丹之法，本无卦爻，亦无斤两。"可见丹道正宗所谓练丹之高级境界，也即身心合一，进而达到形神俱妙之境地。

3. 形松意充是修炼内功的心法

在一般练功层次而言，形松，不需用力便可减少气的消耗，同时减少了对血管的压迫，易于血液的周流。意充，能使气随之而至，气充足则可使各组织器官物质之功能得以强化，血液濡养之功得以体现。形松而意不充，在静是为"空瘪"，在动则为"空描"，属有体而无用，是难以练出功夫的。唯形松意充，才能够神形兼备、体用两全。

就高级练功层次而言，要求形神俱妙。形臻妙境则能包容万物，与物兼容，而无阻碍。欲达此境则需从松、透二字上下功夫。神臻妙境则能察万物、入万物。欲达此需从充、透二字上下功夫。形神俱妙则能入、所入为一，能容、所容为一，当神意充透到形中时，则形已被贯透而松通。形神是一个事物的两个不同方面，两者俱臻妙境则二妙合一，显则神气入于形，隐则形气入于神，隐显自如，超然自在。

对人的生命来说，神、气、形三者是一个统一的整体，缺一则不成其为人，此三者本身功能不同，但并无高低贵贱之分。修炼的目的在于强健身心，开发潜能，为人类多做奉献。而强健身心，形体的锻炼对于当代修炼者来说就是必不可少的，对青少年来说尤其如此。其次，和办一切事情一样，修炼讲究循序渐进，由浅入深，由初级到高级。突变只能是渐变的积累，"顿悟"是以渐进为基础的。

对大多数人来讲，修炼最困难的是入不了静，觉得"静"字太玄妙了，无从下手，无迹可循，而人的形体是看得见、摸得着的，形体的运动是有迹可循的。因此，如果从形体运动入手，在引动形体的过程中合理地运用意识，使人们逐渐地体会、理解修炼的要义，正是初学入门的捷径。若因其"初级"而耻为之，这本身就违背了"道"的本性而落于下乘了。

如前所述，一个人修炼能否臻至上乘，其关键在于道德与意识的修养，而不在于是有形还是无形。实际上，在日常生活中应时时注意调整自己的身形，使之符合练功的要求，也可以说是道德修养的一部分。《管子》说得好，"形不正，德不来"，"正形摄德，天仁地义，则淫然而自至"。又说："德全于中，则形全于外。"因此，古人修身，是很讲究自身日常威仪的。"坐如钟，站如松"，"眼观鼻、鼻观口、口观心"之类的描述，正是人在日常生活中修炼的仪态。

四、练混元太极拳须体悟"六妙法门"（静坐禅修入大道）

"六妙法门"（又名小止观）是天台宗修证菩提道果之简要法门，也是十念法中的念安那般那的一种。隋天台智者大师为此留有专著："六妙门者，盖是内行之根本，三乘得道之要迳……今言六者，即是约数法而标章也。妙者，其意乃多。若论正意，即是灭谛涅槃……涅槃非断非常，有而难契，无而易得，故言妙也。六法能通，故名为门。门虽有六，会妙不殊。故经言：泥洹真法宝，众生从种种门入"。所以"六妙法门"也是佛门涅槃法门之一。

师曰："大道教人先止念，念头不止是枉然。"混元太极修炼"止观"的过程就是主动地内向性运用意识的过程，亦是修心养性、定慧双修的过程。又曰："止是禅定，观是般若，修止必须同时修观。"笔者皈依佛门已有50余年，曾在祖庭白马寺受三坛大戒，又为中国嵩山少林寺第三十四代弟子、禅法武学传人之一。笔者在筹化、证悟、创编混元太极期间（注：混元太极拳法、桩法、道法、器械以及系统理论圆融"儒、释、道""禅、武、医"为一体，由混元太极功入手修炼混元太极拳，直走混元太极道），跟随多位恩师学习研究过"六妙法门"及佛家诸多经典。笔者认为，一切佛法大小乘皆由渐修而入，顿悟法门也必须有渐修之基础。尤其在现代，社会更为繁杂，吸引人的身外之物愈发繁多，人之心也愈发难以定安，所以更应该重视渐修。而渐修是由心地法门起，心法的修持可分为内外两部分，即对外之为人处事（包含行造福众生之事），对内之心性涵养（如何变化自身气质），以此迈向菩提大道。

混元太极拳静坐禅修借鉴了佛家天台宗"六妙法门"。天台宗六妙法门属于"不定止观"。法门所以通称为"妙"，是说若人依此法门去修，不仅能超出三界轮回，更可证得一切种智（即成佛）。众所周知，呼吸是生命之根源，假使一息不来，便会立刻死亡，可见呼吸对生存之重要。六妙门的修持方法，首先就是教人在呼吸上用功夫，分为六个阶段：一数，二随，三止，四观，五还，六净。

下面是笔者对"六妙法门"几十年修炼的粗浅体悟，供混元太极拳修炼者学习参考。

1. 数

"数"，数息。吐出名呼，入内名吸，一呼一吸成为一息。首从第一息数起，当出息则数一，再出息则数二，乃至第十息毕，再回头从第一息数起，如是终而复始。若未数至第十，其心中忽想他事，忘记数目，则应停止再数，应当回头从第一数起直至第十，一一不乱，各自分明，如是乃为正当的数法。又应知，数入息时则不数出息，数出息时则不数入息。

关于计数也可以借鉴下面两种方法：①由一数至十，再由十倒数至一，如此反复，做到呼吸时只有数字没有其他杂念（1、2、3……10，10、9、8……2、1）。②由1、2、3、4……99、100……按次计数下去。这中间如果没有杂念妄想，数字没有差错，则心念配合呼吸就取得了初步的成功；如果在数息中间岔入其他妄想，则须再从头数起。

由于心息二者，相依为命，故有心则有息，无心则无息。又随心而有差别，心粗则息粗而短，心细则息细而长。是故数息日久，逐渐纯熟，心息二者，任运相依，心随于息，息随于心，觉心任运，从一至十，不加功力，心息自住，息既虚凝，心相渐细，遂觉数息为粗，此时可舍数息，当一心修随息（注：习练者感觉到"自身气息微小，心已入定，自证没有再数息的必要"，此时可以放"数"修"随"）。

2. 随

"随"，随息。修随息前，首应舍掉前面的"数"法。在静坐修炼中，当息入时，从鼻、口经咽喉、胸、心至脐部，意要随着；当息出时，从脐、心、胸、咽喉至口、鼻，其心也要跟着，决不放松一步。其心时时随息出入，息也时时随于心，二者如影随形，不相舍离。此时即如后世道家所说"心息相依"。心念与气息如同盐与面粉结合成一体。心念仿佛是探照灯，气息如飞机，飞机飞到哪里，探照灯就照到哪里。庄子说："常人之息于喉，圣人之息于踵。"此时心息相依，气息一吸即到足，产生轻快之感，不想下坐。但还未到禅定之境。

如此随息日久，其心更能凝静，息也愈微，此刻忽觉出入息与寻常不同。由于我们平时心粗，不能觉察到息之有异，而今心已入精微，便知息之长短、粗细、温寒、有无，更能感觉到呼吸从身体毛孔出入，如水入沙，也如鱼入网，风行无阻。这时身轻柔，心也怡然凝静，到了这个时候，对随息也心生厌倦，改而专心修止（注：习练者感觉到气息遍身出入，"心息任运相依，意虑恬然凝静"，此时应舍"随"修"止"）。

3. 止

"息"灭杂念称之为"止"。静坐修禅数息时，心静体松，呼吸自然。禅定功夫，必须达于"坐忘"。即忘了身体，忘了一切，才是定。修止可以令人妄念不起，身心泯然入定，由于定法持心，自能任运令心不散。止为定之母，功夫到了"止"，进一步就是四禅、八定与九次第定，则神通自然具有。如《法华经》中所说："父母所生眼，能观十方界。""静极光通达，寂照含虚空。"

前面修习"数""随"二门，虽能令粗念宁静，但细念仍旧波动。"止"则不然，能令心闲，不需谋诸事务。平时吾人之心，一向追逐外境，从未有停止过，如今要将其收束，不准它再活动，如以锁系猿猴，它自然不能乱跳。修止也是如此，如能将心念系在一处，也就不会胡思乱想了。

究竟将心系于何处呢？其一，可以止心于自身的鼻端，两目一直注视鼻尖，令心不分散。其二，专心系于肚脐或丹田。其三，止心于出入息上，息出时知其出，息入时知其入，如守门人，站在门侧，虽身未动，但能知有人出入。如此修止，久而久之，妄想活动自能停止。

理论虽是如此，但初学的人，功夫未能用至于此，实在不易入手。若人能有恒心，按照上面所讲"数""随"的方法，试用三五个月，功夫纯熟了，届时不仅能知何为修止，而且一修便能相应。静坐一两小时，身心不动，轻安愉快，非世间五欲可比。如若不老实修习，光是谈论定境，等于说食数宝，实在于己无益。

前面所说是系心法，目的在于将诸妄念制于一处，令心不驰散，但这仍是一种很粗浅的功夫。实际上既有所住之处，必有攀缘之心，因此，将诸妄念制服之后，便要弃止修观（注：习练者觉知到"身心泯然入定，不见内外相貌"，定法已经牢固，达到"任运不动"，此时舍"止"修"观"）。

4. 观

"观"即观察妄惑，达观真理。到了止而不修观，则与他门相同。佛法之异于他者，在于般若慧。慧从何来？从起观与修观而得。我们平时两目终日注视外境，所用的都是浮心粗念，当静坐禅修时，闭着眼睛向里看，耳朵向里听，意照体内。此时观察细微的息出息入，即如空中风，来无所从，去无所往，息既无所有，人生又从何得？以有气息，始有人生，今观身中之皮肉筋骨等，皆是虚妄不实。再观内六根对外六尘，于其中所领受的一切境界，都是苦非乐。由于六尘境界，全是生灭法，经常有破坏，一旦境过情迁，则苦恼心油然而生。再观平时所用之心识，也是生灭无常，刹那不住。一时想东，一时想西，犹如行客，投寄旅亭，暂住便去。若是主人，便会常住不动。而众生迷而不知，认客为主，迷妄为真。因此，有生死轮回，受种种痛苦。再观诸法无我，虽千差万别，总不出于地水火风之四大种。地大种性坚，能支持万物；水大种性湿，能收摄万物；火大种性暖，能调熟万物；风大种性动，能生长万物。此四者周遍于一切色法，所以称它为大，又能造作一切色法，故名为种。

　　吾人于未出生前，全由母体摄取氧气和营养，靠母体的四大种来维持自己生命。一旦出生后，便靠自己呼吸以取氧气，由自己消化以摄取营养，此则直接靠外界的四大种来长养自己的内四大种。如进食谷米菜蔬，经肠胃消化后，则变为皮肉筋骨等。如饮进汤水，则化为涕唾脓血等。假虚空之温暖，可使身体不冷不寒。依空气之流畅，始能形成口鼻之呼吸。常人妄认四大和合为我，其实，假如发毛爪齿是我，则谷米菜蔬便为我；若涎沫痰泪是我，则河流海水便为我；若周身暖热是我，则太虚温暖应该为我；若鼻孔呼吸是我，则空气流动便是我。唯事实不然，外四大种既然非我，内四大种又何曾有我？因为人生由外四大种转为内四大种，人死由内四大种变为外四大种，内四大种和外四大种并无差别，只是一息存在便是有情，一息不在便是无情。既然内四大与外四大均皆无我，我又处于何方，故观诸法无我。

　　若人能作以上四种观行，便可破除四种颠倒。第一，人生原是幻化无常，众生执以为常。第二，人生都要承受生老病死种种痛苦，众生以苦为乐。第三，四大本空，五蕴非我，众生妄认假身以为真我。第四，人生九孔常流不净，众生以为清净。上述四种颠倒，实乃众生生死的源泉。若人洞破其真相，自可免除生死痛苦。修观虽比修止更为高深，但与修还比较，则仍属浮浅，因而当修观相应之后，应更进一步去修还（注：习练者气息从毛孔出入，心住观境，"虽破除我执，但觉知不是真实得道"，此时舍

"观"修"还")。

5. 还

"还"是回转之意，回转到法身、般若、解脱。法身，乃心念清净的属体；般若，是圆满无瑕的属相；解脱，为千百亿化身的属用。"法身""般若""解脱"三样平等俱足，即称之为还。比如对人、对事、对物的执着，则非解脱。如白痴虽然形似解脱，绝无慧智。如非白痴，于得失，是非，人我之际，了无挂碍，如人辱我、欺我，不因此而生气，反生悯慈之心，即渐接近般若解脱，清净法身的境地。

前修观时，见入息觉其无所由来，观出息也察其无所往，俱见因缘和合方有，因缘别离则无。因有能观的心智，始有所观的息境，境智对立，不能回归本源。试问此能观之心智，究从何处生？若从心生，则心与观，应分为二，如父与子，为独立个体，但事实不然，由于前修数、随时，并无观心。若说从境生，则境是色尘，色尘无知，无知色尘何能生观？若此观是由心境共生，则应兼心境二者，一半属于有知，一半属于无知，如此则无情与有情混为一谈，于事实上便犯了相违过。照理能观之心智，实在从心而生，既从心生，应随心灭，既有生灭，则为妄幻。《楞严经》云："一切浮尘，诸幻化相，当处出生，随处灭尽。"外在的山河大地诸有外相，尚是虚妄，何况内在的六识能缘之心智，自然也如梦幻泡影，无有真实。

须知心之生灭，犹如水上起波，波的起落并非水的真面目，需待风平浪静始见真水。是以生灭之心，非是真心。真心本自不生，不生所以不有，不有所以即空。由于空的缘故，根本无有观心，既无观心，岂有观境，既知境智俱空，便与还相应，心慧开发，任运破除粗重烦恼。至此虽能达到返本还源，但仍存有一个还相，依旧是障碍，因此需要百尺竿头，更进一步，舍还修净（注：习练者心地生慧，返本还源，"觉知到若要离开境智而归到无境智，不为境智所缚的境地"，此时舍"还"修"净"）。

6. 净

"净"，是真正的净土。行者于静坐禅修六妙法门，必须要有善巧方便，否则，功夫实难进步。假如终日心猿意马，妄想纷飞，则应用"数息"，调伏身心。或时昏沉散慢，则用"随门"，明照息之出入，对治放荡昏沉。若觉气粗心散，当用"止门"，系缘一处，安守一境。如有贪嗔痴烦恼频生，可用"观门"照破无明，灭除诸恶。

以上诸门，能制止种种妄想，断除粗重烦恼，但是不能称为真净。欲得真净，必须了知内外诸法，皆是虚妄不实。毕竟无有自性于一切诸法上，不生分别，即微细尘垢也不起。不仅离知觉想，也无能修所修，能净所净，如太虚空，也不落于有无。作是修时，心慧开发，三界垢尽，了生脱死，转凡成圣，方为得到真净，即如得到净土宗唯心净土的资粮——"清净法身"（注：习练者由"静"入"定"，由"定"生"慧"；练就"身似金刚，心如明镜，由千变万化到万紫千红""修无上道，证菩提果"）。

混元太极拳修炼者若已达到了止观双运，定慧一体，则可一念之间俱足六妙法门。止为定之母，定为止之果。观为慧之母，慧为观之果。六妙门中前三步，数、随、止属于定学。后三步，观、还、净则属于慧学领域。一般以为数息做好之后才随息，随息而后才止息。其实不然，待修行有了功夫，可以一念之间即同时具备数、随、止、观、还、净。初学者在数息过程中，身心都会发生变化，常会发现身心病症，这些疾病潜伏在体内，经过修持才会渐渐地发觉。混元太极修炼六妙法门，必须悉心体会方能成就……不仅能达到"祛病强身、益寿延年"，而且能达到"定慧双修、开发潜能"之目的。

以上所述的六妙法门，乃是由近至远，从浅入深，逐渐达到不生不灭的境域。"数""随"二门，为修炼之基础。"止""观"二门，为修炼之关键。"还""净"二门，为修炼之根本。止如密室，观如油灯。有观无止，如风中灯，非但照物不明，恐为狂风熄灭。若入定室，离狂散风，慧灯方能烛照，破无明黑暗。又止能降伏三毒烦恼，但不能断除其根，犹如用石压草，石去草还生。观能破除众生的心中烦恼，如用利刀可以斩草除根。若心猿意马，为妄想所扰，非止不能息。若昏昏糊糊，为沉病所缚，非观不能明。止能放得下；观能提得起。止如澄浊水；观似日照水底。止能除妄；观能显真。止是禅定，能令其心不摇不动；观是智慧，能达诸法当体本空。又诸恶莫作即是止；众善奉行即是观。是故止观二法，可以赅罗一切行门。无论念佛、参禅、礼佛、诵经、慈悲喜舍、利己利他，皆不离此二门。止观二者，如鸟之双翼，车之两轮。

鸟有双翼，则能飞翔天空；车有两轮，则能远行千里。故此，止观二法，合则双美，离则两伤，彼此辅翼，缺一不可。若偏于定，则是枯定，若偏于慧，则是狂慧。要止观双修，定慧均等，始可脱离生死苦海，到达究竟涅盘彼岸。

故《璎珞经》云：三贤十圣忍中行，唯佛一人能尽源。《法华经》言：唯佛与佛，乃能究尽诸法实相。此约修行教道，作如是说。以理而为论，法界圆通，诸佛菩萨所证法门，始终不二。故《大品经》言：初阿后荼其意无别。《涅槃经》言：发心毕竟二不别，如是二心先心难。《华严经》言：从初地悉具一切诸地功德。

诗曰："虚极静笃恍惚中，觉照之心长明灯；一尘不染坐宝莲，一念不起万象空。至道之精窈冥冥，存心抱神主人翁；海涵春育见真性，清净无为法身藏。"

第二章　混元太极拳十大理论

混元太极拳不同于普通的拳种，要求"以养为主，练养结合""以内为主，内外兼修""腰为主宰，松腰开窍""形神相合，禅武一体"，由太极功入手修炼太极拳直走太极道，并将中华传统文化和现代科技文明有机地结合在一起，以此研究人体生命科学，指导人们通过科学的锻炼获得身心健康。故此要有正确的理论指导，方能步步进取，终而成就。混元太极拳十大理论是笔者在"传统太极拳十大理论"和"李光昭老师太极拳道"的理论精髓基础上，结合自身实践体会，进一步研习得来的结晶，供混元太极拳习练者学习参考。

第一节　混元太极拳的十大理论名称

一、拳之论　二、精之论　三、气之论　四、神之论　五、心之论
六、意之论　七、理之论　八、情之论　九、招之论　十、道之论

第二节　混元太极拳的十大理论详解

一、拳之论

"拳"，在这里指的是拳术（混元太极拳术）。古人云："大匠育人，必示之以规矩"；又云："没有规矩不成方圆"。在混元太极拳习练实践中，同样要讲规矩、明规矩，然后守规矩，按照规矩勤学研练，谨遵明师指导，悉心体会每招每式的气流运行，做到分而有数，变而有象，列而有位，散而有质，如此苦下功夫，方能强身健体、益寿延年、开发潜能，从而获得

应有的效果。

1. 无极而太极

《太极拳论》指出："太极者，无极而生，阴阳之母也。"又指出："未有天地以前，太空无穷之中，浑然一气，乃为无极，无极而太极。"《周易正义》中说："太极为天地未分之前，元气混而为一，即太初，太一也。"《性命圭旨》中说："天地以混混沌沌为太极，吾身以幽幽冥冥为太极。天地以此阴阳交媾而生万物，吾身以此阴阳交媾而生大药。大药之生于身，与天地生万物不异，总只是阴阳二气一施一化而玄黄相交，一禀一受而上下相接，混而为一，故曰混沌。"

《道脉图解》中指出："无极者，无形也，无名也，无量无边，至虚至灵，静极不动之理天也。此理，虽神妙以浑然，实条例之分明，至无能生至有，至虚能御至实，为宇宙万物之本源。视之无形，而能形形；听之无声，而能声声；超乎九天之上，贯乎大地之下；虽不离乎气，亦不杂乎气；贯乎太极之中，包乎太极之外；寂兮寥兮，独立而不改；杳兮冥兮，万劫而不坏，为天地之中，万物之始祖也。"

古代道家用"○"形象地代表无极，表示宇宙原始混沌之气。为了进一步表示阴阳转化、相生相克、动中有静的丰富内涵，将混沌之"○"内分为黑白两部分，即阴阳，好似黑白两条首尾相接的阴阳鱼，此即太极图。白色"阳鱼"中有黑色鱼眼，表示动阳之根；黑色"阴鱼"中有白色鱼眼，表示静阴之根。以此表明宇宙万物健运不息的涵义：动则生阳，动到一定程度，便出现相对静止，即阴；静则生阴，静到一定程度，便出现相对运动，即阳。如此一动一静，一阳一阴，相互对立，又互为其根，彼此消长，又互为转化，运化于无穷，从而科学地揭示了宇宙间事物发生发展的变化规律。

据说，当年张三丰等祖师就是依据"太极"阴阳变换的原理和太极图的丰富内涵创编了太极拳。太极拳早期曾被称为"长拳""绵拳""十三势""软手"等，后因其以太极阴阳之理来解释拳理，故取名为"太极拳"。混元太极拳则是笔者在研究中华传统"混元"理论、"太极"理论及传统太极拳套路的基础上，圆融佛学、道学、儒学、武学、医学、哲学及现代科学等诸家文化思想，并汲取古今多家拳法之精、功法之髓、习练之诀，经过深入挖掘、系统整理及多年实践编创而成的。

2. 练拳实是练权

民间流传"天下功夫数少林，刚柔相济化太极"一说，这是对少林与太极两门功夫的评语。有人说："少林功夫三年击败人，太极功夫九年不出门"；又说："年打万遍拳，功到自然成"，其中"打万遍拳"指的就是练太极拳。这说明太极功夫比少林功夫难练，然一旦成就，威力无比。真正的太极由太极功入手修太极拳直走太极道，是中华武学（拳功一体、内外兼修）之上乘功夫。

练过混元太极拳套路、桩法的人都知道，在开合升降运行时，大多数动作其掌指都是舒展开的，只有不到十分之一的架势中，手指卷曲成拳形。而且，这些手握拳形的招式其名称又都不是拳，而是捶，如：搬拦捶、肘底捶、撇身捶、指裆捶和栽捶（合称：太极五行捶）。综观太极拳各式拳架，从起势至收势，无一式称之为拳。因此，有人会问：为什么太极拳不称为太极掌、太极捶或太极操呢？

万物分阴阳，拳也不例外。掌指相握而成拳，这个拳称之为显拳或阳拳；同时，还有一种看不见的拳，这个拳称之为隐拳或阴拳（包括太极桩和太极道手法在内）。而阴拳才是混元太极理论（武学和道学）中要阐述的拳。阴拳究竟是什么呢？拳者，权也！

在古代汉语中，"权"字作名词用时为"秤锤"之义，也为秤，如《汉书·律历志上》："权者，铢、两、斤、钧、石也，所以称物平施，知轻重也。""权"字作动词用时有"称量"之义，如《孟子·梁惠王上》："权，然后知轻重。"师云："练拳似练一杆秤，功夫含在秤杆内。"拳学理论指出："……招招势势，无处不拳；行住坐卧，无拳不学；拳内藏权，无刻不练；千真万术，无不权也……"

笔者通过几十年太极的修炼，越来越体会到"练拳实是练权"的深刻含义。比如杆秤作为民间的一种日用衡器，在中国已经存在几千年了。杆秤有秤盘、秤杆，秤杆上有定盘准星及表明物质重量的秤花（刻度），还有秤砣（秤锤）。秤盘不加重物时将秤砣放在定盘准星的位置上，提起秤把，秤是平衡状态。如果秤盘放上重物，并不需要增加秤砣的重量，只需要移动秤砣的位置即可达到新的平衡，也就称出了放入物体的重量。俗话说：

秤砣虽小压千斤。秤平衡后，如拨动秤砣向外稍一移动，秤盘连同重物就会被向上举起；反之拨动秤砣向里稍一偏移，则秤盘连同重物顷刻向下沉坠。这正是《太极拳论》中所说的："察四两拨千斤之句，显非力胜"。

以太极拳在技击方面的应用而言，对方与我接手，即可体察听劲。"动之则分"，接对方之处为秤盘，百会至会阴之中线是秤杆，自身之单重是随时可调的秤砣；秤盘、秤杆、秤砣悉数分清，各司其职；且"无过无不及、随曲就伸""动急则急应、动缓则缓随"，在动中调整秤砣找到平衡点，即"静之则合"。这种平衡状态达到了"一羽不能加，蝇虫不能落"。平衡的瞬间，即"合即出"，应机贵神速、毫不迟疑，只要稍拨秤砣，重物即被抛起或坠地，对方必败无疑。李亦畲老师在《五字诀》中说："称彼劲之大小，分厘不错；权彼来之长短，毫发无差。"这是非常精辟地阐明了秤的原理即拳之理，故拳者权也。

天地之间人是直立行走的，其行走之时重心虽在变动之中，全身之力，仍得平衡。人之所以能够直立行走运动，全赖力与力之间的平衡。这是通过神经中枢调动肢体运动，从而达到人体各部重力间平衡的结果。一旦这种平衡被打破，人体必然难以维持平稳而跌倒。普通人因缺乏练习，在与他人直接的身体对抗中很容易被外力所制，既而难以平衡。而太极拳拳法习练归根结底就是通过贯彻"静、轻、慢、切、恒"的要求，从盘拳架入手，去僵催柔，重新整合人的神、形、意、气，充分调动人体潜能，使之达到新的平衡状态，从而在揉手（推手）技击中，节节贯串，在维护自身平衡的前提下迅速有效地打破对方的平衡，制服对方。

3. 混元太极动静如一

混元太极拳每招每式一动以腰带动，全身无处不动，上下相随，内外相合。百会至会阴似有一根无形的气线连于虚空母体，收虚空更多的能量为己所用。混元太极的习练，除了每日行拳走架、揉手听劲和桩法练功之外，更要修炼功夫生活化，做到行、住、坐、卧，无时不悟，无刻不禅，无处不权。万物各具一太极，人体处处皆太极；若人问起太极拳，拳在拳里亦拳外；拳内之功心中悟，拳内之妙拳外得。习练时，眼前无人似有人；实践中，眼前有人似无人。全凭心意用工夫，从节节放松至节节拉开到节节贯通。

混元太极拳从桩法到套路，动作千变万化，层次井然。每个动作皆有起有落，起是动的开始，落是暂时的静。外形静时内气欲动，内气静时外形欲发。自始至终，绵绵不断，招招式式，周而复始，变化无穷，如行云流水。形断气不断，气断意不断，意断神相连。由招熟而渐悟懂劲，由懂劲而阶及神明。在行拳走架时要以心意为本、身体为末，即以心行气、以气运身。待招式动作纯熟、通顺、连贯、协调以后，要平心静气地用意运气，轻轻开始，慢慢运行，默默停止，静心想着阴阳开合，静心听着天机流动，静心看着浩气旋转，周身上下浑然不觉，四肢百骸，荡然无存。"不知身之为我，我之为身"，唯有心中一片觉明景象，逐渐达到始于无形，归于无迹的无极太和之原象，此境界是习练混元太极拳之上乘功夫。

二、精之论

"精"，在这里指的是精力（生命），是人体各种精微（最精华的细微）物质的总称，是人体生命的根源。欲求长生主要在于保精，精为命根，精盈则寿长，精漏则命伤。顺则成人，生老病死；逆则成道，超凡入圣达真。

1. 精是人体生命之本

精，不仅关系着正常的生命活动，而且关系着抵御外邪的能力。《内经》指出："夫精者身之本也，故藏于精者春不病温。"习练混元太极拳所讲之精，主要是对生殖之精与元精而言。生殖之精也被称作后天浊精，由元精转化而来，它包括精子、卵子以及性激素，甚至每个细胞的遗传基因也包含在内。此精是生命的根本，是遗传的物质基础，它很重要，但属于后天凡质而非炼丹所用。"此精不是交感精，乃是玉皇口中涎"，只有百日不泄精才能筑起练功的根基。

元精是无形无象的特殊状态，与元气无大区别。黄元吉说："何谓元精？此精自受生之初，阴阳之气，凝结一团，如露如珠，藏于心中为阴精，即天一生水也，其未感而动也，只一气耳。及乎有触而通，在肝则化为泪，在脾则化为唾，在肺则化为涕，在心则化为脉，在肾则化为精，寒则为涕，热则为汗，闻则生津，尝味垂涎……唯一念不起，一心内照，则窍俱闭。元精无渗漏之后，久久凝炼，则精生有日，如春暖天气，睡熟方醒，一团温和热气，常发于肾阴之中……则元精常住。"混元太极的习练，就是要增强驾驭这部分精气的能力，并把它更好地用到生命活动中去，从而增强人的生命力。

混元太极拳把百日不泄精视为筑基的重要内容，因为只有充足的精气，才能达到积极化气的效果。精之保养，关键在于戒淫、寡欲。保精除寡欲外，尚需注意保养神与气，因为气虚易致精失固摄而下泄，神不守舍易致精流溢。习练混元太极关键是定心。神本无体，与气为体；精无定形，以意而形。心苟不定，一身之气，汤沸火煎，莫能止息，则气驰神耗，精必无内以生。精既不生，性必昏而不明。苟能心定，再施以功法，则精自能充足。

2. 清心寡欲善养筋骨

中医认为，"欲多则损精"。纵欲不但丢失过多的精液，同时也损及五脏之精，致使"肝精不固，目眩无光；肺精不交，肌肉消瘦；肾精不固，神气减少；脾精不坚，齿浮发落。若耗散真精不已，疾病随生，死亡随至"。历代医家都主张，养生之道要以保养精气为首务。《类经·摄生》指出："欲不可纵，纵则精竭。精不可竭，竭则真散。盖精能生气，气能生神，故善养生者，必宝其精，精盈则气盛，气盛则神全，神全则身健，身健则病少。神气坚强，老而益壮，皆本乎精也。"

汪昂《寿人经》说："五脏皆系于脊，骨节灵通，均获裨益。"肾是人体"先天之本"，主骨生髓。筋骨为人体一身的支架，筋骨的状况如何，将直接影响到人的生命质量。明代大型医学专著《普济方》指出："夫足少阴肾之经也，属于腰脚而主于骨；足厥阴肝之经也，纳血而主于筋。"混元太极拳健身养生学进一步认为，"筋长一寸，寿长十年"。其中，特别重视脊柱的功能，因为脊柱是人体活动的中心枢纽，人体的前屈后伸、左旋右转、起坐翻身、劳作运动均以脊柱为核心，所以，人们在健身、养生、保健、防病上应特别重视强腰、健脊、壮肾。健脊养生必重补髓，髓充则真元之气盛，人体就有强大的抵抗力及免疫力。

3. 习练混元太极拳要求精满混元身

养精蓄锐，拳之根本。无论练拳、养生、滋阴、壮阳，全为精脉旺盛。

古人说："练武不练功，到老一场空。"又说："练拳不养精，到头一场空"，"精脉勃发，练拳先强三分"。人体之精分先天之精与后天之精两种。先天之精从胎中带来，是父母交媾孕化过程中精卵生机使然。如果父母精脉旺，又处于最佳的孕化天时、最佳的心理环境、怀孕期间营养又好，胎儿精脉当然好。先天之精影响人的一生，但又不可忽视后天之精。人出生后，饮食营养合理，注意身体锻炼、心理调养，精脉也会逐步得到调整。

元精藏于无形的心田里，分秒随意念调动。就是说真正的健康首先是心理要健康，特别是习武（修道）之人时刻要做到濡养精气。人体"前有肚脐，后有命门，下有会阴，于腹腔中心"叫下丹田（内功习练称之为丹窍），下丹田是聚精的宝库，其精足则肾气足，肾主骨生髓，是生命活动之根。君求长生必须"保精、固精、养精、补精"，最后修炼成"全精、元精"，达至精满混元身，健康而长寿。

三、气之论

"气"是世间万物的根源，是生命活动的原动力，也就是说气是人与万物的生化之本，是人体生命活动的特殊物质。"气"，在这里指的是内气（体内混元气）。人体内有"真气""元气""脏腑之气""经络之气"等，这一切气统称之为"内气"。古人曰："太极即一气，一气即太极。"又曰："太极之一气，运行于宇宙之内，天一地二阴阳成乾坤现，三才肇始天命发，万物生矣。"《寿亲养老新书》中指出："人由气生，气由神往，养气全神可得其道。"

1. 气是人体生命之根

"气"无形无象，任意流动，是精表现出来的一种特殊形式。对于人体中的气，中医理论阐述得比较详细，《灵枢》对于气的描述："真气者，所受于天，与谷气并而充身者也。"又说："上焦开发，宣五谷味，熏肤充身泽毛，若雾露之溉，是谓气。"这个气起着充养和维持人全部生命活动的作用。

"气"有先天元气和混元太极习练中的混元气（即阴阳未判，一炁混元）等。先天元气来自父母的遗传，又依赖于后天逐步生化。混元气是两种或两种以上的物质混合而成的气。比如许多武术家说练丹田混元气，这是人的意识高度集中于形体的某一个部位，神形相合，意到气到，从量变到质变，于体内产生能量。前人说"有气则有田，有田则有丹"，又说"有气则成窍，有窍能还丹"等。这些都是混元太极练丹田混元气的不同表达方式，与古人经典理论（混元理论）不谋而合。混元气有不同的层次和不同的能量。如果人的意识与虚空相合，接收到虚空万物的混元气并和人自身的混元气混化，就能使体内能量更充足，从而提高人体整体功能，达到治病强身。《仙术秘库·抱混元仙术》中说："混元者何？先天之精、气、神也……所谓元精、元气、元神也。夫以精、气、神而曰元，是本来之物。人未有此身，先有此物。既有此物，而后无形生形，无质生质，乃从父母交媾之时而来。"又说："……精血相融，包此一点之真，变化成形，已有精气神寓于形内。名虽有三，其实则一。一者混元之义；三者，分灵之谓。一是体，三是用。盖混元之体，纯一不杂为精，融通血脉为气，虚灵活动而为神。"从这里可以看出，传统经典理论中的人体混元气是由父母交媾过程中产生的，它属于人的先天混元气，是人生命之源，也是习武（修道）之本。

2. 习练混元太极拳要懂得动静虚实、阴阳转化

"太极兼包动静，静则见虚，动则见气。气动为阳，静复为阴。故太极判而为阴阳，二气相依以立而未尝相无。"（《皇极经世观物外篇衍义》卷四）"动静"是就功能（用）方面说的，"虚实"是就形质（体）方面说的，两者实为一也。关于"虚""静"，指太极的本性，寂然不动，虚则性也。"实"则指太极的实质（形体），太极之实为"气"，太极，一气也。"虚"与"实"，往往相对而论。太极之虚，为乾坤之性；太极之气，为乾坤之体。太一者，太极之一。太极是"虚"之"性"与"实"之"气"的合一体，而不是单一的"虚"或"气"。非虚非气，即气即虚。气（实）与虚的关系为：天地万物包于虚，而生于气。虚者，阴也；气者，阳也。虚以待用，气以致用也。气出于虚，役物藏用。"虚"与"气"是太极不可分割的阴阳两方面。"气出于虚"，"虚以待用，气以致用"是就太极的本性与功用而言，虚为本性，气为功用。

在人体，阴阳二气是相互依存、同时存在的，于一定的条件下可以向其对立面转化，即阴可以转化为阳，阳可以转化为阴，以使其达到一种新的平衡。但就人体生命而言阳气尤为重要，它就像天上的太阳温养万物一样温养着身体，一旦阳气减弱，生命机能也就暗弱不足，人就会减损寿命或夭折。习武（修道）之人必须懂得，在人体烦劳过度时，阳气就会亢盛外张，并导致阳精逐渐耗竭。假若经常如此，则阳气愈盛，而阳精愈亏，对习武（修道）者身体极为有害。因此，习练混元太极拳必须心平气和，切不可在恼怒之时锻炼。因为，人体中的阳气，在恼怒之时就会上逆，血随气升，使人体中诸筋驰纵不收，而不能随意运动，一旦伤及诸筋，就极为不妥，这是十分不利的，对人体极为有害。所以，习武（修道）者平时就要修身养性，减少生气或不愉快的机会。人体中的阳气，既能够养神，使人精神慧爽，还可以使身体中诸筋柔韧，这就是阳气的功用。

而阴气则藏精于内，并不断地扶持阳气，以使阳气能正常护卫体表。如果阴不制阳，阳气亢盛，会使血脉流动迫促，若再受热邪之侵，阳气更盛，就会发为狂症；如果阳不制阴，阴气偏盛，会使五脏之气不调，以致九窍不通。所以，只有使人体内气阴阳平衡，才能达到筋脉调和、骨骼坚固、血气畅顺。阴气与阳气的关键，以阳气的致密最为重要，只有阳气平和固密，阴气方可固守于内，使得阴阳协调。一旦阳气衰减，即会导致阴阳二气互不协调，如此就如一年之中的四季失去了平衡，只有春天而无秋天，只有冬天而无夏天，人的精气随之就会衰弱。所以阴气与阳气能否平衡协调，相互为用，是评判正常生理状态的最高标准。

3. 习练混元太极拳要求气满混元身

陈鑫老师在《太极拳分语录》中说："学者，上场打拳，端然恭立，合目息气，两手下垂，身桩端正，两足平齐，心中无一物所著，一念无所思，穆穆皇皇，浑然如大混沌无极景象，故其形无可名，名之曰无极，象形也。"由此可见，练太极拳首先要进入大混沌境界，与浑然一气融为一体。所以，太极拳家们常说："太极能练到混元的境界才叫真太极。"

混元太极拳简单的起势动作（两手插入地下虚空，体前捧球上升，与肩等宽高，拢球回收，下落至腹前），就是一个小周天（通任督二脉）。任督二脉以人体正下方双腿间的会阴穴为起点，从人体前面沿中线往上到唇下承浆穴，这条经脉就是任脉；督脉则是由会阴穴向后至长强穴（尾闾）

沿着脊椎往上走，到达头顶再往前往下穿过两眼之间，到达口腔上腭的龈交穴。任脉主血，督脉主气，为人体经络主脉。督脉，总督一身之阳经，有调节阳经气血的作用，人体的六条阳经都与督脉交会于大椎，故称其为"阳脉之海"。起势时随着两手体前捧球上升，气由下丹田经海底（会阴穴）通往脊柱，经督脉上升至头顶（百会穴）；拢气下落，气由百会经任脉下降至下丹田，这样就完成了一个小周天的太极循环。

小周天是炼精化炁、炼炁化神的关键，人体的气机变化不外乎开合、升降、聚散、化，"化"是其中重要的一个环节，通小周天气过三关就是一个炼化丹田气的过程。真气过尾闾关，炼化下丹田躯体之气；过夹脊关，炼化中丹田脏真之气；过玉枕关，炼化上丹田神意之气。混元太极拳习练的过程就是人体混元气转化与充盈的过程。如起势动作，真气经任督二脉循环运行，是小周天；整套拳路的习练是真气围绕十二经脉及奇经八脉运行，为大周天，也是炼精化炁、炼炁化神的过程。

人体"前有膻中，后有身柱，两侧有大包，于胸腔中心"叫中丹田（内功习练称之为气窍），中丹田是聚气的宝库。内功云：人本初源自虚无精，虚化之为神，神化之为气，气化之为形，顺则生人，出现生、老、病、死。习武（修道）者则要后天返先天，从形复返为气，气复返为神，神复返为虚。君求延命主要在于"保气、固气、养气、补气"，最后修炼成"全气、元气"，气满混元身，长生而得道。

四、神之论

"神"，在这里指的是精神（意识）。古人曰：天有三宝"日、月、星"，地有三宝"水、火、风"，人有三宝"精、气、神"。神是人的最高级机能，是人体生命活动的统帅。"聚精在于养气，养气在于凝神，神之于气犹母之于子，故神凝则气聚，神散则气消，若宝惜精气而不知有神，是茹其华而忘其根矣。饮啄不止身不轻，思虑不止神不清，声色不止心不宁，心不宁则神不灵，神不灵则道不成。"这里所说的神，是指人类大脑所有支配视、听、言、动、觉、思的功能，在传统文化里，中医多称之为心，儒家称之为性，道家称之为神，佛家称之为识……后世多有混称，如心性、神识等。

1. 神是人体生命之主

神是指人体大脑皮质中枢神经的整体功能，它是脑神经细胞的混元气融合而成的一种特殊混元气，也称元神。元神有人体生命的全部信息，是人体生命活动的主帅。习练混元太极的基本状态以不动之神为无极，这是神的本性，亦即无思、无为也。

传统太极理论指出"神"由精和气所生，是物质的产物，它本身属精神、意识范畴。精气虽然存于五官百骸之中，但神采表现于外。精气旺盛则神采飞扬，精血衰微则神色暗淡。习武（修道）之人，举手投足，无意间流露神采奕奕，全仗丰盈精气。所以说，出神入化，须从聚精开始，聚精方可凝神；神明灵巧，要从运气中来，运气自出神灵。

2. "神明"是习练混元太极的高级阶段

习练混元太极一般有三个阶段，即"松沉阶段""柔顺阶段"和"神明阶段"。所谓"松沉"，就是放松之中有沉坠。放松是使全身内外、四肢百骸、皮肉筋脉骨尽可能地松弛，进而使全身松开，身肢放长、抻筋拔骨、肌腱拉长、筋肉离骨、骨节开张，从而使经脉舒顺通畅、丝毫无滞。所谓"柔顺"，即周身内外和顺柔韧，即以心内中和之气，行如柔水，流畅贯通于周身内外，然外形似柔而无力，此即"有气者无力"。到达"神明"时，人体内外已是无形无象，一派虚空之景象，全身通透，混元一气。习练混元太极须从内功入手，由太极功修炼太极拳直走太极道，要求心静体松，周身上下浑然不觉，四肢百骸，荡然无存，"不知身之为我，我之为身"，唯有心中一片觉明景象，达到"拳无拳，意无意，无意之中有真意"之境界。

3. 习练混元太极要求天地人合

神来自精、气，又高于精和气，正如精神来自物质，但精神对物质有能动作用。习练混元太极拳要求"手、眼、身、法、步"，每招每式，全神贯注，不可有一丝懈怠。神散则架势松懈，根本无益于精气。如在来去自如（揽雀尾）动作中，目光随手而动，不可东张西望。在动作运行中，不仅要"眼到心意到"，而且"手、身、法、步一起到位"，这就是混元太极拳精气神合一的整体练法。人身处处皆是精神，要让精神、内力与外形动作结合起来，靠神之能动作用，才能练好混元太极拳。

人体"前有印堂，后有玉枕，上有百会、天门，于脑中心"叫上丹田（内功习练称之为祖窍），上丹田是凝神的宝库。君求灵明必守清虚，养灵根，在于"保神、固神、养神、补神"，最后修炼成"全神、元神"，天地人合，而超凡入圣达真。

五、心之论

"心"，在这里指的是心灵（觉知）。人为万物之灵，人与动物的区别在于意识（心灵），而心又为人体五官百骸之灵。古人认为心为一身之主宰，五官百骸无不听命于心，并以"意气君来骨肉臣"作形象比喻。习练混元太极要求："内养心性，入圣登真；外练形体，养生延命；内养外练，健康长寿"。

1. 全凭心意用功夫

全凭心意用功夫是借鉴禅宗悟道的心法。道学指出："万象生心灵，心灵超万象，境随心转，以心转境，万法唯识，万界由心。"真正的修道总离不开"心"，"心即是道，道即是心，心外无道，道外无心"。"练功非练功，全凭一念中，理法千千万，万变不离宗"。习武与修道是同体，从武术至武功到武道，无不与心意相连。然人的意识（心）活动，是由脑神经细胞反应形成的，它有接收各种信息，反映事物的功能；有贮存、综合、分析、提取信息的功能；有发放信息指令的功能。灵明的意识（意元体）是生命整体的核心。《黄帝内经》云：心者君主之官，神明出焉。可见心的概念是包括了高级神经中枢在内的。

混元太极在行拳走架或揉手技击时，意有所感，气必致动，这就是大脑中枢神经系统，接到各感官系统传来的"信息"，在一瞬间做出判断、处理，并将结果（指令）通过神经系统迅速地传导到各运动部位而做出相应的整体反应。所以，意气一动则全身无处不动，意气一静则全身无处不静。意从心出，心意放松则周身内外皆放松；心意紧张则"皮、肉、筋、脉、骨"无不紧张；心意开合则四肢百骸皆开合；心意缠绕则浑身上下无不缠绕；心意下则全体之气无不俱下；心意轻轻领起则顶劲虚灵；心意开合升降,上至百会、下达涌泉,上下内外,一气呵成;心劲发则筋脉骨节无不随从,"掤、捋、挤、按"随心而为,"採、挒、肘、靠"随心而发;心想"前、后、左、右、中",则有"进、退、顾、盼、定"。概而言之,外形动作、神态、气势的变化,其实是内部心、意、神、气的外在表现。《拳经》云:"心定神宁,神宁心安,心安清静,清静无物,无物气行,气行绝象,绝象觉明,觉明则神气相同,万物归根矣。"又云:"运用在心,此是真诀。"故此,在套路运行中,静心想着、用心听着、专心觉着、细心悟着,久而久之,即有意归无意,有心变无心,渐入到无心成化的神明境界。

练拳先练心。胎儿在母体中无私无欲、虚静清明,一旦离开母体来到这个纷杂的世界上,就会受外在各种现象之干扰,长至成人后渐为七情六欲所惑,杂念丛生,真性尽失。所以习练者先要做到心意内敛,精神不张扬,心意每时每刻都要守在自己体内,净化心灵,清除一切私心杂念、外来干扰,精、气、神协调一致,使自己的真意化成真气,运至所需要的地方。这样才能达到炼炁入骨,敛炁入髓、入脏,上下内外一气贯通。进一步用纯意念,使气越化越精细,通透皮肉筋脉骨、五脏六腑、四肢百骸直至每一个细胞。所以,习练混元太极不管是拳法还是桩法,全凭心意用功夫。在招式运行中,心意不动,混混沌沌;心意一动,阴阳转化;一上一下,上下相随;一开一合,开合相乘;一动一静,动静相因;一屈一伸,屈伸相宜;一虚一实,虚实分明;一左一右,左右对称;一内一外,内外相合。轻轻开始,慢慢运行,默默停止。这是心、神、意、气、形的整体练法。

2. 练拳贵在心静体松

要想达到混元太极的上乘功夫,习练时心静体松是非常重要的。放松锻炼的目的,是要使整个人体在意念引导下,做到随心所欲地发放人体能量,也就是要使大脑信号与肌体动作高度协同化。不放松,肌肉就不能快速发放;不入静,中枢神经就达不到高度的敏感。所以说心静体松不仅是练习混元太极的基础,而且是习武(修道)的基本功。初学混元太极拳要从缓慢、松柔入手,先求松静,由松入柔,逐步积柔成刚。所谓全身放松,就是从头到脚,由内至外,完全放松,没有一点僵力。感觉神经中枢(大脑)松静,思想集中,达到心平气和的状态,才可以开始行拳。混元太极是一种顺应人体的自然状态,由其自然规律而引发其自然之力的一项运动。

通过这种特殊的习练，可使习练者的人体本能和潜能得到强化和开发，使身心达到平衡和自由状态，同时全身肌肉韧带、骨骼以及各脏器都能顺从意念的需要，达到既协调有序，又迅速灵活，乃至进入到"屈伸开合听自由"的太极境界。

混元太极不论是健身、养生，还是揉手（技击），均将心的习练放在首位，要求练功先练心，用心来修炼。常言道：人外有人，天外有天，非心虚无以受益。《老子》曰："致虚极，守静笃，万物并作，吾以观其复。"只有致虚守静才能复归本性，才能"虚其心则神见"而内观外察宇宙万物之真实。交手则要心实，心实胆壮，气势先胜三分；心虚胆怯，不战自败。心实不是呆板，呆板总为人欺。心灵劲自随活，招式随机变化，进退似有天助。交人交心，打拳攻心为上。得失成败，勿忘心是主导。《太极拳解》说："身虽动，心贵静；气需敛，神宜舒；心为令，气为旗；神为主帅，身为驱使。刻刻留意方有所得。先在心，后在身，在身则不知手之舞之，足之蹈之。"实践证明，修炼混元太极到了上乘阶段会达到"形无形，意无意，无意之中有真意"的妙境。

3. 以心求道道自得

十三势歌诀曰："刻刻留心在腰间，腹内松静气腾然。尾闾中正神贯顶，满身轻利顶头悬。仔细留心向推求，屈伸开合听自由。"心为一身之主，只要心一动，五官百骸自然听其指挥，随其运动。心一动百骸动，心一静百骸静。在混元太极的习练中，也要从"心"入手，在静态中要如实做到观察自己的心。古人认为，天地万物莫不以一为本，源于一而衍之为万，穷天下之数复归于一。"一"者何也？天地之心，造化之源也。即一是万物的本源，是天地之心。天地之心，盖于动静之间，有以见之。夫天地之心于此见之，圣人之心即天地之心也，亦于此见之。心一而不分，则能应万物，此君子所虚心而不动也。人心当如止水，止则定，定则静，静则明。这是混元太极习练过程中所要求的基本状态。师曰："心包天地，心包太虚，心即道也，道生万物也。"又曰："神是心中之神，气是肾中之气，心肾相交，水火既济。"

邵雍于《自余吟》曰："身在天地后，心在天地前。天地自我出，自余何足言。"在他看来，"天地之心"即"人之心""吾之心""己之心"，人居天地之中，心居人之中，心在天地之中即在人之中。圣人曰："世界上最宽阔的是海洋，比海洋更宽阔的是天空，比天空更宽阔的是自己的心胸。"又曰："习武德为先，练拳似修道，修道须修心，心静修无为。"一个人能练到在大自然，以天地之心为心；在社会，以百姓之心为心；达到心包天地、心包太虚的胸怀，这才是真正的健康长寿、和谐自控、自由自觉、美满愉悦的太极人生境界。

六、意之论

"意"，在这里指的是真意。"用意"的前提条件是"心静"。心静才能用意，心不静则意必乱。所以"心静用意"成为习练混元太极的重要原则，并以此来指导每一个动作的正确性、连贯性、圆活性。太极拳不同于外家拳的一个重要特征就是意在拳先，以意催形，形气结合，内外兼修。在混元太极的习练中，十分注重意念的运用，这个意念指的是习练者身体在充分放松的状态下，大脑皮质运动中枢神经对人体各部位按照技术要求进行的神经支配活动。而意又发自于心。习练者只有心正时发出的意念指令才会使全身筋骨、关节、经络气血平稳正确地运行。所以，习练混元太极贵在诚意，而诚意贵在松静，只有在心静体松的状态下习练，大脑才能够集中精神发出正确的招式运行指令，引导周身气血流通无阻无滞。开合升降，前进后退，无不使润血精气达于末端。

当习练者经过一定时间的正确习练，初步建立了完整、正确的混元太极拳概念，能做到套路熟练、招式合度、运行自如之时，就可以追求意的练习。先由以形带气，进一步向以意引气、以气催形、形神相合的高层次修炼。古今太极拳家把精神锻炼和体能锻炼看成同等的重要，甚至把精神修炼看得更为重要，因而提出了"用意不用力"的原则，并贯穿到行拳走架的全过程中。

1. 用意不用力的内涵

"意"就是意念、想法、想象，以意引气就是以心意来指导肢体按照混元太极拳的拳法、拳理或用法进行引导性地活动。事实上，任何体育运动以及生活中的任何事，都需意识地指挥，只不过混元太极更强调用意这一点。它要求每一动作、每一个套路，自始至终都要在"意"地指挥下运行。如"起势"简单的动作，也必须在意识轻轻地引导下，两臂插入地下的虚空，体前捧球上起至胸前（中丹田），同时做到沉肩坠肘，屈膝松腰。然后下蹲，以两肘下坠带动两手轻轻地拢球胸前回收，下按至腹前（下丹田）。可以说，混元太极除肢体活动外，最重要的是意识活动的锻炼。

习练混元太极拳要达到放松虚灵，关键是要做到"用意不用力"，它是习练混元太极一条重要的行拳准则，也是人类的本能，但不能把它神秘化。"不用力"显然是相对的说法，世界上没有不用力的动作。动作的完成若无肌肉的收缩是不行的，不用力则无法出拳，甚至无法支撑身体。它的含义是：一不用拙力，二少用力气，能用10%的力可完成的动作，决不用11%的力量。就揉手（推手）而言，不用力是指相互接触时作用力要达到最小。所以练拳不能片面追求"意""气"而排斥"力"。否则，就会把意念活动割裂架空，使人莫测高深，无所适从，从而将科学变为玄学，这对混元太极拳的推广与发展非常不利。

从技击上讲，在应敌时为顺从意念的需要，调动人体内力把人体能量集中到一个施力点上，全身必须处于处处松开、节节拉长的人体自然状态，这样才能便于周身力量的迅速集中和快速发放，故而要求"不用力"。所以练拳时要把意念贯注于动作过程之中，按照动作的虚实变化去完成动作过程，遵照用意不用力的原则，如此才能逐渐产生一种轻灵而又沉稳、柔韧而极富弹性的内劲。

2. 用意不用力的练习方法

"用意不用力"是一种练拳方法，不是练拳的目的，它只是为了正确地习拳，让身心放松下来，在需要用力时能立即发出。比如弹簧，平时是松的，但一紧起来，力量很大。又如皮鞭，拿着是软的，但甩起来却威力无穷。为达此目的，要逐步做到用意不用力。练拳时无论动作简单或复杂，注意力都要集中，静下来，始终保持安静状态，精神贯注，既严肃又活泼。不要心不在焉，那样是做不到用意不用力的。初学混元太极拳，往往心情紧张，周身僵滞，所以须从松、舒、柔、和入手。行拳走架时要让那些可以放松的肌肉和关节做到最大限度的放松，动作要避免使用拙力和僵劲，除按要求用力外，其他部位肌肉尽量放松，使身体各个关节都舒展开，力求圆活。松，可以说是太极拳的专用名词，它是无限度的，松应逐步与心、意、气、神相联系。

学习混元太极拳应有合乎太极拳理法的意念，以指挥肢体按太极拳套路的要求来进行锻炼，掌握运用，而不用拙力。并且通过持久锻炼产生合理的技巧和内力，即缠丝劲，或松柔劲。所以平时练拳姿势要正确，每招每式的运动时机与方向都要配合好，这样在"掤、捋、挤、按、採、挒、肘、靠"的运用中才能达到"上下相随，内外相合；刚柔相济，攻防并用"。

3. 用意不用力的阶段性

用意不用力有其阶段性，各阶段根据习练者的不同层次而有所侧重。学拳之初，思想应集中在该练哪一式，姿势是否正确，路线怎么走，只求练好拳架即可。这好比初学书法，开始时只练一横一竖，不穷究其理。练功也一样，否则会欲速则不达。应当说，此时的动作还是多用拙力、僵力，若过分强调用意不用力，会使初学者无所适从。所以初学时应强调松静自然，这是用意不用力的初级阶段。

待套路熟练之后，就逐渐转移到劲力运用方面及有关的想象上。如捋劲，就要有捋住人体某一部位的想象；按劲，要有向前推按的想象。意念活动从机械的动作转为用意念引导动作。随着"招熟"而逐渐"懂劲"，太极拳方面的技巧也逐渐熟练。这时，拙劲已除，轻灵变化，圆转自如，合乎拳法，则小力必胜大力。这是用意不用力的中级阶段。

到了高层次，就是"不用意不用力"的深层功夫。试想，举手投足之间发人丈外的太极拳家，出手即招，那已不是用意用力的问题了，而是必得"神明"了。混元太极动作千变万化，层次井然。每个动作有起有落，起是动的开始，落是暂时的静。外形静时内气欲动，内气静时外形欲发。形断气不断，气断意不断，意断神相连，达到形无形，意无意，无意之中有真意。此乃混元太极习练和运用之上乘境界。

七、理之论

"理"，在这里指的是道理（规律）。学习混元太极，如同学习其他各门科学方法一样，都必须深入领会其中所蕴涵的道理，然后才有可能成功。

事不分大小难易，术不论高低深浅，只有下了功夫才会有所进步。学练者既不可急躁，又不能坐等，只有按照规律，循序渐进，才能够使自己真正融会贯通，使自己的身体百骸筋节灵活自如，上下表里自相联络，达到散者而统，分者而合，四肢百骸归属于一源，随心所欲的高层境界。

1. 动静一如明其理

天地之间，世界之上，万物与机缘，无时无刻不在变化；树木花草，山岳楼台，看似静止，却无不在渐渐转化。因其之理，混元太极拳套路千变万化，奥妙无穷。开合升降，刚柔快慢，动静一如；上下左右，顺逆缠绕，忽隐忽现；虚虚实实，绵绵不断，周身一家；一动无有不动，一静无有不静；显时气势充沛，隐时烟消云散。在行拳走架时应做到"以意引气，融化身心；劲断意不断，意断神相连；轻轻启动，挥洒自如"。一意一念，一举一动，随心所欲，都在自我控制之中，以达到养生、防身的效果。

习练混元太极务必重视整体协调一致。一开一合，顺其自然；一刚一柔，绝无勉强；一动一静，全体皆然；一虚一实，恰合天然。上中下，内外相连，以一贯之。破之而不开，撞之而不散；上欲动而下自随之，下欲动而上自领之；上下动而中部应之，中部动而上下和之；内外相连，前后相需，以一贯之。当习练者具备了上述功力之后，在技击时也必须把握时机，掌握分寸，伺机而动。一旦出手，发劲如猛虎，击人如闪电。如需静止，寂然归元，一动不动，固如泰山。劲以日积而有益，功以久练而后成。习练混元太极是一个由量变到质变的转换过程，必先明其理，循其道，才能功到自然成。

2. 快慢相间循其道

混元太极的理与法是一个完整的体系，理与理、理与法、法与法，是相辅相成又相互制约的。在练拳的过程中要全面理解太极拳拳理，习练初期要求慢练，慢练能体察立身中正、圆裆开胯、松肩坠肘等要领；能体会上下相随、内外相合。做到形断气不断，气断意不断，意断神相连。在练功的初级阶段，人人都应放松慢练，以形引气，以气运身，神气相合，意识内守，整体练习形、气、神，使其逐渐相合。当形气神三者高度统一时，就会达到气血流通、百病不生、祛病养生、延年益寿之目的。

放松慢练，就是为了以后用于技击实践中的"快打"。正如《拳经》所云："由招熟而渐悟懂劲，由懂劲而阶及神明，然非用力之久，不能豁然贯通焉。"通过长期的意识内守，放松慢练，渐渐会体会到内劲的产生、存在和加以运用，并逐渐达到"神明"的技击水平，即"彼不动，我不动，彼微动，我先动"，"人不知我，我独知人"，"打倒还嫌慢"的境界，完成慢变快的脱换。相反，如果不是这样练习，一开始就快练，势必违反"运劲须无微不至"的原则，必然每招每式处处滑过，做不到处处都能恰到好处，就如同做体操一样，内劲是怎样一回事是体会不到的，更谈不上内功的习练和运用。只有慢练的功夫到了一定程度后，才可开始由慢到快，快而复慢，慢能慢到十分，快也能快到极致，如此反复锻炼才能极虚极灵，又能极重极轻，快慢轻重，随心所欲。能轻则松，能松则快，能缓则内劲增长，不用力而自然沉重。在慢练有了功夫后，就可随心所欲地练快，能够快而不乱，轻而不浮。《拳论》中说："一举动，周身俱要轻灵"，轻是保证全身内外放松的必要条件。

放松慢练，可更好地体会"根在于脚，发之于腿，主宰于腰，形于手指"的整劲。内劲的产生，也更有利于逐步提高体力、耐力而强壮身体。当然，慢不能慢到懒散松懈（容易劲断），要在式与式之间，似停非停之际，内劲渐渐贯注，精神凝聚。内功理论指出：以气运身，神气相合，炼炁入骨，周身骨节松开；以意引气，贯注于骨缝之中，骨节虚虚对准，使有腾挪之势，才能节节贯串，劲整而又灵动。另外，还须于骨缝之中运气达肌肤之上，缠绕运转，才能运行无滞，旋转自如，内劲亦轻而不浮，沉而不滞。《拳论》说："动急则急应，动缓则缓随"；又说："以静制动，后发先至。"实践告诉人们，不是单纯故意追求缓慢，而是要求既能慢，又能快，开始的慢，是为了以后的快。拳师云："慢要慢到别人慢不过我，快要快到别人跟不上我。"又云："不贵速而贵缓，缓则可以细心揣摩，由粗及精，且其运劲可以自知运到指头与否；能如此，将来功夫成时，其速无比。"

在混元太极的习练中，要始终意守体内，整体地习练精、气、神，使意识处于一种虚灵明镜的状态。但对于初练者来讲，保持上述状态，是比较困难的，往往杂念丛生，神定不住，从而影响练功的质量。怎么办？方法是让自己的意识慢下来，就是习练者要主动运用意识，体察自己的意识

（念头），当自己的前一念过去，后一念还未来之时，大脑会出现一阵短暂的空白。这时心里会特别的安静，即出现心平气和的状态，保持好这种状态的时间久了，意识自然就会守得住，定得好。

3. 刚柔相济得其法

混元太极拳举动轻缓，是为了运劲以无微不至。每练一式轻轻运行，只有用力越少越轻的练法，动作才能越练越灵活，才能达到"一羽不能加"的高度敏感性。灵是轻的发展，不轻就不能松，不松就不灵活。松静是练好混元太极拳的必要条件，阴阳虚实是练习混元太极拳的灵魂。从整体要求看，放松不是目的，而是达到目的的必要手段。在意识的引导和贯注下，放松地练拳，动作会逐渐和顺协调，屈伸旋转自如，久而久之，手臂就变得极为绵软而又极为刚强，全身极为轻灵而又极为沉稳。这就是积柔成刚，整体动作似松非松、刚柔相济，全身各部相关肌肉放松和收缩交叉运动。混元太极拳身、手、腿在螺旋、抽丝的旋转运动时，全身各部分肌肉总是交叉着一松一紧的，由于放松的意识在支配着肢体，因此，即使是收紧的肌肉也不是僵硬的，而是富有弹性与韧性的。由于太极拳的特点是"柔中寓刚"，故在实际运动过程中，放松的时间总是多于收缩的时间，就是说，每式的运转过程是轻松的，到定势时是沉着的、贯劲的。

习练混元太极达到一定的水准后，其动作始终是螺旋、抽丝的内外协调运动，使全身各部位圆活无滞、富有弹性和韧性，所以劲力能随时灵活地集中于某一点，从而展现力量和速度，如拳论中所说的"动急则急应，动缓则缓随"，灵活变化，周身一家，发力完整一气。许多没有真正了解太极拳运动的人，往往不懂得太极拳放松的意义，把太极拳的慢练、举动轻缓误以为是老年人的运动。其实，体育运动中，每一个发力前的动作，都首先是放松，只有先放松，才能更好地发挥出速度和力量。混元太极拳放松之理不但适用于太极理论，而且适用于一切体育运动之中。习练混元太极拳"以松入静，以静体心，以心入神，以神入虚，以虚入空，以空入道，以道入化，以化为灵，以灵为明，以明生慧"。

4. 拿住丹田练内功

混元太极拳是内功拳，在练习的过程中要重视内气的培养。拿住丹田，修炼内功。混元太极拳从起势的开合升降，到收势的一氤混元，这个过程就是以意、气、神、形运行大小周天的过程。通过升降循环，虚实开合，使阴阳二气盈虚消长。以太极之形引太极之气，以太极之气催太极之形。每招每式的转换如行云流水，内气的一呼一吸，外形的一开一合，相互转换从不间断。所以说练拳的过程也是练功的过程，练功似蓄水，练拳似挖渠，有拳无功即是有渠无水，犹如一条干枯的小河，有功无拳即是有水无渠，那是一潭死水。所以练拳与练功不能分开，拳练到一定水准，自然就能进入到练拳即练功，练功即练拳的境界。

习拳练功，其实就是丹田的一呼一吸，开合鼓荡。练到一定水准，身体就像一个大气囊，以丹田为中心，开时气由丹田运四肢，合时气由四肢归丹田。一开一合，丹田之气不断壮大，气足、血旺、精神饱满，则内劲自然浑厚虚灵。混元太极从无极入手，先站无极混元桩、大马步桩，做到全身心地放松，自然呼吸，平心静气，求得心灵的清静，安神养气，静极生动，静中求动。练功时应集中思想、排除杂念，意守丹田，渐渐忘却口鼻呼吸，注重丹田呼吸，细细体会阴阳开合、一呼一吸及体内气息的流动，此时放松后的身心会感到毛窍也都在参与呼吸。这一过程是体会混元太极呼吸方式的过程，是放松的过程，是入静的过程，是无极生太极的过程。

练习混元太极必须"拳法、功法、道法"三法合一，从有形到无形，再从无形到有形，这样才能达到高级境界。内功的威力是靠拳的刚柔内劲来体现的，刚是积柔而成刚，从柔而得，它必须先从松柔入手，舒展身体的各个部位，再经过螺旋缠绕使身体产生弹性，经千锤百炼方能领悟。习练混元太极不可急于求成，不可盲目自满，要将其特点全部表现出来，更不是一朝一夕的事，要在日常修炼过程中用心细细去领悟，不要被一些表面现象所迷惑，要顺其自然。自然顺势，自然运化，自然得机，自然合道的过程是习练混元太极的整体过程。

八、情之论

"情"，在这里指的是性情（拳景）。性即性质，情即情理，景即拳景。太极性、太极情与太极景之间存在着相辅相成的关系，太极情离不开太极理，是因有理方能生情，太极景则又离不开太极情，缘无情不可成景，无此即无彼，有此必有彼。拳"情"拳"景"妙在理，理涵于内谓之"性"，理发于外谓之"情"。物有物情，行有行情（情况），人与人交往有人情，音乐清浊高低有声情（情感）。混元太极拳也一样有情，招式变化的一开一合，时擒时纵，或屈或伸，有来有往，曲折如画，妙趣横行，一片神往，自然天成。其手足运行，身形变换，高低抑扬都是拳情。拳情又近乎于拳景，是习练者内功、心情的外在表现。屈伸往来，如层峦叠嶂，不滞不涩，如清波涌动，这就是太极情景的美丽图画，奇情无比即谓太极之妙景。混元太极拳学指出："宁静中孕含生机，淡泊中意在致远，奇情从端正处出，奇景由松活中来。"拳情要松，不松无以求活；拳情要柔，不柔无以获刚。松活刚柔，拳情自然舒展。初练者刻意弹抖，弄巧反而成拙。因为弹抖固然生动，全由内力迸发，不是外形尽能表达的。只有暗劲充盈，招式间才有无穷美感，拳情方有难言妙处。太极性是内功运用的法则，使习练者达到"内外相融，刚柔相济，阴阳转化，天地人合"的太极境界。在阐述"情论"的过程中，又论述了"景论"和"性论"，"情、景、性"既有自己的特点又有相互依存的关系，其三者"分而为三，合而为一"。所以，把它归纳在一起，三者相合，混元一体。

1. 拳情拳景妙在美

混元太极拳的技艺美，是充分发挥人体的运动能力，表现出混元太极拳的姿势招式美和运动规律美。其套路的运行与音乐相结合，把动作与优美的音乐旋律巧妙地融合在一起，结构新颖，舒筋理气，快慢相间，刚柔相济，形神兼备，内外兼修，情趣盎然，令人耳目一新，具有很高的锻炼价值和艺术欣赏性。特别是将其作为团队表演时，更显得"场面恢弘、气势磅礴"。它的推广普及，不仅可以强身健体，丰富人们的健身活动内容，增加健康和谐生活的趣味性、多样性、娱乐性，还能使人们在习练的过程中感受艺术美，激发健康向上、积极乐观的精神风貌，远离疾病困扰，体会从未有过的内功健身养生乐趣。比如混元太极基础拳法——群英合练开金莲，也称"来去自如转拨云见日（揽雀尾转单鞭）"，此套路从八式演变为十六式、二十八式等，中间两式——揽雀尾转单鞭，融混元场、八卦步、太极手为一体，循环练习，拳打卧牛之地。其最大的特点是：一人习练来去自如转拨云见日，称为"无极生太极"；两人并列同时习练左、右来去自如转拨云见日，一左一右，相互对称，称为"太极生两仪"；四人对角同时习练，阴阳转化，相互旋转，招式对称而成为莲花形状，称之为"两仪生四象，四象生八卦"；如果六十四人、六百四十人（或更多）一起对角习练，则朵朵莲花就地盛开，气势磅礴，故称此为"群英合练开金莲"。

习练混元太极拳绝不可以无情，无情则会失去它一半的价值和奥妙，然而，若是与人进行揉手（推手）体现技术之巧，则又断断不可有情，若是因人情而为太极拳术，就会使习练者失去太极拳本身价值和奥妙的全部。太极情是矛盾而又统一的哲理体现，习练者不可以无情，也不可以有情，它们之间的相互关系是符合太极拳所秉太极之理的。习练混元太极拳呈现美景，需要有一个循序渐进的过程。

2. 情景和谐理在性

习练混元太极首先要求身心和谐，有情感，如果没有情，就不会产生欲扬先抑这样活泼、充满天机的运行变化。没有情感地习练太极拳如同木偶一般。太极拳本身就包涵有一定的表演性、娱乐性、健身性和技击性等。习练混元太极拳时，必须要能够让旁观之人口中乐道、心中愿学，能够打动人心。太极拳名家练拳能与音乐合起拍来，手足运行，身形变换，高低抑扬，舒展大方，犹如轻歌曼舞，在人们一片惊呼赞叹声里，暗自将意气行遍周身，寓无限太极天机于拳路变化之中，既锻炼功夫，又陶冶性情，给人以美的享受。借助当今发达的现代通迅设施，世界各地的人们都能随时随地欣赏到太极拳艺术表演实况，这就对太极拳习练者提出了更高的要求，在习练过程中要重视拳情、拳景和性情，不断追求习练的更高境界。

前人认为"太极性"在太极拳中的运用方法主要是"粘连黏随"四种。粘，比喻与人接手时，我的接触点如有粘性，能将对手紧紧地粘住，使其不得解脱，这是对劲力作用的一种描述；连，就是紧贴对方，使其不能脱离，在双方两手相接划圆时，功夫高的人随意就能"听"出对方心、神、意、气、形的变化；黏，是指对手与我相接，被我粘住同漆一般，挣脱不掉，使其处于被动的地位；随，即指随着对方来去，彼欲左则左，彼欲右则右。只要粘必有黏，只要连贯定随。粘、连、黏、随四种劲中，粘、黏劲是主要的，因为粘、黏劲是不丢之劲，粘、黏劲具备了，连、随的功夫才有可能体现出来。粘、连、黏、随均是化解对方之劲，习练者在与对方交手时要不顶不抗、随来随往，在对方运行中找寻破绽并顺势而为，以柔克刚，四两拨千斤，用太极的技击技巧轻而易举地制服对方。在习练时要知己知彼、灵活运用、总结实践，掌握刚柔相济、随屈就伸、无过不及的内涵，并融入到自己的招式之中，如此会收到事半功倍的效果。

3. 彻悟本性方太极

世界万事万物各有属性，而阴与阳是其基本属性。以天、日为阳，以地、月为阴。阴阳即生，刚柔则现。阳刚与阴柔这两种相反的势力有机地结合在一起，两者相互依赖、相互制约、相互转化、相互为用的一体就为太极性，也即是刚柔相济。"性，即理也"，混元太极拳运动中所表现出来的刚劲或柔韧，均是柔中带刚，刚中带柔，而刚柔相济必生内劲。刚为快速迅猛有力，柔为柔和缓慢沉着，有柔无刚立足不稳，有刚无柔转动不灵……混元太极拳就是根据事物的阴阳属性编创而成的。阳刚与阴柔对立统一，互为转化，生生不息，变幻无穷。

太极为刚柔相济，并主张以柔克刚。体现在太极拳术中以阴阳同现，阳刚与阴柔同处于一个统一的共体之中，绝对不可分开。习练混元太极拳，要得其要领，不偏不倚。但对习练者来说很难将"太极性"运用得灵活自如、恰到好处，这体现到练拳时的形体姿态上就是动作若硬则偏刚，动作若软则偏柔。刚柔如何相济，太极拳古诀中讲得十分明白："纯阴无阳是软手，纯阳无阴是硬手；一阴九阳根头棍，二阴八阳是散手；三阴七阳犹觉硬，四阴六阳类好手；唯有五阴并五阳，阴阳无偏是妙手。"五阴并五阳、阴阳无偏并不是否定以柔克刚，反而是为了更好地达到以柔克刚。以柔克刚的太极性体现在太极拳术上主要是应用螺旋力、重力及贯性、杠杆等科学原理，讲究避实击虚，以四两之力去化拨对方的千斤神力，并战胜对手。在技击应用上具体体现为，若对方以猛拳击来，首先略闪身，让过对方拳头，避开来劲，并将其拳臂引往空旷之处，让对方失去拳击的对象，其力必放空而失衡难防，此即为太极拳之"引进落空"。尔后再将自己的力量作用在对方身上，加大对方失控的作用力，令对方处于无根的状态。此时，无论如何收拾对方，对方均无还击之力，只有挨打的份儿，没有进攻的机会，这便是太极拳中的"得机即击"。如此迎战还击，即为太极拳所主张的以柔克刚。

太极性的灵活运用是一个相当高的层次，需要习练者进行长时间的锻炼方能运用得当。初学混元太极拳时，身体上各部位都比较生硬，存有一股僵劲。要掌握太极性的运用，必须先从柔劲的锻炼入手，经过一定时间的锻炼，克服身上原有的僵劲后，身心便会越练越灵活，越练气血愈畅通，手脚渐渐生力，此力是从柔而来，进而便可柔中生刚。由柔而刚，再由刚而柔，刚中产柔，柔中生刚，刚柔相济，随屈就伸，无过不及，豁然贯通，运转自如，习练者只有达到这个阶段，方算悟彻了太极性，具备了一定的功夫。再继续深造下去，即可达到拳术炉火纯青的境界。

九、招之论

"招"，在这里指的是招式（应用），是太极拳套路中动作的总称。非招无以为拳，它贯串太极拳习练始终，是内气之依托。手、眼、身、法、步，上下左右，循法呈形，尽为招式。一动为招，招招相承，承前启后，使体内血脉与外形动作一气贯通，不能出现一丝一毫的隔阂。历代拳家名手，对一招一式都有深刻研究，不仅套路尽得要领，还拆势打单，细心琢磨其多种用途，从中悟出精妙，往往一招绝技，名震拳坛。混元太极拳的"招论"阐述了招式相连，并更为详细地论述了揉手（推手）、技击之应用。

1. 招术相应

习练混元太极拳必须得考虑各招式由何而起，中间手足如何来运行，运行到式末如何收起，明白外面是什么形状，身内走的是什么劲别，并在心中仔细揣摩各招之间是怎样承上启下的。同时还必须让身内血脉贯通，不能够出现一丝一毫的隔阂。招招相连，式式贯串，上下内外，一气呵成。混元太极拳招式之中，一般以手动为阳，手静为阴；手背为阳，手心为阴；前则为阳，后则为阴。还有阴中之阳，阳中之阴。在手足的运行之中，哪个手为主即为阳，哪个手为辅即为阴。不过，也有一些招式之中是先阳后阴，外阳内阴等。但无论怎样变化，一阴一阳的变化必须不偏不倚，无过不及。

招式都从运动规律中来，它只能顺乎血脉畅通的法则，不可为招而招，为式造式，徒有其表而无其实，舍本逐末，走上歧途。另外，从固定的招式中寻找新意，顺乎阴阳变化，变不离宗，也可创造出新的招式。

混元太极拳技击功夫主要体现在招术的实际应用上。"招"是固定的、有形的，要应势而用，方能得心应手。"术"是治人的方法和技艺，它是灵活的、是无形的，是神、意、气结合的运用，要求空灵而不僵实。"术"在应用时要有明确的方向，一接手就要"听"懂对方的动向，出劲的劲端和劲源，以及力的虚实。听劲靠"术"而不是用"招"，发劲时也要靠"术"控制对方。在交手时主动迫使对方做出反应，使其在不"合适"的情况下找"合适"的时机而暴露其"中"，并借此引出对方之"中"，在其失"中"下予以发劲。因此，在交手时，不能只用"招"，不用"术"，应运用神、意、气结合的手法，形成"招"中有"术"，"术"中有"招"，"招""术"不离。

2. "揽雀尾"招式与劲力运用

揽，可作搂、拿等，为敛取、撮持之意；雀，指孔雀等鸟类；尾，就是尾巴（在人体中即腰部以下）。前人在研究拳法中，观鸟在欲飞之时，先动尾巴；欲上飞时，尾巴必下垂；欲下飞时，尾巴必上提；欲右飞时，尾巴必左摆；欲左飞时，尾巴必右摆，这是整体运动协调性的表现。由此可见尾部在运动中的重要意义。习练混元太极拳，无论前进后退，左顾右盼，都以腰带动，一动无处不动，其中尾闾的运动非常关键。尾闾是脊柱之根，脊柱是人体的中梁砥柱，尾闾真气一动，气贴于脊，使清阳之气上升，达到上下一体，内外融通。揽雀尾又称懒扎衣等，传统太极把揽雀尾分为"掤、捋、挤、按"四式，混元太极拳有左右揽雀尾，所以左右各有掤、捋、挤、按四式，共八式。因掤、捋、挤、按内涵深奥，在习练和技击实践中能达到千变万化，所以在混元太极拳谱中将其定名为"来去自如"。

①掤劲："掤劲"是一种在运转过程中应该始终保持的"内劲"，也是一种发劲方式。"掤劲"是一种似松非松，柔中寓刚，轻便灵活而又富有沉劲、弹性和韧性的力量，是一种具有粘、逼、化、舒并相作用的劲。此劲之气来源于脚跟，发于腿，主宰于腰，形于手指，是掌握攻防和走化的技术，其在自我防护的同时，可随化随发，应变能力极强，威力巨大。在揉手交技中讲究"掤劲"不丢，就是要在与对方粘、连、黏、随的过程中，始终以"掤劲"探测，从而掌握对方的虚实，做到灵敏应对，得机得势；

缓急相宜，随机应变；外柔内刚，蓄发有备；守可自保，攻可制胜。

②捋劲："捋劲"是用单手或双手黏住对方手腕与肘时，引进落空并顺势发劲。这是一种常见的化劲，是以柔克刚、四两拨千斤之典型技法。若对方要攻击我的重心，我双手黏住其肘腕，把对方来劲引向自己的侧后方，顺势发劲，就可借对方的力加上自己的力，把对方向侧后方抛出。对方的来力愈大，摔得愈远愈重。捋的路线，要看对方来劲灵活掌握。一般说来，对方往往以"按"劲向我推来，我顺势借力，用捋劲将其发出，所以有"捋可破按"之说法。在揉手中，捋要轻柔顺势，不可顶抗，关键是边捋边引化，使对方的来劲离开我之重心，因而必须注意以腰为轴，腰松、肘柔、胯活，随来劲转身，化解对方劲力。需注意的是，在引化过程中，仍然要保持掤劲不丢，待其势背时，再用捋劲将之发出，所以说掤捋相连。

③挤劲："挤劲"内含自我保护，一般用于封闭对方劲路，封住其重心，加强粘逼作用。挤中还内藏肘顶之密，一旦得手，丹田内劲瞬间爆发，威力无比。在揉手中，对方被封逼时，必做挣扎，趁其身体失衡，以长劲抖出，逼其出圈，无不将其摔出，这就是"挤劲"的作用。"挤法"是用前臂或手背挤向对方，使其失去平衡的技法。这是在自己受到对方捋劲时常用的技法，其手法都是手背向着对方，对方向侧面捋，则向前挤，对方向后面捋，则向其侧面挤。总之，其着力方向与对方着力方向垂直，即可破坏对方的捋劲，造成我顺人背之势，所以说"挤可破捋"。

④按劲：按劲用于推手，既具有捺压对方来力，使其向下而不能上犯的抑制作用，又有粘随其去而推掷之的进攻作用。按须用腰腿劲，加以意气，一般眼神须注视按捺方向。在揉手（推手）中如对方出挤，即刻放松引进，使其落空而失去重心，同时变守为攻，适时按出，能使对方腾身退出数丈。"按劲"是带积极进攻性的一种长劲，成功的太极高手在揉手时运用此劲，能轻轻运行，潜移默化地将对方重心拔起，抛出圈外。此劲变化多端，运用得当，威力无比，是进攻的有效手段，有出乎意料、十分惊人的技击效果，尽显太极之妙。

"掤、捋、挤、按"为四正手法，它是"十三势"运用之精髓。在具体攻防技法中"掤在两臂，捋在掌中，挤在手背，按在腰攻"，其运用劲势部位不同，故而在习练和运用中须要认真仔细地推求，才能体认到诸法之精髓，悟得诸法之妙谛。诗曰："心静体松太极功，掤捋挤按妙无穷；掤势发劲于两臂，捋手缠绕在掌中；挤式劲点合手背，按掌力量由腰攻；来去自如悟心法，千锤百炼柔克刚。"

3. 招势劲力刚柔相济

混元太极拳是在传统太极拳的基础上发展起来的，招式各异但万变归一，全部不离"太极"的至高准则。其招式在习练中可修身养性，强身健体；在技击实践应用中，能达到刚柔相济，攻防并用。

（1）简述"揉手"

揉手即推手。为避免"推手"使人产生猛推硬拽（搡也是推的意思，故而不用）的误解，混元太极拳故用"揉手"之称谓。练拳不揉手，不知有没有。揉手和练拳是两个相辅相成的内容，一般应该在练拳的基础上再练习揉手，然后又以练揉手获得的功夫去提高拳架的水平。而懂劲须由揉手而得，粘、连、黏、随由揉手悉，机遇由揉手求，发力由揉手验，功夫由揉手证。揉手为太极独门纲要，习练者不可不重视。正确地学好揉手应注意三点：①学习揉手须明了太极揉手的含义和内容，虚心请教，反复练习。切忌从拳谱中摘取与自己想法相近的几句话，一意孤行地下功夫傻练，这样做必出偏差。轻则功夫不能得到正确的提高，重则会损害身体健康。②揉手是拳架的应用，拳架是揉手的基础，拳架中的一招一式都是养生和技击之法。揉手的奥妙不仅仅是在于技击方面，其中包含着健身养生之道。③练习揉手是为了"懂劲"，为了真正的太极功夫，而不是为了争强好胜。揉手时要在找到对方的破绽后乘机发劲，使对方在思想上心服口服，有利于互相切磋、共同提高。

（2）体察劲路

当练拳时能将神、意、气集中于一点，并体现在每一个姿势上时，就要体察劲路。太极拳区别于一般长拳的根本点在于发挥内劲的威力，克服后天形成的拙力，运用轻灵多变的手法乘人之势、借人之力，克敌制胜，以达到"听劲全凭借人力，得来不觉费功夫"和"四两拨千斤"的妙用。混元太极拳的身形和手势都不是固定的，而是要变换灵活，正所谓"手无定向身无形，身手配合自然灵；开合升降随机用，混元一气开潜能"。例如在揉手时，与对方一接触，便要通过"明劲""暗劲""听劲""化劲"等功夫，随机应变地控制对方。为了清楚地了解对方"劲"的变化情况，占据主动地位，身形、手势都要变化灵活，在无形中给自己的内劲找到出路，使对方处于被动状态。身形是手势的后援，身形与手势在知己知彼之功中起着关键作用。

练习混元太极拳的最高境界是进入化境，即经过长期的习练达到融会贯通的境界，功夫到此方能真正体验到太极拳的奥妙。在养生方面，"心性纯静"，方可达到防病治病，强身健体，延年益寿；在技击方面，"一接即通"，达到上下相随，内外相合，随机应变，无往而不胜。其关键在于神、意、气的运用自如，功夫高超者在揉手胜人时外形看不出多大动作，招式越化越小乃至给人以外形动作消失之感，而其自身则感到轻灵畅通。

(3) 发劲使用

发劲在揉手技术中占有重要的地位，混元太极拳的发劲乃是在一瞬间集聚全身力量于一点，并作用于对方身体的一种柔弹爆发力，而绝不是一种硬性的推撞力。揉手中的发劲必须在顺势借力的原则下，使用起来才能发挥更大的威力。在与人揉手时，须先以虚灵的气势跟之随之，在几跟几随之中，对方破绽露出，机会送上手来时，即以丹田之气，周身之劲，心中一觉，陡然坐身，心神意气，一齐发作，劲去如放箭，冷快脆弹，使对方惊然后跌，打得惊心动魄，目瞪口呆，防不胜防。此即拳论所云"运劲如百炼之钢，无坚不摧"，此种真正的混元内劲，用时松沉软弹，使人内伤，不着痕迹，打人于不知不觉之中，才是混元太极拳的实践上乘功夫。

4. 运用化劲

化劲之"化"字，寓有消解对方来力而不着痕迹之意。化劲必须是在粘连黏随、不丢不顶的原则下进行的，因此绝非硬拔、横拉、生扯，它必须顺着对方来力的方向，使对方在不知不觉之中，偏移重心，使来力落空。揉手功夫好的人，在使用化劲时可以看到手臂接触的皮肤是平整的，而不会出现皱皮。如出现了皱皮，说明两劲相顶，走化的一方使用了拔扯之劲，没有舍己从人，而是自作主张。好的化劲方法是两臂绝不自动，而一定是以腰为轴，以腰脊之力领动的，心为主帅，心意略一动，腰脊微一领，外面好像没有看见如何动，而对方来力已落空。化劲到了高级阶段，完全是以虚灵轻妙为主，出手轻轻接触对方，粘其皮毛，以神走、以气化、以腰领，跟随走化，使对方摸不着实地，找不着重心，如脚踩葫芦，东倒西歪，完全受制于人。要达到这种效果，非有好的化劲是决难办到的。

综上所述，太极揉手造诣之所以能达到上乘的境界，乃是历代太极拳家用毕生精力研究太极拳的结晶。太极拳理论中说太极拳的发劲是极柔软，然后极坚刚，这种最终所要达到的无坚不摧的极其坚韧的"内劲"是长时间的有意识地极松、极柔以后在身体内部积累转化而成的。太极拳艺术是中华民族宝贵的文化遗产，太极揉手是太极拳艺术中的重要组成部分，对它的理论、技击和健身作用做进一步研究、发展、完善是十分必要的。

十、道之论

"道"，在这里指的是中道（自然）。老子云："人法地，地法天，天法道，道法自然。"这不仅是做人做事的法则，而且是练拳（修道）的法则。老子《道德经》曰："道可道，非常道。名可名，非常名。无名，天地之始；有名，万物之母。故常无欲，以观其妙；常有欲以观其徼。此两者同出而异名，同谓之玄。玄之又玄，众妙之门。"又曰："道生一，一生二，二生三，三生万物。"《庄子》中说："夫道有情有信，无为无形；……在太极之先而不为高，……先天地生而不为久，长于上古而不为老。"混元太极道诀指出："太极之道，无极而生，阴阳转化，天地人合。"阐述了天由道而生，地由道而成，人物由道而行。

1. 道为太极母

道为天地之本，天地为万物之本。道是生成天地以及万物的本原。"道"与"太极"基本上是同义词，"太极，道之极也。""太极"是产生万物的根源，"太极"存在于"道"之中。以道观天地，则天地亦为物。道之道，尽于天矣；天之道，尽于地矣；天地之道，尽于物矣；天地万物之道，尽于人矣。道在人心，与"心为太极"说有相似之处。自然界万事万物均由道生，道为万物之母。"道"这个字"一"上两点"ㄚ"就是一阴一阳、阴阳合一；下面"自"字表示自然万物皆来自于道；合而为"首"字，表示领头的、第一的与最先的；再加"辶"，就明确地阐明了阴阳对立、统而合一是自然界最根本的运动规律。正如王宗岳在《太极拳论》中说："太极者，无极而生，阴阳之母也。"故而习练混元太极者就是要用太极阴阳的理论去剖析拳中的奥秘，揭示并理解太极的真义，时刻分清虚实，分秒调和阴阳。

2. 道由中入门

张三丰祖师说："大道从中字入门，用身中之中，求不在身中之中。"所谓"中"，一方面在身中，一方面又不在身中。所以从"中"上做功夫要分身内、身外两层。

第一层，先寻出身内的中。朱子说："守中的关键在于节制一切对外面事物的认知。"就是说守身内之中要采取回光返照的方法，将神光聚集在身体"圆规"的中心。这个中心在什么地方呢？有人曾说脐下一寸三分，即人体"下丹田"处。神光聚集在这个地方，既不死守它，又不离开它，这就是寻到了身中之中。

第二层，寻求不在身中之中。对于这个"中"，《中庸》说是"喜怒哀乐之未发，谓之中"，即喜怒哀乐等感情没有表现出来的时候，叫作"中"，此时处于平和的心态，没有情感的心态。情感和意念未发，耳目口三宝不见不闻，谨慎保持这种状态，即便是长久独处也不马虎，自然能性定神清。神即清纯，身中之气也是慧明的。到了这种地步，方才可以见到先天本来面目。这就是寻求不在身中之中的要领。首先以身中之中的完成，再去求不在身中之中，这样杂念就容易消除了，先天之生生不息的理即现光明。自古以来，儒释道三教的修炼大家们，都是以求"中"作为下手的第一步功夫。

修炼混元太极内含"阳中之阴和阴中之阳"。阴中与阳中是怎样的关系呢？师云："离开有形之阳中，则阴中无求；失去无形之阴中，则阳中无魂。只有阴中与阳中相济而合，方能得'中'。"当然，真正悟懂"中"在混元太极中的真义，还要认真深入地剖析中与定、中与重、中与虚、中与和之间的内在关系。在混元太极习练中，欲中必知重，求中稳其重，调重守其中，中重相伴，则混元太极所求之中得矣。

3. 无极生太极

无极之"中"，不内不外，不偏不倚，既无形又无名，为一种境界的形容。比如，像一个氢气球内部的中点，说它存在，实无存在；说它不存在，又确有其中。只是落入有形之物，方有了相对具体"中"的概念。故无极寻中、守中，就是返本还原，是将短暂之生命附着于恒久之无生命上，以成永恒之生命。然而，原本的中是什么也没有，这称之为"无极"。大道对无极之中只是借用而已，只是借无极之中求得太极之中。如果说无极之中是无的根源，那么太极之中就是有的起始。大道修炼就是要用这有的起始，以成生命再生，以成生命超原质再生、永生。所谓"性定神清，神清气慧"，即还之无极之中；所谓"到此方见本来面目"，即见太极之中也。太极之中，以其静而生动，称为真阳；以其化育万象，称为真精；以其虚无中和，称为真气；以其灵明洞达，称为真神；以其命由此始，称为先天、真种子；以其性由此根，称为本来人、真面目；以其合法合度、合自然、有规律，称为理；以其先天初动，称为天机；以其处于无极之中，虚空之穴，称为玄关窍；以其万象由此发生，称为玄牝。名虽多而实一。

4. 混元之中道

在混元太极的习练中，对"中"的认识和守用是绝对不可以轻视的。古人认为，虚空是一个大宇宙，天地上下距离八万四千里，上面三万六千里称天气，下面三万六千里称地气，中间一万二千里，称天体混元；人体是一个小宇宙，心肾距离八寸四，心距混元三寸六，心气连接天，肾距混元三寸六，肾气连接地，中间一寸二称人体混元。

混元太极的习练要得身中之阳中，更求不在身中之阴中。什么是混元太极所求的阳中呢？它包括两个内容：第一，一身之中在丹田，三田（上丹田、中丹田、下丹田）合一，合于混元，所以混元为人身之"中之中"；第二，以百会至会阴这条中线为人身之"中"，做到"立身须中正安舒，支撑八面"，"尾闾中正神贯顶"。

道家认为"冲者中也，中者虚空之体性也"，混元太极所求之阴中就是这无形之"中"，即"神、意、气"之中和。所谓无过无不及，就是求阴中，使神、意、气达至中和的具体体现。《太极拳论》曰："一羽不能加，蝇虫不能落。"鸿毛之轻，加一羽即过，蝇虫之小，落一只则多的境界，就是神、意、气在运行中达到最恰当、最合适、最自然的状态，这也就是守持中的状态。

如何体会中呢？细心体会混元处的那种意识感受：意识中一物不着，

没有分别，不偏不倚，既不是有，也不是无，没有任何精神活动，有这么一个体积，它里边也应该是这种状态。仔细体会，上下这有一条线，这个"中"是立着上下走的，相当于要走中脉的意思，认真去体会又什么都没有。精神集中用意元体去体会"中"，这就是直接走清静无为之阴"中"。师曰："上混元，下混元，外混元，内混元，中混元，混元混元一浑元。"

5. 太极中定之道

《大学》曰："知止而后有定，定而后能静，静而后能安，安而后能虑，虑而后能得。"有止而定，有定而静、而安、而虑、而得。混元太极行拳走架时，从混沌无极（心静体松）、太极出世（开合升降）至天人合一（太极还原）、返回无极（一炁混元），动则"如长江大海，滔滔不绝"，"一举动周身俱要轻灵，尤须贯穿"，"无使有缺陷处，无使有凸凹处，无使有断续处"，"总须完整一气"。如是定其身而求其阳中，定其心而得其阴中；以定求其中（静中寓动），得中固其定（动中求静），中定相求而得混元太极所求之中。然而，宇宙万物，包括人，原本属动。《易经》曰："天行健，君子以自强不息。"行而不息，动而不止，既属天性，也是人性。不息即不定也。因此，不定才是宇宙万物运行之真实，就像逝去的时间永不停止。既然无止，何有其定？既然无定，何得其中？中定到底在哪里？存心设定，存意求中。定为设定，其定是不定之定；中为时中，其中为不中之中。混元太极之中定，就在自己心中。天地万物无定不中才是其原本的属性，所以平衡是相对而短暂的，不平衡是绝对而必然的。因此，所求之中也只能是瞬间的中。关键是如何在不平衡时找到相对平衡的状态；在不中、失中的瞬间求中而得中。从而达到身心和谐、内外合一、立身中正安舒、无过无不及、不偏不倚而平衡稳定的，最恰当舒适、灵活自然的太极意境。

混元太极所求之中是不中之中，其重也同样是变中求不变，动中寻稳定，不变的是人体对地的重力，变的是重心的位置。因此，随时调整自己的重心位置，是求中的不二法门。混元太极习练者的重心，可以上下、左右、前后移动；可以在身内，也可以在别人"摸不着"的身外。当然，这其中是有其独特的功夫奥秘的，完全不是在身体姿势的高低与扭转中做到的。王宗岳在《太极拳释名》一文中指出：太极拳，又名十三势。十三势者，掤、捋、挤、按、采、挒、肘、靠此八卦，加进步、退步、左顾、右盼、中定此五行，其中以中定为主，余十二势为辅，有中定才有其他各势。由此可知，中定在混元太极习练中占有极为重要的地位。

6. 太极中虚之道

《老子》曰："致虚极，守静笃，万物并作，吾以观其复。"这段话运用到混元太极中就可以理解为：虚则能受，静则能观。比如，一只空杯子才能往里加水，一个空心皮球才能往里充气。所以混元太极在技击时有一个重要的法则：虚接敌。也就是拳谚云："四梢空接手，接手点中走。"为什么要虚接？因为虚能受，只有虚接才能把对方之来力接受进来。接受了对方本力之后，再经过神意气相融而中和，进而使之化为混元太极的内劲。

习武（修道）应先求虚静，由虚静而生实有；这个实有才是真实而真有。虚虚实实神会中，中以虚而待，称之虚中。道以虚通为义，只有虚中，才能先天一炁自虚中来。虚则无碍，混元太极习练中只有虚通，才能节节松开、节节贯穿，才能完整一气而周身一家；只有虚中才能在与对方揉手时，一接手就能将对手的接触点虚掉，既虚掉自己的本力，也虚掉对方的来力。此刻对手之来力掉进了我的虚中，我之中即由虚而填实，并转换成自己的神、意、气之中和。而对手则因失实而虚，我方毫不迟缓地顺势而发，以实击虚，必胜无疑。正如太极拳前辈所云：太极拳应敌，其最妙处在以虚静胜人。

7. 太极中和之道

求中必讲和。和者，平衡，和谐。混元太极习练贵在心平气和，有平才和，平和则能真静，真静而通神明。正如三丰祖师在论平与中的关系时所云："心不起波之谓平，心执其中之谓平。"心在此中，乃不起波。当习练者心平定而气顺和时，内心世界开始安静下来，头脑中杂念渐渐排除，外界干扰慢慢消失。此时，虫鸣鸟叫还依然，水音风声仍照旧，但好像逐渐离你而远去。直到听而不闻，开始生出一种感觉。刚才还在的胳膊没有了，继而身体也感受不到了，甚至身体与身外失去了界限。这时身内与身外万物都恍恍惚惚、空空荡荡；似有非有、若有若无。即有"气遍身躯不稍滞""腹内松静气腾然"的妙境。

混元太极所言之和谐，就己身而言要做到：有上即有下，有前即有后，有左即有右；一动无有不动，一静无有不静，周身节节贯串，勿令丝毫间断耳。正如《走架打手行功要言》所论："欲要得机得势，先要周身一家。"因此，除手与足合，肩与胯合，肘与膝合之外三合，还要做到"以心行气，务令沉着，乃能收敛入骨；以气动身，务令顺遂，乃能便利从心"，即心与意合，气与力合，筋与骨合之内三合。内三合之关键在于心、意、气、力之分清其责，先后有序。即要心引意，意引气，气运身，身随行；神（心）先意至，气催身随。其先后不可倒置，其职责不容混淆。就与对方揉手而论，应做到：内外相合，彼己相谐。彼不动，己不动；彼欲动，己先动。己之先动应是与对方尚未接手，吾之神已渗对方而接，吾之意已透彼骨里。简言之，混元太极所求之中和就是无过无不及。

8. 太极理气之道

太极为本然之理。太极者，本然之妙也；动静者，所乘之机也。太极，形而上之道也；阴阳，形而下之器也。自形而下者观之，则动静不同时，阴阳不同位，而太极无不在焉；自形而上者观之，则冲漠无联，而动静阴阳之理已悉具于其中矣。太极，虽为形上之道，但有形上、形下的不同妙用。从形下角度看，动静、阴阳虽不同时、不同位，但太极寓于其中；从形上角度看，则无形而混一，蕴藏动静、阴阳之理。将太极看成是"形而上之道""动静阴阳之理"，此"理"即是万物本然之次序，变动之"理数"。

太极本无极，故又名太虚。"虚"者，空虚无物之意，理气未分，混沌一体。太极言无极者，是指太虚流行之气中主宰之"理"；太虚言太极者，是指太虚主宰之理中流行之"气"。太虚为空空之境，真气所充，神明之府。真气精微无运不至，故主生化之本始，运气之真元。太极乘气动而生阳，静而生阴，此太极阴阳之理。正所谓"能造万物者，天地也；能造天地者，太极也"。

健康长寿是人类的美好愿望，要想实现这一愿望，最重要的是预防疾病的发生。古人曰："天得一气以清；地得一气以宁；人得一气以健。"生命在于运动，一人动，则一身强；一家动，则一家强；一国动，则一国强。有人曾问什么样的运动最好，那就是太极拳，太极拳作为中国传统体育运动项目之一已经传播于全国以及世界各地，也已成为国家全民健身运动的大类。但要真正地练好太极拳，必须学好太极拳理论，在理论的正确指导下勤学苦练，悉心体悟，理法圆融，步步深入，内外贯通，从人自身这个"太极"入手，进一步和宇宙大自然的"太极"去混化，最后达到人天混融、天地人合的境界。

混元太极不仅是一门武学，更是一门人体生命科学，需要习练者用心体悟，方能成就太极大道。师曰："君若练身不练心，花开虽茂没有根；如若练心不练身，枯木何处去逢春。吾师练身又练心，鹤发童颜老寿星；教你练身兼练心，练就金刚不坏身。"

第三章　六十四式混元太极拳义解

第一节　六十四式混元太极拳综述

六十四式混元太极拳是混元太极竞赛套路，习练者待有了功夫后可以自愿报名参加校运会以及国内、国际的比赛（表演）活动。其套路是在四十六式混元太极拳的基础上编创而成的。本套路在正规比赛中规定的时间是5~6分钟，在平时的习练中则需要20~30分钟，是比赛时间的4~5倍，这是一套慢修（内功）快练（竞赛）的好拳法。慢修、快练是混元太极拳的特点之一。其特点之二是以内为主，内外兼修；腰为主宰，松腰开窍。特点之三是拿住丹田练内功，开合升降妙无穷。特点之四是炼精化炁，炼炁化神，炼神还虚。长期修炼混元太极拳能达到"内功层层深入，功夫步步提高"。

一、"炼精化炁"养身心

混元太极拳从内功入手修炼"精气神"，首先做到"虚灵顶劲，气沉丹田，落地生根"，身正体自松，体松气自通（形正、气正、脉通）。习练混元太极拳从"混沌无极（心静体松）"开始，无极而太极，其身法是关键：身体松静站立，尾闾向下松垂，腰部命门向后放松，大椎向上领劲，头顶百会虚悬，把脊柱拉直，上下内外成为一个整体。进而"太极出世"，习练者用以意引气的方法，引动丹田混元气"开合升降"，打开督脉之门，气过三关（尾闾关、夹脊关、玉枕关）。这样丹田内气自然运行周天，通于"十二经脉和奇经八脉"。在套路招招式式的运行中，不仅把丹田内气运行周身，而且将全身散乱之气收归于丹田（通常所说的丹田一般指下丹田，躯体混元气的集中之处）。

有了套路习练的基础，进一步运用呼吸修炼桩法（混元太极内功）。道家内丹学称呼吸为"风"。有了风，还要用"火"。火有"武火""文火"之分。所谓"火"，就是用意的轻重，武重文轻，青壮年用武火出功夫较快，中老年以调气养生为主，当用文火。习练者为了打好基础，可以在站桩和静坐时培育先天元气，方法是：吸气时用意向后，往命门处吸，时间越长越好，但不得勉强，然后守住片刻，再缓缓呼出。随着练功程度的加深，吸与守的时间会越来越长，吸的时间越长蓄的气越充足，后天返先天，久而久之，丹田内充满混元气，丹田气贴脊，肾间产生真气，腰部发热并有膨胀感。

待后丹田（武术中称命门为后丹田，肚脐为前丹田）气充实后，再以意引气至前丹田，这样由后丹田到前丹田，再由前丹田到后丹田，周而复始，如同拉风箱一般。聚到一定程度，稍一用意，前后丹田就如同长江、大海之水动荡不息，形成丹田内气鼓荡。正如"歌诀"中所说"腹内松静气腾然"。在此基础上，再练丹田内气旋转：呼气时，丹田气顺时针转，圈越转越大，直至无限；吸气时逆时针转，圈越转越小，小到无内（此为"丹田内转"）。反复体会，带脉之气会逐渐充实起来，随着功夫深入，特别是松腰开窍的进展，不仅前后丹田及带脉能够同时充实起来，而且整个下丹田（腹腔）能充实起来，以致两下肢也能够充实起来。这是混元太极内丹功"炼精化炁"的心法之一。

内功理论指出："万物各具一太极，人体无处不太极"；又指出："太极即一气，一气即太极"。当混元太极习练到深层次后，有了太极一气，行拳走架就能真正体会到腰为主宰，做到"一动无有不动，一静无有不静"；有了太极一气，身体内会发生质的变化，即产生一种无形的能量，其在意识的导引下，能达到聚则成窍（炁丹），散则成气（炁光）。

二、"炼炁化神"走虚灵

上一步"炼精化炁"的锻炼，主要练的是下丹田及带脉，在这个基础上，再进行"炼炁化神"的习练：首先以意引气，把下丹田及带脉充实起来，继而引气入中丹田（胸腔），吸气至中丹田（大气库），至背部、脊柱（脊髓）。吸的时间越长胸部感觉越空旷，随着功夫的深入，胸部会空得像无底洞一样。与此相对的是，背部渐渐地也会鼓胀起来，在练拳、行功中能够"神通于背"。如此，修炼中丹田（打开十二重楼），使中丹田与下丹田相呼应。这种呼吸锻炼法道家功称之为"龟息"（龟没有肋间骨和肋间肌，其头颈与腹相连，所以它的呼吸很特别，是胸与腹同时呼吸）。

随着中丹田的修炼，下丹田好像气少了，产生空、大之感，这是因为下丹田之气已由实气变成了活气。此时，稍一用意，胸、腹便有松、空之感。此步功成后，用意一吸，气便到弓背上，犹如捕鼠之猫，蓄而待发。这时仿生的能力很强，仿猫像猫，仿猴像猴，仿虎像虎，感觉自己的元神特别的灵敏。

中丹田练开后，继续努力，当功夫到达"松开玉枕穴，合灵机于顶"时，上丹田之元神开始显现（此步功无明师指点不可轻练，以免出偏）。在此之后，行功中目似垂帘、似看非看时，印堂前会经常出现光感，这叫"性光"；神气一领，手、眼、身、法、步无所不到。所以，太极拳修炼到了上乘被称为"神拳"。混元太极拳内功的习练，与金丹大道不谋而合。每个动作有起有落，起是动的开始，落是暂时的静。外形静时内气欲动，内气静时外形欲发。自始自终，绵绵不断，招招式式，周而复始，变化无穷，如行云流水，形断气不断，气断意不断，意断神相连。从节节放松至节节拉开到节节贯通。达到形无形，意无意，无意之中有真意。由招熟而渐悟懂劲，由懂劲而阶及神明。

三、"炼神还虚"入大道

元神出现后，不仅要会用，还要会养。如何养灵根、养神？借鉴唐道子"授秘歌"的最后一句，"尽性立命"。性即神，命即气，神、气相合才能达到性命双修。道谚云："天有三宝日月星，地有三宝水火风，人有三宝精炁神，会用三宝天地通。"人之三宝又分先天三宝和后天三宝，先天三宝即先天真——之精，先天真——之炁和先天真——之神，又称为元精、元炁、元神；后天三宝即呼吸气、思虑神（识神）和交感精。后天三宝，乃由先天三宝变化而来，故此修炼之时，须将后天返先天，后天三宝转化为先天三宝，方能进入"……炼神还虚、炼虚合道……"在整个修炼过程中，"致虚极，守静笃"至为重要。致虚极：达到空虚无物的极点。

守静笃：外无所见，内无所思，凝神内守，是谓守静。如此，神归气、气归神，神归气，日久功深，气足成窍，窍开还丹，经千锤百炼，凝结"内丹""圣胎"……

混元太极以培养气、凝聚气为基础，以调动气、运行气、运用气为准则，以精盈、气满、神灵，达到混元一气为宗旨。自始至终要求形神相合，动静如一，内外兼修。内功习练至深厚，就能以弱胜强，以慢制快，以柔克刚。在运用中能达到来去自如，攻防并用。混元太极的习练既是动中求静，亦是静中有动，即虽动而静，视动犹静。待招式动作纯熟、通顺、连贯、协调以后，要平心静气地用意运气，轻轻开始，慢慢运行，默默停止。静心想着，阴阳开合，静心听着天机流动，静心看着浩气旋转，周身上下浑然不觉，四肢百骸，荡然无存。"不知身之为我，我之为身"，唯有心中一片觉明景象，逐渐达到始于无形，归于无迹的无极、太和之原象。此境界是混元太极修炼之上乘功夫（注：六十四式混元太极拳所涉及的穴位请参考《混元太极拳入门》第八章混元太极中医基础知识）。

第二节　六十四式混元太极拳拳谱与动作名称

第一式　　混沌无极（心静体松）

第二式　　太极出世（开合升降）

第三式　　无极化生（划弧转体）

第四式　　来去自如（右揽雀尾）

第五式　　来去自如（左揽雀尾）

第六式　　拨云见日（右弓步单鞭）

第七式　　金童观图（右开步云手）

第八式　　拨云见日（右弓步单鞭）

第九式　　雁落沙滩（右仆步下势）

第十式　　金鸡独立（左右独立）

第十一式　回头望月（左右倒卷肱）

第十二式　燕子斜飞（左弓步斜挒）

第十三式　提手上势（左虚步推掌）

第十四式　白鹤亮翅（右虚步亮掌）
第十五式　猿猴献果（右搂膝拗步）
第十六式　探腰望海（右虚步海底针）
第十七式　乘风破浪（右弓步闪通背）
第十八式　掩手肱拳（右弓步冲拳）
第十九式　青龙出水（缠丝撇身捶）
第二十式　千变万化（进步搬拦捶）
第二十一式　来去自如（左揽雀尾）
第二十二式　来去自如（右揽雀尾）
第二十三式　拨云见日（左弓步单鞭）
第二十四式　金童观图（左开步云手）
第二十五式　拨云见日（左弓步单鞭）
第二十六式　提手上势（右虚步推掌）
第二十七式　白鹤亮翅（左虚步亮掌）
第二十八式　猿猴献果（左搂膝拗步）
第二十九式　探腰望海（左虚步海底针）
第三十式　乘风破浪（左弓步闪通背）
第三十一式　掩手肱拳（左弓步冲拳）
第三十二式　青龙出水（缠丝撇身捶）
第三十三式　千变万化（进步搬拦捶）
第三十四式　铁脚破身（独立右蹬脚）
第三十五式　双峰贯耳（铁拳取穴）
第三十六式　铁脚破身（转身左蹬脚）
第三十七式　猿猴献果（左搂膝拗步）
第三十八式　猿猴献果（右搂膝拗步）
第三十九式　来去自如（左揽雀尾）
第四十式　拨云见日（右弓步单鞭）
第四十一式　野马分鬃（左右抢手）
第四十二式　来去自如（右揽雀尾）
第四十三式　拨云见日（左弓步单鞭）
第四十四式　玉女穿梭（四方推掌）

第四十五式　来去自如（左揽雀尾）

第四十六式　拨云见日（右弓步单鞭）

第四十七式　神马探路（高探马右穿掌）

第四十八式　猛虎下山（摆脚指裆捶）

第四十九式　来去自如（左揽雀尾）

第五十式　来去自如（右揽雀尾）

第五十一式　拨云见日（左弓步单鞭）

第五十二式　金童观图（左开步云手）

第五十三式　拨云见日（左弓步单鞭）

第五十四式　雁落沙滩（左仆步下势）

第五十五式　上步七星（右虚步交叉拳）

第五十六式　退步跨虎（左虚步推掌）

第五十七式　转身摆莲（转身双摆脚）

第五十八式　拉弓射虎（马步开弓）

第五十九式　飞针走线（右虚步抢手）

第六十式　千变万化（进步搬拦捶）

第六十一式　如封似闭（左弓步双推掌）

第六十二式　莲花盛开（捧球上升）

第六十三式　天人合一（太极还原）

第六十四式　返回无极（一炁混元）

第三节　六十四式混元太极拳动作详解

第一式　混沌无极（心静体松）

【动作详解】

两脚并拢，周身中正，目视前方（面向正南）；虚灵顶劲，气沉丹田，落地生根；全身放松，人天混融（图3-1）。

①两脚并拢：这是练拳的开始，两脚尖和两脚跟自然并拢，使两下肢（大腿、小腿、膝关节、踝）靠在一起。

②周身中正：首先是头部中正，重心微前移，百会与会阴连成一线并垂直于地面，两手自然下垂于体侧。

③目视前方：目平视前方，目光与周围相合，意念从脑中心向前看，由眼前一直向远处扩展，神光放到天地交合处，再慢慢回收。达到目似垂帘，神意照体。

④虚灵顶劲：虚灵者，灵明也，似有非有，若有若无，无意之中有真意，这是习练混元太极的高级境界；顶劲者，内劲轻轻上拔，可使清阳之气上升。

图 3-1

⑤气沉丹田：在混元太极形体动作习练中，丹田是指人体下丹田（前有肚脐，后有命门，下有会阴，于腹腔中心），混元太极称之为"丹窍"。气沉丹田即将内气沉藏于下丹田。

⑥落地生根：落地指两脚着地，生根是在气沉丹田的基础上，两脚像树根一样伸入地下虚空。气沉丹田后，丹田气经下肢通向脚底涌泉穴，意注两下肢似两根通明透亮的气柱子踩入地下虚空，接通地下虚空混元气，使清阳之气上升，全身上下、内外连成一个整体。

⑦全身放松：指身体紧而不僵，松而不懈，柔而不软。放松的方法首先是精神意识放松，用祥和的意念、愉悦的心情带动脏腑和四肢百骸放松。从中医的整体观来讲，脏腑与头面部乃至四肢百骸都是通过经络而相互联系的，"有诸于内，必形于外"。放松好了，脏腑的精气才能调和，经络气血才能畅通，大脑的灵明度才能提高。

⑧人天混融：要求习练者排除一切杂念，进入精神专一的状态。人与大自然连成一个整体，达到精气神合一（从不练功的状态进入练功的状态）。

⑨为了便于混元太极习练者学习，将图中姿势的方向定位为：正南面向读者；正北背向读者；正西面向读者左边；正东面向读者右边。

⑩图中的线条标明从这一动作到下一动作所经过的路线。虚线表示左手、左脚的运动路线；实线表示右手、右脚的运动路线；腰后的短箭头表示重心后移（图 3-59、图 3-141、图 3-226 中的腰部横向曲线表示旋转）。

【攻防含义】

①本式是无极（混元一气）之始、太极之首（在不同的运用中都要求心静体松，紧而不僵、松而不懈，有顶天立地的气魄），所以在本拳谱中将其定名为"混沌无极"。习练本式要求虚灵顶劲，气沉丹田，落地生根（欲要虚灵顶劲，必须气沉丹田，落地生根；要落地生根，则必须虚灵顶劲），任何一方不能偏废，如此周身上下、内外才能连成一个整体，只有"立身中正安舒"，方能"支撑八面"。

②什么是武术？在实践中，"武"用于锻炼人的劲力和勇气，"术"为治人的方法和技巧。所以当习练者具备了"千斤之力"以后，又掌握了精堪的方法和技艺，就有可能在自己感到仅仅用了"四两"之力时，已轻而易举地把对方来的劲力化解开了。所以，太极拳"四两拨千斤"是功夫加技巧的结果。有人将太极拳"四两拨千斤"理解为不需要认真练功和只要有四两的力就够用，那是曲解了其真正的含义。混元太极是内家功夫，习练者须经千锤百炼，才能达到"四两拨千斤"的技击效果。

【康复养生】

①"两脚并拢"是两脚均匀、放松地平铺于地，要求两脚尖和两脚跟并拢使腿上下靠在一起，这样不仅使肾经和阴跷脉紧密地结合，对培补肾气有特殊的作用，而且使周身的气血连为一个整体，闭上眼睛身体会有一种微微晃荡的感觉。在空空荡荡的状态中打开百会穴接通上方虚空，用意念打开全身的毛窍、穴道和腠理，意识接通虚空，在状态中人与大自然融为一体，广收天地之混元气。

②"周身中正"是习练混元太极的基本要求。前人说："低头猫腰，武艺不高。"初学者大多立身不正，前俯后仰，左右倾斜，下肢不稳。如长期这样会导致内在的气机失衡（或不畅），不仅影响练拳的效果，还会引起阴阳失衡而产生疾病，因此在习练中做到"周身中正"极为重要。习练混元太极的过程，都是从中正站立开始。进入上下、内外一体的状态，这就标志着要求习练者从不练功的"人心"进入到练功的"道心"。随着意念回收，虚空混元气源源不断地收到体内为己所用，达到"人在气中，气在人中，神意照体，周身融融"。

第二式　太极出世（开合升降）

【动作详解】

①无极生太极：接上式。重心右移，提左腿向左开步，与肩等宽，脚尖向前，坐胯屈膝，目似垂帘，气沉丹田，内外合一（图3-2）。

②划弧转体：接上势。两手插入地下虚空，混融地气。左胯微前移（逢右先左），然后转右胯微前移，右臂体前螺旋上起，前臂向上、向内划弧回收于胸前，掌心向左，指尖向上（图3-3）；左胯微前移，左臂体侧前螺旋上起，掌略高于肩，掌心向右，指尖向上斜向前；右臂内旋，右掌划弧下落至小腹前，掌心向下，指尖向左；同时脚心涌泉穴旋拧，带动踝、膝关节向右旋转，坐胯松腰，气沉丹田（图3-4）。

以腰带动脊柱（脊椎）螺旋向右，两臂随身体向右后方划弧旋转至体后约180°，上体、面部向后；右掌至右腹后侧，掌心向下；左掌仍略高于肩，掌心向后（图3-5）。

图 3-2

图 3-3 　　　图 3-4 　　　图 3-5

左臂内旋，左掌划弧下落至小腹前，掌心向下，指尖向右；右臂外旋，体侧前螺旋上起，掌略高于肩，掌心向左，指尖向上斜向前（图3-6）。脚心涌泉穴旋拧，带动膝、踝关节向左旋转。以腰带动脊柱（脊椎）螺旋向左，两臂随体向左后方划弧至体后约360°，上体、面部向后，左掌至左腹侧，掌心向下；右掌略高于肩，掌心向左（图3-7）。

右臂内旋，右掌划弧下落至小腹前，掌心向下，指尖向左；左臂外旋从体侧前螺旋上起，左掌略高于肩，掌心向右，指尖向上斜向前（图3-8）。脚心涌泉穴旋拧，带动膝、踝关节向右旋转，以腰带动身体右转，两臂随体转至正前方，左臂外旋，左掌顺势向右下方划弧，左肘外撑，掌回收于腹前，掌心向上，指尖向右；右臂外旋，转成掌心向上，指尖向左，两掌于腹前重叠，全身放松，目似垂帘，意注下丹田（图3-9）。

图 3-6

图 3-7 　　　　　图 3-8 　　　　　图 3-9

③升降开合：接上势。两肘外开，两掌中指相接（图3-10）。意注脊柱，吸气，同时两掌上升，至胸前璇玑穴（图3-11）。两臂内旋，转掌心向下（图3-12）。

呼气，同时两掌下降，至脐下腹前气海穴（图3-13）。两臂外旋，转掌心向上，吸气，两掌上升至胸前（图3-14、图3-15）。

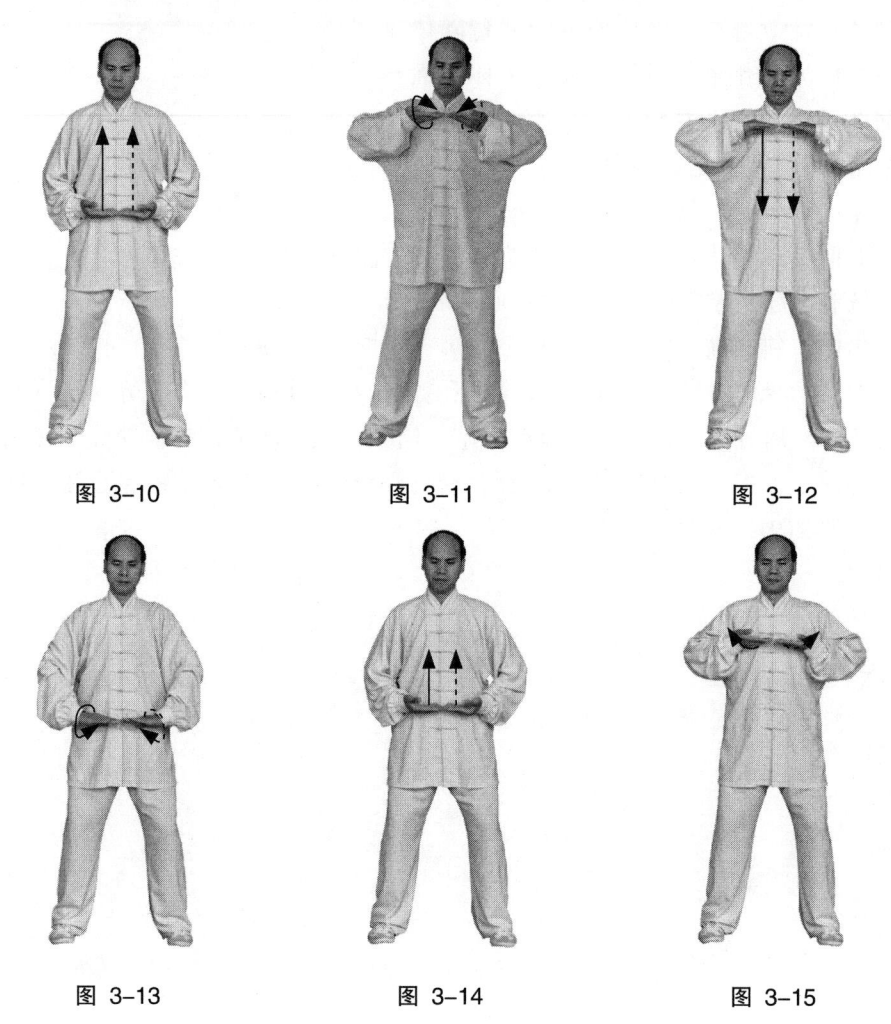

图 3-10　　　　　图 3-11　　　　　图 3-12

图 3-13　　　　　图 3-14　　　　　图 3-15

两臂内旋，转掌心向前，指尖向上，两掌胸前推出，与肩等宽高，两臂微外旋，两掌拢球回收，下按至腹前，指尖向前，掌心向下斜相对，气沉丹田，目似垂帘（图3-16~图3-18）。

图 3-16　　　　　　图 3-17　　　　　　图 3-18

【攻防含义】

①本式是从静态到动态的运动，无极而太极，所以在本拳谱中将其定名为"太极出世"。本式动作虽然简单，但内容深奥，不仅能起到通周天的作用，而且在定步与动步相交接、补充、转换时，内隐阴阳动静周转之拳理，体现技击交手之规律；从攻防角度要求预备交手时，以静待动，静观对方，察来势之机，揣对方之长短，在瞬间确定对方来势而从容应变，在交手中保持平静的心态。

②整体的起势动作内含许多攻防的心法，在技击中能如时应用，比如两手插入地下虚空，意念接通地气的状态，左右胯旋转的动作是技击（肩击胯靠）之上乘功夫；进而在右胯微前移时，右臂体前螺旋上起至胸前回收的动作，是技击中挎篮外捌的招法，内力随心意调动，瞬间无不把对方抛出圈外。

③两臂螺旋划弧转体时，一动以腰带动全身无处不动。真气合于混元而产生内力。在技击中，上下相随，内外相合，力出于腰，劲发于脊，气来于胸，上下内外一体而产生整体内劲，这就是混元缠丝劲，有"四两拨千斤"之功。在混元太极习练内气实践中，只要认真苦练反复实践，内气能层层深入，功夫步步提高。当功夫达到上乘境界，正如传统武学所说："运气至顶门，虚灵顶劲，身轻如鹅毛，运气至海底，落地生根，重如泰山。"

【康复养生】

①在两臂螺旋划弧左右转体时，两臂上下缠丝交替，引动四面八方混元气进入体内，与上中下三丹田相合。吸气时两掌上升，同时丹田气由脊柱（脊椎）上升，两掌升至璇玑穴，引动清阳之气由脊髓直走脑中心。这是混元太极内功炼精化炁、还精补脑的心法。

②呼气时贯球下落，真气通透全身至脚心（涌泉穴）。两掌下落至小腹（气海穴），意念连通地下虚空，上下贯通。最后一次，两掌上升至胸前，两臂内旋转掌心向前，胸前推出，两臂外旋拢球回收下按，气回归于丹田，这是由小周天走向大周天的过程。

③人体若周天打通了，身体将从量变到质变，习练者会达到气血通畅，疾病消除，身体各部功能提高。《黄庭经》曰："任督者，呼吸往来于此地，人能通任督二脉，则百脉皆通，百病消除，亦为回复先天。"

第三式　无极化生（划弧转体）

【动作详解】

①划弧左转体：接上式。丹田气划立圆，带动两掌腹前螺旋划弧（由上、右、下、左的方向划弧）；同时，碾右脚（右脚跟微抬起内旋约45°）（图3-19）。重心右移，左脚尖翘起，身体左转，两臂随身体转动，顺势向左斜上方划弧，掌心向外略向左（图3-20）。身体左转约180°至体后（面向北方）；左臂升至身体左侧，约与肩等高，似直非直，掌心向后，指尖斜向

图 3-19　　　　　图 3-20

上；右臂升至混元，掌心向后，指尖向左，目视两掌，神意照体（图3-21、图3-21附图）。

图 3-21 　　　　　　　图 3-21 附图

②划弧右转体：接上势。左臂外旋转成掌心斜向上，指尖向左；右臂内旋成掌心向下略向前，指尖向左置于胸前，肘略低于腕；同时，以腰带动身体右转，两臂随身体向右划弧（图3-22、图3-23）。

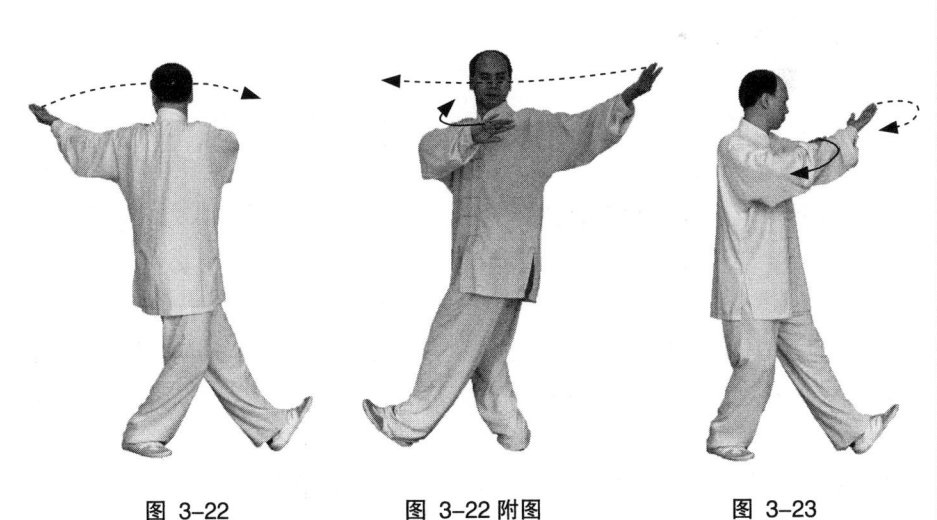

图 3-22　　　　图 3-22 附图　　　　图 3-23

身体连续右转，左腿随之内旋，脚尖内扣约90°落地，碾右脚（右脚跟微抬起外旋约90°），碾左脚（左脚跟微抬起内旋约45°），重心左移，右脚跟抬起成右虚步；重心左移的同时两臂向右缠丝下落（左臂内旋、右臂外旋）成捋势，右掌在前，掌心向下略向左，指尖斜向上（约与肩等高）；左掌在后，掌心向下略向右，指尖向前（约位于混元前），目视右掌，神意照体（图3-24、图3-25）。

图 3-24　　　　　　　　　　图 3-25

【攻防含义】

①本式动作螺旋划弧、左右旋转，习练丹田混元气。松腰松胯、松膝松踝，上下相随、内外相合，所以在本拳谱中将其定名为"无极化生"。随着身体左右转动，两臂划弧，好像捋着天边的混元气，意念把身体周围及虚空的混元气源源不断地收回到体内。只要丹田内气练足，在技击中，肩击胯靠，内力无比。

②比如对方右脚向前上步，用右掌向我胸部攻来时，我急向右闪身使其击空，右手顺势握其手腕，左手抓其肘向右捋，同时向右旋转，使其失去平衡，跌倒在地。此为顺手牵羊技击手法，在运用时，丹田内气旋转向外开，有四两拨千斤之功效（注：顺手牵羊动作特别要求沉肩坠肘，这样不仅能保护自身胸肋部的内脏要害部分，而且可达到攻防两宜）。

【康复养生】

①本节是第一次出现碾脚动作。碾脚时要求两脚虚实互用，双脚各大

小关节逐一松开，脚与大地融为一体，即落地生根。这是一个非常形象的比喻，人的双腿和两脚就像是深深地扎入地下的根，躯体是大树之干，上肢是枝杈，手是树叶。练功时，意念落地生根就如是往地下慢慢扎根的过程，功夫越高根基越深。

②双脚各大小关节全部松开，特别是末端的趾关节亦要松开，这样扯动足三阴、三阳经，气机运行通畅，进而牵扯到周身的松柔，使周身不带拙力。在混元太极行功时，通过足下阴阳虚实转换，旋转碾脚的缠丝运动，可使下肢气机更加畅通，清阳之气绵绵不断上升，浊气下降，为练通下肢打下良好的基础。

③在混元太极招式运行中，初练者以自然呼吸为好，待动作熟练后，可以配合呼吸（开呼合吸，降呼升吸）。当功夫修炼到深层次后，可以呈现丹田呼吸（体呼吸）的自然呼吸运行。内功理论指出："能呼吸，能灵活。"又指出："灵活得体，健康常存。"

第四式　来去自如（右揽雀尾）

【动作详解】

①左腹前抱球：接上式。重心左移，身体左转，收右腿，右脚尖落于左脚内侧，离地约1厘米（身体虚弱、老人或初练者脚尖可以点地）；同时，右臂外旋，右掌划弧下落至左腹前，掌心向上，指尖向左；左臂微外开，左掌回收于左胸前，掌心向下，指尖向右，两掌心相对于左腹前抱球，目似垂帘（图 3-26）。

②"掤"：接上势。以腰带动身体微左转，再右转（逢右先左转），右腿外旋，右脚向右斜前方开步（脚尖离地约1厘米向右斜前方伸出，与正前方约成30°），脚尖上翘，脚跟用内劲外抻落地（图 3-27）。

图 3-26

重心前移，右脚尖微内扣落地（指向正西），左脚跟后蹬成右弓步；同时，右臂内旋向右斜前方掤出，掤出后右掌略高于肩，掌心向内，指尖向左；左掌跟随右臂向右斜前方推出，立于右掌下约四横指的距离，掌心向外，目视右掌，神形相合（图 3-28）。

图 3-27

图 3-28

③ "捋"：接上势。松腕，右臂内旋，转成右掌心向下略向左；左臂外旋，转成左掌心向下略向右（图 3-29）。

以腰带动身体左转，左腿外旋，右腿内旋，重心由右脚移至左脚；同时，两臂向左斜下方牵拉捋出，两掌经胸腹前向左后方划弧，右臂逐渐外旋成掌心向后上方，左掌顺势搭在右手腕内侧，目光随掌移动转向左后方（图 3-30、图 3-31）。

图 3-29

图 3-30

图 3-31

④"挤"：接上势。以腰带动身体右转，左腿随之内旋，右腿外旋，重心前移，左脚跟后蹬成右弓步；同时，右臂内旋，左臂跟随右臂向右斜前方螺旋挤出，挤出后两臂圆撑高不过肩，目视前方（图3-32）。

⑤"按"：接上势。松腕，右臂内旋转右掌心向下；同时，左掌从右腕上方穿出，两前臂腕部交叉成剪式（图3-33）。重心后移，右脚尖翘起；同时，两臂外旋分开，转成掌心相对，与肩等宽高，两掌抱球向胸前回收，贯气入中丹田（图3-34、图3-35）。

图 3-32

图 3-33

图 3-34

图 3-35

重心前移，右脚尖落地；同时，两掌微内旋下按至腹前，掌心向下斜相对，贯气至下丹田（图3-36）。左脚跟后蹬成右弓步；同时，两臂内旋，两掌抱球向上向前推出（随着两臂前推，两掌逐渐转掌心向前），与肩等高，掌心向前，指尖向上，目视前方，神意照体（图3-37）。

图3-36 　　　　　　　　　　　图3-37

【攻防含义】

①"揽雀尾"在混元太极拳各套路中（除八式、十六式外）分为左右揽雀尾，各有"掤、捋、挤、按"四势。因"掤、捋、挤、按"内涵深奥，在习练和技击实践中能达到千变万化，攻防并用，所以在本拳谱中将其定名为"来去自如"。

②掤法要求沉肩坠肘，劲力上做到掤在两臂。比如对方左脚向前上步，出拳向我胸部或头部冲击。我适机上右脚贴于对方左腿外侧，同时右臂向斜前方上掤架开对方上臂；左手按出，并重心前移使其失去重心而倒地（注意：右臂上掤、左手按出要同时用力，动作快速，迅猛）。

③捋由掤而来，动作走弧形，劲力上做到捋在掌中。比如对方左脚向前上步，用左拳向我冲击。我迅速左转身，左脚向后退步闪开对方左拳；同时，左手抓握对方左手腕，右手粘贴在其左肘关节处。然后重心后坐，上体左转，左手外旋向左后顺势牵拉对方左手腕，右手用力按压其左肘关节处，使其反关节受力，从而失去重心，难以自制（注意：转身捋臂要借助于对方前冲之力，以腰带臂，动作要协调一致；按压肘关节要快速用力，

反其关节；两肘不可贴肋部，须沉肩坠肘，它起着护肋的作用）。

④挤法要求两臂撑圆，劲力上做到挤在手背。比如当我抓住对方左腕按其肘关节向后捋拉时，对方被捋有前倾感，必向后抽拉左臂并后坐重心，这时我右臂迅速横贴至对方左上臂处，左手松开其手腕，贴于右臂内侧，重心前移，借其后抽之力，用力将其挤出，使其失去重心而后倒（注意：挤推对方时要借其后抽之力，抢准时机猛力推击，把对方抽力和前挤之力二力合一作用于对方，将其抛出）。

⑤按法要求两臂似直非直，劲力上做到按在腰攻。比如对方上步进身挤靠向我胸腹部推击时，我将重心后移随势引空对方的攻势，双手扶其两臂下按改变力的方向。当对方背势力尽欲回收时，我迅速前移重心，两手用力向前将其推出（注意：快速后移重心、下按对方双臂，及时化解其前推之力；推掌时前移重心，后脚要有蹬力，快速、迅猛地将对方抛出）。

【康复养生】

①掤出后，松腕转掌变捋时，将身体气圈收回，收虚空更多的能量为己所用。随着两臂的旋转，重心左移（后移），气沉丹田，落地生根。体左转，向左下方捋时，手中的气球连于身体向左下方运行，意想虚空混元气源源不断地进入体内，沉入丹田（丹田气贴脊），意念敛忠入脊，直走先天气穴（腰部命门）。

②两掌抱球向胸前回收时，意想把虚空混元气贯入体内中丹田。两臂内旋下按，两掌至腹前贯气入下丹田。随着重心前移，向前按出，右脚尖慢慢落地，丹田气通透手指、脚趾。

③在掤、捋、挤、按等的招式中，能显出神奇的螺旋缠丝劲，使内气缠绕运行于肌肤骨节之中，敛入骨髓、脏腑，内气运行周身，达到"祛病强身，妙在其中"。

第五式　来去自如（左揽雀尾）

【动作详解】

①右腹前抱球：接上式。松腕，重心后移，右脚尖翘起外撇约30°；同时，两臂外开，约与肩等高（图3-38）。重心前移，右脚尖落地，身体右转，收左腿，左脚尖落至右脚内侧，离地约1厘米；同时，左臂外旋，左掌划弧下落至右腹前，掌心向上，指尖向右；右臂内合，右掌回收于右胸

前，掌心向下，指尖向左，两掌心相对，右腹前抱球，目似垂帘（图3-39、图3-39附图）。

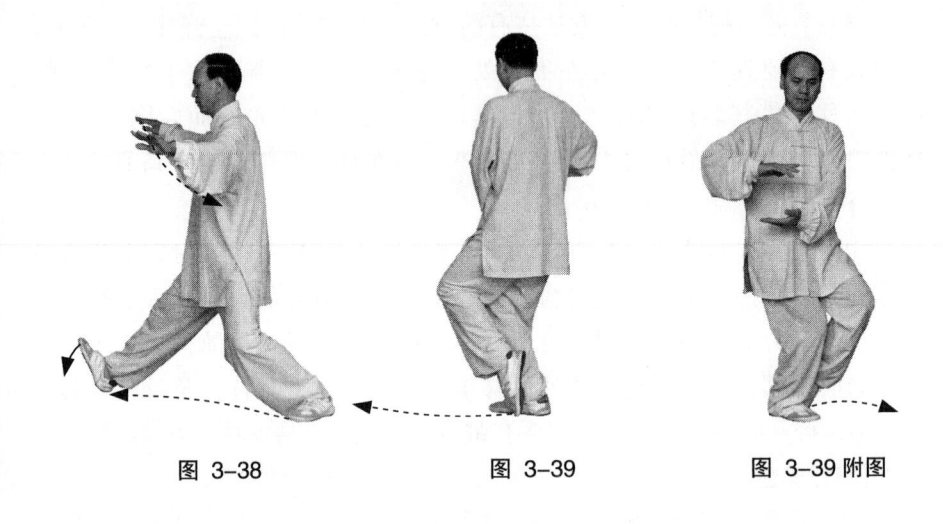

图 3-38　　　　　图 3-39　　　　　图 3-39附图

②"掤"：接上势。以腰带动身体微右转，然后左转（逢左先右转），左脚向左斜前方开步（脚尖离地约1厘米向左斜前方伸出，与正前方约成30°），脚尖上翘，脚跟用内劲外抻落地（图3-40、图3-40附图）。

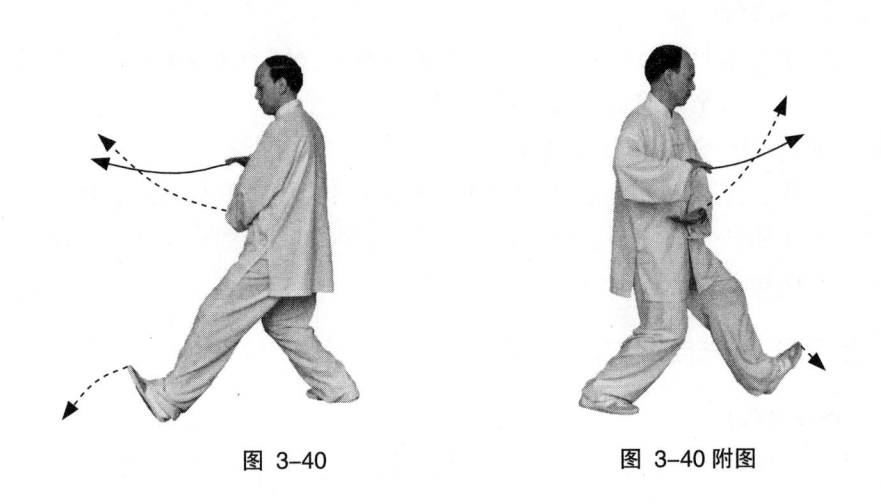

图 3-40　　　　　图 3-40附图

重心前移，左脚尖微内扣落地（指向正西），右脚跟后蹬成左弓步；同时，左臂内旋向左斜前方掤出，掤出后左掌略高于肩，掌心向内，指尖向右；右掌跟随左臂向左斜前方推出，立于左掌下约四横指的距离，掌心向外，目视左掌，神形相合（图3-41、图3-41附图）。

图3-41 　　　　　　　　　　图3-41附图

③"将"：接上势。松腕，左臂内旋，转成左掌心向下略向右；右臂外旋，转成右掌心向下略向左（图3-42、图3-42附图）。

以腰带动身体右转，右腿外旋，左腿内旋，重心由左脚移至右脚；同时，两臂向右斜下方牵拉将出，两掌经胸腹前向右后方划弧，左臂逐渐外旋成掌心向右后方，右掌顺势搭在左手腕内侧，目光随掌移动转向右后（图3-43、图3-44）。

图3-42 　　　　　　　　　　图3-42附图

图 3-43

图 3-43 附图

图 3-44

图 3-44 附图

④ "挤"：接上势。以腰带动身体左转，右腿随之内旋，左腿外旋，重心前移，右脚后蹬成左弓步；同时，左臂内旋，右臂跟随左臂向左斜前方螺旋挤出，挤出后两臂圆撑，高不过肩，面向正西，目视前方（图 3-45）。

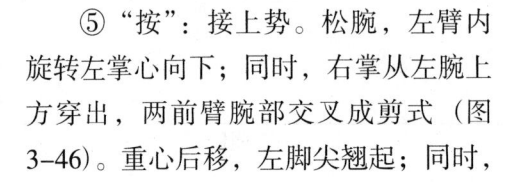

⑤ "按"：接上势。松腕，左臂内旋转左掌心向下；同时，右掌从左腕上方穿出，两前臂腕部交叉成剪式（图 3-46）。重心后移，左脚尖翘起；同时，

图 3-45

两臂外旋分开，转成掌心相对，与肩等宽高，两掌抱球向胸前回收，贯气入中丹田（图3-47、图3-48）。

重心前移，左脚尖落地；同时，两掌微内旋下按至腹前，掌心向下斜相对，贯气至下丹田（图3-49）。右脚跟后蹬成左弓步；同时，两臂内旋，两掌抱球向上向前推出（随着两臂前推两掌逐渐转掌心向前），与肩等宽高，掌心向前，指尖向上，目视前方，神意照体（图3-50）。

【攻防含义】

与第四式相同，唯左右相反。

【康复养生】

与第四式相同。

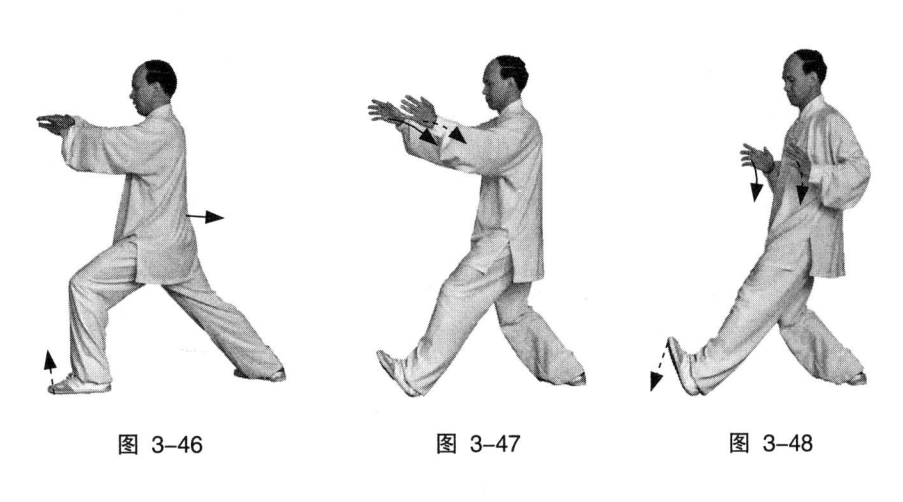

图 3-46　　　　　图 3-47　　　　　图 3-48

图 3-49　　　　　图 3-50

第六式　拨云见日（右弓步单鞭）

【动作详解】

①两臂回收：接上式。松腕，重心后移，左脚尖上翘；同时，以腰带动两臂回收，两掌掌心向下，指尖向前（图3-51）。

②右转云手：接上势。右臂外旋，右手转掌划弧向上，升至面部右侧前，掌心向内略向上，指尖向上，上臂与前臂之间夹角略大于100°；左臂微外旋，左手转掌划弧下落，降至左腹侧前，掌心斜向下，指尖向前；同时，以腰带动身体连续右转，两臂随身体而行，向右云手，左腿随之内旋，左脚尖内扣约60°落地，碾右脚（右脚跟微抬起外旋约60°），碾左脚（左脚跟微抬起内旋约60°），重心后移，收右腿，脚尖落在左脚内侧点地（图3-52、图3-53）。

图 3-51

两脚原地不动，身体继续右转云手，两臂随身体转至体右后侧，右掌略高于肩，掌心斜向上，指尖向上；左掌至腹前，掌心斜向下，指尖向前，目视右掌，神意照体（图3-54）。

图 3-52　　　　图 3-53　　　　图 3-54

③左转云手：接上势。左臂外旋，左掌划弧体前上升，升至面部左侧前，掌心向内略向上，指尖向上，上臂与前臂之间夹角略大于100°；右臂内旋，右掌划弧下落，降至右腹侧前，掌心斜向下，指尖向前；同时，以腰带动身体左转，向左云手，转身约360°，两臂随身体转至体左侧后，左掌略高于肩，掌心斜向上，指尖向上；右掌至腹前，掌心斜向下，指尖向前，目视左掌（图3-55、图3-56）。

图 3-55 　　　　　　　　　　　图 3-56

④平肩划弧：接上势。右臂内旋上提，左臂内旋下降，两臂与肩等宽高，似直非直，掌心向下，指尖向前（图3-57）。以腰带动身体右转，两臂平肩水平向右划弧，转至体右侧，约270°，目视两掌（图3-58）。

图 3-57 　　　　　　　　　　　图 3-58

⑤钩手推掌：接上势。两臂向胸前拢球回收，指尖相对，掌心向下，以腰带动身体左转180°，两臂由胸前向身体左侧推出，左手从小指开始，五指依次撮拢如钩，大拇指与食、中指相接，成太极钩手；右掌拇指、食指、中指轻贴左腕内侧，目视钩手（图3-59~图3-61）。

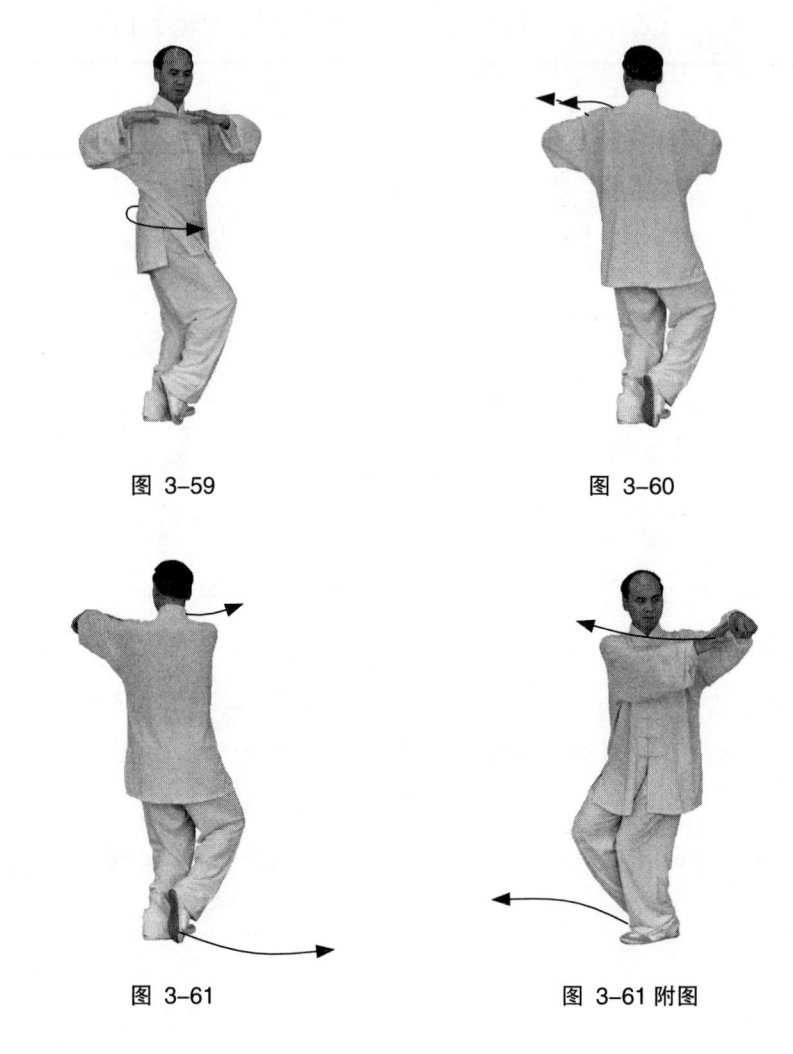

图 3-59

图 3-60

图 3-61

图 3-61 附图

以腰带动身体右转，右脚向右斜前方伸出，与正前方约成30°开步，脚跟先着地；右臂随身体而转，同时外旋转掌心向内，右掌于左前臂内侧拢球至胸前；左臂仍于体左侧，沉肩坠肘（图3-62）。重心前移，右脚尖着地踏实（指向正东），左脚跟后蹬成右弓步；同时，右掌胸前划弧向右斜前方

114

推出，掌心向前，指尖向上，沉肩坠肘，气沉丹田，松腰松胯，垂尾闾，领百会，把脊柱拉直。目视前方，神意照体（图3-63）。

图 3-62　　　　　　　图 3-63

【攻防含义】

①本式动作绵绵不断，如行云流水，习练者不知不觉会进入"神态悠闲，逍遥自在"的境界，所以在本拳谱中将其定名为"拨云见日"。单鞭一手为钩，意在刁拿；一手为掌，意在进击。两臂不可伸得太直，应似屈非屈，手臂推出用意不用力，上下内外一整体。比如对方右脚向前上步，用右掌向我胸部推来。我速向左转身，化解其前冲之力，同时把对方右手刁拿住。然后右脚向对方右脚内侧上步，前移重心的同时右手向其左胸前推出，使其身体后倒失去重心（注意：推掌反击要快速发力）。

②若有人于左侧向我袭来，我以腰带动迅速转体，同时出左掌，当转至对方胸前时，变钩手提击其下颌。若此时又有人向我右侧袭来，我即刻转身以右掌出击。达到兵来将挡，水来土掩。

【康复养生】

①云手时两臂转掌上下划弧，腰部（命门穴）向后放松。手中大气球上与上丹田相连，下与下丹田相连，上下两田连于中丹田、混元窍。云手转动以腰为主宰，腰胯带动身体和两臂旋转。转动时肩与胯合，气沉丹田，手随身动，上下一体，一气贯通。

②两臂水平线向右划弧，好像手延伸至天边，拢着天边的混元气收回体内。钩手，以小指带动五指下抓撮拢成钩手，意注五脏之气融合于混元

窍，有内外相合的意境。

③右掌向前推出时腰向后放松，下丹田气贴背沿脊柱上升，直通十指指梢。同时身体要求中正，右膝不可超出右脚尖，注意三尖对齐，达到混元太极内外三合（外三合：肩与胯合，肘与膝合，手与足合。内三合：心与意合，气与力合，筋与骨合）。

第七式　金童观图（右开步云手）

【动作详解】

①右臂划弧回收：接上式。重心后移，右脚尖翘起；同时，右臂松腕，转掌心向下，以腰带动身体左转，右腿随之内旋，右脚尖内扣90°落地；两臂随身体左转；同时，右臂外旋，右掌向左下方划弧，至左腹前，掌心向左斜向下；左臂松钩手，微上提，掌略高于肩，掌心向下，指尖指向左侧前，目视左掌（图3-64、图3-64附图）。

图 3-64　　　　　图 3-64 附图

②左收步云手一：接上势。重心右移，以腰带动身体右转，随着身体的转动收左腿，当身体转至正前方时，左脚落至右脚内侧，前脚掌着地，两脚之间距离约10厘米；右臂外旋，右掌向右上方划弧升至面部右侧，掌心向内略向上，指尖向上，上臂与前臂之间夹角略大于100°；左臂微外旋，左掌划弧下落至左腹侧前，掌心向右斜向下，指尖向前（图3-65、图3-65附图）。

图 3-65　　　　　　　　图 3-65 附图

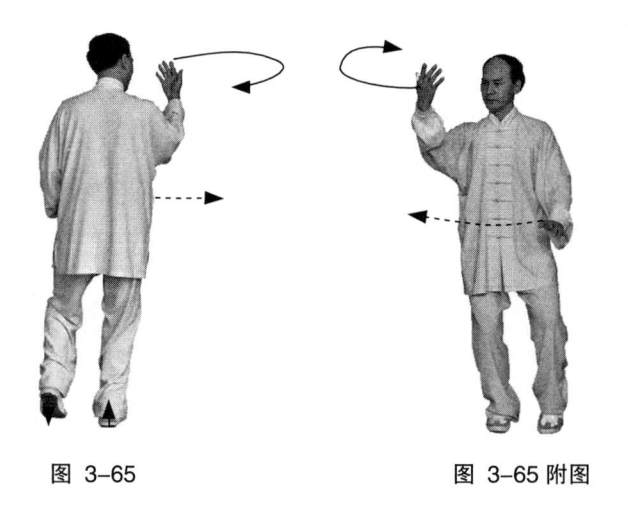

身体继续右转，同时重心左移，左脚跟下落（两脚平行），右脚跟抬起；两臂随身体旋转至体右侧，右掌略高于肩，掌心斜向内，指尖向上；左掌转至右腹前，掌心向右斜向下（上掌高不过头，与上丹田相合，下掌不低于关元，与下丹田相合），目视右掌，神意照体（图 3-66）。

图 3-66

③右开步云手一：接上势。重心左移，以腰带动身体左转，随着身体的转动右脚向右横跨出，当身体转至正前方时，右脚前脚掌着地（脚尖指向正北，两脚之间大于一肩宽）；同时左臂外旋，左掌向左上方划弧，升

117

至面部左侧，掌心向内略向上，指尖向上，上臂与前臂之间夹角大于100°；右臂内旋，右掌划弧下落至右腹外侧前，掌心向左斜向下，指尖向前（图3-67、图3-67附图）。

图 3-67　　　　　　　　　图 3-67 附图

身体继续左转，同时重心右移，右脚跟下落（两脚平行）；两臂随身体旋转至体左侧，左掌略高于肩，掌心斜向内，指尖向上；右掌至左腹前，掌心向左斜向下，目视左掌，神意照体（图3-68）。

图 3-68

④左收步云手二：接上势。重复动作②（图3-65、图3-66）。
⑤右开步云手二：接上势。重复动作③（图3-67、图3-68）。
⑥左收步云手三：接上势。重复动作②（图3-65、图3-66）。

⑦右开步云手三：接上势。重复动作③（图3-67、图3-68）。

⑧左收步云手四：接上势。重心右移，以腰带动身体右转，随着身体的转动收左腿；右臂外旋，右掌向右上方划弧，掌至面部右侧，掌心向内略向上，指尖向上；左臂内旋，左掌划弧下落至左腹外侧，掌心向右斜向下，指尖向前，随着身体的旋转左脚落于右脚尖外侧，前脚掌着地（脚尖指向东北），目视右掌，神意照体（图3-69）。

图 3-69

【攻防含义】

①本式动作上下左右对称，内外气机自如转化，人与自然混元一体，可比天人观仙境，所以在本拳谱中将其定名为"金童观图"。本式动作在运用中不仅内含捌、挪、肘、靠等劲，更为重要的是对顾、盼的体悟。"顾"指照顾、保护的意思；"盼"指盼望、看的意思。要求习练者先求知己，对攻防有全局观念，不是孤注一掷，不顾后路。

②在技击中，要细心观察对方的一举一动，稳而不躁，以静待动。"盼"还要求具有知人功夫，盲动者是无的放矢，冒然进攻，多是事倍功半，吃力不讨好。左顾、右盼指的是在竞技时能做到眼观六路，耳听八方，知己知彼，才能做到来去自如，攻防并用，百战百胜。

③以向右云手为例：对方左脚上步进逼，用左拳向我面部冲击。我右脚向右侧迈出一步，用右前臂由内向外格挡其左臂。对方见左手进攻失效，迅速出右拳进攻我腹部。我含胸收腹转腰，同时用左手右推顺势抓其腕并向右后方牵拉，将其绊倒。

④若对方在我前方，以右拳向我胸部袭来，我速将右臂自左提起，以掤劲由内向外格挡其右臂，同时掌心逐渐向外翻转，握其前臂及腕。同时我身体向右转动，右臂随身体转动，将对方之力化于一侧（注意：这一势之妙用，在于以腰胯的转动牵动对方重心，拔其根力，为我所制）。

【康复养生】

①云手转动腰为主宰，以腰胯带动身体和两臂左右旋转。做到用意不用力，腰向后放松，脊柱上下拉直。以腰、脊柱带动两臂划弧旋转，在两

臂左右旋转划弧时要有掤、捋之劲，上下内外形成一个整体。

②由两腿内气螺旋进一步带动中、下两田内气螺旋。在状态中能体会到"旋之于足、行之于腿、纵之于膝、松活于腰、灵通于脊、神贯于顶……"达到上下内外一气贯通。

③习练混元太极特别重视松腰胯。腰部所在位置，前有肚脐，后有命门，命门两边是两肾，中间有腰椎椎体支撑上体，并连于骨盆。故腰为一身之主宰，上下沟通之枢纽，左右转换之中轴，犹如动力机械的大轴，轴一断则全部的动力机械瘫痪，人体腰若有病则百病丛生。腰松开了，一动全身无处不动，达到有病治病，无病强身。

第八式　拨云见日（右弓步单鞭）

【动作详解】

①右转云手：接上式。重心左移，左脚跟落地，右脚跟外旋提起，脚尖立于左脚内侧，两脚原地不动，以腰带动身体继续右转，连续云手，两臂随身体旋转至右侧后，右掌略高于肩，掌心斜向上，指尖向上；左掌至腹前，掌心斜向下，指尖向前，目视右掌，神意照体（图3-70、图3-71）。

②左转云手：接上势。动作、要领与第六式③相同。

③平肩划弧：接上势。动作、要领与第六式④相同。

④钩手推掌：接上势。动作、要领与第六式⑤相同。

图 3-70　　　　　　　　　图 3-71

【攻防含义】

与第六式相同。

【康复养生】

与第六式相同。

第九式　雁落沙滩（右仆步下势）

【动作详解】

①屈膝下蹲：接上式。左脚尖外撇约 45°，以腰带动身体左转，重心随之左移；同时右臂内旋，转掌向左拢气，至左侧前；身体左转的同时左腿屈膝下蹲；右脚跟微外旋，右腿伸直成右仆步；左臂随身体下落，目视双手（图 3-72、图 3-72 附图）。

图 3-72 　　　　　　图 3-72 附图

②拢气穿掌：接上势。身体渐向右旋，右掌沿左臂内侧划弧向内拢气下落，掌心向内，经左胸、右腹前外旋沿右大腿内侧向前穿出，至小腿内侧，掌心向左，指尖向前，目视右掌，松腰松胯，松膝松踝（图 3-73、图 3-73 附图）。

图 3-73 　　　　　　图 3-73 附图

【攻防含义】

①本式动作好像大雁从空中落下，稳稳地落在沙滩上观望美景，眼观六路、耳听八方，所以在本拳谱中将其定名为"雁落沙滩"。在技击中，比如对方用蛮力前推时，我随即抓住对方左手迅速左转身，同时下蹲成右仆步，放低姿势，用顺手牵羊法将右手收至左侧，引深牵制对方，使之身体前倾，失去重心，跌倒在地。

②若对方进逼，右拳直向我头部冲击而来。我向右侧急闪身，左手内接其手臂引拉，使其打空，同时左转身出右腿仆步插于对方裆下；右手臂向下、向前穿，挑起对方裆部；左右手协调配合将其翻倒。

【康复养生】

①仆步下势的动作难度比较大，要有一定武术基本功的人才能把动作做到位。初练者平时要多做压腿拉筋动作，把下肢各大小关节从逐节松开到逐节贯通。

②右掌向左划弧拢气要圆活，意想手中气球与体内相连，由左臂内侧至胸前时，把虚空混元气贯入体内下沉于丹田，并要做到沉肩坠肘，当右掌沿右大腿内侧向前穿出时，身体内气向外开，体内气圈呈螺旋状向外延展，人与虚空相合。

③习练本式不仅能达到松腰、松胯、垂尾闾，松腰开窍之效果，而且内含松筋松骨、炼炁入骨，是益寿延年之心法。

第十式　金鸡独立（左右独立）

【动作详解】

①弓步立掌：接上式。右脚尖外撇，身体前移，右掌沿脚内侧向前穿出至与右脚尖平齐，指尖向前，掌心向左，重心向前移于右腿，右腿屈膝前弓，左脚跟后蹬成右弓步（身体平行前移，然后渐渐前起）；同时，身体微右转，右掌向前、向上穿出立于胸前，掌指约与肩等高，掌心向左，指尖斜向上，肘与膝合，手与足合；左臂内旋下落，手腕部轻贴于左胯外侧，钩手的手心向后，目视右掌，神形相合（图3-74、图3-75）。

图 3-74

图 3-75

②穿掌右独立：接上势。重心前移收左腿，向前、向上提膝（脚跟先离地）；左膝提至混元窍部位，脚尖向下指地，脚背绷直；同时，右腿起立，成右独立式（坐胯微屈膝，气沉丹田，保持中正，防止身体前俯，老人或初练者提膝的高度应量力而行）；同时，右臂内旋，右掌向左划弧下落，回收于右胯外侧，掌心向下，指尖向前；左臂外旋，松钩手变掌自后而下，再跟随左腿上提，从右前臂内侧穿掌而出，随膝而起，屈肘置于左膝之上，掌心向右，手指向上略高于眉，有落地生根之意（肘以上、膝以下部分尽量在同一条直线上，这条直线垂直于地面）。目视左掌，神意照体（图 3-76）。

图 3-76

③穿掌左独立：接上势。右腿屈膝下蹲，左腿随之下落于右脚内侧，左脚尖先着地，随着重心移于左腿而至全脚踏实（脚尖指向正东）；同时，左臂内旋，左掌向右下方划弧下落；右臂外旋，松腕转掌（图3-77）。

右腿向上提膝（脚跟先离地），右膝提至混元窍部位，脚尖向下指地，脚背绷直，左腿起立，成左独立式；同时，左掌回收于左胯外侧，掌心向下，指尖向前，右掌跟随右腿上提，自左前臂内侧向上穿掌而出，随膝而起，屈肘于膝之上，掌心向左，手指向上；目视右掌，神形相合（图3-78）。

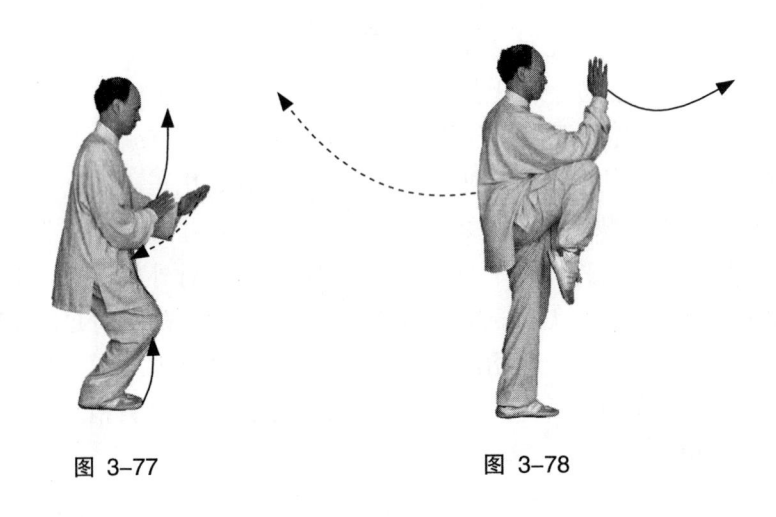

图 3-77　　　　　　　　　图 3-78

【攻防含义】

①本式动作是武功里习练与应用的奇特招式，单腿独立，逍遥自在。古人云"站如松，坐如钟"，所以在本拳谱中将其定名为"金鸡独立"。在技击中，比如对方以左手握我右手，我随即左转身把右手放至胸前同时放低姿势成仆步，引深牵制对方，对方往回拽其力，我即顺势将身向前，随其站立。我之右手先将对方左腕握住下沉，当我左手也接触到对方右手腕时，随即以左手握其右手腕向上提起，同时，屈膝直顶对方腹部或裆部。

②若对方向前上步进逼，用左拳向我发出冲击。我右手上穿内接其左臂，顺势下落抓对方之腕向右下方采引，动作不停，转腰上左腿提膝顶其腹（裆）部，同时左手上托其腮部或锁喉；或屈膝顶其裆部，左臂上挑其肘关节处，使其肘、裆受伤。

【康复养生】

①松,首先要能松开八段九节。所谓八段,是指"脚、小腿、大腿、脊背、上臂、前臂、手、头";所谓九节,是指"踝、膝、胯、腰、颈椎、肩、肘、腕、指(趾)关节"。在练太极套路中能松开八段九节不是一件容易的事,初学者在练拳时要用意不用力,呼吸自然,周身顺随。

②动作熟练后要求应用端引,只有端引才能真正松开。什么是端引?以出手为例,一般的练法是由肩到肘到腕到掌指,即由根到梢把手推出去。这样练肌肉是紧张的,关节是闭合的,而混元太极则把这个过程倒过来,用手指尖把胳膊引导出去,这种端引是靠意识引导的。同样,出腿时用脚趾尖把腿引导出去,以头引导全身,即所谓"虚灵顶劲"。

③养生的途径是以松达静。松,包含思想放松和形体放松,通过有氧代谢运动,以消除精神和身体的疲劳,增进新陈代谢的机能,调节呼吸、血液循环、消化等各个系统,延缓衰老,达到健康长寿之目的。

第十一式 回头望月(左右倒卷肱)

【动作详解】

①右倒卷肱:接上式。以腰带动身体左转;同时,左臂松腕外旋,转成掌心向上,向左后方外开伸出,约与肩等高,掌心向上,指尖向后,右臂外旋向前伸出,约与肩等高,掌心向上,指尖向前,两臂前后成抱大球状;头颈随身体左转,目视左掌(图3-79)。

图 3-79

以腰带动身体右转；同时，左腿屈膝微下蹲，右脚随之下落向右后方开步（脚尖向右斜后方伸出，与正后方约成 30°），右脚前脚掌先着地，重心右移，右脚全脚踏实。左臂向上、向前拢球回收，左掌掌心向下，指尖向前，经左耳侧向前推出，掌心逐渐向前，指尖斜向上，推出后掌略高于肩，右掌回抽于右腰间，掌心向上，指尖向前；左脚跟随之微内旋，目视左掌，神意照体（图 3-80、图 3-81）。

图 3-80 　　　　　图 3-81

②左倒卷肱：接上势。重心后（右）移，以腰带动身体微右转，收左腿，左脚收于右脚内侧，左脚尖离地约1厘米；同时，右臂随身体向右后方外开伸出，约与肩等高，掌心向上，指尖向后，左臂外旋，转成掌心向上，指尖向前，两臂前后成抱大球状；头颈随身体右转，目视右掌（图 3-82）。

以腰带动身体左转，左脚随之向左后方开步（脚尖向左斜后方伸出，与正后方约成 30°），左脚前脚掌先着地，重心左移，左脚全脚踏实；随着上体的左转，右臂向上、向前拢球回收，右掌掌心向下，指尖向前，经右耳侧向前推出，掌心逐渐向前，指尖斜向上，

图 3-82

推出后掌略高于肩，左掌回抽于左腰间，掌心向上，指尖向前；右脚跟随之内旋约30°，目视右掌，神意照体（图3-83、图3-84）。

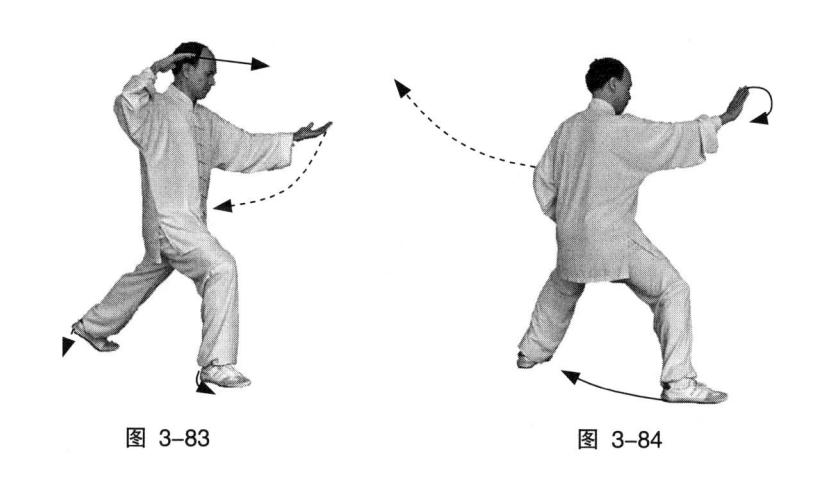

图 3-83　　　　　　　　　图 3-84

③右倒卷肱：接上势。重心后（左）移，以腰带动身体微左转，收右腿，右脚收于左脚内侧，右脚尖离地约1厘米；同时，左臂随身体向左后方外开伸出，约与肩等高，掌心向上，指尖向后，右臂外旋，转成掌心向上，指尖向前，两臂前后成抱大球状；头颈随身体左转，目视左掌（图3-85）。

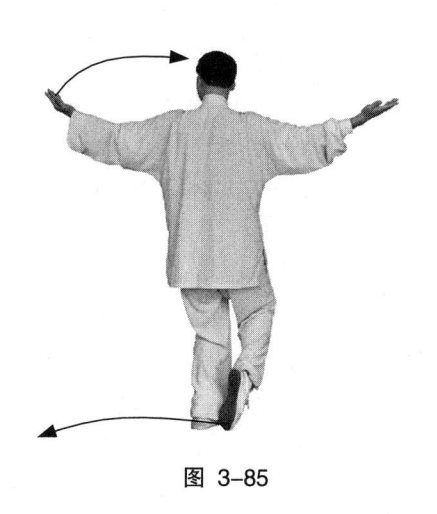

图 3-85

以腰带动身体右转，右脚随之向右后方开步（脚尖向右斜后方伸出，与正后方约成30°），右脚前脚掌先着地，重心右移，右脚全脚踏实；同时，左臂向上、向前拢球回收，左掌掌心向下，指尖向前，经左耳侧向前推出，掌心逐渐向前，指尖斜向上，推出后掌略高于肩，右掌回抽于右腰间，掌心向上，指尖向前；左脚跟随之内旋约30°，目视左掌，神意照体（图3-86、图3-87）。

图3-86　　　　　　　　　图3-87

【攻防含义】

①倒卷肱这一式是习练向后移动的方法，腰为主宰，旋转自如。以退为进，是兵家之妙法。在应用时"眼观六路，耳听八方"。所以，在本拳谱中将其定名为"回头望月"。本式动作在技击中内含肘、靠等心法。肘劲：以肘击人称为肘劲。靠劲：用肩部和背膀靠击、封闭人称为靠劲。一般是在对方用蛮力向后牵拉时，趁机取巧而用，用之得当，确能显出八面威风。

②比如对方用右手紧握我左手腕或前臂间，倘又以左手托住我肘底，使我受其制，不得施展，我即翻转左掌，使其手心朝上，同时松腰松胯，气沉丹田向左后缩回，左脚亦退后一步，屈膝坐实，右脚变虚，通过拉臂引其重心前移，则对方之握力必失，此时右手急向前按去。此式虽然倒退一步，仍可撵去对方之劲，故旧名称之谓倒撵猴。

【康复养生】

①左右臂前后伸出时，以混元为中心，意念两臂抱着一个混元大气球，由身体内前后外开，同时意想大气球连于体内三个丹田，三田相合、合于混元（混元气通透脏腑、四肢、百骸），达到虚灵顶劲，气沉丹田，落地生根，上下内外一气贯通。

②右（左）脚向右（左）后方开步、左（右）掌向上、向前拢球推出、右（左）臂回收于右（左）腰间时，首先要做到上下相随，手脚同时到位，达到进如螺旋，退如抽丝；进一步丹田内气向外开，这股能量转化后，上升至中丹田、上丹田，达到上下一体，内外相合。

③人身之"九曲"指的是人体内的拳节（指关节）、腕关节、肘关节、肩关节、腰关节、胯关节、膝关节、踝关节和趾关节。在混元太极习练中，可以"行气如九曲珠"，就是说以上的所有关节都要如珠般顺畅圆滑。当气行走到九节之时，没有任何细微之处行气不畅，从节节放松至节节拉开到节节贯通。习练者如到此境界则气能无微不至，达到筋骨强壮、关节灵活、韧带柔软。

第十二式　燕子斜飞（左弓步斜掤）

【动作详解】

①右腹前交叉抱球：接上式。身体右转，重心右移，收左腿，左脚收至右脚内侧，左脚尖离地约1厘米；同时，左臂外旋，左掌向右下方划弧至右腹前，掌心向上，指尖向右；右臂内旋，右掌向后、向外上划弧旋转回收于胸前，掌心向下，指尖向左，两前臂于右腹前交叉抱球，上下距离约20厘米，目似垂帘，神意照体（图3-88）。

②两臂前后外拨：接上势。身体微左转；同时，左脚向左后方开步（脚尖离地约1厘米向后方伸出），脚尖先点地再脚跟落下，重心后移（左移）；同时，以腰带动身体左转，右腿随之内旋，右脚尖抬起内扣约60°落地，再碾左脚（左脚跟微抬起外旋约60°，脚尖指向正北），然后碾右

图 3-88

脚（右脚跟微抬起内旋约30°），右脚跟后蹬成左弓步；随着两脚的碾动，交叉臂上下外分，左臂上掤至左胸前，掌心斜向上，虎口向前约与肩等高（左臂与左腿方向一致）；右手下掤至右胯外侧，掌心向下，指尖斜向前，目视左掌，内外合一（图3-89、图3-90）。

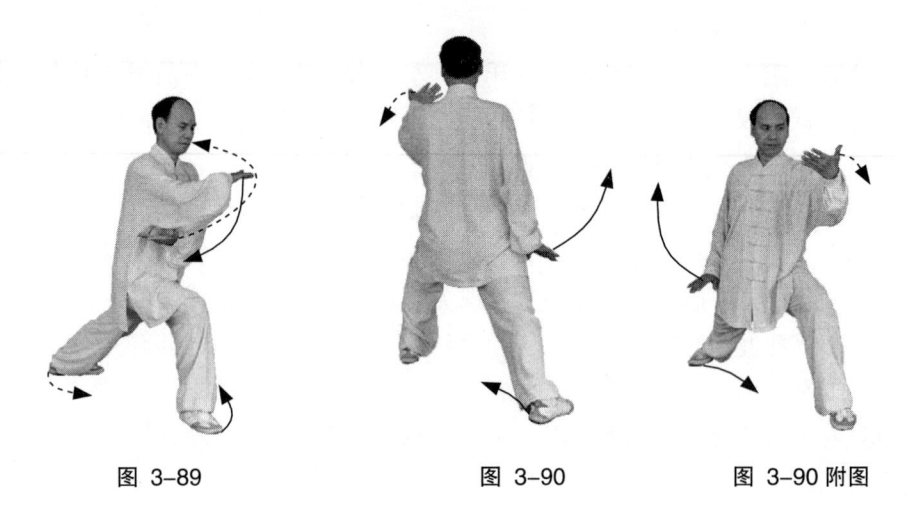

图3-89　　　　　　　图3-90　　　　　　　图3-90附图

【攻防含义】

①本式动作舒展大方，在弓步斜掤中，可比燕子飞翔，自由自在，所以在本拳谱中将其定名为"燕子斜飞"。习练本式要求手眼身法步协调一致，特别是左臂向上、向前掤出内含有"捯、掤、拿"三种用法，得机得势，威力无比。

②比如对方以左拳由我左侧向我头部袭来，我左腿即向后退步，顺势以右手握住其左手腕，同时向左转体，用开劲大幅度地以左臂斜击对方左腋下，或用左手虎口直插对方颈部。

③若对方右脚向前上步，用右拳向我胸部冲击，我身体右转，用右手刁抓对方手腕，左脚向其右腿外侧上步，左手臂插入对方腋下，身体左转，并用左肩臂撞击其右腋下，使其失去重心侧倒。

【康复养生】

①两臂划弧交叉抱球的过程，是一个天地人相合的过程（上面虚空混元气往下降，地下虚空混元气往上升），习练者碾脚转体，意念手中抱住一个浓浓的大气球连于丹田。

②左脚向左后方开步时，意想丹田真气通透左腿，落地生根。交叉臂上下外分，手中气球连于丹田，随两臂外拨运行，丹田气随球前后外分，达到上下相随，内外相合。

③当右脚跟后蹬时，意念地下虚空的混元气源源不断地上升与下丹田混元气融合，这股能量转化后随着左右臂上下外掤，体内外混元气混化，三田合一，合于混元，通透全身，达到养生健体之功效。

第十三式　提手上势（左虚步推掌）

【动作详解】

①两臂回收：接上式。重心前移，右腿向前提膝（脚跟先离地），带动右脚向前上半步，前脚掌落地；同时，右臂外旋上升，左臂内旋下落；重心后移，右脚跟着地，左脚跟抬起；两臂胸前抱球，掌心相对，指尖向前（图3-91、图3-92）。

左脚收至右脚内侧，脚尖离地约1厘米；同时，以腰带动身体微右转；两臂拢球回收于右腹前，左掌在前，右掌在后，掌心斜相对，目似垂帘（图3-93、图3-93附图）。

②虚步推掌：接上势。以腰带动身体微左转，左脚随之向左斜前方开步，脚跟落地，脚尖翘起；同时，两臂自右腹向斜前方上推至左胸前，左掌在前，指尖约与肩等高，掌心向右，左肘护胸，指尖斜向上；右掌在后，位于混元前，掌心约对左肘弯，掌心向左，指尖斜向上，面向北方，目视左掌，神形相合（图3-94、图3-94附图）。

图 3-91　　　　　　图 3-91 附图

图 3-92 　　　　　　　　　　图 3-92 附图

图 3-93 　　　　　　　　　　图 3-93 附图

图 3-94 　　　　　　　　　　图 3-94 附图

【攻防含义】

①本式是合劲双推掌手法，丹田内气随心意调动，由下至上"掌提肘击"，无不把人推倒，所以在本拳谱中将其定名为"提手上势"。本式在技击的变化中称之为"肘"劲，用屈肘向对方心窝或其他关节部位贴身逼封，发劲充足，击人十分锐利，容易使对方受伤，因此要慎用。

②比如对方右脚向前上步，用右拳向我冲击。我身体迅速左闪，随即用右手刁抓其手腕，继而右转，顺势向右、向下按压；同时，左脚向前上步，左手臂从其臂下前伸，上挑其肘关节处，使其肘部受制（注意：按压，上挑手臂动作要协调一致，用力迅猛）。

③若对方右掌向我右侧击来，我即将身体转向右侧，同时左足提起向前进步；以右手接其腕部，左臂置于对方右肘上方，将两手臂相互往里提合，成一合劲撅其肘部，使其失去自制。

【康复养生】

①两臂自右腹前向左胸前推出，身体微下蹲坐实左腿，左脚向左斜前方开步，丹田气带着左腿向前方伸出。只有坐实右腿才能使伸出的左腿轻灵，这是步法中要求的分清虚实。

②习练时注意肘要松垂，保持略低于腕的位置。坠肘是肱二头肌的轻度转动，使尺骨与桡骨进行绞剪式运动，通过对血管的交替挤压与放松，加速血液循环，改善循环系统的功能。

③沉肩坠肘是在松腰松膝、含胸拔背的同时，将两肩井松开，肩胛骨松开下沉，两肘随之下坠，使胸腔空松，肺叶舒张，身体中正，周身骨节放松，心气沉入丹田，内气达到松腰开窍。

第十四式　白鹤亮翅（右虚步亮掌）

【动作详解】

①腹前交叉：接上式。重心后移，以腰带动身体右转约90°；同时，左脚向左后方划弧开一小步，前脚掌落地；同时，左臂外旋，左掌下落回收于腹前，掌心向上，指尖斜向右；右臂内旋上升，右掌置于胸前，掌心向下，指尖斜向左，两臂胸、腹前交叉抱球，目似垂帘（图3-95、图3-95附图）。

图 3-95 　　　　　　　　　图 3-95 附图

②上下捋、掤：接上势。重心后移，左脚跟落地，上体后坐，右脚跟微抬起外旋成右虚步；同时，两臂上下外拨，左臂上升至身体左侧上方，掌心斜向内，指尖斜向上约与头顶等高，上臂与前臂之间的夹角略大于100°，右臂下落至右胯外侧，掌心向下，指尖向前（左臂开始上升时，以腰带动体微左转，两臂上下外拨将要到位时，以腰带动体微右转）；坐胯、屈膝、松腰，气沉丹田，落地生根，全身放松，目视前方（图 3-96、图 3-97）。

图 3-96 　　　　　图 3-97 　　　　　图 3-97 附图

【攻防含义】

①本式动作在习练、运用中有捌、掤之劲法。其亮掌动作在下掤、上捌时，舒展大方，上下相随，攻防并用，所以在本拳谱中将其定名为"白鹤亮翅"。"掤"分为上掤、下掤、左掤、右掤，它是一种似松非松，柔中寓刚，轻便灵活而又富有沉劲、弹性和韧性的力量，是一种具有粘、逼、化、舒相作用的劲。将转移对方的劲还制于其身称为"捌"，这是顺着对方出力的方向循弧线用力，力学上称之力偶作用，它能使对方进入逆势而又不能自主，只得被提空抛出。

②比如对方右脚上步，出右拳击打我头部，我后退半步，重心后坐引化，同时左前臂上挥掤架拨开其冲来的右拳，以保护自己的头部；若对方趁我腹部暴露之机再用左拳击打我腹部时，我则右手掳抓其左手腕下采外分，使其偏离目标以护裆部、腹部。进而转腰，左手掌合于腰劲顺着对方右臂削砍其颈部；或左手抓握其右腕，控其形，提右足弹其小腿或裆部、腹部、胸部。用法得当，攻防自如。

【康复养生】

①左腿向左后方划弧开步时，要做到虚实分明，两前臂胸、腹前交叉抱球时，好像两臂抱着一个大气球，意想虚空浓浓的混元气源源不断地进入体内。两臂上下外拔时，意念天地虚空混元气（太和元气）随着两臂缠丝旋转，手中气球连于丹田随着两臂运行。转体时，做到松腰、松胯、垂尾闾，气沉丹田，落地生根，全身上下一气贯通。

②白鹤亮翅这一式，在习练中有上下对拉、身肢拔长的感觉，正符合人体生理活动。医学家研究发现许多疾病的根因是脊椎排列紊乱、错位、椎矩缩短等。而太极拳最基本的动作要求是撑直脊椎，背部拔长，腰如轴立，立身中正。虚灵顶劲而减轻脊椎的压力，以腰带动全身无处不动，腰肌、脊柱在运动中缓慢地进行拉伸、旋转，从而防止脊椎退行性变化，缓解颈椎、胸椎、腰椎的疼痛、变形，以及腰肌劳损等疾患。

第十五式 猿猴献果（右搂膝拗步）

【动作详解】

①两臂左右划弧：接上式。以腰带动身体右转；两臂随身体旋转，左臂向右划弧至身体右侧，左掌略高于肩，掌心向右，指尖斜向上，右臂仍

于右胯外侧，掌心向下，右臂外旋上升，到位时掌高于肩，掌心向左，指尖斜向上，左臂内旋下落至腹前，掌心向下（图 3-98、图 3-99）。

图 3-98　　　　　　　　图 3-99

以腰带动身体左转，右脚收至左脚内侧，脚尖离地约 1 厘米；同时，两臂随身体旋转至体左侧，右掌略高于肩，掌心向左，指尖斜向上，左臂仍于左胯外侧，掌心向下，左臂外旋上升，到位时掌高于肩，掌心斜向上，右臂内旋划弧下落，右掌置于胸前，肘略低于腕，掌心向下，指尖向左斜向上；目似垂帘，神意照体（图 3-100、图 3-101）。

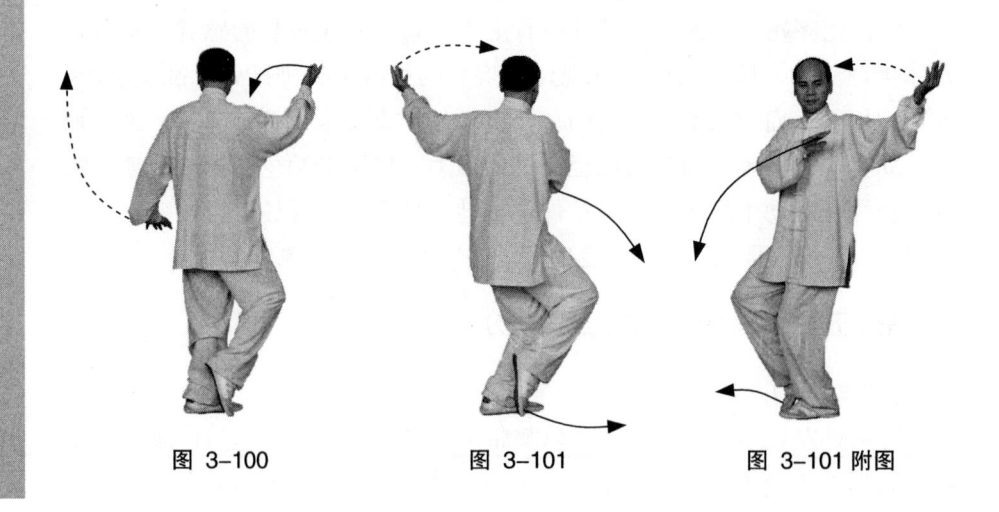

图 3-100　　　　图 3-101　　　　图 3-101 附图

②开步推掌：接上势。以腰带动身体右转，右脚向右斜前方开步（脚尖离地约 1 厘米向右斜前方伸出，与正前方约成 30°），脚跟先着地，而后全脚着地，左脚跟后蹬成右弓步；右掌由左胸前划弧下落经腹前、右膝（搂膝）至右大腿外侧，掌心向下，指尖向前（指向正东），左臂拢球回收，左掌掌心向下，指尖向前，经左耳侧向前推出，逐渐转成掌心向前，指尖向上，推出后掌略高于肩，气沉丹田，目视前方，神意照体（图 3-102、图 3-103）。

图 3-102　　　　　图 3-103

【攻防含义】

①拳式中一手绕过膝前，称为"搂膝"，可以挡开对方手臂的攻击，也可以格挡对方的脚踢，用于防守对方攻击中、下路。在训练快速手法时，常用球体或沙包等相互快速投递，以锻练手的敏捷性，提高技击水平，所以在本拳谱中将其定名为"猿猴献果"。

②凡左足在前而出右手者，或右足在前而出左手以为攻防者，皆谓之"拗步"。"拗步"更有支撑八面的作用。此式必须注重下盘，突出下沉的气势，通过坐腰落胯和圆裆敛臀等措施，也就是通过蹲坐姿势，保持两腿虚实分明、端正身法、气沉丹田和虚胸实腹，取得支撑八面、稳固厚重的"底盘"，才能充分发挥搂膝拗步跌打兼施的作用。

③搂膝拗步这一式在太极拳习练和技击中都具有相当重要的作用，有很多太极拳名家都把搂膝拗步作为筑基功反复单式练习。它是前进的主要动作，与倒卷肱相对应，一进一退。拳势基本用法突出搂化对方来击，还

以推击。在技击中，上下内外一体而产生整体内劲。比如对方从我右侧用手或足击我中、下二路，我右手转至左胸前，向下往右搂开；左手推按对方右肩，形成力偶，将对方跌仆，或推按其胸，将其击出。

④比如对方左拳向我右胸、腹或下部击来，我立即将身体微左转含胸下沉避开锋芒，右手急向上捧起，变掌心侧向外，以采手快速接对方击来之拳，顺势握其腕或前臂粘住对方，同时伸出右腿；继而右转身将对方左拳之劲引向我右侧，同时左掌借腰部回转以及后脚蹬地之力向对方胸部击出，使对方失其自制。

【康复养生】

①随着身体左右旋转，意想一动以腰带动全身无处不动。两臂上下螺旋划弧转体时，上下缠丝交替，引动四面八方混元气进入体内，与上中下三丹田相合，真气合于混元而产生内力，上下一气贯通。

②右脚向右斜前方开步时，以脚尖引领轻轻地向右斜前方迈出，开步脚须轻灵。左掌经左耳侧向前推出时，指端牵引着左臂向前推出。右掌搂膝，左掌推出，左脚跟后蹬成右弓步，这三势要同时到位，并注意腰向后放松。身体内气向外开，体内气圈螺旋向外延展，人与虚空相合。此势能运动腰、脊、肩、膝、腿各部，特别突出转腰、迈步，故对肾、筋骨、四肢的健康很有功效。

③习练混元太极要求"螺旋圆弧、松柔缓慢、均匀舒适"运动，随着功夫提高，大家都会静下心来进入忘我的状态锻炼，清除大脑内杂念而归于宁静，从而缓解心理紧张，调节中枢神经系统，使身心得到放松。对调理、缓解神经衰弱、失眠健忘、头晕耳鸣、心烦气燥等疾病会起到很好的效果。

第十六式　探腰望海（右虚步海底针）

【动作详解】

①前后推揉：接上式。重心后移，左臂屈肘向内回收（左肩向上、向内划弧），腕约与肩平，掌不低于腕而微微上翘，指尖向前，全身放松，左臂前推（左肩向下、向前划弧，用内力从肩膀向前推出），掌心向前，指尖斜向上；同时，重心前移，收左腿向前半步，前脚掌落地，趾尖向前，目似垂帘（图3-104、图3-105）。

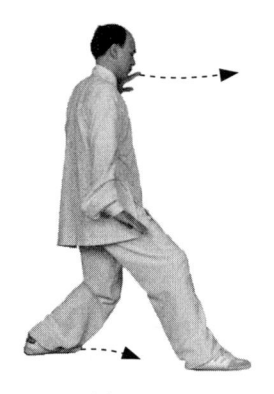

图 3-104 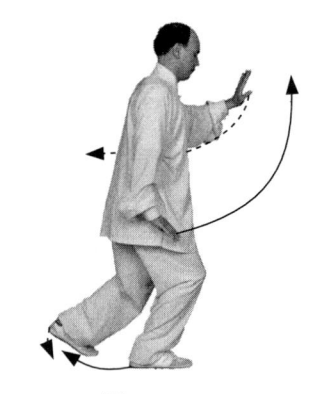　　　　　　　　　图 3-105

②向下插掌：接上势。重心后移，左脚跟落地，身体左转，逐渐收右脚至左脚内侧，右脚尖离地约1厘米；同时，左手臂松腕向下回收，逐渐外旋向左后上方划弧，上升至身体左侧上方，掌略高于肩，掌心斜向上，右手臂松腕外旋，向左上方划弧。至胸前，肘略低于腕，掌心向下，指尖斜向上（图3-106、图3-107）。

以腰带动身体右转，右脚向右斜前方开步成右虚步，脚尖虚点地面；左腿渐下蹲（下蹲时身体要正直，不可低头弓背）；同时，左臂拢球回收，左掌经耳侧向前下方插掌至右腿内侧，掌心向右，指尖斜向下，右掌向右下方划弧经右膝（搂膝）至右大腿外侧，掌心向下，指尖向前，目视前下方，神形相合（图3-108）。

图 3-106 　　　　　图 3-107 　　　　　图 3-108

第三章　六十四式混元太极拳义解

139

【攻防含义】

①"海底针"可比仙人观海，心随境转，气随意发，风起浪涌，浪随波行，上下一体，内外合一，所以在本拳谱中将其定名为"探腰望海"。本式动作充分体现了太极拳的圆弧运动规律，利用向下的抛物线，形成解脱手，进而完成进击。如对方用左掌向我进击，我用右掌搂开对方，用左掌直插对方裆部，以掌指戳击对方。

②比如对方以左手握我左腕，我即屈左肘，坐左腿，向左转体，将左手向左侧提回。若对方仍不松手，我则将左腕顺势向下松，屈膝松腰，内力下採，则对方必不得力，手松散而败。该势为一提劲，一沉劲，两者虽非直接出击之势，但在对方意想不到的情况下，突然出现，能令其根力自断，我则乘机进攻。

【康复养生】

①推揉动作不宜过大，要小而慢，好似在远处揉一个有弹性的气球，手臂柔和如波浪形。推揉要求一动以腰带动（以腰催肋，以肋催肩，以肩带肘，以肘带腕，以腕带掌指），这是练形的整体性，能达到炼炁入骨、松腰开窍的效果。

②在招势运行中，初练者以自然呼吸为好，待动作熟练后，可以配合整体呼吸。比如臂向后回收的同时吸气，意想周围的混元气源源不断地进入体内，有股无形的真气（能量）渗透皮、肉、筋、脉、骨，融于脏腑，通透全身。臂前推时，配合呼气，可将胸部的紧张随着呼气的反作用力沉到腹腔，有助于气沉丹田。进一步意想丹田真气向外开，充斥皮肤，人与自然相融，这就是体呼吸的自然呼吸法。

③体呼吸的自然呼吸运行法能够促进血液循环，对提高肺脏的通气和换气功能有良好的促进作用；并能够轻柔地按摩体内脏腑，有效地增强消化、吸收、排泄功能，使经络气血得到畅通，体内微循环增加，有效地减少动脉硬化、血栓、高血压，以及心脏、肠胃、呼吸等方面的疾病。

第十七式　乘风破浪（右弓步闪通背）

【动作详解】

①右脚开步：接上式。重心左移（后移），身体微左转，右脚微抬起向前方开步（左脚尖离地约1厘米，进一步向前方迈出），脚尖上翘，脚跟着

地；两臂松腕转掌，回收于胸前，腕部交叉，右臂在内，左臂在外，两掌心斜向外，指尖斜向上，目似垂帘（图3-109、图3-109附图）。

图 3-109

图 3-109 附图

②前后掤、推：接上势。重心前移，右脚尖下落（指向正东），全脚踏实，左脚跟后蹬成右弓步；同时，交叉手上提，边上提边前后拉开，右臂内旋向前推出，似直非直，掌约与肩等高，掌心向前，指尖向上，左臂呈螺旋弧形上托，左掌向后置于额左侧，掌心向外，指尖向前，气沉丹田，落地生根；上下相随，内外相合，目视前方，神意照体（图3-110）。

图 3-110

【攻防含义】

①闪通背是武术常用的名词，也是攻防并用的技击招势。在混元太极习练中，它的步法是直接向前的，两臂上托、前推的动作在技击中快速无比，所以在本拳谱中将其定名为"乘风破浪"。在运用中，上下相随，内外相合，力发于腰，劲来于脊，上下内外一体而产生整体内劲，有"四两拨千斤"之功效。

②在习练中，左脚跟后蹬、右掌前推与左掌上托，这三个动作要同时进行，动作协调一致。右掌前推时，做到用意不用力，坐腕、含掌、舒指。左掌上托要防止耸肩抬肘。两臂划弧的动作，是技击缠丝内劲螺旋变化的

攻防调节，与人交手，升降开合，来去自如。

③比如对方用左手来击我胸部或头部，我急将左手臂由前往上提起，至左额角外，并将手心向外翻，以托对方左手之劲，或握其左腕将之左臂往上向后提至我左额角外；同时，右手提至胸前，顺着对方的手臂以手掌用直劲打向对方的软肋。攻防协调，随时运用。

【康复养生】

①右脚向前方开步时须轻灵。两臂螺旋交替引动天地虚空及四面八方混元气进入体内，与丹田混元气相融。体内的能量向外开，气圈螺旋向外延展，达到内外合一。

②两臂内旋交叉上提时，下丹田混元气上升至中丹田、上丹田，三田合一，合于混元，意想全身从上到下由里至外（皮、肉、筋、脉、骨、五脏、六腑、血液、细胞），贯通贯透。

③两手螺旋弧形掤出，左腿后蹬成右弓步时，意想外三合（肩与胯合，肘与膝合，手与足合），并且气沉丹田，落地生根、松腰、松胯、垂尾闾，达到上下内外一整体。

第十八式　掩手肱拳（右弓步冲拳）

【动作详解】

①左右划弧：接上式。重心后移（左移），右腿内旋，脚尖抬起内扣约45°落地；同时，以腰带动身体左转，左脚跟微外旋，右臂松腕外旋，向左划弧，掌略高于肩，掌心向左，指尖斜向上，左臂外旋，左掌胸前下落至腹前，掌心向上，指尖向右（图3-111、图3-111附图）。

图 3-111　　　　　　　图 3-111 附图

两臂随身体转至左侧，右臂外旋，右掌胸前下落至腹前，掌心向上，指尖向左，左臂内旋，左掌上升至左侧上方，掌略高于肩，掌心向右，指尖斜向上；以腰带动身体右转，重心随之右移，两臂随身体划弧转至体右侧，目似垂帘（图 3-112~图 3-114）。

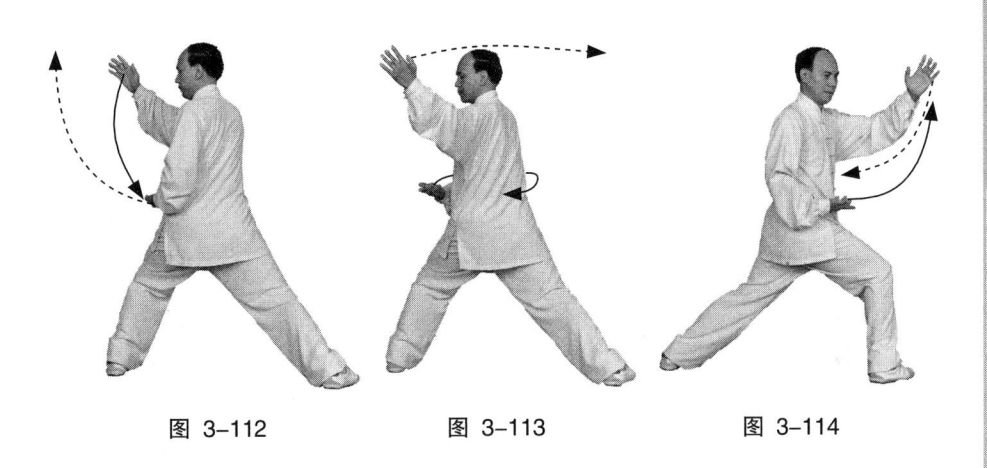

图 3-112　　　　　图 3-113　　　　　图 3-114

右臂内旋，右掌上升至右侧上方，掌略高于肩，掌心向左，指尖斜向上，左臂外旋，左掌胸前下落至腹前，掌心向上；以腰带动身体左转，重心随之左移；同时，左掌逐渐握拳回收于左腰间，拳心向上，拳眼向外，右臂指向右斜前方；松腰、松胯、垂尾闾，气沉丹田，落地生根，目视右前方，神意照体（图 3-115、图 3-115 附图）。

图 3-115 　　　　　图 3-115 附图

②弓步冲拳：接上势。重心右移，右脚跟微外旋，左脚跟后蹬成右弓步；同时，左臂内旋，螺旋上升，以腰带动向右前方冲拳，拳背向上，拳面向前，冲出后拳高与肩平，右臂外旋，右掌回抽握拳于右腰间，拳心向上，拳眼向外，目视右前方，神意照体（图3-116）。

图3-116

【攻防含义】

①本式动作在习练中充分发挥太极拳的松活弹抖，在运用中能体现出"远拳、近肘、贴身靠"之心法，所以在本拳谱中将其定名为"掩手肱拳"。技击中，远距离的用拳打，近距离的用肘击，如果再接近了，用肘也施展不开，就用肩、胸靠。比如对方出手进攻我胸腹部。我以两臂左右划弧旋转、两肘内合掩护以拦截对方来招，转身出一掌以化解对方来招；当对方的手被我拦截后，我顺势右掌旋转回带化其左掌，同时弓步左冲拳发力击打对方（此称之为右弓步左冲拳）。

②掩手肱拳特别重视丹田内气，在出拳时，首先丹田内劲沉于左脚，再由左脚跟外旋后蹬发出，顺左腿裹缠至右腿，腰劲迅速右转，上缠至左肩，达至左拳顶；右肘辅助发动，使周身完整一气。在技击时，向前螺旋冲拳可击对方胸部，同时右肘后击，可打背后搂抱之人的肋部。

③缠丝内劲在技击中又有自己的特点：其柔时，粘住何处何处缠，令人难进亦难去，如蝇虫落胶，有翅难飞；其刚时，挨着何处何处击，缠绕诸靠我皆依，如红炉出铁，人不敢摸，浑身上下处处都能体现出弹簧内劲。此能量由心意调动，如时如发，千变万化，奥妙无穷。

【康复养生】

①本式冲拳的练法可分为两个层次：中老年人和身体虚弱者以健身养生为主，出拳要慢而匀，气机螺旋上升，意到气到，气到脉通；青少年和有功底的人可以螺旋快速冲出，混元螺旋劲其根在脚、行之于腿、主宰于腰、力贯于拳，心到、意到、眼到、气到、形到（力到）。内功成就能运化刚柔，运用自如。如右掌外旋下落回收握拳，左手内旋向右前方冲拳时，左右臂缠丝内劲进如螺旋，退如抽丝，动静如一，刚柔相济。

②左右划弧的缠丝劲其外部表现是形体的螺旋运动，人与虚空相合，收虚空混元气（太和元气）为己所用。在运动中气机源源不断地进入体内，以意引气、运化刚柔，意念行气入膜层层贯穿。混元太极以养生为主，冲拳要求用意不用力。这样习练一则能逐渐去掉人本身原有的僵劲拙力，使全身皮、肉、筋、脉、骨节节放松；同时，由于抻筋拔骨而使内气通于经络，充于肌肤，骨节开张而使内气敛入骨髓，由松沉而渐入柔顺，周身形成富有弹性的内劲，外柔而内刚。

③缠丝劲的内涵使心神意气缠绕抽丝，其外部表现是形体的螺旋运动。用意不用力的锻炼是以最少的消耗获得最大效果。螺旋缠丝内劲，亦合乎养生保健的中医理论。人体的经络互为表里，交联环绕，通过内缠丝外螺旋的运动，沟通周身奇经八脉、十二经、十五络，使气血流注，营卫周流，调节三焦，平和阴阳，内壮脏腑，而又柔顺骨节、肌腱、韧带，外强筋骨、皮肉。

第十九式　青龙出水（缠丝撇身捶）

【动作详解】

①两臂划弧：接上式。重心左移，右脚尖翘起；同时，两手松拳变掌，右掌向右斜前上方伸出，掌略高于肩，掌心向上，左臂回收至胸前，掌心向下，沉肩坠肘；以腰带动身体左转，右脚尖内扣约60°落地，两臂随体向左缠丝划弧至体左侧（图3-117、图3-118）。

图 3-117　　　　图 3-117 附图　　　　图 3-118

②撇身捶：接上势。重心右移，身体右转，左脚微抬起外旋收回至右脚内侧，离地约1厘米；同时，左臂外旋顺势向左下、右上划弧，左掌逐渐变拳回收于胸前，拳心向内，右臂内旋下落，右掌心贴于左上臂内侧（图3-119、图3-119附图）。

以腰带动身体左转；同时，左腿外旋，左脚尖离地向左斜前方划圆摆脚开步，脚跟先落地；左前臂向左划弧，左拳从胸前向上、向左撇出，随转体置于正前方，拳略高于肩，拳心斜向上，拳眼向左；同时，重心移向左腿，脚尖落地（指向正西），右脚跟后蹬成左弓步，目视左拳，神形相合（图3-120）。

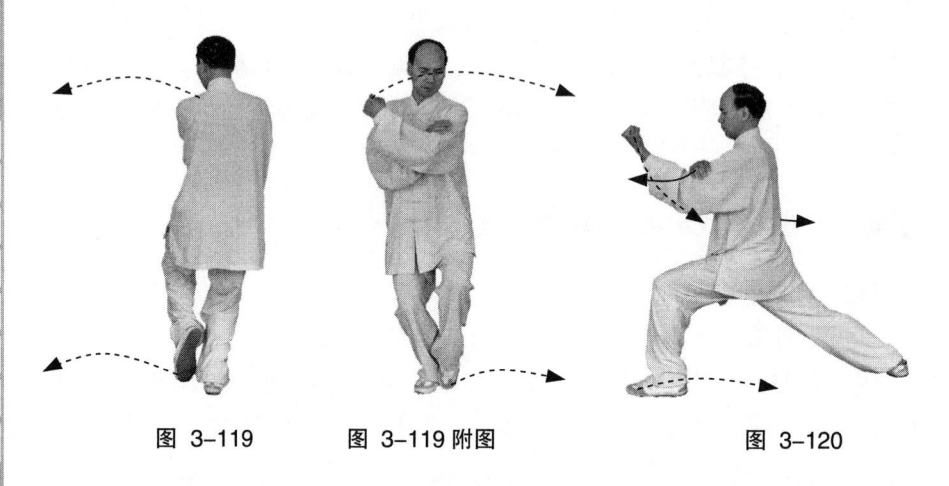

图3-119　　图3-119附图　　　　图3-120

【攻防含义】

①本式动作一动以腰带动，全身无处不动，手、眼、心、法、步，内外一整体，可比游龙戏水，所以在本拳谱中将其定名为"青龙出水"。与人交手，在进退攻防中，松活弹抖，刚柔相济；意到气到，足稳身固，无坚不摧。太极拳论指出："我顺人背谓之粘"，其中的"粘"字也是体现了"我顺人背"时，对方内心的一种被动感受与失势的无奈感。当对方被我缠丝内劲粘住时，犹如一根拿不掉甩不开的绳子缠在身上，挣脱不掉，既不得机得势，又挥之不去，苦不堪言。而"我"则因得机得势而感觉十分的"顺"畅。

②比如对方从我右侧前用拳或掌向我胸部或面部击来，我则以左手抓其手腕，右手粘其肘，向左后下方捋带，使其前扑倒下；若又有人从我左

侧用拳击来，我速移重心于右腿，收回左腿和左臂，以避其坚，而后，左腿向对方迈出；同时，转身，左臂屈肘握拳向上、向左甩出，以拳背击打对方头部，右手扶左臂以助力。撇拳时以肩关节为轴，利用腰部及上臂力量增大劲力，要以拳背为力点击打对方头部或其他部位。

【康复养生】

①两手松拳变掌，掌向斜前上方伸出接通虚空，将虚空混元气源源不断地收入体内。身体各部正气皆可上下相通，贯注丹田，遍布周身，清气上升，浊气下降，上至百会，下达涌泉，气随意动，处处开张，内气自然充盈。久而久之，养练体内活泼浩然之正气，气随功夫长，方得太极妙。

②重心右移收左脚，重心全落于右脚，意想丹田混元气通透右腿，连于地下虚空。左腿外旋左脚尖离地向左斜前方划圆摆脚开步时，要从里向外螺旋外撇。左臂撇出时，意想有千斤力量从上落下。随着右脚跟后蹬成左弓步时，气沉丹田，落地生根。意想体内能量向外开，打开全身毛窍、穴道，人与自然相融，真气贯通全身。

第二十式　千变万化（进步搬拦捶）

【动作详解】

①切掌、掤臂一：接上式。重心后移，左腿回收成左虚步，左脚前脚掌着地；松开右掌从左臂上方沿臂"切掌"而出，切出后约与混元等高，掌心向下，指尖向左，左臂回收，前臂收至左肋外侧，拳心向上，拳眼向左，右掌与左拳相距20~30厘米（图3-121）。

图 3-121

重心左移，以腰带动身体右转；同时，左脚跟内旋约45°落地；右臂外旋，前臂回收至右肋外侧，掌心向上，指尖向左，左臂内旋，左拳旋转而上，沿右臂上方"掤臂"而出，掤出后，约与混元等高，拳心向下，拳眼向右，左拳与右掌相距20~30厘米，目视两手，神形相合（图3-122、图3-122附图）。

图 3-122 　　　　　　　图 3-122 附图

②切掌、掤臂二：接上势。重心右移，以腰带动身体左转（面向正西），左脚跟抬起内旋（指向正西）成左虚步，左脚前脚掌着地；右臂内旋，右掌旋转而上至左臂上方，沿臂"切掌"而出，切出后，约与混元等高，掌心向下，指尖向左，左臂外旋回收，前臂收至左肋外侧，拳心向上，拳眼向左，右掌与左拳相距20~30厘米，请参阅图3-121。

重心左移，以腰带动身体右转；同时，左脚跟内旋约45°落地；右臂外旋回收，前臂收至右肋外侧，掌心向上，指尖向左，左臂内旋，左拳旋转而上至右臂上方，沿臂"掤臂"而出，掤出后，约与混元等高，拳心向下，拳眼向右，左拳与右掌相距20~30厘米，目视两手，神形相合，参阅图3-122、图3-122附图。

③搬、拦、捶：搬：接上势。身体微右转，右臂向后上方伸出，约与肩等高，掌心斜向上；重心右移，以腰带动身体左转；同时，收左脚至右脚内侧，离地约1厘米，继而抬起，左脚尖向左斜前方划圆摆脚开步，脚跟先落地；右臂内旋向前划弧，右掌经面前回收于混元，掌心向下，左拳回收于腹前，继而从右臂内侧向上、向前"搬"出，拳心向内，拳眼斜向

上，目似垂帘（图 3-123~图 3-125）。

拦：重心前移，左脚尖落地，收右腿，右脚收至左脚内侧，脚尖离地约 1 厘米，继而向右斜前方开步，脚跟落地；同时，右掌上提向前"拦"出，掌约与肩等高，掌心斜向前，左拳回收至左腰间，拳心向上（图 3-126、图 3-127）。

捶：重心前移，右脚尖着地（指向正西），左脚跟后蹬成右弓步；同时，左拳从腰间内旋向前、向上冲出，与肩等高，拳眼向上，拳面向前，右掌回收，立于左臂内侧，掌心向左，指尖向上，目视前方，神意照体（图 3-128）。

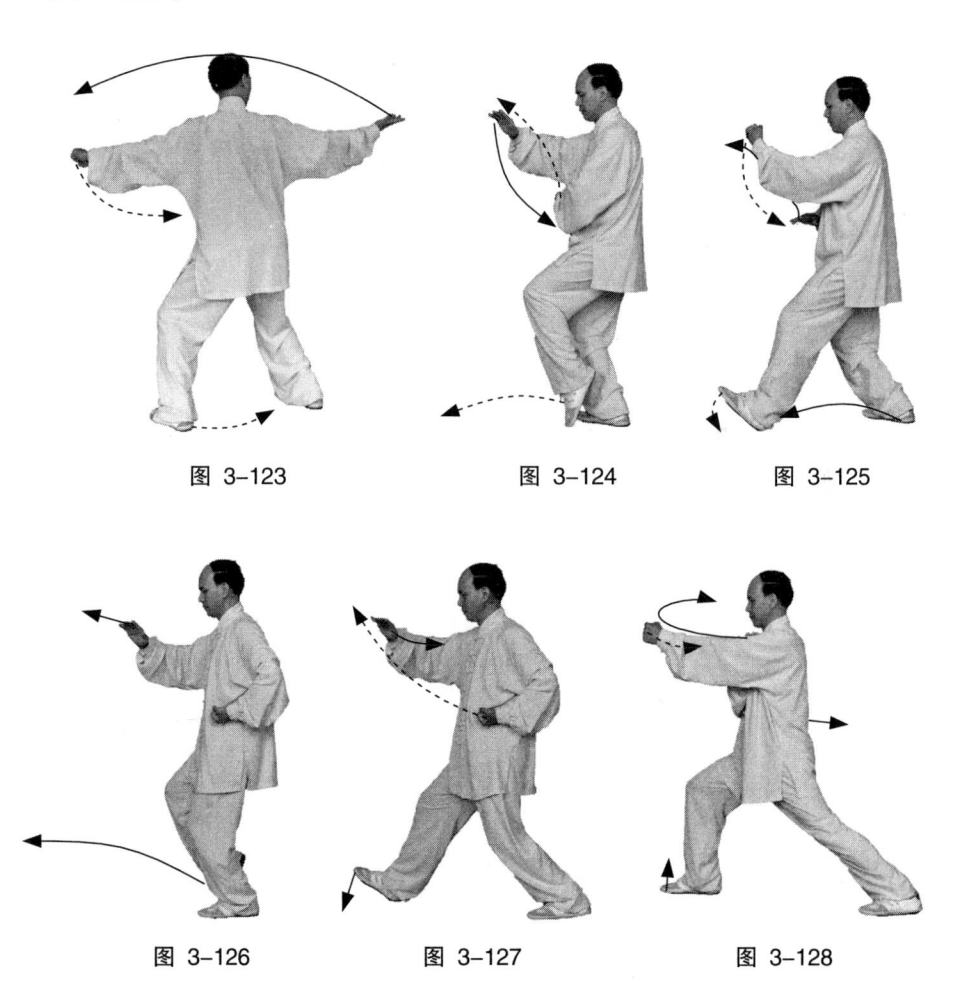

图 3-123　　　　图 3-124　　　　图 3-125

图 3-126　　　　图 3-127　　　　图 3-128

【攻防含义】

①本式动作在习练中"上下相随，内外相合"，行气入膜，层层贯通；在技击中"以腰为轴，旋转自如"；与人交手"刚柔相济，攻防并用"。所以，在本拳谱中将其定名为"千变万化"。

②搬、拦、捶动作，"搬"是一法，其旋臂滚肘，以自己的尺骨一侧截断对方伸臂向我胸部的进击（如直冲拳或推掌）。"拦"是一法，"捶"又是一法。当对方被截后，继以另一手向我面部或胸部袭来，我则以另一手掌横向拦截拍开，并不待其稍缓，随即以另一手握拳直击对方。搬、拦、捶三法常连环使用。

③比如对方右脚向前上步，用右拳冲击我胸部。我左脚上步，迅速用左拳由右向左下压其右前臂；对方见右拳进攻失效，速用左拳再次向我胸部冲击，我速用右前臂由左向右拦其左拳，将对方之力化于右侧，同时右脚向前上步，重心前移，用左拳向对方胸、腹部冲击，使其失去重心后倒或胸骨受损。注意，搬拳、拦拳要看准时机，及时化解对方前冲之力；上步冲拳反击要快速连贯，迅猛准确。

【康复养生】

①习练切掌、掤臂动作时，随着身体的左右旋转，一动以腰带动全身无处不动。两臂上下交替划弧缠丝，人与虚空相合，收虚空混元气源源不断地进入体内，意念行气入膜，皮、肉、筋、脉、骨层层贯穿，节节通透。

②习练搬、拦、捶的动作，当右臂内旋向后伸出时，收后方虚空混元气往体内凝聚。左脚抬起向左斜前方摆脚开步，重心、力量都在右脚，左脚开步须轻灵。意想体内能量向外开，打开全身毛窍、穴道，人与自然相融。冲拳要求用意不用力，左右臂来去自如，刚柔相济。

③本式动作要向前迈出两步，同时双手不停地运动，所以对分清虚实、稳固下盘有着较高的要求。在连续进步时，迈步如猫行，并要求速度均匀，身体中正，不可左右歪斜和前后俯仰。步法和手法要随腰转动，开合升降动作要连贯，勿使有缺陷、凹凸，做到绵绵不断，一气呵成。

第二十一式　来去自如（左揽雀尾）

【动作详解】

①右腹前抱球：接上式。重心后移，右脚尖翘起外撇约30°；同时，右

手于体前伸出，左手松拳，两臂内旋，一同外开，约与肩等高；重心前移，右脚尖落地，身体右转，收左腿，左脚收至右脚内侧，脚尖离地约 1 厘米；同时，左臂外旋，左掌划弧下落至右腹前，掌心向上，指尖向右，右臂内合，右掌回收于右胸前，掌心向下，指尖向左，两掌心相对，于右腹前抱球，目似垂帘（图 3-129、图 3-130）。

② "掤"：与第五式动作②相同。

③ "捋"：与第五式动作③相同。

④ "挤"：与第五式动作④相同。

⑤ "按"：与第五式动作⑤相同。

图 3-129 　　　　　　图 3-130

【攻防含义】

与第五式相同。

【康复养生】

与第五式相同。

第二十二式　来去自如（右揽雀尾）

【动作详解】

①左腹前抱球：接上式。松腕，重心后移，左脚尖翘起外撇约 30°；同时，两臂外开，约与肩等高，重心前移，左脚尖落地，身体左转，右脚收至左脚内侧，脚尖离地约 1 厘米；同时，右臂外旋，右掌划弧下落至左腹

前，掌心向上，指尖向左，左臂内合，左掌回收于左胸前，掌心向下，指尖向右，两掌心相对，于左腹前抱球，目似垂帘（图3-131、图3-132）。

②"掤"：与第四式动作②相同。

③"捋"：与第四式动作③相同。

④"挤"：与第四式动作④相同。

⑤"按"：与第四式动作⑤相同。

【攻防含义】

与第四式相同。

【康复养生】

与第四式相同。

图 3-131 　　　　　　图 3-132

第二十三式　拨云见日（左弓步单鞭）

【动作详解】

①两臂回收：接上式。松腕，重心后移，右脚尖上翘，同时，以腰带动两臂回收，两掌掌心向下，指尖向前（图3-133）。

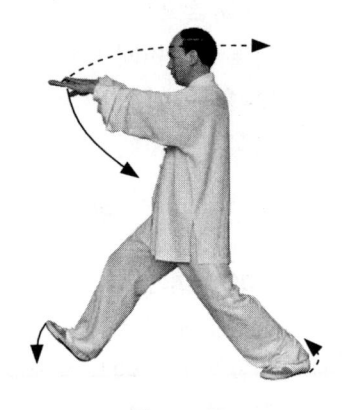

②左转云手：接上势。左臂外旋，左手转掌划弧向上升至面部左侧前，掌心向内略向上，指尖向上，上臂与前臂之间夹角略大于100°，右臂微外旋，右手转掌划弧下落，降至右腹侧

图 3-133

前，掌心斜向下，指尖向前；同时，以腰带动身体连续左转，两臂随身体而行，向左云手，右腿随之内旋，右脚尖内扣约60°落地，碾左脚（左脚跟微抬起外旋约60°），碾右脚（右脚跟微抬起外旋约60°），重心后移，收左腿，脚尖落在右脚内侧点地（图3-134、图3-135）。

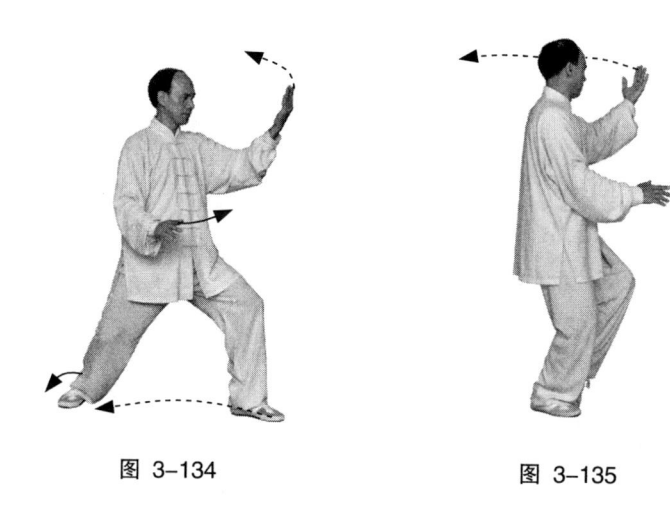

图 3-134　　　　　　　图 3-135

两脚原地不动，身体继续左转云手，两臂随身体旋转，左掌转至左侧后，略高于肩，掌心斜向上，指尖向上，右掌转至腹前，掌心斜向下，指尖向前，目视左掌，神意照体（图3-136）。

图 3-136

③右转云手：接上势。右臂外旋，右掌划弧体前上升至面部右侧前，掌心向内略向上，指尖向上，上臂与前臂之间夹角略大于100°；左臂内旋，左掌划弧体前下落，降至左腹侧前，掌心斜向下，指尖向前；同时，以腰带动身体右转，向右云手，转身约360°，两臂随身体转至体右侧后，右掌略高于肩，掌心斜向上，指尖向上，左掌转至腹前，掌心斜向下，指尖向前，目视右掌（图3-137、图3-138）。

图 3-137 　　　　　　　　　　图 3-138

④平肩划弧：接上势。左臂内旋上提，右臂内旋下降，两臂与肩等宽高，似直非直，掌心向下，指尖向前，以腰带动体左转，两臂平肩向左划弧，转至体左侧约270°，目视两掌（图3-139、图3-140）。

图 3-139 　　　　　　　　　　图 3-140

⑤勾手推掌：接上势。两臂向胸前拢球回收，指尖相对，掌心向下，以腰带动身体右转180°，两臂由胸前向身体右侧推出，左掌拇指、食指、中指轻贴右腕部内侧，右掌以小指带动五指依次撮拢成太极钩手，目视钩手（图3-141~图3-143）。

以腰带动身体左转，左脚向左斜前方伸出，与正前方约成30°开步，脚跟先着地；左臂随身体左转，外旋转掌心向内，左掌于右前臂内侧拢球至胸前；右臂仍于体右侧，沉肩坠肘；重心前移，左脚尖着地踏实（指向正东），右脚跟后蹬成左弓步；同时，左掌于胸前划弧向左斜前方推出，掌心向前，指尖向上；沉肩坠肘，气沉丹田，松腰松胯，垂尾间，领百会，把脊柱拉直；目视前方，神意照体（图3-144、图3-145）。

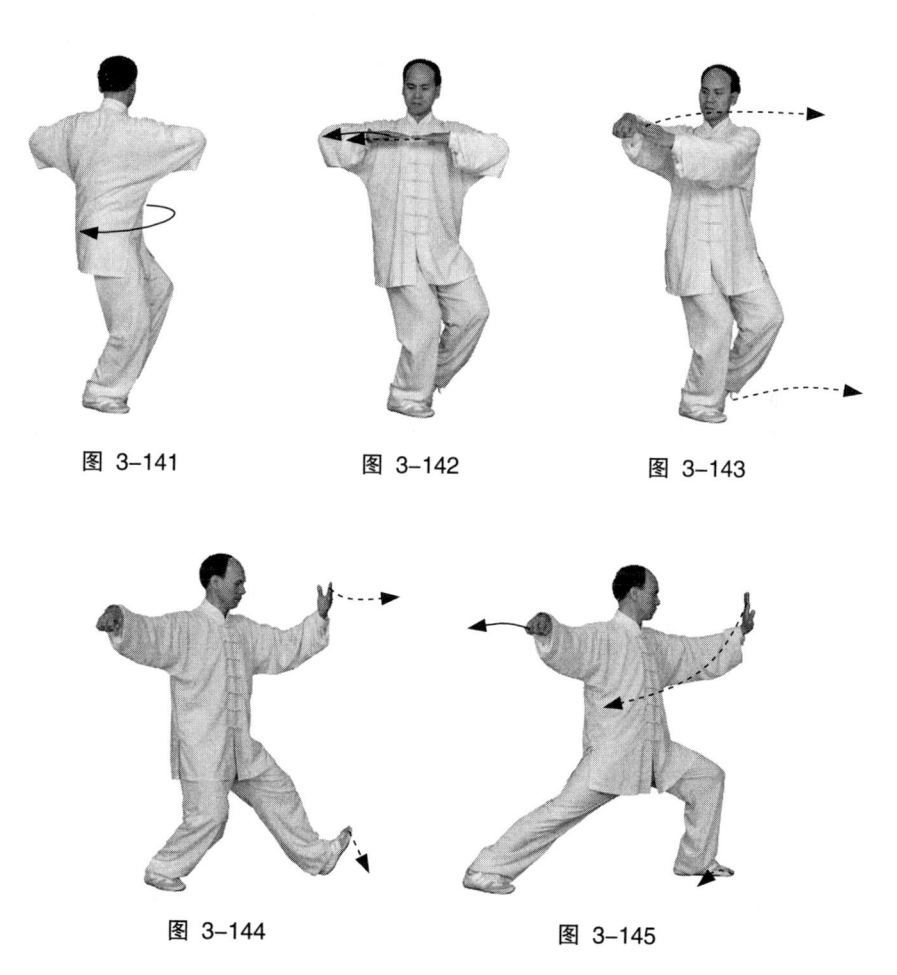

图 3-141　　　　图 3-142　　　　图 3-143

图 3-144　　　　图 3-145

【攻防含义】

与第六式相同，唯左右势不同。

【康复养生】

与第六式相同。

第二十四式　金童观图（左开步云手）

【动作详解】

①两臂划弧回收：接上式。重心后移，左脚尖翘起；同时，左臂松腕转掌心向下，以腰带动身体右转（转至面向西南），左腿随之内旋，左脚尖内扣90°落地（指向正南）；两臂随身体右转，左臂外旋，左掌向右下方划弧至右腹前，掌心向右斜向下；右臂松勾手，微上提，掌略高于肩，掌心向下，指尖指向右侧前，目视右掌（图3-146）。

②右收步云手一：接上势。重心左移，以腰带动身体左转；同时，收右腿，当身体转至正前方时，右脚落至左脚内侧，前脚掌着地，两脚之间距离约10厘米；同时，左臂外旋，左掌向左上方划弧升至面部左侧，掌心向内略向上，指尖向上，上臂与前臂之间夹角略大于100°；右臂微外旋，右掌划弧下落至右腹侧前，掌心向左斜向下，指尖向前（图3-147）。

身体继续左转，重心右移，右脚跟随之下落（两脚平行），左脚跟抬起；两臂随身体旋转至体左侧，左掌仍高于肩，掌心斜向内，指尖向上，右掌转至左腹前，掌心向左斜向下，目视左掌，神意照体（图3-148）。

图 3-146 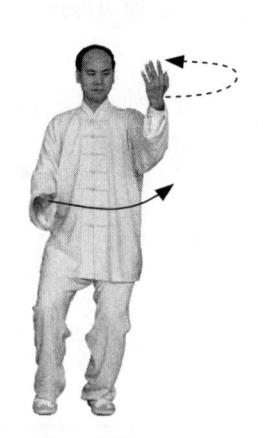　　　　　图 3-147 　　　　　图 3-148

③左开步云手一：接上势。重心右移，以腰带动身体右转，同时，左脚向左横跨出，当身体转至正前方时，左脚前脚掌着地（脚尖指向正南，两脚之间大于一肩宽）；同时，右臂外旋，右掌向右上方划弧，升至面部右侧，掌心向内略向上，指尖向上，上臂与前臂之间夹角大于100°；左臂内旋，左掌划弧下落至左腹外侧前，掌心向右斜向下，指尖向前；身体继续右转，重心左移，左脚跟下落（两脚平行）；两臂随身体旋转至体右侧，右掌仍高于肩，掌心斜向内，指尖向上，左掌转至右腹前，掌心向右斜向下，目视右掌，神意照体（图3-149、图3-150）。

④右收步云手二：接上势。重复动作②（图3-147、图3-148）。

⑤左开步云手二：接上势。重复动作③（图3-149、图3-150）。

⑥右收步云手三：接上势。重复动作②（图3-147、图3-148）。

⑦左开步云手三：接上势。重复动作③（图3-149、图3-150）。

⑧右收步云手四：接上势。重心左移，以腰带动身体左转，收右腿；同时，左臂外旋，左掌向左上方划弧至面部左侧，掌心向内略向上，指尖向上，右臂内旋，右掌划弧下落至右腹外侧，掌心向左斜向下，指尖向前，随着身体的旋转右脚落于左脚尖外侧，前脚掌着地（指向东南），目视左掌（图3-151）。

【攻防含义】

与第七式相同，唯左右势不同。

【康复养生】

与第七式相同。

图 3-149 　　　　图 3-150 　　　　图 3-151

第二十五式　拨云见日（左弓步单鞭）

【动作详解】

①左转云手：接上式。重心右移，右脚跟落地，左脚跟外旋提起，脚尖立于右脚内侧，两脚原地不动，以腰带动身体继续左转，连续云手，两臂随身体旋转至左侧后，左掌略高于肩，掌心斜向上，指尖向上，右掌至腹前，掌心向下略向左，指尖向前，目视左掌，神意照体（图3-152、图3-153）。

②右转云手：与第二十三式③相同。

③平肩划弧：与第二十三式④相同。

④勾手推掌：与第二十三式⑤相同。

【攻防含义】

与第六式相同，唯左右势不同。

【康复养生】

与第六式相同。

图 3-152 　　　　　　　　　图 3-153

第二十六式　提手上势（右虚步推掌）

【动作详解】

①收腿、收手：接上式。重心后移，以腰带动身体右转，左腿随之内旋，左脚尖内扣约90°落地；左臂松腕，随体右转，掌心向下，指尖向前，

右臂松勾手，掌心向下，指尖指向右前方，目视右掌（图 3-154）。

重心左移，收右腿（右脚微抬起外旋收回），右脚收至左脚内侧，脚尖离地约 1 厘米；同时，以腰带动上体微左转，两臂拢球回收于左腹前，掌心斜相对，右掌在前，左掌在后，目似垂帘（图 3-155）。

②虚步推掌：接上势。以腰带动身体微右转，右脚向右斜前方开步，脚跟落地，脚尖翘起；同时，两臂自左腹向斜前方上推至右胸前，右掌在前，右肘护胸，右掌指尖约与肩等高，掌心向左，指尖斜向上，左掌在后，位于混元前，掌心向右，约对左肘弯，指尖斜向上，目视右掌，神形相合（图 3-156）。

【攻防含义】

与第十三式相同，唯左右势不同。

【康复养生】

与第十三式相同。

图 3-154　　　　　图 3-155　　　　　图 3-156

第二十七式　白鹤亮翅（左虚步亮掌）

【动作详解】

①腹前交叉：接上式。重心后移，以腰带动身体左转约 90°；同时，右脚向右后方划弧开一小步，前脚掌落地；同时，右臂外旋，右掌下落回收于腹前，掌心向上，指尖向左，左臂内旋上升，左掌置于胸前，掌心向下，指尖向右，两臂胸、腹前交叉抱球，目似垂帘（图 3-157）。

图 3-157

②上下挒、掤：接上势。重心后移，右脚跟落地，身体后坐，左脚跟微抬起外旋成左虚步；同时，两臂上下外拔，右臂上升至体右侧上方，掌心斜向内，指尖向上约与头顶等高，上臂与前臂之间的夹角略大于100°，左臂下落至左胯外侧，掌心向下，指尖向前（右臂开始上升时，以腰带动身体微右转，目视右掌，两臂上下外拔将要到位时，以腰带动身体微左转），坐胯、屈膝、松腰，气沉丹田，落地生根，全身放松，目视前方，神意照体（图 3-158、图 3-159）。

图 3-158 　　　　　　图 3-159

【攻防含义】

与第十四式相同，唯左右势不同。

【康复养生】

与第十四式相同。

第二十八式　猿猴献果（左搂膝拗步）

【动作详解】

①两臂左右划弧：接上式。以腰带动身体左转，两臂随身体旋转，右臂向左划弧至身体左侧，右掌略高于肩，掌心向左，指尖斜向上，左臂仍于左胯外侧，掌心向下（图 3-160、图 3-160 附图）。

左臂外旋上升，到位时掌高于肩，掌心向右，指尖斜向上，右臂内旋下落至腹前，掌心向下（图 3-161、图 3-161 附图）。

图 3-160 　　　　　图 3-160 附图

图 3-161 　　　　　图 3-161 附图

以腰带动身体右转，左脚收至右脚内侧，脚尖离地约1厘米；两臂随身体右转至体右侧，左掌略高于肩，掌心向右，指尖斜向上，右臂转至右胯外侧，掌心向下（图3-162）。

右臂外旋上升，到位时掌略高于肩，掌心斜向上，左臂内旋划弧下落，左掌置于胸前，肘略低于腕，掌心向下，指尖向右斜向上，目似垂帘，神意照体（图3-163）。

②开步推掌：接上势。以腰带动身体左转，左脚向左斜前方开步（与正前方约成30°），脚跟先落地，随着重心前移，全脚着地（开步脚须轻灵，指向正东），右脚跟后蹬成左弓步；同时，左掌由右胸前划弧下落经腹前、左膝（搂膝）至左大腿外侧，掌心向下，指尖向前，右臂拢球回收，右掌掌心向下，指尖向前，经右耳侧向前推出，逐渐转成掌心向前，指尖向上，推出后掌高于肩，气沉丹田，目视前方（图3-164、图3-165）。

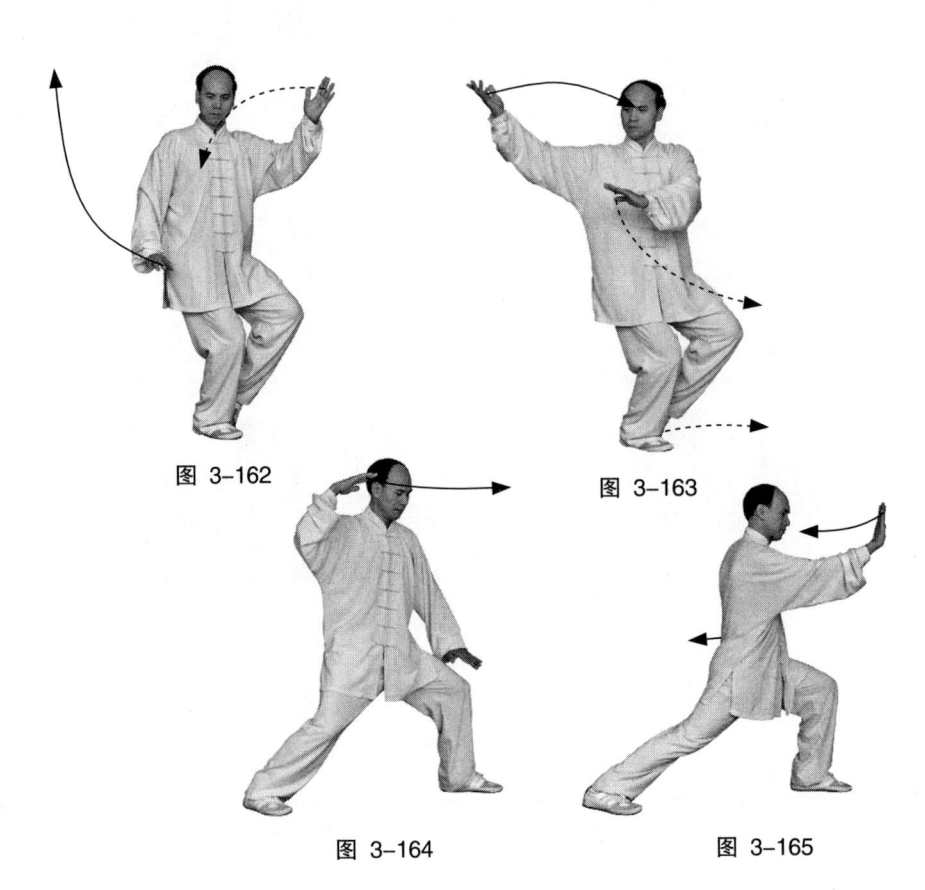

图 3-162

图 3-163

图 3-164

图 3-165

【攻防含义】

与第十五式相同，唯左右势不同。

【康复养生】

与第十五式相同。

第二十九式　探腰望海（左虚步海底针）

【动作详解】

①前后推揉：接上式。重心后移，右臂屈肘向内回收（右肩向上、向内划弧），腕约与肩平，掌不低于腕而微微上翘，掌心斜向下，指尖向前，全身放松（图3-166）。

右臂前推（右肩向下、向前划弧，用内力从肩膀向前推出），右掌心向前，指尖斜向上；同时，重心前移，收右脚向前半步，前脚掌落地，目似垂帘（图3-167）。

图 3-166 　　　　　　　图 3-167

②向下插掌：接上势。重心后移，右脚跟落地，身体右转，逐渐收左脚至右脚内侧，左脚尖离地约1厘米；右手臂松腕向下回收，逐渐外旋向右后上方划弧，上升至身体右侧上方，掌略高于肩，掌心斜向上，左手臂松腕外旋，向右上方划弧，回收于右胸前，肘略低于腕，掌心向下，指尖向左斜向上（图3-168、图3-169）。

以腰带动身体左转，左脚向左斜前方开步成左虚步，脚尖虚点地面；同时，右腿逐渐下蹲（下蹲时身体要正直，不可低头弓背）；随着身体的左转，右臂拢球回收，右掌经耳侧向前下方插掌至左腿内侧，掌心向左，指尖斜向下，左掌向左下方划弧经左膝（搂膝）至左大腿外侧，掌心向下，指尖向前，目视前下方，神形相合（图3-170）。

【攻防含义】

与第十六式相同，唯左右势不同。

【康复养生】

与第十六式相同。

图 3-168　　　图 3-169　　　图 3-170

第三十式　乘风破浪（左弓步闪通背）

【动作详解】

①左脚开步：接上式。重心右移（后移），身体微右转，左脚微抬起向前方开步（左脚尖离地约1厘米，进一步向前方迈出），脚尖上翘，脚跟着地；两臂松腕转掌，回收于胸前，腕部交叉，右臂在外，左臂在内，两掌心斜向外，指尖斜向上，目似垂帘（图3-171）。

②前后掤、推：接上势。重心前移，左脚尖下落（指向正东），全脚踏实，右脚跟

图 3-171

后蹬成左弓步，同时，交叉手上提，边上提边前后拉开，左臂内旋向前推出，似直非直，掌与肩等高，掌心向前，指尖向上，右臂螺旋弧形上托，右掌向后置于额右侧，掌心向外，指尖向前，气沉丹田，落地生根，上下相随，内外相合，目视前方，神意照体（图3-172）。

【攻防含义】

与第十七式相同，唯左右势不同。

【康复养生】

与第十七式相同。

图 3-172

第三十一式　掩手肱拳（左弓步冲拳）

【动作详解】

①左右划弧：接上式。重心后移（右移），左腿内旋，脚尖抬起内扣约45°落地；同时，以腰带动身体右转，右脚跟微外旋；左臂松腕外旋，向右划弧，掌略高于肩，掌心向右，指尖斜向上，右臂外旋，右掌胸前下落至腹前，掌心向上，指尖向左，两臂随身体转至体右侧（图3-173、图3-174）。

图 3-173　　　　图 3-174

左臂外旋，左掌于胸前下落至腹前，掌心向上，指尖向右，右臂内旋，右掌上升至右侧上方，掌略高于肩，掌心向左，指尖斜向上；以腰带动身体左转，重心随之左移，两臂划弧随体而行，转至体左侧（图3-175、图3-176）。

左臂内旋，左掌上升至左侧上方，掌略高于肩，掌心向右，指尖斜向上，右臂外旋，右掌于胸前下落至腹前，掌心向上；以腰带动身体右转，重心随之右移；两臂随身体右转，右掌逐渐握拳回收于右腰间，拳心向上，拳眼向外，左臂指向左斜前方；松腰、松胯、垂尾闾，气沉丹田，落地生根，目视左前方，神意照体（图3-177）。

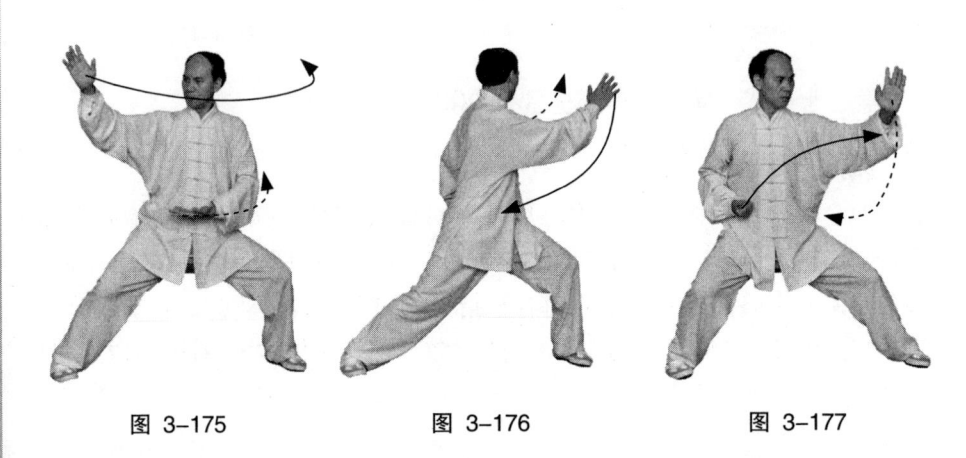

图 3-175　　　图 3-176　　　图 3-177

②弓步冲拳：接上势。重心左移，左脚跟微外旋，右脚跟后蹬成左弓步；右臂内旋，螺旋上升，以腰带动向左前方冲拳，拳背向上，拳面向前，拳高与肩平，左臂外旋，左掌回抽握拳于左腰间，拳心向上，拳眼向外，目视前方，神意照体（图3-178）。

【攻防含义】

与第十八式相同，唯左右势不同。

【康复养生】

与第十八式相同。

图 3-178

第三十二式　青龙出水（缠丝撇身捶）

【动作详解】

①两臂划弧：接上式。重心右移，左脚尖翘起；同时，两手松拳变掌，左掌向左斜前上方伸出，掌略高于肩，掌心向上，右臂回收至胸前，掌心向下，沉肩坠肘；以腰带动身体右转，左脚尖内扣约60°落地，两臂随身体向右缠丝划弧至身体右侧（图3-179、图3-180）。

图 3-179 　　　　　　图 3-180

②撇身捶：接上势。重心左移，身体左转，右脚收至左脚内侧，脚尖离地约1厘米；同时，右臂外旋顺势向右下、左上划弧，右掌逐渐变拳，回收于胸前，拳心向内，左臂内旋下落，左掌心贴于右上臂内侧（图3-181）。

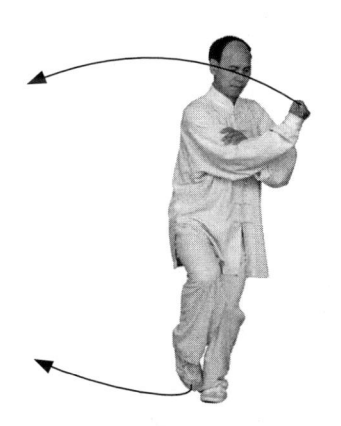

图 3-181

以腰带动身体右转，右腿外旋，右脚尖离地向右斜前方划圆摆脚开步，脚跟先落地；同时，右前臂向右划弧，右拳从胸前向上、向右撇出置于正前方，拳略高于肩，拳心斜向上，拳眼向右；重心移向右腿，脚尖落地（指向正西），左脚跟后蹬成右弓步，目视右拳，神形相合（图3-182）。

【攻防含义】

与第十九式相同，唯左右势不同。

【康复养生】

与第十九式相同。

图 3-182

第三十三式　千变万化（进步搬拦捶）

【动作详解】

①切掌、掤臂一：接上式。重心后移，右腿回收成右虚步，右脚尖点地；松开左掌从右臂上方沿臂"切掌"而出，切出后约与混元等高，掌心向下，指尖向右，右臂回收，前臂收至右肋外侧，拳心向上，拳眼向右，左掌与右拳相距20~30厘米（图3-183）。

重心右移，以腰带动身体左转；同时，右脚跟内旋约45°落地；左臂外旋回收，前臂收至左肋外侧，掌心向上，指尖向右，右臂内旋，右拳旋转而上，沿左臂上方"掤臂"而出，掤

图 3-183

出后，约与混元等高，拳心向下，拳眼向左，右拳与左掌相距 20~30 厘米，目视两手，神形相合（图 3-184）。

图 3-184

②切掌、掤臂二：接上势。重心左移，以腰带动身体右转（面向正西），右脚跟抬起外旋成右虚步，右脚尖点地；同时，左臂内旋，左掌旋转至右臂上方沿臂"切掌"而出，切出后，约与混元等高，掌心向下，指尖向右，右臂外旋回收，前臂收至右肋外侧，拳心向上，拳眼向右，左掌与右拳相距 20~30 厘米，参阅图 3-183。

重心右移，以腰带动身体左转；同时，右脚跟外旋约 45°落地；左臂外旋回收，前臂收至左肋外侧，掌心向上，指尖向右，右臂内旋，右拳旋转至左臂上方，沿左臂上方"掤臂"而出，掤出后，约与混元等高，拳心向下，拳眼向左，右拳与左掌相距 20~30 厘米，目视两手，参阅图 3-184。

③搬、拦、捶：

搬：身体微左转，左臂向后上方伸出，约与肩等高，掌心斜向上；重心左移，以腰带动身体右转；同时，收右脚至左脚内侧，离地约 1 厘米，继而抬起，脚尖向右斜前方划圆摆脚开步，脚跟先着地；左臂内旋向前划弧，左掌经面前回收于混元，掌心向下，右拳回收于腹前再从左臂内侧向上、向前"搬"出，拳心向内，拳眼斜向上，目似垂帘（图 3-185~图 3-187）。

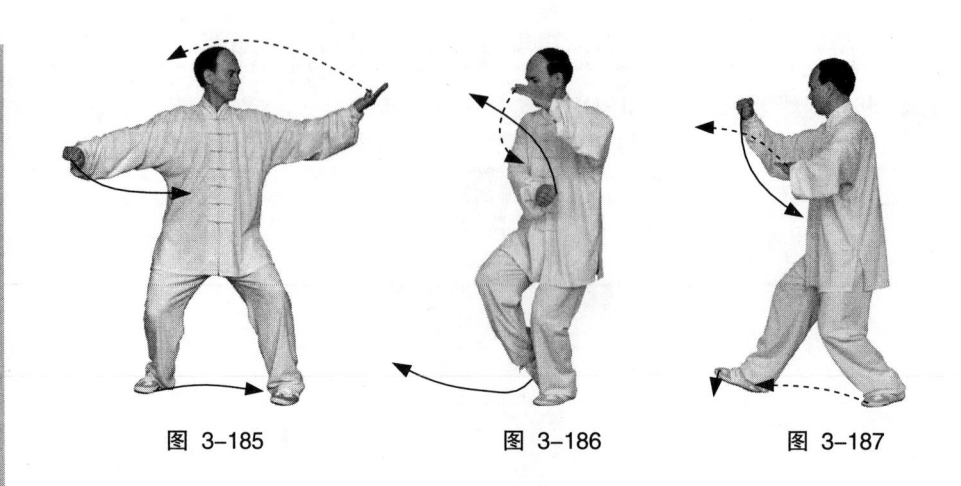

图 3-185　　　　　　图 3-186　　　　　　图 3-187

拦：重心前移，右脚尖落地，左脚收至右脚内侧，脚尖离地约1厘米，继而向左斜前方开步，脚跟落地；同时，左掌上提向前"拦"出，掌约与肩等高，掌心斜向前，右拳回收至右腰间，拳心向上（图 3-188、图 3-189）。

捶：重心前移，左脚尖着地（指向正西），右脚跟后蹬成左弓步；同时，右拳从腰间内旋向前、向上冲出，与肩等高，拳眼向上，拳面向前，左掌回收，立于右臂内侧，掌心向右，指尖向上，面向正西，目视前方，神意照体（图 3-190）。

图 3-188　　　　　　图 3-189　　　　　　图 3-190

【攻防含义】

与第二十式相同，唯左右势不同。

【康复养生】

与第二十式相同。

第三十四式　铁脚破身（独立右蹬脚）

【动作详解】

① 收腿、收手：接上式。重心后移，左脚尖翘起外撇约30°；同时，左手体前伸出，右手松拳，两臂内旋，一同外开，约与肩等高（图3-191）。

重心前移，左脚尖落地，右腿回收屈膝上提至混元位，脚尖向下，脚背绷直，左腿随之起立，成左独立式（坐胯微屈膝，气沉丹田）；同时，两臂外旋向下、向内划弧至腹前腕部交叉，交叉手随右膝上升至胸前，左臂在内，右臂在外，两掌心斜向外，指尖斜向上（图3-192）。

② 蹬脚分手：接上势。右脚向右斜前上方伸出外蹬（西北方向）；同时，两臂内旋向两侧拉开，右臂与右腿的方向相同，两臂似成"一"字，肘部微下沉，掌心向外，指尖向上，目视右掌、右脚，神意照体（图3-193）。

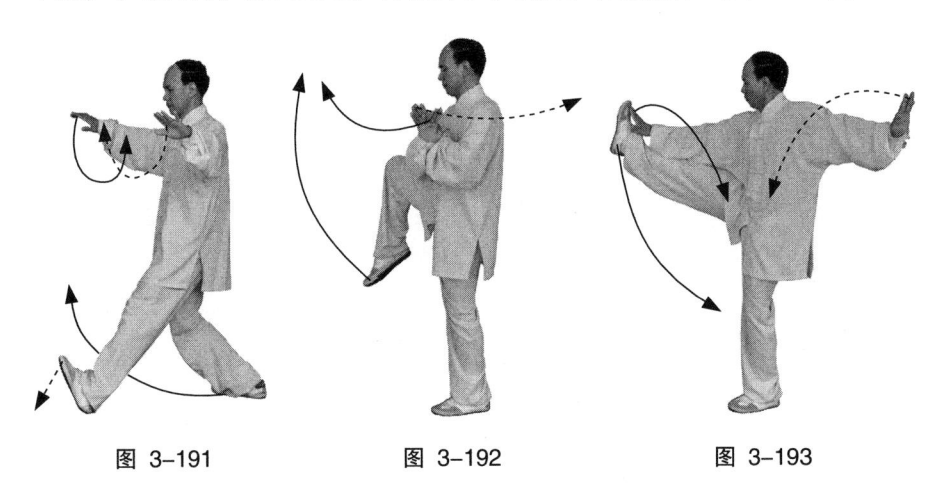

图 3-191　　　　图 3-192　　　　图 3-193

【攻防含义】

①蹬脚在武功运用中是一个很重要的方法，在习练时"上下一体，内外合一"；在技击中劲贯足跟，力达脚掌，达到"快、准、狠"。所以，在本拳谱中将其定名为"铁脚破身"。蹬脚是用脚攻击的动作，要求单腿直立，下盘稳固。要使下盘稳固须注意：将"虚灵顶劲、松腰松胯、含胸拔背、气沉丹田、沉肩垂肘"等要点贯彻于动作中，使单腿直立而不挺，身

不上拔，气不上浮，下盘有下沉的力量。

②比如对方上步进逼，出右直拳击打我头部，我借势用十字手上架其右臂使其打空，并顺势提右膝顶击其裆（腹）部，这时对方会含胸收腹回缩缓冲，我趁机出右脚蹬击其腹部或胸部，使其后仰倒地。架挡对方来掌要及时，架掌与蹬脚要连贯、快速，蹬脚要猛而狠，准确有力（注：这是右脚蹬的技击运用）。

③如对方在我背后以右拳击来，我即将身体由右向左旋转，使身体转向对方，两手合收于胸前，以左手粘住其肘腕，向左捯，同时提起左脚，向对方胁腹部蹬去（注：这是转身左捯、左脚蹬的技击运用）。

【康复养生】

①两臂于胸腹前划弧回收时，内外相合，从地下虚空抱起一个似有非有的大气球，连于丹田。丹田内气沉入左脚涌泉与地下虚空相接。左脚踏实，屈膝松腰，落地生根，右脚虚悬，两脚虚实分明。

②蹬脚分手时，地下虚空混元气由左脚上升与下丹田混元气融合。这股能量转化后，上升至中丹田、上丹田，连于脏腑，通透右腿胯、膝、踝各关节。两臂外开时，体内能量向外开，人与自然相融。

③人老腿先衰，腿是人体的第二心脏，腿部有力则心脏供血能力强。混元太极拳要求屈膝开胯、重心虚实变换，裆走圆弧，动作有踢腿、独立、下势等静立性动作，动中有静，静中有动，能有效增强腿部肌肉力量，增强骨密度。有意识地在重心变换中控制平衡，犹如"不倒翁"，可延缓骨质疏松，避免引发骨折，有效防止跌跤。

第三十五式　双峰贯耳（铁拳取穴）

【动作详解】

①收腿、收手：接上式。右腿屈膝回收至大腿与地面平行；两臂外旋屈肘回收，两肘收至腰间，掌心向上，指尖向前，目似垂帘（图3-194）。

②双拳贯耳：接上势。左腿微下蹲，右腿内合向右斜前方开步（与正前方约成30°），脚尖上翘，脚跟落地；同时，两掌经腰间向后穿出，逐渐握拳边外展边上升至体侧（图3-195、图3-196、图3-196附图）。

重心前移，全脚着地（指向正西），左脚跟后蹬成右弓步；同时，两臂外旋前合，到位时，两拳与耳等高与肩等宽，拳心向下，拳眼相对（图3-197）。

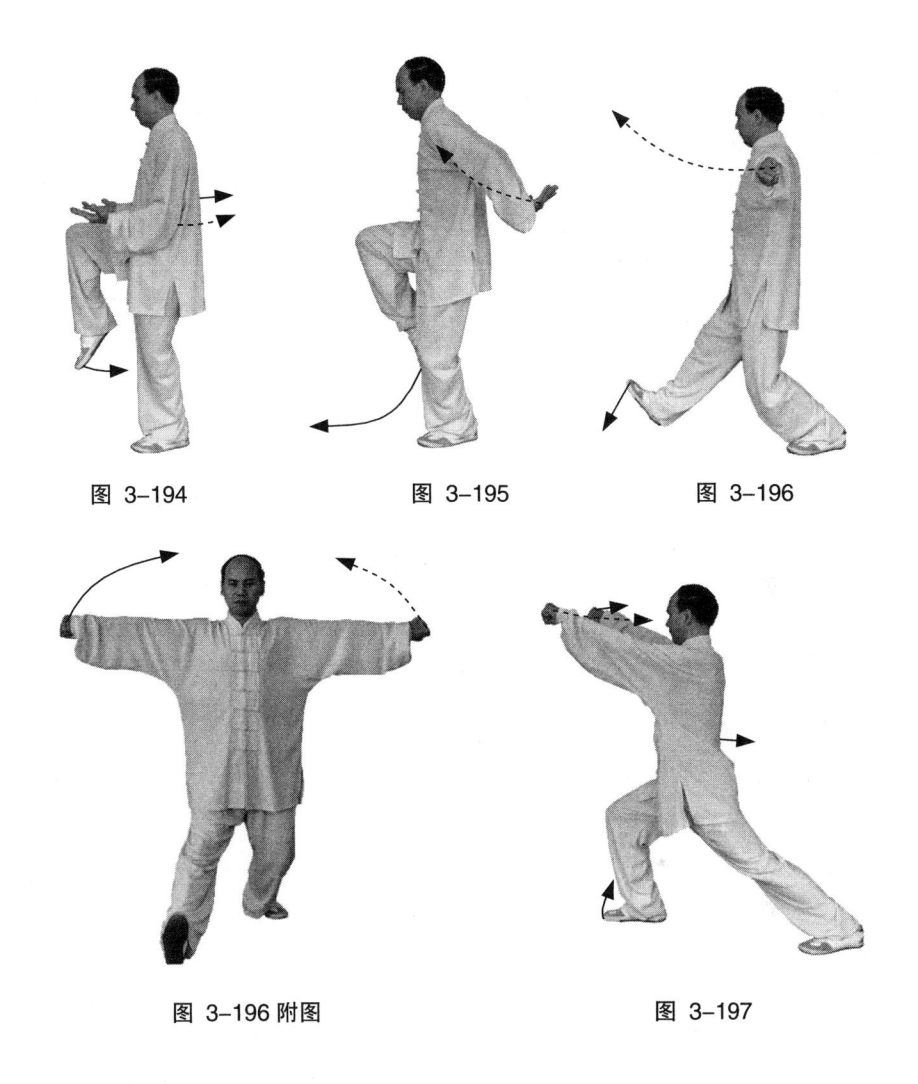

图 3-194　　　　　图 3-195　　　　　图 3-196

图 3-196 附图　　　　　图 3-197

【攻防含义】

①"双拳贯耳",贯即为掼,比喻两臂呈现钳状,两拳虎口相对,形如双峰雄峙,飞掼敌耳,所以在本拳谱中将其定名为"双峰贯耳"。相传这一势由外家拳"武松脱铐"所衍变。当年武松遭人陷害,头及双手锁上木枷后,在飞云渡以双手自上而下猛击右膝脱铐后,两拳贯击敌耳而得名。

②比如对方左脚向前上步,用双掌向我胸腹部推击。我两手由上向下按分其双臂,化解其前冲力,而后右脚向前上步,重心前移,两手松开对方双臂,迅速变拳自腰间同时向前上方划弧摆打,横击对方太阳穴。此招

势凶猛狠毒，可致人性命，学者须慎用。

③使用"双拳贯耳"招势时，要上下相随，意到、气到、手到、身到、脚到，一到俱到。由脚而腿而腰，通达于脊，贯于两拳，总须完整一气，周身节节贯串，勿令丝毫间断。发劲时沉着松静，专注一方。步趋身拥，身既略有进攻之意，亦有对拔之势，才能得势得力。

【康复养生】

①太极拳锻炼是全身性运动，从上到下，由内而外，从肉到骨，由血到气，从随意肌到不随意肌，以至于全身的每个细胞，无不在运动。所以太极拳康复养生并非针对某些疾病，为某个局部起作用的特异性疗法，而是改善人体整体机能状态，提高人体素质为目标的锻炼方法。

②通过手腿的回收，将虚空混元气源源不断地收入体内。随着右腿前伸，弓步双拳贯耳时，地下虚空混元气从左脚上升进入下丹田、混元窍，进而遍布周身，养练体内浩然之正气。

第三十六式　铁脚破身（转身左蹬脚）

【动作详解】

①转身收腿：接上式。重心后移，右脚尖翘起；同时，两手松拳，两臂内旋外开，约与肩等高（图3-198）。

以腰带动身体左转，右腿随之内旋，右脚尖内扣约60°落地，碾左脚（左脚跟微抬起外旋约60°），再碾右脚（右脚跟微抬起内旋约60°），两臂随体转动，身体转至面向东方（图3-199）。

图 3-198　　　　　　　图 3-199

重心右移，左腿提膝，左膝提至混元位，脚尖向下，脚背绷直，右腿随之起立成右独立式（坐胯微屈膝，气沉丹田）；同时，两臂外旋向下、向内划弧至腹前，腕部交叉，交叉手随左膝上升至混元前，右臂在内，左臂在外，两掌心斜向外，指尖斜向上（图3-200）。

②蹬脚分手：接上势。左脚向左斜前上方蹬伸（东北方向）；同时，两臂内旋向两侧拉开，左臂与左腿的方向相同，两臂似成"一"字，肘部微下沉，掌心向外，指尖向上，目视左掌、左脚，神意照体（图3-201）。

图 3-200

图 3-201

【攻防含义】

与第二十一式相同，唯左右势不同。

【康复养生】

与第二十一式相同。

第三十七式　猿猴献果（左搂膝拗步）

【动作详解】

①收腿、收手：接上式。左腿屈膝回收至右脚内侧离地约1厘米；同时，身体右转，右腿随之屈膝微下蹲；左臂划弧胸前回收，左掌置于胸前，掌心向下，指尖向右斜向上，右臂外旋微下落，向右后上方划弧上升，到位时，臂似直非直，掌略高于肩，掌心斜向上，目视双掌（图3-202）。

图 3-202

②开步推掌：与第二十八式②相同。

【攻防含义】

与第十五式相同，唯左右势不同。

【康复养生】

与第十五式相同。

第三十八式　猿猴献果（右搂膝拗步）

【动作详解】

①收腿、收手：接上式。重心后移，左脚尖翘起外撇约30°；同时，左臂外旋，向左后上方划弧上升，到位时，臂似直非直，左掌略高于肩，掌心斜向上，右臂外旋划弧胸前回收，右掌置于胸前，掌心向下，指尖向左斜向上（图3-203）。

重心前移，左脚尖落地；同时，身体左转，右脚收至左脚内侧，脚尖离地约1厘米，两臂随体而行（图3-204）。

②开步推掌：与第十五式②相同。

【攻防含义】

与第十五式相同。

【康复养生】

与第十五式相同。

图 3-203　　　　　　　图 3-204

第三十九式　来去自如（左揽雀尾）

【动作详解】

动作、要领与第五式相同，唯方向相反。第五式面向西，本式面向东。

①右腹前抱球：动作、要领与第五式①相同，唯方向相反。第五式面向西，本式面向东（图3-205、图3-206）。

②"掤"：动作、要领与第五式②相同，唯方向相反（图3-207、图3-208）。

③"捋"：动作、要领与第五式③相同，唯方向相反（图3-209~图3-211）。

④"挤"：动作、要领与第五式④相同，唯方向相反（图3-212~图3-214）。

⑤"按"：动作、要领与第五式⑤相同，唯方向相反（图3-215~图3-217）。

【攻防含义】

与第五式相同，唯左右势不同。

【康复养生】

与第五式相同。

图 3-205 　　　　　　　　　　图 3-206

图 3-207　　　　　　　　　图 3-208

图 3-209　　　　图 3-210　　　　图 3-211

图 3-212　　　　图 3-213　　　　图 3-214

图 3-215

图 3-216

图 3-217

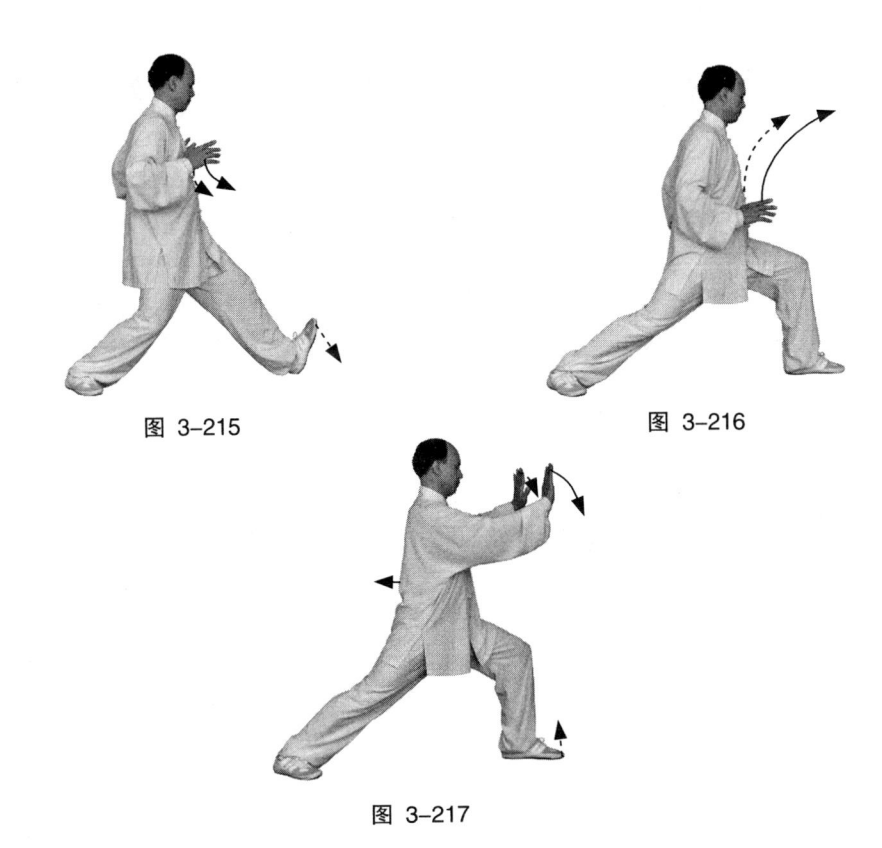

第四十式　拨云见日（右弓步单鞭）

【动作详解】

①两臂回收：动作、要领与第六式①相同，方向相反（图 3-218）。

②右转云手：动作、要领与第六式②相同，方向相反（图 3-219~图 3-221）。

③左转云手：动作、要领与第六式③相同，方向相反（图 3-222、图 3-223）。

④平肩划弧：动作、要领与第六式④相同，方向相反（图 3-224、图 3-225）。

⑤勾手推掌：动作、要领与第六式⑤相同，方向相反（图 3-226~图 3-230）。

图 3-218

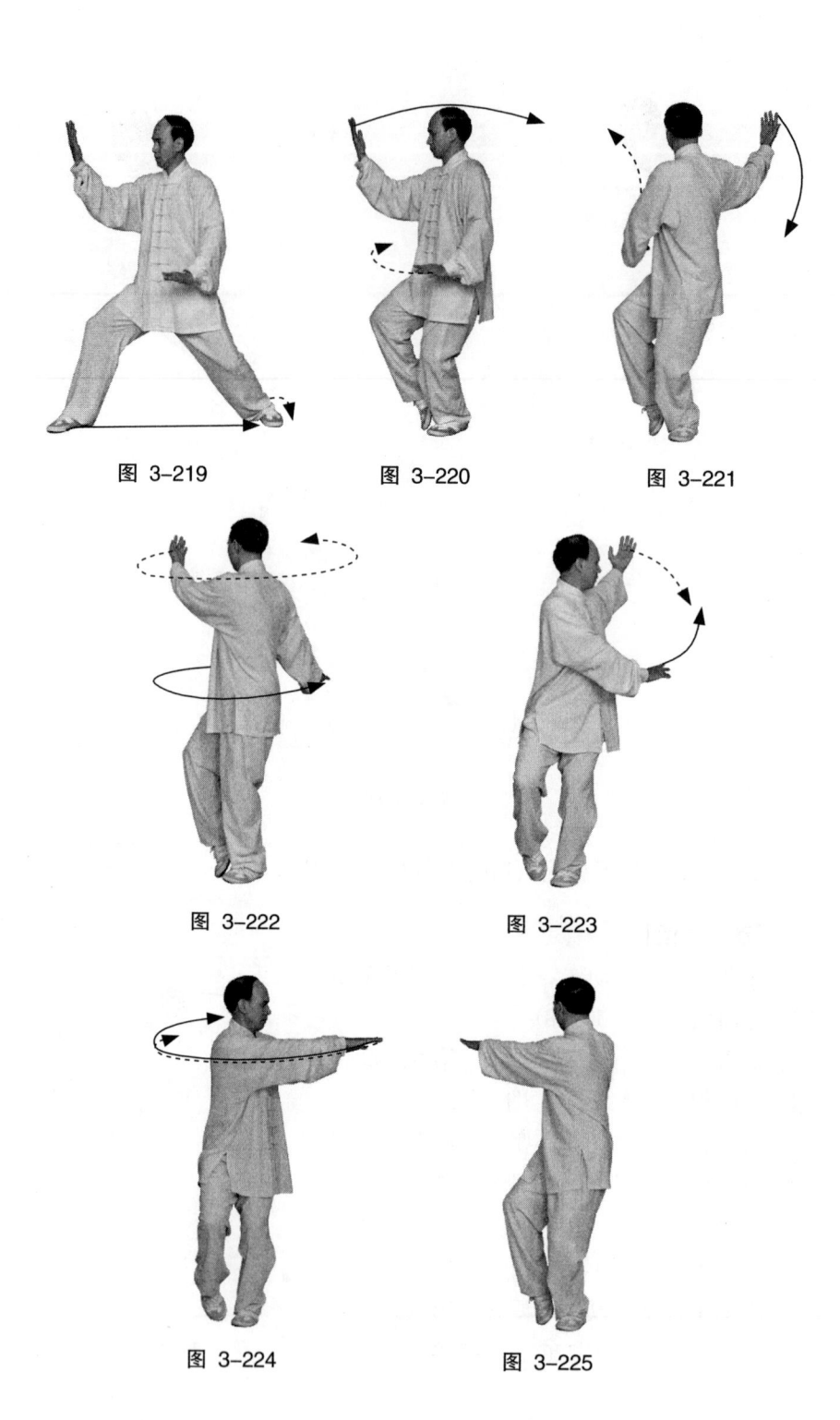

图 3-219　　　　　图 3-220　　　　　图 3-221

图 3-222　　　　　图 3-223

图 3-224　　　　　图 3-225

混元太极拳功法学

图 3-226　　　　　图 3-227　　　　　图 3-228

图 3-229　　　　　图 3-230

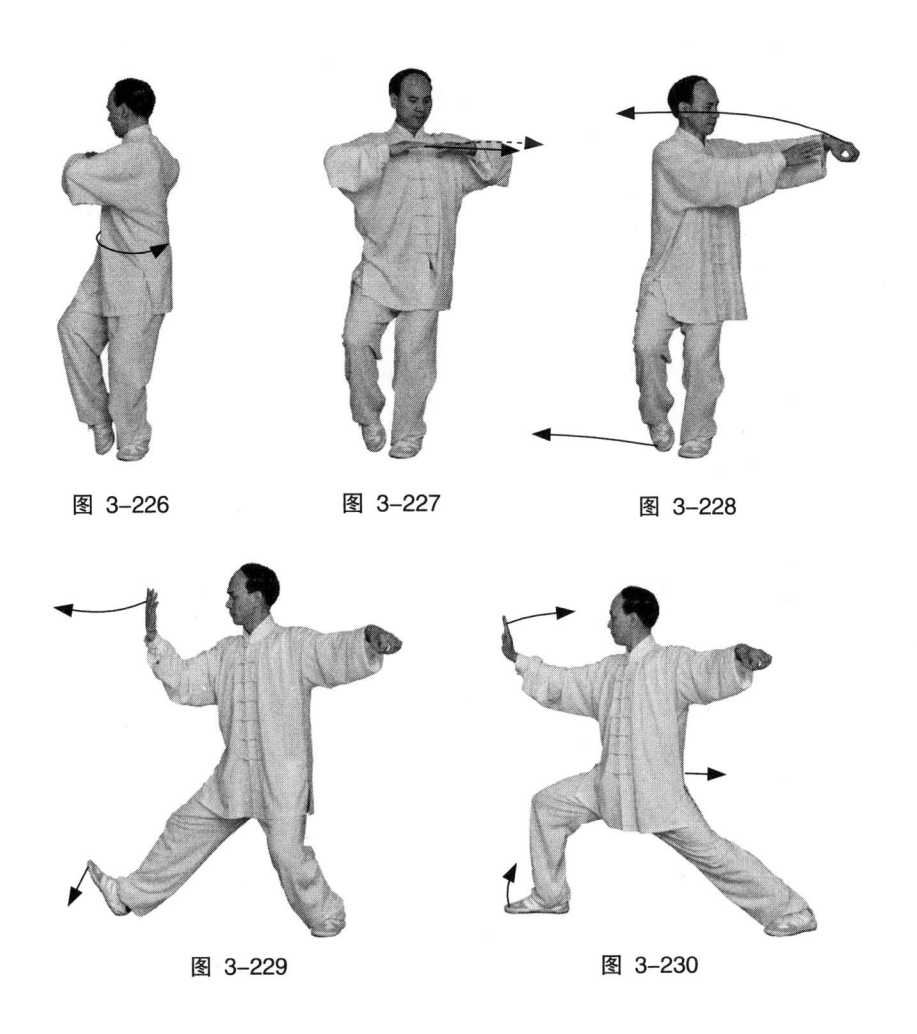

【攻防含义】

与第六式相同。

【康复养生】

与第六式相同。

第四十一式　野马分鬃（左右抢手）

【动作详解】

①左弓步分鬃：接上式。重心后移，右脚尖翘起外撇约30°，同时松勾手，两臂外开，约与肩等高（图3-231）。

重心前移，右脚尖落地，收左脚落至右脚内侧，脚尖离地约 1 厘米；同时，身体右转约 90°，两臂随身体右转回收于胸腹前，前臂交叉抱球，右臂在上，右掌心向下，指尖向左，左臂在下，左掌心向上，指尖向右，两前臂上下距离约 20 厘米（图 3-232）。

左脚向左斜前方开步（脚尖离地约 1 厘米向左斜前方伸出，与正前方约成 30°），脚尖上翘，脚跟用内劲外抻落地，重心前移，左脚尖随之落地，右脚跟后蹬成左弓步；同时，身体左转，交叉手前后外拨，左掌随身体向左上方弧形捌出，掌与肩等高，臂似直非直，掌心斜向上，指尖向前，右掌向右下方弧形下採至右胯侧，掌心向下，指尖向前，目视左掌，神意照体（图 3-233）。

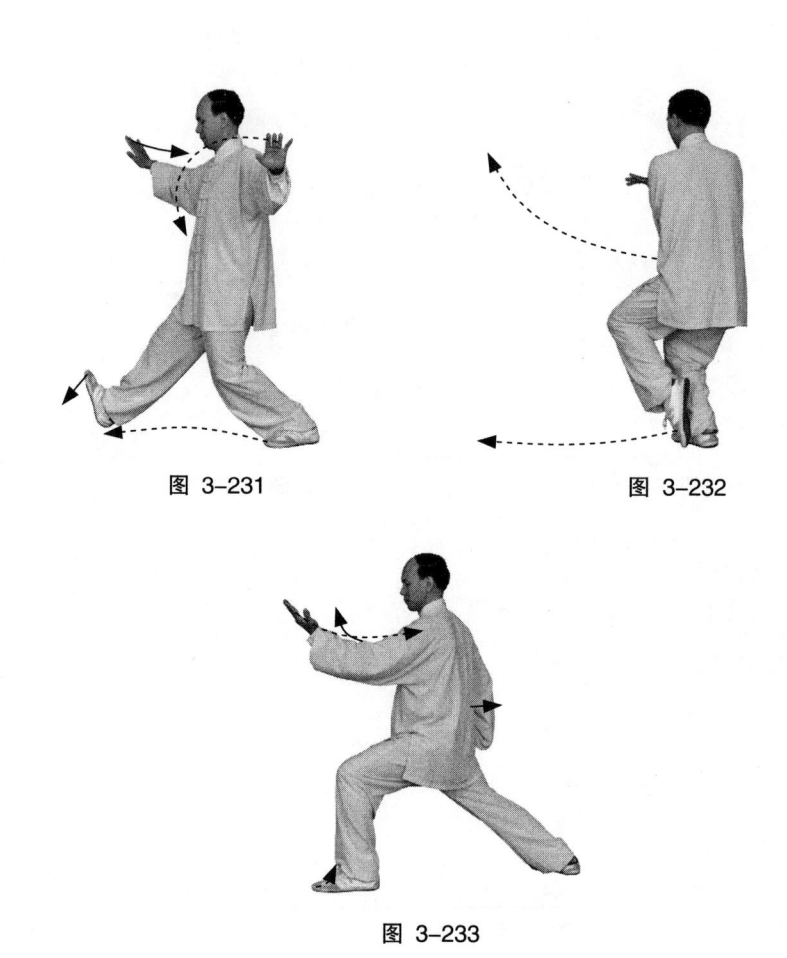

图 3-231

图 3-232

图 3-233

②右弓步分鬃：接上势。重心后移，左脚尖翘起外撇约30°，两臂外开，约与肩等高（图3-234）。

重心前移，左脚尖落地，收右脚落至左脚内侧，脚尖离地约1厘米；同时，身体左转，两臂随身体左转回收于胸腹前，前臂交叉抱球，左臂在上，左掌心向下，指尖向右，右臂在下，右掌心向上，指尖向左，两前臂上下距离约20厘米（图3-235）。

右脚向右斜前方开步（脚尖离地约1厘米向右斜前方伸出，与正前方约成30°），脚尖上翘，脚跟用内劲外抻落地，重心前移，右脚尖随之落地，左腿内旋，左脚跟后蹬成右弓步；同时，身体右转，交叉手前后外拨，右掌随身体向右上方弧形捌出，掌与肩等高，臂似直非直，掌心斜向上，指尖向前，左掌向左下方弧形下採至左胯侧，掌心向下，指尖向前，目视右掌，神意照体（图3-236）。

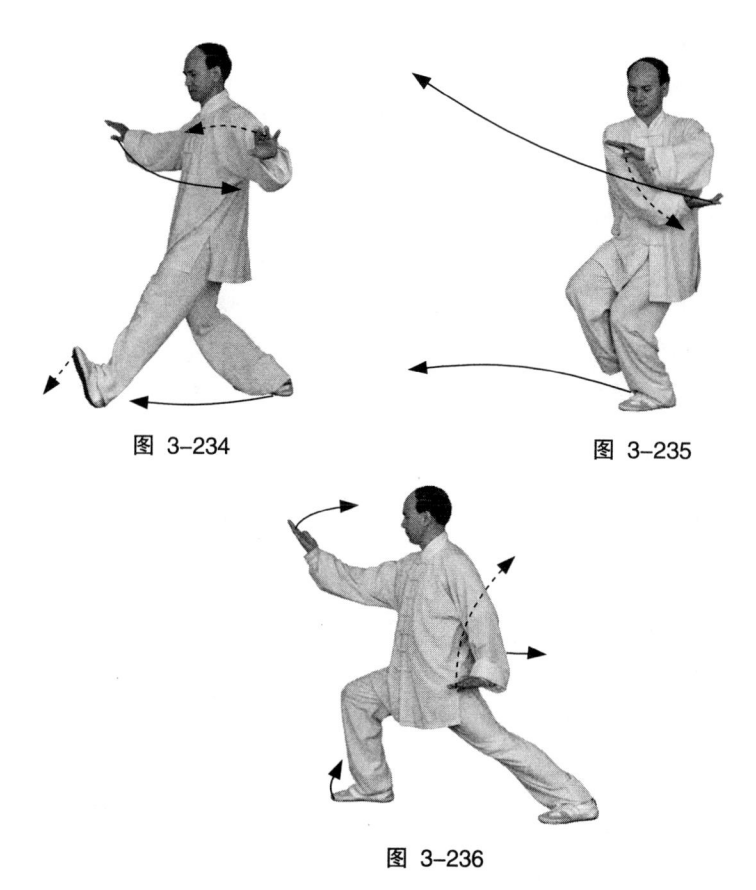

图 3-234　　　　　　　　图 3-235

图 3-236

③左弓步分鬃：动作、要领与②相同，唯左右势不同。

【攻防含义】

①本式动作在习练中"进如螺旋、退如抽丝，形神合一、内外贯通"；在技击运用中"招招式式、左右开弓、步步前进、妙在自然"。所以，在本拳谱中将定名为"野马分鬃"。以右野马分鬃为例。比如对方向前逼近，以左弓步左直拳击打我头部。我左手外接掤抓其击来之手腕，侧闪进，上右步落于对方身体左后侧，管别其脚；同时右臂穿靠于其腋下，右转腰，肩、背、臂部向后旋靠其上体，使其身体后仰歪斜，左手顺势随送，身体重心前移过渡成弓步夺其位，使对方失去重心，摔倒在地。

②若对方以右弓步右直拳向我右侧背后袭来，我速向右转身，顺势用左手握住对方右手腕，同时上右脚成弓步，以右臂向对方右腋下用掤、捌劲袭击，其中内含撅意。

【康复养生】

①两臂划弧胸腹前交叉抱球时，意想上丹田混元气螺旋下降，下丹田混元气螺旋上升，天地虚空混元气旋转着向体内凝聚。随着体内外混元气混化，目似垂帘，神意照体。达到三田合一，合于混元。

②习练混元太极要求松腰开窍，随着胸腹开合、折叠运动，做到有规律地松腰、松胯、垂尾闾，一套拳打下来由于腰部的旋转、臀部的收放对肾脏起了到牵引作用，加之裆走圆弧的重心变换练习，增大了下肢的运动量，有利于血脉的畅通，从而充盈精气，对内分泌系统、生殖系统均能产生有益的调节。通过敛臀对治疗痔疮病症极为有效，对延缓前列腺疾病、肾脏等疾病具有显著效果。

第四十二式　来去自如（右揽雀尾）

【动作详解】

与第二十二式相同。

【攻防含义】

与第四式相同。

【康复养生】

与第四式相同。

第四十三式　拨云见日（左弓步单鞭）

【动作详解】

与第二十三式相同。

【攻防含义】

与第六式相同。

【康复养生】

与第六式相同。

第四十四式　玉女穿梭（四方推掌）

【动作详解】

①西南方穿梭：接上式。重心后移，左脚尖翘起，身体右转，左腿随之内旋，左脚尖内扣约90°落地；同时，松勾手，两臂随身体右转（至南方），两掌约与肩等高，掌心斜向下，指尖向前斜向上（图3-237）。

重心左移，右脚跟微抬起外旋，收右脚于左脚内侧，脚尖点地；同时，身体微右转（至面向西南），右臂随身体转至体右侧，似直非直，右掌约与肩等高，掌心斜向下，指尖向右，左臂回收于胸前，掌心向下，指尖向右（图3-238）。

图 3-237

图 3-238

右脚跟外旋落地（脚尖指向西方），左脚跟外内旋抬起；身体微右转，同时，右臂以肘为圆心向左划弧，置于胸前，掌心向下，指尖向左，左臂外旋，左掌穿于右肘下，掌心向上，指尖向右（图3-239）。

磨掌：左脚向左斜前方开步，脚跟着地，左臂向外、向左划弧至身体左侧前，似直非直，掌约与肩等高，掌心斜向上，指尖指向左前方（西南方），右掌回收于混元前，掌心向下（图3-240）。

图 3-239　　　　　　　　　图 3-240

重心前移，左脚尖着地，左腿屈弓，身体微左转，右臂向左上方划弧伸出至胸前，掌心向下，指尖向左，左臂向右下方划弧，掌心向上，指尖向右（图3-241）。

图 3-241

身体微右转，重心右移；同时，右掌顺势向外、向右划弧，左掌划弧回收于右肋旁，目光关注两掌旋转（图3-242）。

推掌：重心前移，身体微左转，右脚跟后蹬成左弓步；同时，左臂内旋胸前上提，边提边翻掌，左掌提至额前上方，掌心向前斜向上，指尖向右，右掌划弧至右肋部并向前推出，掌心向前，指尖向上，目视前方，神意照体（图3-243）。

图 3-242 　　　　　　　　　图 3-243

②东南方穿梭：接上势。重心后（右）移，左脚尖翘起，身体微右转；同时，左臂外旋划弧转掌于身体左侧，似直非直，左掌约与肩等高，掌心斜向上，指尖向左，右臂回收置于胸前，掌心斜向下，指尖向左（图3-244）。

图 3-244

以腰带动身体右转，左腿随之内旋，左脚尖内扣约 90°落地，重心左移，收右脚收至左脚内侧，脚尖离地约 1 厘米，向右后方开步，脚尖先落地，随着重心后移脚跟落地，两臂随身体而行，目似垂帘（图 3-245~图 3-247）。

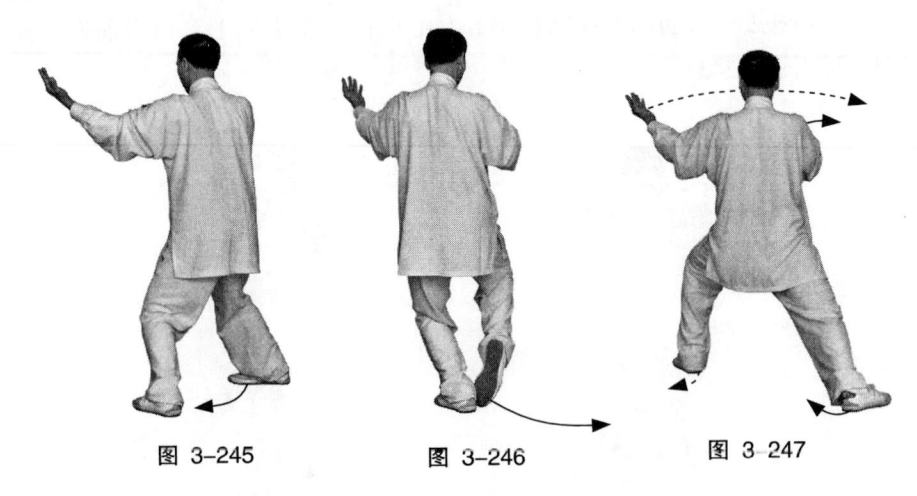

图 3-245　　　图 3-246　　　图 3-247

缠丝：以腰带动身体右转，重心右移，左腿随之内旋，左脚尖微翘起内扣约 60°落地，右腿屈弓，两臂随身体向右缠丝划弧，至体右侧，重心左移，身体微左转；同时，左臂内旋、右臂外旋，两臂向右、向下顺势划弧下落，向左回收于腹前，右手掌心斜向上，左手掌心向下，目光关注两掌旋转，神形相合（图 3-248~图 3-250）。

图 3-248　　　图 3-249　　　图 3-250

推掌：右脚跟外旋，重心右移，身体微右转，左脚跟后蹬成右弓步；同时，右臂内旋上提，边提边翻掌，右掌提至额前上方，掌心向前斜向上，指尖向左，左掌于胸前推出，掌心向前，指尖向上。目视前方，神意照体（图3-251）。

③东北方穿梭：接上势。重心后移，右脚尖翘起；同时，右臂划弧微下落，臂似直非直，左臂回收于胸前，两掌心向下，指尖斜向前上方（图3-252）。

图 3-251

重心前移，右脚尖落地，左脚收至右脚内侧，脚尖离地约1厘米；同时，身体微左转，右臂以肘为圆心向左划弧，回收于胸前，掌心向下，指尖向左，左臂外旋，左掌穿于右肘下，掌心向上，指尖向右，目视右掌（图3-253）。

图 3-252

图 3-253

磨掌：左脚向左斜前方开步（东北方向），脚跟先着地；左臂向外、向左划弧至身体左侧前方，似直非直，左掌约与肩等高，掌心斜向上，指尖指向左前方（东北方），右掌回收于胸前，掌心向下，指尖向左，目视左掌（图3-254）。重心前移，左脚尖着地，左腿屈弓，身体微左转；同时，右臂向左上方划弧伸出至胸前，掌心向下，指尖向左，左臂向右下方划弧，掌心向上，指尖向右（图 3-255）。身体微右转，重心后移；同时，右掌顺势向外、向右划弧，左掌划弧回收于右肋旁，目光关注两掌旋转（图 3-256）。

推掌：重心左移，身体微左转（至面向东北），右脚跟后蹬成左弓步；同时，左臂内旋胸前上提，边提边翻掌，左掌提至额前上方，掌心向前斜向上，指尖向右，右掌划弧至右肋旁并向胸前推出，掌心向前，指尖向上，目视前方，神意照体（图 3-257）。

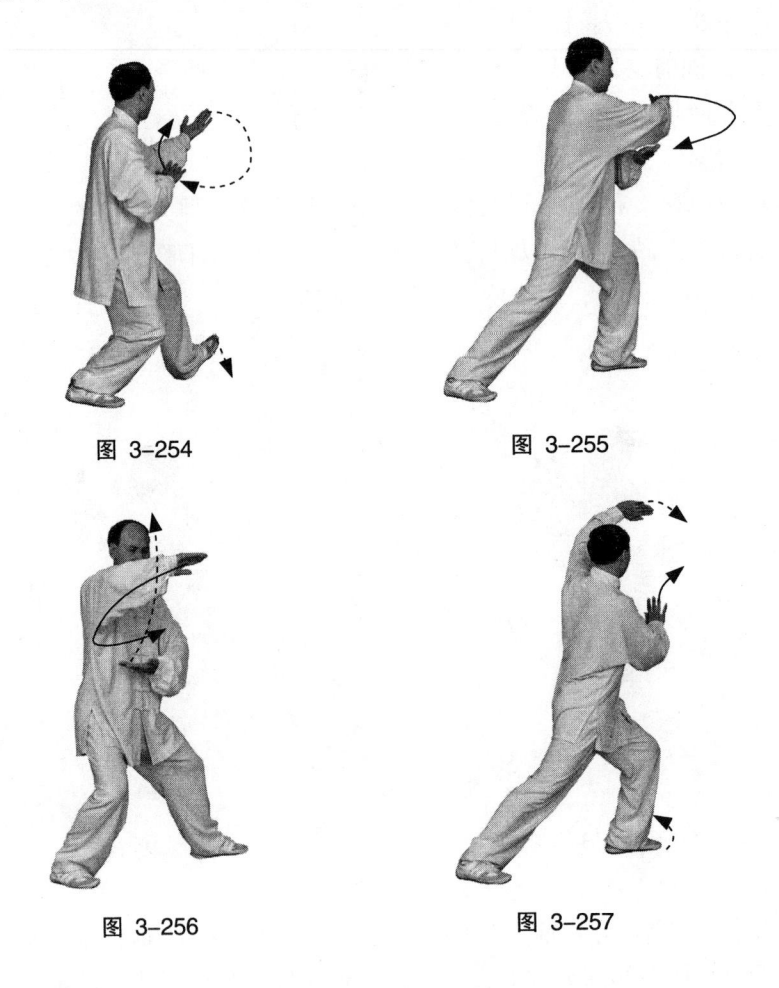

图 3-254

图 3-255

图 3-256

图 3-257

④西北方穿梭：接上势。重心后（右）移，左脚尖翘起；同时，左臂外旋划弧转掌至身体左侧，似直非直，左掌约与肩等高，掌心向上，指尖指向左上方，右臂回收置于胸前，掌心斜向下，指尖向左（图 3-258）。

以腰带动身体右转，左腿随之内旋，左脚尖内扣约 90°落地，重心左移，右脚收至左脚内侧，脚尖离地约 1 厘米，向右后方开步（西北方向），脚尖先落地，随着重心后移脚跟落地，两臂随身体而行，目似垂帘（图 3-259~图 3-261）。

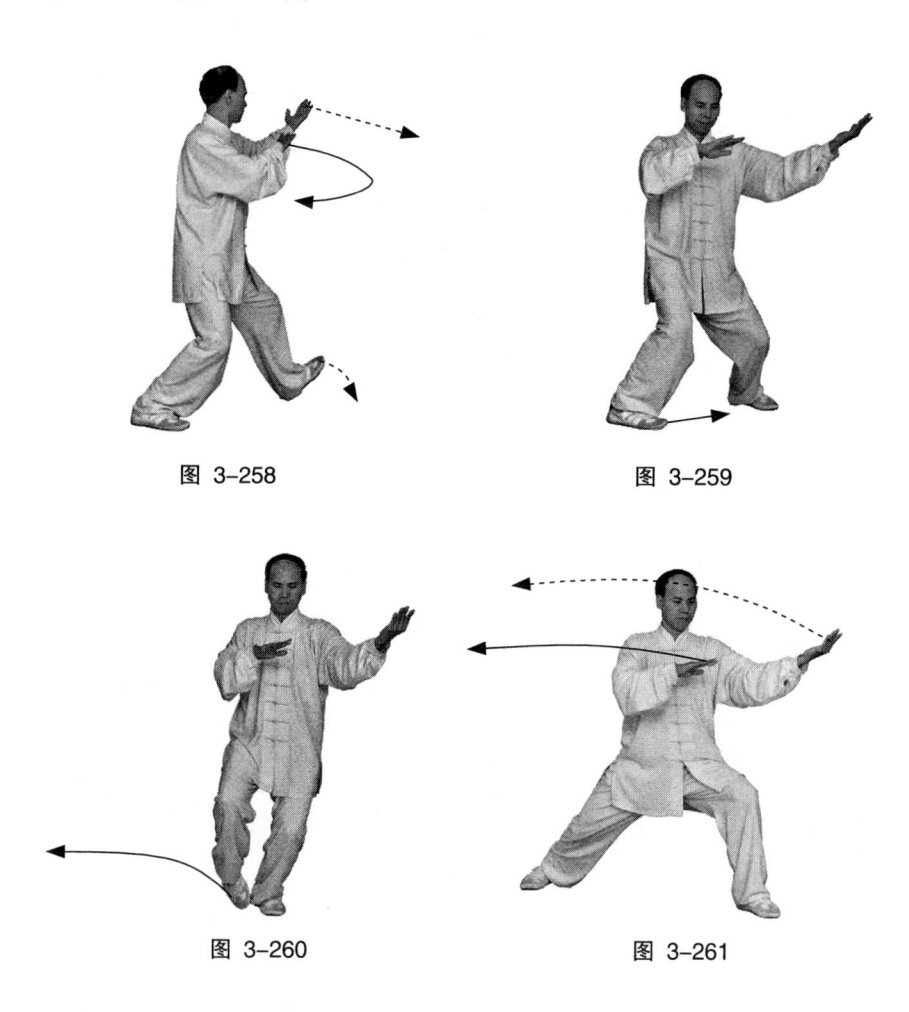

图 3-258

图 3-259

图 3-260

图 3-261

缠丝：以腰带动身体右转，重心右移，左腿随之内旋，左脚尖微翘起内扣约 60°落地；两臂随身体向右缠丝划弧至身体右侧，重心左移，身体微左转；同时，左臂内旋、右臂外旋，两臂向右、向下顺势划弧下落，向左回收于腹前，右掌心斜向上，指尖指向前下方，左掌心向下，指尖向右；目光关注两掌旋转，上下相随，内外相合（图 3-262~图 3-264）。

推掌：右脚跟外旋，重心右移，身体微右转，左脚跟后蹬成右弓步；同时，右臂内旋上提，边提边翻掌，右掌提至额前上方，掌心向前斜向上，指尖向左，左掌于胸前推出，掌心向前，指尖向上，目视前方，神意照体（图3-265）。

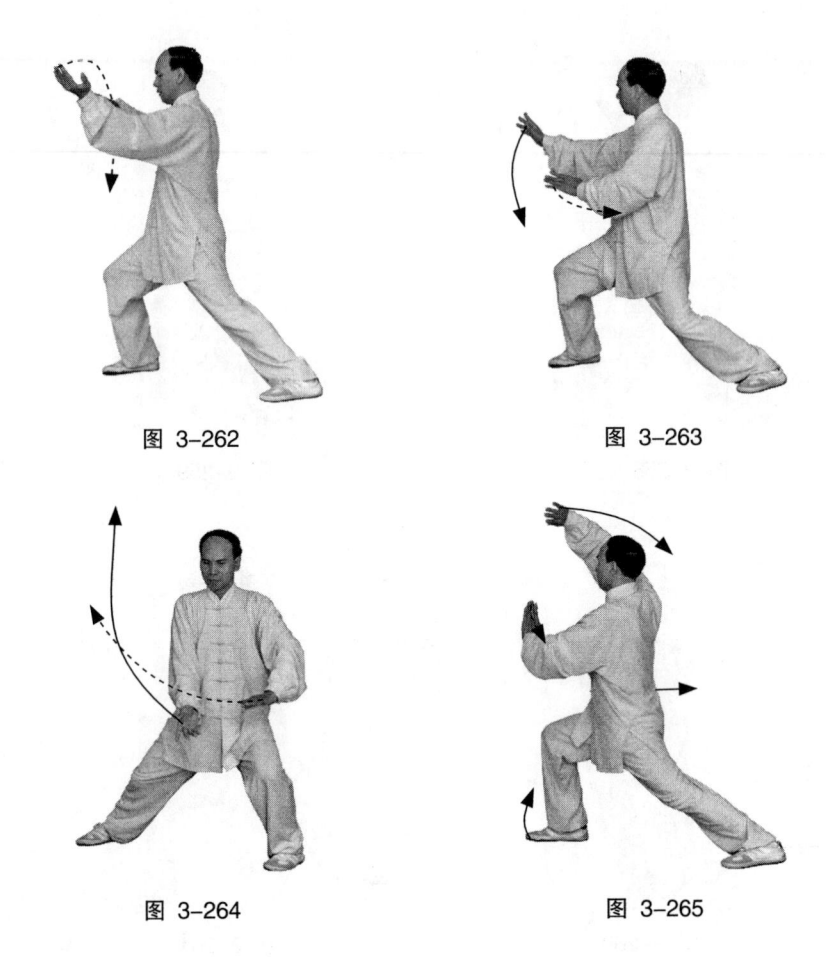

图 3-262

图 3-263

图 3-264

图 3-265

【攻防含义】

①本式在习练中，行走四隅（其方向秩序为西南、东南、东北、西北），穿梭时前弓后蹬、上挡下推，动作连贯、均匀，上下相随，内外相合。兵家云："敌进我退，敌退我进"，又云："进如螺旋，退如抽丝。"所以，在本拳谱中将其定名为"玉女穿梭"。四方推掌招势，融混元场、八卦步、太极手为一体，动作圆活优美、舒展大方。

②习练者要想把"玉女穿梭"的招势自如地运用到技击中，必须先了解并掌握人体"三节""九窍""十八球"的内涵和应用。人体"三节"一整体：臂为梢节，身为中节，腿为根节。在三节之中，各又分为三小节。臂之三节：手为梢节，肘为中节，肩为根节。身之三节：头为梢节，腰为中节，腹为根节。腿之三节：足为梢节，膝为中节，胯为根节。在技击运用中，以意引气，丹田内气螺旋贯通三节（梢节领、中节随、根节催）。缠丝内劲，混元一气，节节贯通，如时应用。

九节之中有"九窍"：臂三节三窍：劳宫穴是梢节窍，曲池穴是中节窍，肩井穴是根节窍；身三节三窍：上丹田是梢节窍，中丹田是中节窍，下丹田是根节窍。其中，上丹田主手法，中丹田主身法，下丹田主步法；腿三节三窍：涌泉穴是梢节窍，阳陵泉穴是中节窍，环跳穴是根节窍。"九窍"是习练混元太极拳内功通透的重要窍穴之一，习练者从"抻筋拔骨""松筋松骨"开始，到"炼炁入骨""敛炁入髓"上下、内外一气贯通。

浑身缠绕十八球：十八球是指人体主要的十八个关节部位，即两肩、两肘、两腕、两胯、两膝、两踝、两臀、颈、胸、腰、腹。习练混元太极到了上层阶段，浑身俱有缠丝劲，内缠外绕，周身一家。缠丝劲在健身养生中，以意引气，意到气到，气到脉通，气足窍开；在技击运用中，上下相随，内外相合，攻防并用，混元一体。

③本式在技击中，内含以柔克刚和借势生力的防守反击哲理，是以防为主，攻防并用，以柔化刚，后发制人的策略。比如对方从我左侧用左拳由上至下攻击我时，我急向左转身，先用右手接住对方左手腕，左手在对方左肘下，向上掤起，置于对方肘腕之间，同时上左脚成左弓步，并使右手变掌收回腰间，向对方胸部或肋部击出。

④若对方在我身后右侧，右脚在前，用右拳向我劈头打来，我向右稍转，以右前臂将对方之右臂掤起粘住。同时上右脚成右弓步，左掌向对方右肋或胸部击出。玉女穿梭在技击中是千变万化的，习练者要反复实践，才能得心应手。

【康复养生】

①本式动作大开大合、松紧并用，缠丝内劲、混元一气。磨掌时意想上丹田混元气螺旋下降，下丹田混元气螺旋上升，天地虚空混元气旋转着向体内凝聚。缠丝掌向斜前上方伸出时意想接通虚空，将虚空混元气源源

不断地收入体内。

②随着重心的移动，地下虚空混元气由前脚上升与下丹田混元气融合，这股能量转化后，一部分通透后腿至涌泉与地下虚空相连，另一部分贴背沿脊柱上升至两手。丹田混元气向外开，人与虚空相融，收虚空更多的能量为己所用。

③习练混元太极心意放松，则全身内外无不放松；心意松开，则筋肉骨节无不松开。运用诀窍在于意气贯注经穴。经络犹如山谷中之通道，山川间之河流；经穴则犹如城镇和村寨，依靠通道和河流相互通达。经穴是内气流行最活跃、最敏感之处，位于骨节之处的经穴谓节窍。内气由节窍入于骨髓之中，节节贯注，而又出于骨缝，充于肌肤，通于经络，达于四梢，从节节放松至节节拉开到节节贯通。

第四十五式　来去自如（左揽雀尾）

【动作详解】

与第五式相同。

【攻防含义】

与第五式相同。

【康复养生】

与第五式相同。

第四十六式　拨云见日（右弓步单鞭）

【动作详解】

与第六式相同。

【攻防含义】

与第六式相同。

【康复养生】

与第六式相同。

第四十七式　神马探路（高探马右穿掌）

【动作详解】

①虚步推拉：接上式。重心前移，身体微左转，左腿向前提膝（脚跟

先离地），带动左脚跟进半步，脚尖落地，松勾手（图3-266）。

重心后移，左脚跟着地，右脚跟抬起；同时，左臂外旋，微向后伸出，掌心向上，指尖向外，右臂松腕外旋，掌心向上，指尖向前，目视右掌（图3-267）。

图 3-266　　　　　　　　图 3-267

身体后坐，右脚跟抬高成右虚步；同时，以腰带动身体右转；左臂向上、向前拢球回收，经左耳侧向前上方伸出，伸出后掌约与额头等高，掌心向下，指尖向前微向上，右前臂回收于右腰间，掌心向上，指尖向前（图3-268）。

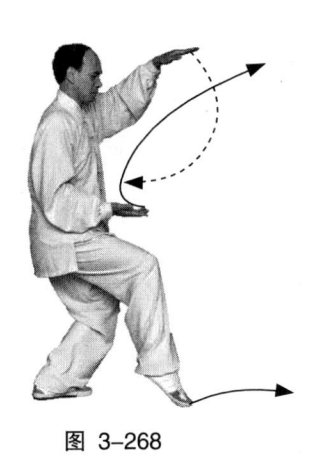

图 3-268

②弓步穿掌：接上势。右脚微抬向前方开步，脚尖上翘，脚跟先落地，重心前移，全脚着地（脚尖指向正东），左脚跟后蹬成右弓步；同时，左掌向右下方划弧回收至右腋下，掌心向下，指尖向右，右掌回收于腰间，继而经左手背向前上方穿出，掌心斜向上，指尖向前，右上臂贴于左手背，目视前方，神意照体（图3-269）。

图 3-269

【攻防含义】

①本式由"虚步推拉"和"弓步穿掌"两部分组成。"高"，指的是身架（即为取对方上盘的手法之意）；"探马"，就是出招之目的不仅是击打而且存有"听探"对方虚实的任务，对方实而有防则变化，对方虚而无防则击之。在应用中，随机应变，攻防并用。所以，在本拳谱中将其定名为"神马探路"。

②比如对方左手击来，我速将身体微右转，右手握其左手腕往回抽；同时，左掌向对方面部或颈部击出。若对方又以右拳击来，当其举拳之前，我左臂自左向右虚晃作为掩护并握对方左手，迅速出右手（掌心向上，指尖向前），同时右脚迈步向前，直插其喉。对方虽右拳已伸至我近前，但已是无能为力了。

【康复养生】

①太极拳作用于康复养生，是通过全身性运动，修复阴阳平衡来发挥作用。其通过加强人体自身的调节机能，提高免疫机能和防御能力；通过加强正气促进病残机体的康复，从而使机体得以强壮。

②左掌向上、向前推出、右臂回抽于腰间时，上体自然正直，双肩要下沉，右肘微下垂，做到进如螺旋，退如抽丝；弓步穿掌时做到上下相随，手脚同时到位，丹田内气向外开，这股能量转化后，上升至中丹田、上丹田，达到上下一体，内外相合。

第四十八式　猛虎下山（摆脚指裆捶）

【动作详解】

①轻身单摆莲：接上式。转身：重心后移，右脚尖翘起，身体左转，两臂随身体而行，随着身体的左转，右腿内旋，右脚尖内扣约60°落地，碾左脚，碾右脚，重心后移，左脚跟抬起成左虚步，松腰、后坐；后坐的同时，右臂内旋，转成掌心向下（图3-270~图3-272）。

图 3-270　　　图 3-271　　　图 3-272

摆莲：重心后移，左腿从右前方抬起快速升高，自右向左横向划弧外摆，脚踝约与肩等高，脚背绷直；左脚抬起升高的同时右腿渐起；同时，右掌自左向右迎着左脚面快速轻拍，左臂松开收回至左胯侧，掌心向下，目视右掌左脚，形神相合（图3-273）。

②震脚指裆捶：接上势。摆莲后，身体迅速左转，左脚顺势下落，同时右腿提起，左腿下落快速振脚（脚掌脚跟同时落地），落地

图 3-273

后身体迅速屈膝向下，右脚快速向右前方开步；右臂向上、向左划弧下落于左肩前，掌心向外，左手仍于左侧，握拳抱于腰间，拳心向上，右手向右下方切掌而下，身体右转，重心右移，右脚跟微外旋，左脚后蹬成右弓步；左臂内旋，左拳向前下方冲出，拳面向前，拳眼斜向上，右掌收至胯旁，掌心向下，指尖向前（图3-274~图3-276）。

图 3-274　　　　　　　　　图 3-275

图 3-276

【攻防含义】

①本式一动以腰带动，全身无有不动，旋转似蛟龙，摆莲如闪电，震脚像猛虎，上下内外一整体。所以，在本拳谱中将其定名为"猛虎下山"。古人云："阴招要数指裆捶，一拳可将睾击碎，劝君用时多斟酌……"与人交手，进退攻防，刚柔相济。松活弹抖，意到气到，足稳身固，无坚不摧。

②指裆捶同掩手肱拳的形式相似，但是方向不同，它是向前下方打对方的裆与小腹部。比如对方向我右侧前用左掌向我击来，用左足自下踢来，

我急用右掌从左胸前向右下方劈去，随即向右转体，踏出右脚，同时以左手握拳向对方小腹或裆部螺旋出击。

③若遇多人围攻，前后受敌，情况紧急，我右掌顺手牵住眼前之人的手臂，身体迅速向左转向背后（两脚交替重心），使其失去重心而跌，边人不敢靠近。面对背后之敌，起左脚自右向左横踢其胸胁部。拳法通兵法，上层武功在技击中，能达到"攻防并用，无坚不摧"。

【康复养生】

①转体时以腰带动，意想身体内气向外开，体内的气圈螺旋向外延展，人与虚空相合，四面八方的混元气按逆时针方向源源不断地向体内渗透。以意引气，运周身之虚灵；以腰为轴，旋转自如。习练混元太极拳特别重视松腰，腰松开了，肾气出入畅通，身体各部正气皆可上下内外贯通。

②人的机体每时每刻都处于自然、社会的环境之中，由于这些环境影响机体，所以机体每时每刻都在为适应这些环境而调整着自身的阴阳平衡。混元太极拳注重意气相随、身心双修。其一招一式，符合于太极的阴阳原理、中医的养生之道。外练拳势招式、内练意气劲力，精神意识和形体动作同时得以锻炼。

第四十九式　来去自如（左揽雀尾）

【动作详解】

与第五式相同。

【攻防含义】

与第五式相同。

【康复养生】

与第五式相同。

第五十式　来去自如（右揽雀尾）

【动作详解】

与第二十二式相同。

【攻防含义】

与第四式相同。

【康复养生】

与第四式相同。

第五十一式 拨云见日（左弓步单鞭）

【动作详解】

与第二十三式相同。

【攻防含义】

与第六式相同，唯左右势不同。

【康复养生】

与第六式相同。

第五十二式 金童观图（左开步云手）

【动作详解】

与第二十四式相同。

【攻防含义】

与第七式相同，唯左右势不同。

【康复养生】

与第七式相同。

第五十三式 拨云见日（左弓步单鞭）

【动作详解】

与第二十五式相同。

【攻防含义】

与第六式相同，唯左右势不同。

【康复养生】

与第六式相同。

第五十四式 雁落沙滩（左仆步下势）

【动作详解】

①屈膝下蹲：接上式。右脚尖外撇约45°，以腰带动身体右转，重心随之右移；同时，左臂外旋，转掌向右拢气至右侧前；身体右转的同时右腿

屈膝下蹲，左脚跟微内旋，左腿伸直成左仆步；右臂随身体下落，目视双手（图3-277）。

②拢气穿掌：接上势。身体渐向左转；同时，左掌由右钩手沿右臂内侧划弧向内拢气下落，掌心向内，经右胸、左腹前，左臂外旋沿左大腿内侧向前穿至小腿内侧，掌心向右，指尖向前，目视左掌，松腰松胯，松膝松踝（图3-278）。

【攻防含义】

与第九式相同，唯左右势不同。

【康复养生】

与第九式相同。

图 3-277 　　　　　　　图 3-278

第五十五式　上步七星（右虚步交叉拳）

【动作详解】

①左弓步立掌：接上式。左脚尖外撇，身体前移，左掌沿脚内侧向前穿至脚尖，指尖向前，掌心向右（图3-279）。

图 3-279

重心向前移，左腿屈膝前弓，右脚跟后蹬成左弓步；同时，身体微左转，左掌向前、向上穿出，立于胸前，掌指约与肩等高，掌心向右，指尖斜向上，肘与膝合，手与足合，右臂内旋下落，手腕部轻贴于右胯外侧，勾手的手心向后，目视左掌，神形相合（图3-280）。

②右虚步交叉拳：接上势。重心前移，腰胯微左转，收右脚落于左脚内侧，右脚尖离地约1厘米；同时，右掌松钩手外旋握拳上升，左掌握拳下落，两拳腕部交叉回收于左肋旁，左拳在上，右拳在下，拳眼向上，拳面向前（图3-281、图3-281附图）。

右脚向右斜前方开步成右虚步，脚尖点地；同时，交叉拳向前推出，推出的双拳约与肩等高，拳眼斜向内，拳面斜向上；注意右脚开步须轻灵，身体微下蹲，坐实左腿，松腰、松胯、垂尾闾，气沉丹田，目视双拳，神意照体（图3-282）。

图3-280

图3-281 　　图3-281附图 　　图3-282

【攻防含义】

①本式动作在习练时，交叉拳向前推出要求松腰、松胯，上步与双拳推出同时到位；在技击中脚踩五行，手按八卦；七星布阵，无微不至；双拳击人，威力无比。所以，在本拳谱中将其定名为"上步七星"。

②比如对方用左手自上而下劈来，我速起身，向左前进，两手变拳，交叉成十字，掤住对方左肘，同时也可以双捶直击对方胸部，意到气到，气到力发。古人云："习练时，眼前无人似有人，运用时，眼前有人似无人。"

【康复养生】

①重心前移，身体慢慢直起，脚底气机跟随螺旋上升，左掌向前上方穿出时，意想顶天立地，丹田内气向外开，体内气圈螺旋向外延展，人与自然混融。

②右脚向右斜前方开步时，意想地下虚空混元气沿左脚上升与下丹田混元气融合。交叉拳向胸前推出时，松腰、松胯、垂尾闾。意想气沉丹田，落地生根，敛炁入脊，真气直走先天气穴（腰部命门），上下内外一气贯通。

第五十六式　退步跨虎（左虚步推掌）

【动作详解】

①双拳划圆：接上式。重心后移，右脚尖收至左脚内侧离地约1厘米，右脚向右后方开步，脚尖落地；同时，双拳以腕为轴向下、向内划弧旋转约一圈，拳心向内，拳眼斜向上，目似垂帘（图3-283）。

图 3-283

②虚步右推掌：重心后移，右脚跟外旋落地，左脚抬起微内收，脚尖点地成左虚步；同时，以腰带动身体右转，两手随之松拳，右臂内旋向右外上方划弧掤出，掌略高于肩，掌心向外，指尖向左；左臂内旋，跟随右

臂向右推出，掌心向外，指尖向上，指尖与右掌大指相距约20厘米，目视右前方（图3-284）。

③虚步左推掌：接上势。以腰带动身体左转；同时，左臂随身体向左、向上螺旋划弧，升至左侧上方，掌约与头顶等高，拇指高于双眼，掌心向外，指尖向右，右臂跟随左臂向下、向左推出，掌心向左，指尖向上，指尖与左掌大指相距约30厘米，目视左前方，神形相合（图3-285）。

图 3-284　　　　　　　　　　图 3-285

【攻防含义】

①本式动作在退步时交叉拳胸前回收，两臂向下、向内螺旋划弧旋转。此动作在技击中随着腕关节粘压住对方"拳、掌"的某一部位时，顺手向下、向内螺旋擒拿，对方无不瞬间压倒在地，这是混元太极揉手（擒拿）的高级技术。所以，在本拳谱中将其定名为"退步跨虎"。

②比如对方上左脚用双掌向我右侧胸部击来，我右脚速向后退一步，落下坐实，变左足为虚，同时右臂屈肘向右格挡其双臂，左臂相助，改变其力的方向。对方紧接着又一次用双掌向我头部击来，我速向左转，同时左臂屈肘向上格挡，右掌向对方左肋或胸部击出。

③两臂划弧向左右推掌的动作，是混元太极在技击中对"顾、盼"的简要运用心法。比如对方左右同时攻击我时，我除用双掌（双拳）同时还击对方外，还可以左右快速旋转，用声东击西（左顾、右盼心法），攻防并用，打败对方，这是技击功夫的上乘境界。

【康复养生】

①松拳后两臂向右再向左外上方划弧掤、推时，一动以腰带动全身无处不动；右脚向右后方开步成左虚步时，意想气沉丹田，落地生根；两臂上下缠丝交替划弧转体时，引动四面八方混元气进入体内，丹田混元气向外开，人与虚空相融，收虚空更多的能量为己所用。

②混元太极拳修炼丹田混元气，丹田气贴脊，达到"炼精化炁"炁入脊；肚脐为前丹田，命门为后丹田，前田贴后田，后天返先天；命意源头在腰隙，腰部气血通畅，两肾真气充足。肾气充足了，人的生命力就会旺盛。

第五十七式　转身摆莲（转身双摆脚）

【动作详解】

①转身穿掌：接上式。以腰带动身体右转，重心左移，左脚跟内旋落地；同时，左臂外旋划弧转掌于身体左侧，似直非直，掌略高于肩，掌心斜向上，指尖向左；右臂回收置于胸前，肘略低于腕，掌心斜向下，指尖向左斜向上（图3-286）。

身体连续右转，两臂随身体而行，同时重心继续左移，右脚尖随之抬起，随着身体的转动，重心右移，右脚尖落地，收左脚尖立于右脚内侧，离地约1厘米；同时，左臂内旋向右划弧置于胸前，掌心向下，指尖向右，右臂内旋向右后下方划弧，继而外旋回收，右掌收于右腋下，掌心向上（图3-287、图3-288）。

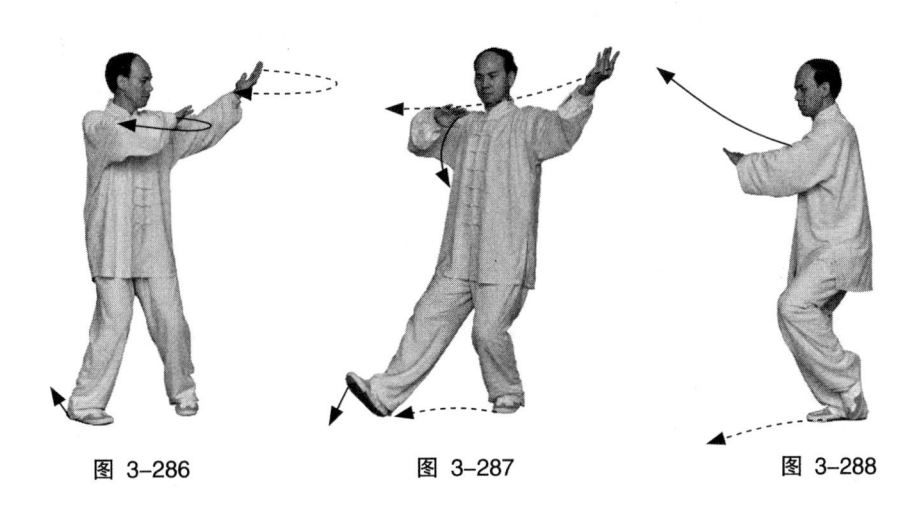

图 3-286　　　　　图 3-287　　　　　图 3-288

左脚向左斜前方开步，脚跟先落地，随着重心前移，左脚尖下落（指向西南），右脚跟后蹬成左弓步；同时，右掌经左手背向前上方穿出，掌略高于肩，掌心斜向上，指尖向前（指向西南），左掌回收于右腋下，掌心向下，指尖向右，目视右掌，神意照体（图3-289）。

图 3-289

②转身摆莲：接上势。重心后移，左脚尖翘起，身体继续向右旋转；左腿内旋，左脚尖内扣约60°落地，再碾右脚，而后碾左脚；两臂随身体而行，右臂逐渐内旋转成掌心向下，左臂逐渐从腋下掤出，两臂约与肩等宽高，掌心向下，指尖向前，松腰、松胯（图3-290、图3-291）。

图 3-290

图 3-291

重心后移，右脚从左前方抬起，右脚背绷直，同时左腿渐起，右脚快速升高并从左向右横向划弧外摆，脚踝约与肩等高，脚背绷直；同时，两掌自右向左分前后迎拍右脚面，左手先拍，右手跟随，目视掌脚，形神相合（图3-292、图3-293）。

图 3-292

图 3-293

【攻防含义】

①摆莲脚在武术（太极）实践中是一种攻击性很强的招术，古人云："手是两扇门，全靠腿击人"，又云："拳打一线，腿扫一片"，单腿横扫如神龙摆尾，攻防并用，逍遥自在。所以，在本拳谱中将其定名为"转身摆莲"。比如遇多人围攻，前后受敌，情况紧急。我双掌顺手牵住眼前之人的手臂，身体向右旋转一周（两脚交替重心），使对方不敢靠近。

②对方用左拳击我胸部，我含胸松腰、气沉丹田，用右手握住其腕，左手旋转搭在对方左臂上，向右侧捋化，使其失去重心，同时提起右脚向对方胸、腹部扫击。比如对方由身后来击，我即刻向右旋转身体，同时两手用"捌、采、挪"之内劲，向对方上下部还击，并如时提起右脚以踢、扫招式攻击对方。进攻得法，对方无不摔倒在地。

【康复养生】

①左臂在左侧上方转体划弧时，意想虚空混元气按顺时针方向旋转地向体内渗透，通透全身，连于地下虚空。转体时以腰带动，意想身体内气向外开，体内的气圈螺旋向外延展，人与虚空相合，四面八方的混元气源

源不断地向体内渗透。随着左脚尖内扣转掌划弧，腰部（命门穴）向后放松，一动以腰带动。碾脚时，脚部的内气螺旋带动腿部的内气螺旋，牵动下肢胯、膝、踝各关节，从节节放松到节节拉开。由两腿内气螺旋进一步带动中、下两田内气螺旋。在状态中能体会到"旋之于足、行之于腿、纵之于膝、松活于腰"的意境。

②混元太极拳所有的动作都必须分清虚实，动作能分清虚实，即可灵活转化，久练不疲，张弛轻重，均匀转换，不致困顿。比如，在左右旋转时，如果重心移至右腿，则右腿为实，左腿为虚；反之，重心移至左腿，则左腿为实，右腿为虚。虚实变化表现在转体、变换姿势时，这也是调整体内气机阴阳转化的过程。虚，不是全无力量；实，也并非全部落实、站实，只是比重各有所偏罢了。所以不可过实，过实则迟滞；也不可过虚，过虚则浮飘，无着无落，根基不稳。分清虚实调和阴阳，通过混元太极拳的习练，身心阴阳转化、阴阳消长而至阴阳平衡，人就可以达到长寿而健康。

第五十八式　拉弓射虎（马步开弓）

【动作详解】

①摆莲下落：接上式。右腿摆莲后屈膝下落，大腿与地面平，小腿垂直于地面；两臂收回仍与肩等宽高，掌心向下，指尖向前，沉肩、坠肘、松腰、松胯、屈膝，目似垂帘（图3-294）。

图 3-294

②马步开弓：左腿屈膝下蹲；同时，左臂微外旋成左立掌，掌心斜向外，指尖向上，右臂外旋握拳置于左掌旁，拳心向内，拳眼向上（图3-295）。

腰胯右转，右脚向后方开步，脚尖先着地，重心右移至全脚踏实（脚尖指向南方），左脚跟外旋，后坐成四平马步；随着重心的右移，两臂外拉，左掌向前，立掌推出，右拳后拉至右胸前，成马步开弓，松腰、松胯、垂尾闾，气沉丹田，落地生根，目视左掌，神意照体（图3-296）。

图 3-295　　　　　　　　图 3-296

【攻防含义】

①本式动作在技击中，前推后拉，似如开弓；松活弹抖，运用自如。所以，在本拳谱中将其定名为"拉弓射虎"。比如对方用蛮力向后牵拉，我顺势后退一步靠近对方，同时转身在肩、胯、腿的协调下，气沉丹田，整体发出弹力，以肩部靠击对方胸部。

②若遇对方多人围攻，我前后受敌，对方一人从背后抓拿我肩部，同时前面又有拳击来，我左前臂掤起粘住前来之臂，同时后退一步，突然屈肘向后方之人的胸部击出。本式动作是马步定式，在技击中可以千变万化，奥妙无穷。

【康复养生】

①两臂外拉成马步开弓时，意想地下虚空的混元气源源不断地上升与下丹田混元气融合。这股能量转化后，上升至中丹田、上丹田，连于脏腑、四肢百骸，达到内外合一。

②本式动作在健身、养生中以意引气，意到气到。首先把体内三个丹田贯通，进一步丹田内气内达脏腑，外通四肢百骸，达到上下内外一气贯通。

第五十九式　飞针走线（右虚步抢手）

【动作详解】

①收腿收手：接上式。重心微上起，腰胯随之左转，左脚跟外旋，重心前移，右脚收至左脚内侧，脚尖离地约1厘米；同时，左前臂回收于胸前，掌心向下，指尖向右，右臂外旋，同时肘下落，右手松拳变掌，位于右肋，掌心向上，指尖向前，目似垂帘（图3-297）。

②虚步抢手：接上势。右脚向右斜前方开步成右虚步，前脚掌着地；同时，右掌从左掌下方向前穿出，掌指约与肩等高，掌心斜向上，指尖向前，左掌心贴于右臂，指尖向右，目视右掌，神形合一（图3-298）。

图3-297　　　　　图3-298

【攻防含义】

①穿掌这一招在揉手（推手）技击中是非常厉害的，在丹田内气练足的同时，手势可以千变万化，意到气到，力达指尖，速度"快、准、很"。所以，在本拳谱中将其定名为"飞针走线"。

②当对方正面进攻时，我左手护胸（还可起到掩护右手的作用），右脚突然上步，右手掌心向上，手指直插对方心窝。这一招在武功里叫黑虎掏心，有功底的人在技击中一定要慎用。

【康复养生】

①右腿回收时,地下虚空混元气沿右脚上升与下丹田混元气融合。随着右脚向右斜前方开步成右虚步,地下虚空混元气仍源源不断地上升与下丹田混元气融合。身体内气向外开,体内的气圈螺旋向外延展,人与自然相融。

②"飞针走线"在习练中,不但地下虚空混元气上升与下丹田混元气融合,而且四面八方的混元气也源源不断地向体内渗透,这一式在健身、养生中是内外相合的过程,习练者只要神形合一,内气就会通透全身,上下、内外一整体。

第六十式　千变万化（进步搬拦捶）

【动作详解】

①切掌、掤臂之一：动作要领与第三十三式相同,唯方向相反（图 3-299、图 3-300、图 3-300 附图）。

图 3-299　　图 3-300　　图 3-300 附图

②切掌、掤臂之二：同切掌、掤臂之一（图略）。

③搬、拦、捶：动作与第三十三式相同,唯方向相反（图 3-301~图 3-306）。

【攻防含义】

与第二十式相同,唯左右势不同。

【康复养生】

与第二十式相同。

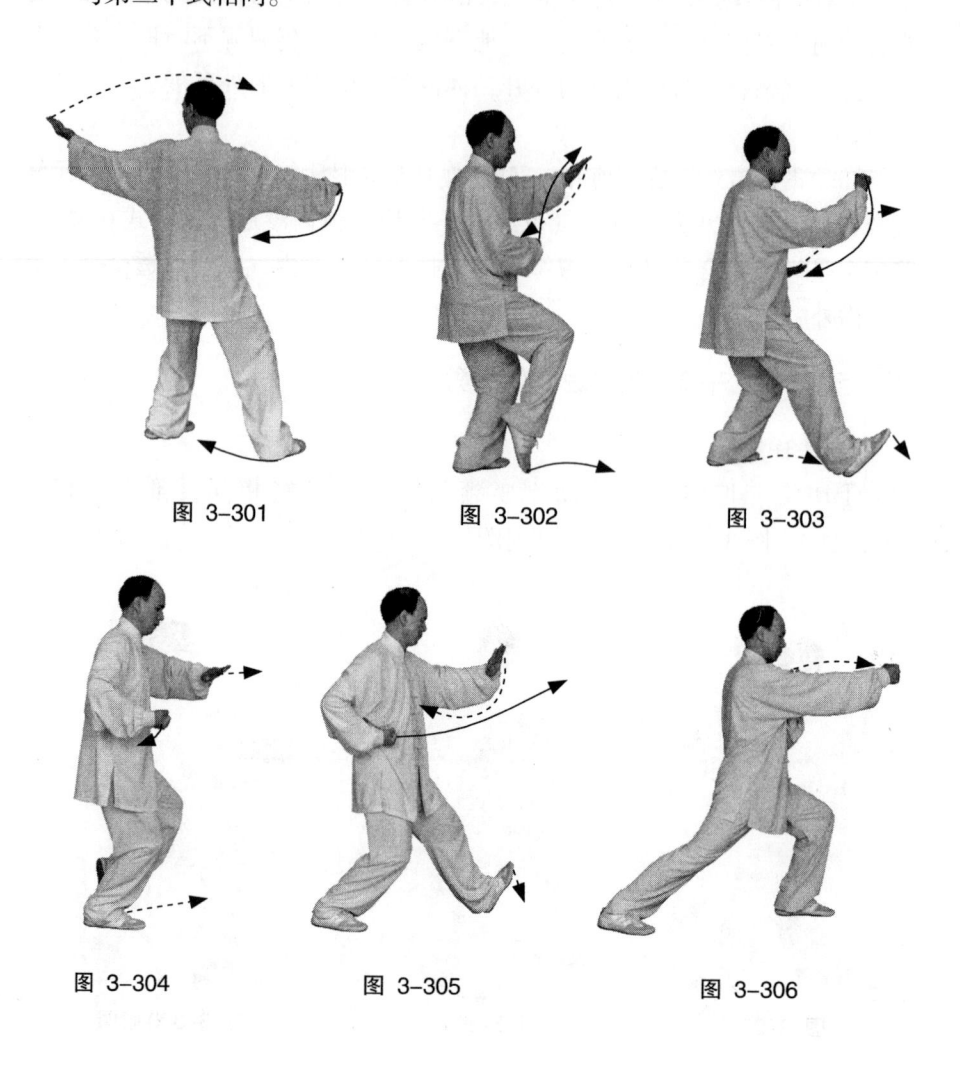

图 3-301　　　　　图 3-302　　　　　图 3-303

图 3-304　　　　　图 3-305　　　　　图 3-306

第六十一式　如封似闭（左弓步双推掌）

【动作详解】

①两臂抱球回收：接上式。松右拳，右臂内旋转掌心向下，指尖向前，同时左掌上升到右臂上侧沿臂向前穿出，两前臂腕部交叉如剪，掌心向下，指尖斜向前（图 3-307）。

重心后移，左脚尖翘起，同时两臂外分，转掌心相对，指尖向前，两臂抱球胸前回收，把气贯入中丹田，沉肩坠肘，目似垂帘（图3-308、图3-309）。

图 3-307　　　　　　图 3-308　　　　　　图 3-309

②胸前推掌：接上势。两掌抱球从胸前下按至腹前，气由中丹田落至下丹田，有落地生根之意；同时，重心前移，左脚尖落地，右脚跟内旋后蹬成左弓步；同时，两臂前伸，向上、向前推出，与肩等宽等高，掌心向前，指尖向上，目视前方，神意照体（图3-310、图3-311）。

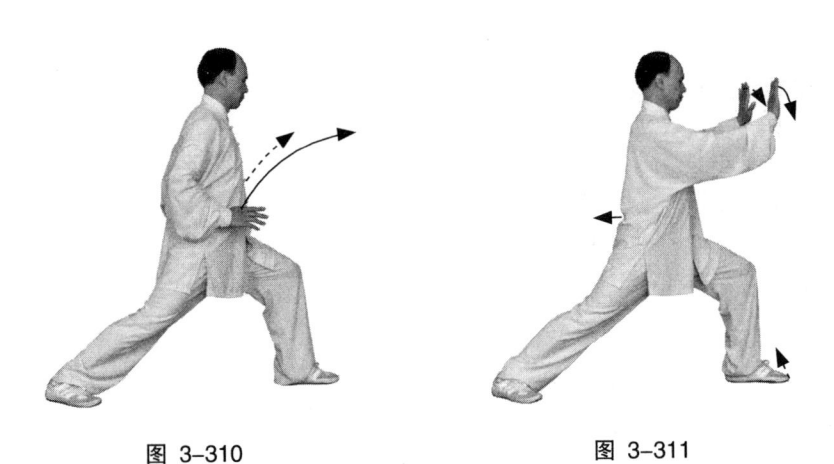

图 3-310　　　　　　　　　图 3-311

【攻防含义】

①太极拳许多手法都是从双推掌变化而来的，混元太极习练到一定的阶段，就能体察到螺旋内劲贯通全身。双推掌在技击中，招式千变万化，

213

力从腰出，劲由脊发，上下内外一整体（混元太极修炼到上乘阶段，体内能量会显现出"混元力""混元整体力""混元爆发力"……自然能达到点穴解穴、封锁劲路）。所以，在本拳谱中将其定名为"如封似闭"。

②当对方上步进身挤靠向我胸腹部推击时，我将重心后移随势引空对方的攻势，同时双手粘住其臂下按以改变其力的方向。当对方背势力尽欲回收时，我重心迅速前移，两手用力向前将对方推出（注意：快速后移重心、下按对方双臂，及时化解其前推之力；推掌时前移重心，后脚要有蹬力，快速、迅猛地将对方抛出）。

【康复养生】

①练习本节要求一动以腰带动，手掌前推时，配合自然的呼气，可将胸部的紧张随着呼气的反作用力沉到腹腔（在呼气的同时，做好含胸拔背、沉肩坠肘和束肋下气，使肩、胸、背等处肌肉随着呼气自然向小腹松沉），有助于气沉丹田，亦可使重心下移，从而增加身体的稳定性，这就是体呼吸的自然呼吸法。

②从外表看手前推是呼气，实际上是真气下沉后去松腰，腰部命门向后放松，不但命门要打开，五心都要打开，内气充斥皮肤、毛窍。随着两臂回收，同时吸气，全身真正地放松，有股无形的真气渗透皮、肉、筋、脉、骨，融于脏腑，达到健康之目的。

第六十二式　莲花盛开（捧球上升）

【动作详解】

①转体收脚：接上式。重心后移，左脚尖翘起；同时，两掌松腕，掌心向下，指尖向前（图3-312）。

以腰带动身体右转（转向正南），左腿随之内旋，左脚尖内扣90°落地；右臂平肩向右划弧至身体右侧，掌心向下，指尖指向右前方，左臂平肩转至左侧前，掌心向下，指尖指向左前方（图3-313）。

重心左移，收右腿（右脚跟微抬起外旋收回），两脚平行站立，与肩等宽，同

图 3-312

时，两臂下落，目似垂帘（图 3-314）。

图 3-313 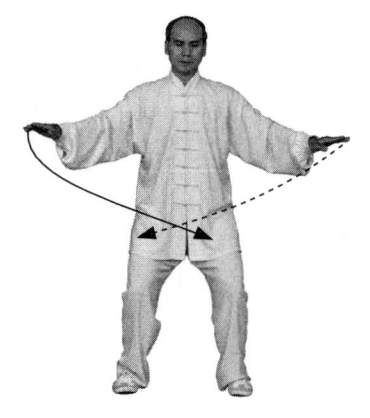　　　　　　　图 3-314

②捧球上升：接上势。身体微下蹲；同时，两臂继续体侧下落，腹前回收，两前臂（手腕）交叉，左掌在上，右掌在下，两掌掌心向上，指尖斜向前，两掌体前捧球上升至胸前，身体随之上升，两臂内旋，转掌心向内，贯球入中丹田（图 3-315~图 3-317）。

图 3-315 　　　　图 3-316 　　　　图 3-317

【攻防含义】

①本式已进入整体的收气阶段，体现了习练混元太极用意不用力。"自始至终，绵绵不断，如行云流水，形断气不断，气断意不断，意断神相

连"。可比"仙人坐莲，云游四方"。所以，在本拳谱中将其定名为"莲花盛开"。

②比如对方由右侧向我袭来，我急将身体右转，同时两臂向左右两侧大展分开，格挡对方的进攻，两臂顺势从下方相合成十字手上接对方的再次来拳，左手抓其腕，内旋并向后卷折其臂，右手臂上顶其肘弯使其失去稳定，将其制服。

【康复养生】

①通过认真习练套路，全身毛窍、穴道都已打开，人与虚空混融一体，达到天地人相合、精气神相融，基本完成了抻筋拔骨、松筋松骨、炼氘入骨的过程。到本式就进入了收势前的准备，意、气都要向里合、往内收。两臂体侧下落时，意想混元气从上方虚空贯下来，通透全身连于地下虚空；做捧球上升的动作时，意想捧起一个似有非有的大气球，把天地虚空混元气都收入体内为己所用，强化自身的整体功能。

②混元太极每一个套路的动作开合、气机升降都是运行大周天的过程，大周天通了，就能达到全身无处不丹田，全身无处不气路，进入体呼吸的境界，显现出潜藏的智慧与才能。功夫习练至上乘，十二经脉练通好像十二条大河，奇经八脉与十二条大河相通的湖泊，任督二脉似湖泊的主干。功夫到此，玄关窍开，修炼者方可步入太极大道之门。

第六十三式　天人合一（太极还原）

【动作详解】

①两臂外分：接上式。两臂内旋，转掌心向下、向前伸出，外分，两臂与肩等宽高（图3-318）。

②抱球回收：接上势。两臂外旋，两手拢球回收至混元（混元即混元窍，在人体中脘穴里面）两侧，两掌轻敷于两肋（混元处），指尖斜相对，目似垂帘，神意照体（图3-319、图3-320）。

图 3-318

图 3-319　　　　　　　　　图 3-320

【攻防含义】

①习练混元太极拳始终要求做到心静体松，内外合一。不管是盘拳走架或是揉手技击，意有所感，气必致动，意气一动则全身无处不动，意气一静则全身无处不静。习练混元太极的外形动作、神态、气势都是内在心、意、神、气的外在表现，也是人与大自然混融的过程。内功理论指出："心性沉着，身庄稳定，积聚内功、养蓄灵机、随时运用。"所以，在本拳谱中将其定名为"天人合一"。

②学练混元太极拳需要学习揉手，习练揉手一开始就要求放松，心身都要放松。在实践中，比如对方"刚"来，我总是以"柔"相应，使对方不得力，有力无处用。这叫作"走化"，目的是我走顺劲，造成有利于我的形势。当对方来劲被我走化形成背劲时，我即用粘劲加力于其身手，使之陷入更不利的地步，从而无力反击。粘走相生，刚柔相济，这是揉手的重要原则。

【康复养生】

①两臂前伸，两手拢球回收至混元两侧，意想把虚空的混元气贯入体内。收势的过程就是整体收气的过程，把气贯到体内，神意体察体内气机变化；脏腑之气随着体内、外气的合一，会达到"无内无外，浑然一体；神入气中，气包神外"的意境。

②收势时，两手拢气于混元窍，把五脏的脏真之气融合于混元，是神气合一的练法。习练者很快就能内气充盈、气血畅通，获得防病治病、强

身健体的功效，长期锻炼则能达到松腰开窍、开发潜能之目的。

第六十四式 返回无极（一炁混元）

【动作详解】

①收气养气：接上式。重心右移，左脚回收，两脚并拢；同时，两掌转指尖向下，神意内敛（图3-321）。

②两手还原：接上势。百会上领，身体慢慢直起，周身中正；同时，两掌慢慢分开，还原体侧，两手臂自然下垂，全身放松（图3-322）。

图 3-321 　　　　　　　　图 3-322

【攻防含义】

①混元太极拳只要认真苦练，反复实践，内气方能层层深入，功夫步步提高。正如传统武学所说："运气至顶门，虚灵顶劲，轻如鹅毛；运气至海底，落地生根，重如泰山。"当混元太极练到上乘即"道"的境界，"身心自然和谐，如时混混沌沌，上下内外一气"。所以，在本拳谱中将其定名为"返回无极"。

②太极拳主张"柔中寓刚""刚柔相济""绵里藏针"。粘与走都要以柔为主，柔久则刚在其中。人以刚来，我若以刚对抗，这是两方相抗，不是"引进落空""借力打人"的技巧，应该"人刚我柔"地把对方力量引开，使之落空不得力。所谓得机得势，就是抢占时间与空间的优势。混元太极拳久练得道者，不但在技击中上能达到来去自如、攻防并用，而且在

健身养生、祛病延年上也会起到显著的效果。

【康复养生】

①随着左脚回收，又进入了一个由动到静的整体状态。这时不但躯体（皮、肉、筋、脉、骨）要放松，而且神意也要放松。意想全身毛孔都在收气，气机随意念一层一层地向里渗透，意到气到，气到脉通，气足窍开。

②混元太极是全身心的整体运动，讲究意气神形的高度统一，要求四肢百骸协调一致地服从大脑的指挥，一动无有不动，一合无有不合，使气机由足而腿而腰而肩而手节节贯通。要达到这一整体要求，就必须在练习中做到"分清虚实，调和阴阳；上下相随，内外合一；松慢圆匀，周身一家……"

总之，习练混元太极的过程就是人与自然混化的过程，也是从人天混融到天人合一的整体过程，这是太极文化的重要组成部分之一。当混元太极修炼到心意合一、形神俱妙时，就能体会到"内观其心，心无其心；外观其形，形无其形；远观其物，物无其物"。在行拳走架时，由太极功直达太极道，"拳无拳，意无意，无意之中有真意"。在掤、捋、挤、按等的招式中，显出神奇的螺旋缠丝劲，使内气缠绕运行于肌肤骨节之中，敛入骨髓、脏腑，达到内外相合，刚柔相济，内气运行周身，能通透百脉。静养时，内气储存于丹田，时刻随心意调动。此境界是混元太极修炼之上乘功夫。诗曰：掤捋挤按功上乘，粘连黏随妙如神；採挒肘靠缠丝旋，牵动四两拨千斤。上下相随内外合，松慢圆匀走虚灵；进退顾盼与中定，混元太极健身心。

第四节　六十四式混元太极拳口令词

1. 混沌无极（心静体松）

两脚并拢，周身中正，两手自然下垂。百会上领，虚灵顶劲，气沉丹田，落地生根，全身放松。

2. 太极出世（开合升降）

重心右移，提左腿向左开步，与肩等宽。两手插入地下虚空，右手体前上起，胸前回收，左手左侧前上起，两臂划弧，身体右转，至体后。两臂划弧，身体左转，至体后。两臂划弧，身体转正。双手腹前重叠（左掌在上，右掌在下），掌心向上。

两手外拉，中指相接。意注脊柱，吸气，两掌上升，至璇玑。转掌心向下，呼气，下降至气海。吸，升，至胸前。转掌心向前，胸前推出，拢气回收，下按。

3. 无极化生（划弧转体）

两臂划弧，身体左转，至体后180°。两臂划弧，身体右转，碾脚，270°，成右虚步，按掌。

4. 来去自如（右揽雀尾）

重心左移，收腿、收手，左腹前抱球。右脚向右斜前方开步，成右弓步，掤，松腕，捋，挤，两手外分，后坐，收，贯，按，推。

5. 来去自如（左揽雀尾）

重心后移，右脚尖外撇，重心前移，收腿、收手，右腹前抱球。左脚向左斜前方开步，掤，松腕，捋，挤，两手外分，后坐，收，贯，按，推。

6. 拨云见日（右弓步单鞭）

重心后移，左脚尖内扣，两臂划弧，身体右转，云手，碾脚，收右腿，转至360°。两臂划弧，身体左转，云手，360°。转掌心向下，身体右转，水平线向右划弧270°。拢气胸前回收，身体左转，左侧推出成钩手。身体右转，右脚向右斜前方开步，右掌胸前划弧推出。

7. 金童观图（右开步云手）

重心左移，右脚尖内扣，身体左转，松钩手。向右云手，收左脚，向左云手，右脚向右开步；向右云手，收左脚，向左云手，右脚向右开步；

向右云手,收左脚,向左云手,右脚向右开步。向右云手,收左脚(落于右脚尖前,右脚跟抬起),右脚尖点地。

8. 拨云见日(右弓步单鞭)

身体右转,云手,至右后,180°。两臂划弧,身体左转,云手,360°,转掌心向下,身体右转,水平线向右划弧,270°,拢气胸前回收,身体左转,左侧推出成钩手,身体右转,右脚向右斜前方开步,右掌胸前划弧推出。

9. 雁落沙滩(右仆步下势)

重心左移,下蹲成右仆步,右掌向左拢气回收,沿右腿内侧向前穿出。

10. 金鸡独立(左右独立)

重心前移,身体直起成弓步(左臂回收,轻贴左胯,右掌向前穿出成立掌)。重心前移,左腿上提,左手穿掌,立于左膝,成右独立。左腿下落,右腿上提,右手穿掌,立于右膝,成左独立。

11. 回头望月(左右倒卷肱)

两臂前后伸出,右脚下落向右后方开步,两臂回收,前后推拉(左臂回收经左耳侧向体前推出,右臂回收至腰间,继而右手经腰带向右后方伸出);收腿、收手,左脚向左后方开步,两臂前后推拉(右臂回收经右耳侧向体前推出,左臂回收至腰间,继而左手经腰带向左后方伸出);收腿、收手,右脚向右后方开步,左掌前推,右掌回收至腰间。

12. 燕子斜飞(左弓步斜掤)

重心右移,收左腿,两臂划弧,右腹前交叉抱球,左脚向后方开步,身体左转,碾脚,两臂前后外拨(左臂在前,虎口向前上方,右掌下降至右胯外侧)。

13. 提手上势(左虚步推掌)

速上半步,抱球后坐,收腿、收手,左脚向左斜前方开步(脚跟着地,脚尖翘起），两掌胸腹前推出。

14. 白鹤亮翅（右虚步亮掌）

收腿、收手，左脚向左后方开步（右脚尖点地），两臂上下外拨（右掌降至右胯侧，左臂升至右耳侧）。

15. 猿猴献果（右搂膝拗步）

身体右转，两臂划弧，身体左转，划弧，收右腿，右脚向右斜前方开步，右手搂膝，左手向前推出（左掌经耳侧向前推出）。

16. 探腰望海（右虚步海底针）

收，推，速上半步，后坐，两臂划弧，收右腿，右脚向右斜前方开步（右脚尖点地），海底针（右手搂膝，左手经耳侧向前、向下插掌）。

17. 乘风破浪（右虚步闪通背）

右脚向前开步，前臂交叉，上提，前后推拉（左臂至头左侧上架掌，右掌体前推掌）。

18. 掩手肱拳（右弓步冲拳）

重心后移，右脚尖内扣，两臂划弧，身体左转，两臂划弧，身体右转，两臂划弧，身体转正（左掌抱拳于左腰间，右掌立于体前），右手回收，左手冲拳（右手握拳回收于腰间，左拳向右斜前方冲出）。

19. 青龙出水（缠丝撇身捶）

重心后移，右脚尖内扣，两臂划弧（松拳，向左缠丝），重心右移，收腿、收手（左手握拳收回抱于胸前，右掌贴于左上臂内侧），左脚向左斜前方摆脚开步，撇身捶（身体左转，左拳向上、向前撇出）。

20. 千变万化（进步搬拦捶）

收腿、收手，切掌、掤臂，切掌、掤臂。两臂划弧，摆左脚，搬（左拳从右臂内侧向前搬出）。收右腿，右脚向右斜前方开步，拦（右掌向前拦出，左拳收回抱于腰间）。重心前移，左手向前冲拳，捶（右掌回收，立于左上臂内侧）。

21. 来去自如（左揽雀尾）

重心后移，右脚尖外撇，重心前移，收腿、收手，右腹前抱球，左脚向左斜前方开步，掤，松腕，捋，挤，两手外分，后坐，收，贯，按，推。

22. 来去自如（右揽雀尾）

重心后移，左脚尖外撇，重心前移，收腿、收手，左腹前抱球，右脚向右斜前方开步，掤，松腕，捋，挤，两手外分，后坐，收，贯，按，推。

23. 拨云见日（左弓步单鞭）

重心后移，右脚尖内扣，两臂划弧，云手，身体左转，碾脚，收左脚，转至360°，两臂划弧，身体右转，云手，360°，转掌心向下，身体左转，水平线向左划弧，270°，拢气胸前回收，身体右转，右侧推出成钩手，身体左转，左脚向左斜前方开步，左手胸前划弧推出。

24. 金童观图（左开步云手）

重心后移，左脚尖内扣，身体右转，松钩手，两臂划弧，向左云手，收右脚，向右云手，左脚向左开步；向左云手，收右脚，向右云手，左脚向左开步；向左云手，收右脚，向右云手，左脚向左开步；向左云手，收右脚（落在左脚尖前，左脚跟抬起）左脚尖点地。

25. 拨云见日（左弓步单鞭）

身体左转，云手，至体后，两臂划弧，身体右转，云手，360°，转掌心向下，身体左转，水平线向左划弧，270°，拢气胸前回收，身体右转，右侧推出成钩手，身体左转，左脚向左斜前方开步，左手胸前划弧推出。

26. 提手上势（右虚步推掌）

重心后移，左脚尖内扣，松钩手，身体右转，收腿、收手，右脚向右斜前方开步（脚跟着地，脚尖翘起），两掌于胸、腹前推出。

27. 白鹤亮翅（左虚步亮掌）

收腿、收手，右脚向右后方开步，成左虚步（脚尖点地），两臂上下外拨（右掌升至右耳侧，左掌降至左胯侧）。

28. 猿猴献果（左搂膝拗步）

身体左转，两臂划弧，身体右转，两臂划弧，收左腿，左脚向左斜前方开步，左掌搂膝，右掌推出（右掌经耳侧向前推出）。

29. 探腰望海（左虚步海底针）

收，推，速上半步，后坐。两臂划弧，收左腿，左脚向左斜前方开步（左脚尖点地），海底针（左掌搂膝，右掌经耳侧向前、向下插掌）。

30. 乘风破浪（左弓步闪通背）

左脚向前开步，前臂交叉，上提，前后推拉（右臂至头右侧上架掌，左掌体前推掌）。

31. 掩手肱拳（左弓步冲拳）

重心后移，左脚尖内扣，两臂划弧，身体右转，两臂划弧，身体左转，两臂划弧，身体转正（右掌抱拳于腰间，左掌立于体前），左手回收，右手冲拳（左手握拳回收于腰间，右拳向左斜前方冲出）。

32. 青龙出水（缠丝撇身捶）

重心右移，左脚尖内扣，两臂划弧（松拳，向右缠丝），重心左移，收腿、收手（右手握拳收回抱于胸前，左掌贴于右大臂内侧），右脚向右斜前方摆脚开步，撇身捶（身体右转，右拳向上、向前撇出）。

33. 千变万化（进步搬拦捶）

收腿、收手，切掌、掤臂、切掌、掤臂。两臂划弧，摆右脚，搬（右拳从左臂内侧向前搬出）。收左腿，左脚向左斜前方开步，拦（左掌向前拦出，右拳收回抱于腰间）。重心前移，右手向前冲拳，捶（左掌回收，立于右上臂内侧）。

34. 铁脚破身（独立右蹬脚）

重心后移，左脚尖外撇，重心前移，右腿上提，两前臂交叉，右腿蹬出，两臂外开（约成一字）。

35. 双峰贯耳（铁拳取穴）

收腿、收手，右脚向右斜前方开步，两臂向后穿出，双峰贯耳（两手握拳前合）。

36. 铁脚破身（转身左蹬脚）

重心后移，右脚尖内扣，身体左转180°，碾脚，松拳，左腿上提，两前臂交叉，左腿蹬出，两臂外开（约成一字）。

37. 猿猴献果（左搂膝拗步）

收腿、收手，身体右转，两臂划弧，收左腿，两臂划弧，左脚向左斜前方开步，左掌搂膝，右掌推出（右掌经耳侧向前推出）。

38. 猿猴献果（右搂膝拗步）

重心后移，左脚尖外撇，重心前移，收腿、收手，身体左转，两臂划弧，收右腿，右脚向右斜前方开步，右掌搂膝，左掌推出（左掌经耳侧向前推出）。

39. 来去自如（左揽雀尾）

重心后移，右脚尖外撇，重心前移，收腿、收手，右腹前抱球，左脚向左斜前方开步，掤、松腕、捋、挤，两手外分，后坐，收，贯，按，推。

40. 拨云见日（右弓步单鞭）

重心后移，左脚尖内扣，两臂划弧，云手，身体右转，碾脚，收右腿，转至360°，两臂划弧，身体左转，云手，360°，转手心向下，身体右转，水平线向右划弧，270°，拢气胸前回收，身体左转，左侧推出成钩手，身体右转，右脚向右斜前方开步，右手胸前划弧推出。

41. 野马分鬃（左右抢手）

重心后移，右脚尖外撇，重心前移，收腿、收手，右腹前交叉抱球，左脚向左斜前方开步，交叉手上下外拨（左臂在前，指尖向前上方，右掌下降至右胯外侧）。重心后移，左脚尖外撇，重心前移，收腿、收手，左腹前交叉抱球，右脚向右斜前方开步，交叉手上下外拨。重心后移，右脚尖外撇，重心前移，收腿、收手，右腹前交叉抱球，左脚向左斜前方开步，交叉手上下外拨。

42. 来去自如（右揽雀尾）

重心后移，左脚尖外撇，重心前移，收腿、收手，左腹前抱球，右脚向右斜前方开步，掤，松腕，捋，挤，两手外分，后坐，收，贯，按，推。

43. 拨云见日（左弓步单鞭）

重心后移，右脚尖内扣，两臂划弧，云手，身体左转，碾脚，收左腿，转至360°，两臂划弧，身体右转，云手，360°，转手心向下，身体左转，水平线向左划弧，270°，拢气胸前回收，身体右转，右侧推出成钩手，身体左转，左脚向左斜前方开步，左手胸前划弧推出。

44. 玉女穿梭（四方推掌）

重心后移，左脚尖内扣，身体右转，松钩手。收腿、收手，重心右移，左脚向左斜前方开步，磨掌，向前穿梭（西南方）。重心后移，左脚尖内扣，重心左移，右脚向右后方开步，重心右移，两臂划弧（向右缠丝），向前穿梭（东南方）。重心后移，右脚尖外撇，重心前移，收腿、收手，左脚向左斜前方开步，磨掌，向前穿梭（东北方）。左脚尖内扣，重心左移，右脚向右后方开步，重心右移，两臂划弧（向右缠丝），向前穿梭（西北方）。

45. 来去自如（左揽雀尾）

重心后移，右脚尖外撇，重心前移，收腿、收手，右腹前抱球，左脚向左斜前方开步，掤，松腕，捋，挤，两手外分，后坐，收，贯，按，推。

46. 拨云见日（右弓步单鞭）

重心后移，左脚尖内扣，两臂划弧，云手，身体右转，碾脚，收右腿，转至360°，两臂划弧，身体左转，云手，360°，转手心向下，身体右转，水平线向右划弧，270°，拢气胸前回收，身体左转，左侧推出成钩手，身体右转，右脚向右斜前方开步，右手胸前划弧推出。

47. 神马探路（高探马右穿掌）

速上半步，松钩手，后坐，成右虚步（脚尖点地）转掌心向上，右手回收，左手经耳侧向前穿出。右脚向右斜前方开步，右手穿掌（右掌经左手背向前穿出）。

48. 猛虎下山（单摆脚指裆捶）

重心后移，身体左转，碾脚，提腿摆莲（提左腿，左脚从右向左划弧，右掌从左向右快速拍脚），振脚开步（左脚下落振脚着地，右脚快速向前开步），指裆捶（右手切掌于右膝前，左手握拳向前下方冲出）。

49. 来去自如（左揽雀尾）

重心后移，右脚尖外撇，重心前移，收腿、收手，右腹前抱球，左脚向左斜前方开步，掤，松腕，捋，挤，两手外分，后坐，收，贯，按，推。

50. 来去自如（右揽雀尾）

重心后移，左脚尖外撇，重心前移，收腿、收手，左腹前抱球，右脚向右斜前方开步，掤，松腕，捋，挤，两手外分，后坐，收，贯，按，推。

51. 拨云见日（左弓步单鞭）

重心后移，右脚尖内扣，两臂划弧，云手，身体左转，碾脚，收左腿，转至360°，两臂划弧，身体右转，云手，360°，转手心向下，身体左转，水平线向左划弧，270°，拢气胸前回收，身体右转，右侧推出成钩手，身体左转，左脚向左斜前方开步，左手胸前划弧推出。

52. 金童观图（左开步云手）

重心后移，左脚尖内扣，身体右转，松钩手，两臂划弧，向左云手，收右脚，向右云手，左脚向左开步；向左云手，收右脚，向右云手，左脚向左开步；向左云手，收右脚，向右云手，左脚向左开步；向左云手，收右脚（落在左脚尖前，左脚跟抬起），左脚尖点地。

53. 拨云见日（左弓步单鞭）

身体左转，云手，至体后，两臂划弧，身体右转，云手，360°，转手心向下，身体左转，水平线向左划弧，270°，拢气胸前回收，身体右转，右侧推出成钩手，身体左转，左脚向左斜前方开步，左手胸前划弧推出。

54. 雁落沙滩（左仆步下势）

重心右移，下蹲成左仆步，左掌向右拢气回收，沿左腿内侧向前穿出。

55. 上步七星（右虚步交叉拳）

重心前移，身体直起成弓步（右臂回收，轻贴右胯，左掌向前穿出成立掌）。收右腿，两手握拳交叉，右脚向右斜前方开步（右脚尖点地），交叉拳向前推出。

56. 退步跨虎（左虚步推掌）

收右腿，右脚向右后方开步（后坐，左脚尖点地），交叉手转圈，两臂划弧，向右穿梭，向左穿梭。

57. 转身摆莲（转身双摆脚）

左脚跟外旋落地，两臂划弧，身体右转，收左腿，左脚向左斜前方开步，右手穿掌（右掌经左掌背向前穿出），身体右转，碾脚，重心左移提右腿，双摆莲（右脚从左向右划弧，两掌由右向左分前后快速拍脚）。

58. 拉弓射虎（马步开弓）

右脚下落，向后方开步，成马步拉弓（两臂外拉，左手立掌，右手握拳于胸前)。

59. 飞针走线（右虚步抢手）

收腿、收手，左脚跟内旋，重心左移，右脚向右斜前方开步（脚尖点地），右手穿掌（右手松拳变掌向前穿出，左掌心贴于右上臂上）。

60. 千变万化（进步搬拦捶）

收腿，握拳，切掌、掤臂，切掌、掤臂。两臂划弧，摆右脚，搬（右臂从左臂内侧向前搬出）。收左腿，左脚向左斜前方开步，拦（左掌向前拦出，右拳收回抱于腰间）。重心前移，右手向前冲拳，捶（左掌回收，立于右臂内侧）。

61. 如封似闭（左弓步双推掌）

松拳，两手外分（抱球），后坐，收，贯，按，推。

62. 莲花盛开（捧球上升）

重心后移，左脚尖内扣，身体右转，收右脚与肩等宽，两臂下落，体前交叉捧球上升，至胸前。

63. 天人合一（太极还原）

转掌心向内，向下外分，转掌拢气回收，至混元敷于两肋。

64. 返回无极（一炁混元）

左脚收回，两脚并拢，百会上领，身体慢慢直起。两手分开，还原体侧，周身中正，全身放松。

第四章　敛气入脏五元桩义解

第一节　敛气入脏五元桩综述

敛炁入脏五元桩功法又名五气归元桩，是混元太极的第五步功，练五脏脏真之气的开合、混化。本桩法是习练混元太极上层内功之一，相当于传统功法炼炁化神的阶段。笔者根据混元太极习练内功的需要，借鉴了恩师的功法，并根据功法编排的需要，在原功法的基础上作了进一步修整，将原来的十三式改进为十五式，而形成本桩法。它与天地人合洗髓桩、六十四式、九十九式、一百零八式、一百二十八式等混元太极拳以及混元太极拳揉手、坐功、道学等同属混元太极的上层功法，也是笔者入道修炼动功从中级向高级层次迈进的阶梯。

一、习练本桩法增补人体混元气

天地之间人事之内包括"日月星辰、山川湖海、花草树木、飞禽走兽"等无不是一气化生，气与万事万物有着密切的联系，尤其人是万物之灵，时刻都离不开气的生存。"气"虽是无形无色，但却真实存在。气有"空气""氧气""真气""元气""正气""中气""精气""灵气""营气""卫气""宗气"、脏腑之气、经络之气等。这一切的气都可以称之为"混元气"或"混元一气"。

①什么叫混元气：由两种或两种以上的物质混合而成的气叫混元气。比如许多武术家说练丹田混元气，这是人的意识高度集中（神形相合）于形体的某一个部位，意到气到，从量变到质变（体内产生能量）。混元气有

不同的层次和不同的能量。

混元太极立论于混元气，阐述了人与自然是一个整体，人与万物同源初始混元气，阴阳未判，一炁混元这个层次的混元气是最根本的混元气，可以生化阴阳、五行、八卦以及万事万物等各层次的混元气，直指根本。

②如何来认识混元气呢？可以这么说，混元气是由物质的形、气、质（在人体则是精、气、神）三者混合而成的一种特殊的整体物态。这里的形、气、质是指有形物质的三个根本要素，其中的"形"可比喻物质的质量，"气"可比喻为能量，"质"则比喻为信息。因此可以概括为：混元气是由物质的质量、能量、信息混合而成的一种标志着该事物整体特性的特殊物态。

混元气有两种存在形式：一是无形无象的非实体存在形式，称为混元气，这是一种质地均匀、混然不可分的特殊物态；二是有形有象的实体物存在形式，它由无形无象的混元气凝聚而成。任何一个实体物，不仅在其内部，而且在其周围，都有该实体物的混元气。实体物是该物混元气的凝聚表现形式，实体物周围的混元气是其弥散的表现形式。混元气的这两种存在方式可以在一定条件下互相转化，即有形有象的实体物可以离散分化为无形无象的混元气；反之，无形无象的混元气也可以凝聚成为有形有象的实体物。宇宙就是混元气这两种存在形式相互转化、演化的混元整体。

③混元气对生命的作用：人体是由无数个细胞构成的（身体有形的指"皮、肉、筋、脉、骨、髓、脏腑、精、血、津、液"；无形的指"气、经络、神"）。生、老、病、死都是细胞在新陈代谢过程中的演变，而细胞新陈代谢的动力就是混元气。一个混元气虚弱的人，免疫能力必然会下降，各种疾病便会乘虚而入。修炼混元气的人首先要求去掉体内寒气，进而把全身的散乱之气归于丹田，使丹田混元气充足，生命力旺盛。

如果人体混元气充沛，则可内养五脏六腑，外润四肢百骸，身体定能康健。相反，如果人体混元气虚弱，脏腑功能必随之衰弱，就会导致免疫力下降。

④先天不足需后天补：人体混元气来自于两方面，先天之气和后天之气。所谓先天之气，就是人初生之时，禀承于母体的元气，是父母所赐，也称先天混元气。通过有氧运动的锻炼和饮食所产生的气都是后天之气，也称后天混元气。在混元太极习练中，要做到"禅武一体，性命双修"。先

天弱者，后天补之，身体由弱变强，先天强者，经千锤百炼，强者会更强。

真正练功的人除父母所赐的先天混元气外，大部分都是靠自己苦修苦练获取的后天混元气，而神意、骨髓、脏腑就是生产混元气的机器。在一个生产型的企业里，生产机器的功能如何，直接影响着生产量。同样，作为生产混元气的机器，如果筋骨、脏腑的功能衰弱则势必会影响混元气的产量。没有足够的混元气供应人体各种生理、思维活动，人的健康就会出问题，衰老也会提前。所以人要想达到健康，除了先天基础外，后天修炼、摄养是非常重要的。

⑤坚持锻炼健康长寿：古今有许多长寿老人（包括佛道大师们在内），他们最后去世（圆寂）的时候基本上没有疾病，俗称无疾而终。有人曾问，没有病为什么会死呢？这是因为体内的混元气消耗完了。人体可比一盏油灯，即使没有风吹雨打等外来因素，灯内的油耗完了同样会熄灭。所以，我们要想达到真正的健康长寿，只是不生病还不行，还要经常锻炼身体，摄取大自然更多的混元气为己所用，达到炼炁入骨，敛炁入脏，不断地给灯内加油（混元气），才能内气充足，鹤发童颜。

总之，混元气充沛者必定会精力旺盛，筋骨强壮，四肢有力，声音洪亮，神采奕奕，思维敏捷……这是健康长寿的必要条件。所以习练混元太极者不仅要练好套路，百炼成钢（抻筋拔骨，松筋松骨，炼炁入骨），而且要好好地修炼内功（炼精化炁、炼炁化神、炼神还虚）。修炼敛炁入脏五元桩，能很好地充盈内脏真气，调和人体五脏之阴阳，习练者必须勤学研练，悉心体会，上下内外一气贯通，方能达到健康长寿之目的。

二、简述敛炁入脏五元桩之内功心法

敛炁入脏五元桩是在炼炁入骨的基础上敛炁入脏，进一步达到神气交融、五气归元（神入气中、气包神外的境界），使修炼者迅速提高功夫层次，进而开发自身潜能，身心素质向高层次过渡。

①"五脏"是人体的核心，也是"心、肝、脾、肺、肾"五个脏器的合称。"脏"，古称藏。五脏的主要生理功能是生化和储藏精、气、血、津液和神。由于精、气、神是人体生命活动的根本，所以五脏在人体生命中起着非常重要的作用。敛炁入脏五元桩在练法上，融以意引气、以形引气、

以音声引气于一炉，通过音、形、意的导引来运练五脏混元气的开合、聚散，加强五脏脏真之气与混元窍的联系，使之相互混融，并加强脏真混元气与躯体混元气的联系和转化。从而使五脏之形、气、神混为一体；使脏真混元气透于形、直通于外，使形体发生质的变化。

②敛炁入脏五元桩特别注重意识修养。本功法注重练五脏的情志，强化情志与气之间的依存关系。普通人进入混元太极的习练行列后，随着时间的推移，身体的通透度会逐渐提高，内气将越来越充足。然而每当练功有了一定的进步，内气水平提高了一个层次时，都会产生内气与精神之间的不相适应，而加速情绪的变化，这时需要习练者具备稳定的精神状态。因为情绪若产生偏颇或紊乱（以恼、怒、忧、思为甚），可能会招致气机的极大变化而产生病态（此种病态，将比常人的同类变化要剧烈许多倍）。所以习练混元太极要求"拳、功、道"一体，内外兼修。以提高意识修养为先导，时时注意"降伏自心"，保持"心平气和"的状态。增强自我修养，加强陶冶性情，提高情趣（脱离庸俗境界），克除我执，以保神意的灵明不昧，使功夫不断上进。

③敛炁入脏五元桩共十五式，分三段，每段五式。前五式为第一段，从无极入手，旨在开窍聚气，使人体和大自然混元气混融。这一段功主要是练外混元与形神混元，是练五脏真元的准备阶段。第二段即练五脏的五节功，是本桩法的正功，每一脏一节功。顺序上安排先练"心脏"，然后练"肾脏"，接着练"脾脏"，再练"肝脏"，最后练"肺脏"。它是通过动作、意念与发音来强化五脏脏真之气的开合聚散；强化五脏形、气、神的功能；强化五脏与混元窍的整体联系，使人体的身心素质发生质的变化。后五式为第三段，主要是通过形神混元的锻炼，强化躯体混元气与脏真混元气的联系与转化，使混元气内归于中，颐养形神。

三、简述修炼混元太极拳由量变到质变的练功效应

敛炁入脏五元桩阐述了混元太极从内功入手修炼"精、气、神"之心法，破译了"抻筋拔骨，松筋松骨，炼炁入骨、入脏"之诀窍，指出了"以意引气、以形引气、以音声引气"的整体练习过程就是体内气机（能量）转化的过程。本桩法经笔者自身修炼和多年来的教学实践证明，是修

心养性、祛病强身、增加功力、变换气质、开发潜能的有效桩法。

①内功理论指出："要想骨髓洗，先从练桩起。"混元太极桩法分为"动""静"两大类：第一类是"定桩"，以"静"为主（如无极混元桩、大小马步桩、金鸡独立桩、一字桩、三体式等），定桩是"神气合于形"的练法。第二类是"活桩"，以"动"为主（如混元太极开合桩、内外相合混元桩、松腰开窍太极桩、易筋易骨形神桩、敛炁入脏五元桩等），活桩是"神形合于气"的练法。不管是定桩还是活桩都是修炼内功（练丹田混元气）。习练混元太极到中、上乘阶段必须配合意守和呼吸，快速充实内气，畅通全身（皮、肉、筋、脉、骨、骨髓、五脏、六腑、血液、细胞）。

②习练本桩法不仅能达到炼炁入骨、敛炁入脏，而且能达到松腰开窍、益寿延年。武术家指出："练武不练功，到老一场空。"练拳者如果不练内功，就好比大树没有根一样，拳打得再漂亮，也是天天在消耗体力，随着年龄的增长将会力不从心。所以说武术是内功的基础，内功是武术的命根。

敛炁入脏五元桩，在开合升降的过程中，体内混元气与虚空混元气相混融，形成一种似有非有的状态，使自己的精神逐步内收，意念集中到体内，随着桩法的每个动作运动，内视全身各部开合、升降、聚散、化。在练习的过程中闭着眼睛（用神光）向里看，耳朵（神耳）向里听，神意（意元体能统帅整个生命活动）体察全身，意想周身都是浓浓的混元气，自己就在混元气海中。随着体察的深入，能感觉到真气在体内鼓荡，并渗透到形体各部，从节节放松至节节拉开到节节贯通，由心静体松至人天混融到天地人合。

③混元太极内功心法有效地破解了人体生命奥秘，当套路、桩法（内功）习练到深层次后，身体内部会发生质的变化，产生一种无形的能量。这种能量在意识的导引下，能达到聚则成窍（炁丹），散则成气（炁光）。这种宝贵物质（能量）受自身意念支配，使人能如时进入状态，并在状态中运行于全身，内养脏腑，外透百骸，对津液的输注，血液的运行，饮食的消化，营养的吸收，筋骨的滋补，脏腑的灌溉，皮肤的温养，毛发的润泽，精血的生化，外邪的抵御，均起到极其重要的作用（注：敛炁入脏五元桩功法所涉及的穴位，请参阅《混元太极拳入门》第八章，混元太极中医基础知识）。

第二节　敛气入脏五元桩功谱及动作名称

第一式　混沌无极　心静体松　　第二式　顶天立地　合化混元
第三式　畅通毛窍　开启三关　　第四式　鹤企四顾　神守中寰
第五式　展翅翱翔　揉抻弹颤　　第六式　喜笑助心神　中峰立山根
第七式　凸腰强肾志　命门连耳门　第八式　缠绵中宫意　混元四脏真
第九式　展臂护日月　转目炼肝魂　第十式　伸缩开肺气　悲心益魄身
第十一式　悠悠鹤步　运引形躯　　第十二式　抖翎心宁　四末一齐
第十三式　逍遥起落　神意贯顶　　第十四式　混元一气　连通天地
第十五式　返回无极　一炁混元

第三节　敛气入脏五元桩解述

第一式　混沌无极　心静体松

【动作详解】

两脚并拢，周身中正，目似垂帘，全身放松，进入状态。

①两脚并拢：两脚平行站立，两脚尖和两脚跟自然并拢，使两下肢（大小腿、膝盖、踝）靠在一起。

②周身中正：首先是头部中正，做到顶头悬，重心微前移，把全身的重量放在前脚掌，百会至会阴连成一线垂直于地面，身体做到不前俯后仰，左右倾斜，两手自然下垂于体侧，掌心向内，指尖向下，目光平视前方（图4-1）。

具体做法为：第一，下颌回收找喉头，喉头回收向后、向上找玉枕，玉枕向上找百会，百会轻轻上提；第二，印堂回收到脑中心，上提到百会，百会上领；第三，鼻尖向下找会阴，会阴后兜沿脊柱上提到百会，百会上领。通过这样的调整头部中正，全身自然就中正了，从而体现出虚灵顶劲的状态。

③目似垂帘：首先要求目光平视前方，神光穿透眼前一切障碍物，在天地交合处凝聚成一点，这一点与自己大脑中心相连。在目平视前方时，不要忘了目光的"根"还在体内。然后目光回收，收到体内，外眼角带动上下眼睑轻轻相合，将目光收到体内（图4-2）。

图4-1 　　　　　　　　　　图4-2

相合时可留一线光，好像一条白色光带，这有利于集中精神，意识内守，调动气机，还可使身体之气和大自然之气沟通连结。相合时也可以完全闭合，这样有利于精神宁静。闭合后眼球要保持平视状态，不能在眼睛里面随便转动（注：为便于学习参考，本章中出现的图片以目似垂帘为主）。

④全身放松：

a. 头部放松：两眉舒展，眉间放松，印堂内放松，两个内眼角内放松，意念沿眉放松外展至眉梢，放松下落到腮，再连着两嘴角轻提。通过这个动作和意念的配合，展现出似笑非笑的喜悦状态。两唇轻轻闭合，上下齿对齐，开始舌尖轻轻抵上腭（初练者可抵在上门齿根与齿龈的交接处），等口内金津玉液来了，就可自然地平放，这样可以接通任督二脉。

b. 颈项部放松：颈项要松直，体会颈椎一节一节地放松。

c. 胸背部放松：通过"拔背、落膀、含胸、开胸、松肩、虚腋"放松胸背。先深吸一口气，同时两肩向上耸（拔背），然后慢慢地呼出，呼气的同时两肩向后、向下落（落膀），微前合（含胸），再向外上方轻提（开胸），最后放松下落（松肩、空腋）。

d. 腰腹部放松：前阴上提，腹部微微回收，腰部命门向后放松，尾闾下垂，百会上领，把脊柱拉直，上下连成一个整体。

e. 两上肢放松：两臂自然下垂，肩关节、上臂、肘关节、前臂、腕关节、手掌、手指都要放松。

f. 两下肢放松：胯关节、大腿、膝关节、小腿、踝关节、脚掌、脚趾都要放松，两脚平铺于地面，重心放到前脚掌，百会带动，身体前后微微地晃动（感觉一下体内外的混元气，这样不但可以放松形体，而且可以把练功者周围的气场调动起来，对练功者大有益处）。

g. 整体放松：皮、肉、筋、脉、骨、五脏、六腑、经络、窍穴、血液、细胞放松，全身从上到下、由里至外，通透放松。

⑤进入状态：这是练功的开始，在放松的状态中，人与大自然连成一个整体。默念八句口诀："顶天立地，形松意充，外敬内静，心澄貌恭，一念不起，神注太空，神意照体，周身融融。"认真体察内境，达到神气合一（人在气中，气在人中）。

【意境指导】

①两脚并拢的意境：意想人体内外成为一个整体，内气上下畅通。

②周身中正的意境：要做到虚灵顶劲，气沉丹田，落地生根，上下一体，内外相合。

虚灵顶劲：虚灵则灵明，这是习练混元太极的高级境界；顶劲即内劲轻轻上拔，百会穴有虚悬之意，使清阳之气上升，打开百会穴接通虚空之气。

气沉丹田：在混元太极形体动作的练习中，所指的丹田是人体下丹田（前有肚脐，后有命门，下有会阴于腹腔中心），混元太极又称之为"丹窍"（有气则成窍，有窍能还丹）。气沉丹田即在运动中人与大自然融为一体，接收虚空整体信息转化为人体内的能量，沉藏于丹田。

落地生根：落地指两脚平铺于地，生根是在气沉丹田的基础上，丹田气经下肢通向脚底涌泉穴，两脚像树根一样伸入地下虚空，全身上下、内外连成一个整体。

③目似垂帘的意境：在目平视前方时，意念从脑中心向前看，由眼前

一米处向外扩展，把神光放到天地交合处，连于宇宙虚空，在无边无际的状态中收天地之混元气。然后神光回收笼罩全身，达到天人合一。在目光回收时，意念要与目光相合，匀速地回收。两眼轻轻闭合，意想把神收回来，把气收回来，收到大脑中心，闭着眼睛向里看，耳朵向里听，用纯意念想脑中心，空空荡荡，虚灵明镜。

④全身放松的意境：首先是精神（意识）放松，用祥和的意念、愉悦的心情带动脏腑和四肢百骸放松。从中医的整体观来讲，脏腑与面部乃至四肢百骸都通过经络而相应联系，"有诸于内，必形于外"。放松好了，脏腑的精气才能调和，经络气血才能畅通，大脑的灵明度才能提高。

⑤进入状态的意境：要求习练者排除一切杂念后，进入精神专一的状态。人与大自然连成一个整体，达到人在气中，气在人中，精气神合一，从不练功的状态进入练功的状态，这是习练内功关键的一步。

⑥八句口诀的意境：

a. 顶天立地：顶天，意想头顶百会穴往上虚领，头上就是蓝天，一顶就顶到蓝天里，顶到宇宙虚空或者顶到遥远的银河系；立地，脚往下一踩，踩到地下虚空，使体内之气与地下虚空之气相连。

b. 形松意充：形松，是身体从上到下、由里至外通透放松；意充，是体内混元气充足，好像体内有一股能量充斥周身。形松要求以精神放松为前提，用自己的意识引导整个身躯放松，意充则是一方面形体随着意充，气也随之充实于内；另一方面意想自己是一个顶天立地的巨人，充斥于天地之间，达到人天混融。这是外混元的练法。还有一种内混元的练法：意念"头"就是"天"，"脚"就是"地"，身体包含天地，胳膊、腿都是天地的一部分，没有形体被包裹之感。此练法关键的一点是，在意守形体做动作时，要似守非守，不要守得那么具体，要模模糊糊地去想，练起来就会产生自己高高大大的感觉。此练法需要注意两点：第一，意念要从身体里面想天、地，不要从体外去想天、地；第二，意念从里往外想，要透开头顶和脚下的皮肤层，使头与天、脚与地没有皮肉相隔之感，这样意念上下一充，就能达到头就是天、脚就是地的意境。

c. 外敬内静：内心宁静以起敬重之心，敬重他人，敬重万事万物。敬是善心善念的最好表现形式，敬又能养心，当诚敬之心被引发出来时，虚空最精纯的混元气就会源源不断地进入到身体之中，濡养心神。敬以入静，在明师、严师面前，畏敬之心还可以很好地自我管理，不敢怠慢，这样才能做到一丝不苟，使自己更好、更快地进入练功状态。

d. 心澄貌恭：澄是清澈透明之意，是静的延展。心静如止水，清澈透明，表明脑中如水之清，如镜之明；恭是对他人的敬重之貌，恭与敬稍有不同，敬主要是自身的内在情意，恭是这种心境的体态、外貌的表现。所以"心澄貌恭"是"外敬内静"的进一步延展，其提高了意识的灵明度。

e. 一念不起，神注太空：要求练功者心念专一，不起杂念。鉴于常人难以做到一念不起，于是把意念与虚空相结合，并与身体相连，意念空空荡荡，着眼点在体内。

f. 神意照体，周身融融：把意念从虚空收回来，观照自己周身上下。由于意念与太空相结合时，和虚空的混元气紧密连成了一体，所以当神意观照身体时，虚空混元气就自然而然地进入身体，使自身的混元气更加充实、和畅，从而出现周身融融的感觉。

【内涵解说】

①混沌者，无极也，似有非有，若有若无，恍恍惚惚，空空荡荡。在混元太极习练中，一说两脚并拢，就标志着要求习练者从不练功状态主动调整，从而进入练功状态（从不练功的"俗心"进入到练功的"道心"）。

②下肢并拢连为一个整体可以使肾经和阴跷脉紧密地结合，对培补肾气有特殊的作用，另外，周身气机也得到整合，这样不仅可使两脚长时间站立不易劳累，而且有开地关的作用。

③周身中正是习练混元太极的基本要求之一。前人说："低头猫腰，武艺不高"。初学者大多立身不正、前俯后仰、左右倾斜、下肢不稳，长期这样会导致内在的气机失衡或不畅，不仅影响练功效果，还会引起阴阳失衡而产生疾病，因此在习练中做到"周身中正"极为重要。

④虚灵顶劲，气沉丹田，落地生根是一个整体。要虚灵顶劲，必须气沉丹田，落地生根；要落地生根，也必须虚灵顶劲。任何一方不能偏废，如此周身上下、内外才能连成一个整体。

⑤八句口诀中的"形松意充"特别重要，需要认真领会其中含义。形松是指形体放松，意充是体内混元气充斥周身。松是永无止境的，功夫的层次不同，松的情况也不一样，松可以再松，但松不能像烂泥一样，不能像生病没有力气那样，应该是不仅要形松而且要意充。意充指的是意念充

斥周身，随着意充，气也会随之通透全身。形松与意充是相辅相成的，有形松而无意充则松松垮垮，有意充而无形松则紧张似僵，只有两者并举，才能达到松而不懈，紧而不僵的柔和、灵活的状态。

⑥当人的意识接通虚空时，虚空的整体信息会源源不断地随着意念的接收进入体内，混化为人自身的真气（在功能状态中能感觉到有热量在体内流动）。这股真气由意念引导向自己全身充斥，渗透于皮、肉、筋、脉、骨、骨髓、五脏、六腑、血液、细胞中，层层通透、节节贯穿。比较敏感的人，意注体内会进入一个若有若无、混混融融的状态，进而体会到天地人相合、精气神相融的境界，这是无极生太极之妙境。

第二式　顶天立地　合化混元

【动作详解】

①掐诀：接上式。两手插入地下虚空（图4-3），虎口带动，体前捧球上升，升至与小腹平（图4-4），两前臂交叉合拢收向混元，掌心向内，左臂在上，指尖向右；右臂在下，指尖向左。

两手掐双环定印诀：食指弯曲，指甲根部抵到拇指关节背横纹（最长的纹）的末端，指尖接近拇指根部，食指绷圆，三、四、五手指自然并拢伸直（图4-5、图4-5附图）。

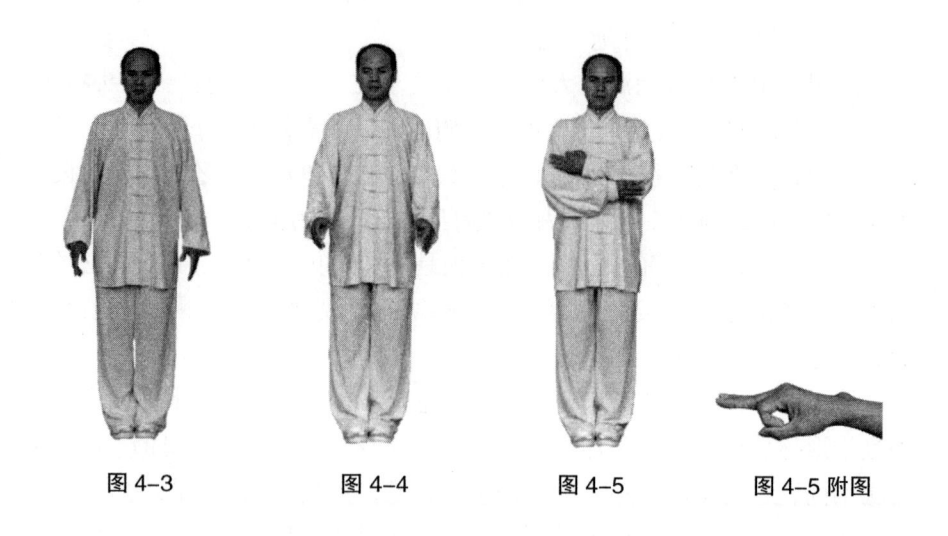

图4-3　　　　图4-4　　　　图4-5　　　　图4-5附图

②立印：接上势。两肘同时外撑，前臂微内旋，左手坐腕，成顶天立地印。左手直立于胸前，掌心向右，指环正对膻中穴（体中线与两旁第四肋骨低端连线的交点），三、四、五指尖向上指天，并微向内倾斜；右手掌心向下，指根处对左手掌根，指环正对中脘穴（胸骨下端与肚脐连线的中点），三、四、五指尖向左并轻抵左前臂的下方（图 4-6）。

③叩齿：接上势。形体动作保持不变。叩齿：叩门齿 9 次，叩左臼齿 9 次，叩右臼齿 9 次，再叩门齿 9 次。

"赤龙搅海"：舌尖从上门齿中央绕向左上臼齿，再到左下臼齿，下门齿，再绕到右下臼齿，右上臼齿，回到上门齿，如此环绕 3 圈；再反绕 3 圈。接着"开三皇锁"：舌尖抵点下腭 3 次，点上腭 3 次，点门齿缝 3 次。

④开合：接上势。舌尖轻轻点住门齿缝，两手松开指环诀（两食指从拇指侧慢慢滑开），左臂松腕呈横掌，右臂外旋转掌，两臂两侧微外抻，于混元窍前成掌心上下相对（人的形体中，心以下，肾以上，中脘穴以内，叫人体混元或称混元窍），左掌在上，指尖向右，掌不高于膻中穴；右掌在下，指尖向左，掌不低于肚脐，两手五指自然舒展，如抱球状。

两掌上下开合：两掌合，合于一半（左手向下低于膻中，右手向上超过肚脐）；两掌开，左手向上不超过璇玑穴（体中线与锁骨低端连线的交点），右手向下不低于关元穴（肚脐与耻骨的中点），开合要求连续 6 次（图 4-7、图 4-8）。

图 4-6 　　　　图 4-7 　　　　图 4-8

⑤发音：接上势。两掌慢慢相合于混元前，似接非接时，向两侧拉开至两手的掌指呈重叠状，握混元掌（两中指尖按在另一手的第四指根部，卷曲手指，相互握住，拇指掩住小指与食指的互握部，图4-9），先发"ling（灵）"音，从一声转二声（即līng-líng），再发"e-weng-qing（哦——嗡——清——）"音。每发一次音自然（鼻）吸气1次，每个音各发5至9次（单独习练可以多发）。

图 4-9

【意境指导】

①掐诀立印的意境：两手掐双环定印诀时，注意食指要圆撑，指尖用力抵住拇指近根处，此处古时称其为手部之"天门"，与头部之天门相通。立掌时左手指尖向上，意念带着心肺之气（心气连天气）由中丹田上升至上丹田、头顶，冲开百会、天门穴，意想接通上方虚空的混元气；右手掌心向下，意念带着肾气（肾气连地气）由下丹田下降至两下肢、脚心，冲开涌泉穴，意想接通地下虚空的混元气，掌心内含把虚空大自然混元气吸引到指环所对的体内位置。这样把隔膜以上（属天）和隔膜以下（属地）连成一个天地人合的混元整体。

②叩齿、点舌的意境：叩齿时要求嘴唇轻轻闭住，震动的幅度要大；叩时，上牙下落带着气从头往下落，下牙上起带着气从脚跟往上升，意念上下之气在混元窍聚合。赤龙搅海时上下门齿要轻轻对上，用舌尖轻轻抵住牙齿根和齿龈的交界处，在牙的里面转涮，舌尖要把每个牙都涮到；舌尖属心，牙根属肾，通过赤龙搅海（搅舌）不但能起到收摄心神的功效，而且能起到心肾交合之效果。当舌尖在齿和齿龈交接处滑动时要体察体内的变化。"开三皇锁"（点舌）时精神集中，要求先是舌尖点下腭（舌系带根部），意念要点到混元窍，甚至到会阴；再点上腭（软硬腭交界处，平时发"二"字音舌尖所指上腭的位置），意想点到天门、百会处；然后，点门齿缝，意念把气贯入骨中，炼炁入骨。如果唾液增多则吞咽入腹。

叩齿、搅舌、点舌均可反复体会，通过习练能使练功者的精神更加集中、专注，平时练静功时可以配练。练习搅舌时，为了锻炼舌头增强其灵活性，可以将舌头放在牙的外面进行，但练正功时则不能。古时称点舌为"开三皇锁"，上面是天皇，下面是地皇，门齿称为人皇，多点对气机通畅有帮助，这是"聚津成精、炼精化炁"之心法。

③开合聚气的意境：两手松诀转掌，意念左手把天气拉下来，右手把地气拉上来，两手慢慢把天地之气合入混元窍。上下开合时要意注掌中的气球，同时带动体内混元窍开合。两掌开时，意想混元开，开到天地虚空；两掌合，意想天地合，合于混元，将虚空的混元气合到体内，归于混元。达到人天混融、天人合一的境界。古时称双环定印诀为混元合印手，通过混元合印手和发音，可以强化混元中气的开合聚散作用。

④发音的意境：发"ling（灵）"音时，体察体内，哪里有动感，哪里就是混元窍的中心。发"e-weng-qing（哦——嗡——清——）"的音时一开一合。"e-weng"音从混元窍往外开，意想开到天地六合虚空；发"qing"音往混元窍里边收气，意想六合虚空的混元气往混元窍里凝聚。内功理论指出："有气则成窍""功到自然成"。

【内涵解说】

①所谓"顶天立地，合化混元"就是希望练功者通过本式的姿势（包括双环定印诀）和意念活动，将天地之气接收到体内，强化自己的生命功能。天地之气有以下几层含义：

a. 指天地大自然中的混元之气：天之气即虚空无形无象的混元气，地之气实际也是虚空的混元气，因为立地意念是下面无限深处，而不是具体的实物——地球，因而连接的仍是大自然中的混元气。

b. 指胸腹之气：横膈膜以上是心脏、肺脏所居之处，主要接收无形的天空之气；腹腔内有消化、排泄器官，主要是接收食物与水等有形之物——此属地之气。

c. 指头顶与会阴而言：头顶是神聚合之所，会阴是精聚集之处。

d. 指心肾之气：心之气位于胸中，上界限在中庭与膻中穴之间；肾之气位于腰腹，下界限在脐。古典功法认为从心至肾共 8.4 寸，心气占 3.6 寸，肾气占 3.6 寸，中间 1.2 寸为混元窍。

②人的形体中，心以下，肾以上，中脘穴以内，叫人体混元或称混元窍。在混元以上的是心，心气连于天，接通天气；在混元以下的是肾，肾

气连于地，接通地气。此窍不是身体的穴位，而是功夫的窍点，一种特殊的感觉，它与实体的身体呈兼容状态。混元窍相当于古功法中的绛宫所在的位置，混元太极称之为"玄窍"，玄窍是混元太极整体修炼的核心。

③发"灵"字音，能牵动脏真混元气往当中走，帮助打开混元窍。发"灵"字音要求一声转二声（līng-líng）。发音时心下混元窍会产生一种振动，振动点即混元窍中心。可以反复体会，意到气到，气足窍开（此法可以单独习练）。

④发"e-weng-qing（哦——嗡——清——）"字音时，注意以下几点：

a. "e-weng"音由"e" "w" "eng"三个音素组成，要连起来发，不能将中间断开。

b. "e" "w" "eng"三个音的强弱相等，音调齐高，只是最后的"eng"音需拉长一些。

c. 发"qing（清）"音时，要发成"qi-ng"，保持住"qi"（期）的口型再发"ng"，音发得低沉一些。

⑤掐诀是道家的称谓，佛门称之为手印法（混元太极叫印诀）。为了方便这里仍借用其称谓。掐诀或手印法，是借助手上一定的部位来激发强化人体内在气机与外界的联系。在人的手上有六条经络分布，手指端有经络的井穴，五个指头的指腹分属于五脏六腑（上为脏、下为腑），拇指为脾、胃；食指为肝、胆；中指为心、小肠；四指为肺、大肠；小指为肾、膀胱；中指中节为心包，四指中节为三焦。这是手上的五脏六腑规律。此外手上还有其他各种整体规律的分布，如：十二地支规律、十天干规律等。由于手指的气血流行较畅通，感觉较敏锐，当掐到手上的不同部位时，就可以使人体的相关部位受到刺激，发生变化，因此掐诀的实质就是借助手上的一定部位来激发和强化人体内部的气机变化与气血的运行，以及人体与大自然的整体联系，从而增加练功的效果。

⑥发音是指念特定的字、句，又称念口诀或念真言。练功的发音属古时念咒（佛家称陀罗尼）范畴，发音的作用在于功夫，有了功夫，可以用咒之文义澄心集神（自己的精神）；可以用其音激发气机。五元桩发音的目的在于激发气机。念诀有三种形式：

a. 出声念：念字出声，可激动躯体混元气，可借声波振动以影响有关形体。武功（包括硬气功）之暴发力，其气刚，发声多厉而猛，短促有力。健身养生功则发声柔而长，低而和。

b. 默念：念字不出声，只是自己可以听到，但需保持正确的发音口形。古亦称"金刚诵"或"诵"，此种念法不易作用到形。

c. 心念：亦称"神诵"，即心存意诵。口无念字的动作，也无发音的口形，只是在意识里想。此念法必须是在默念有成效的基础上进行，否则不易起效果。

第三式　畅通毛窍　开启三关

【动作详解】

（1）开人关

①混元前开合：接上式。松开混元掌，左臂外旋，右臂内旋拉开于混元前抱球，指尖向前，掌心相对，两掌距离与乳头等宽，上臂贴于两肋（图4-10），意注手中的球内外相融；两掌合，合至原距离的二分之一（图4-11）；两掌开，拉回原位。要求开合做3~6次。

②体前转掌：接上势。转掌心向上，上臂不动，掌心保持水平状，前臂上抬，两掌收至乳上方，指尖向前（图4-12、图4-13）。

图4-10　　图4-11　　图4-12　　图4-13

掌臂前伸，与肩等宽高（图4-14），转指尖向下，掌心向前，尽量成丁字掌，做外撑3次（图4-15、图4-15附图），注意外撑时，腰向后放松，肩不能耸。保持掌心向前成丁字掌姿势，两臂内旋，转指尖向外（图4-16）、向上（图4-17）、向内，指尖相对，做外撑3次（图4-18）；两臂外旋，连续转指尖向上、向外、向下，做外撑3次；两臂内旋，再转指尖向外、向上、向内，两掌轻轻地向外撑住。

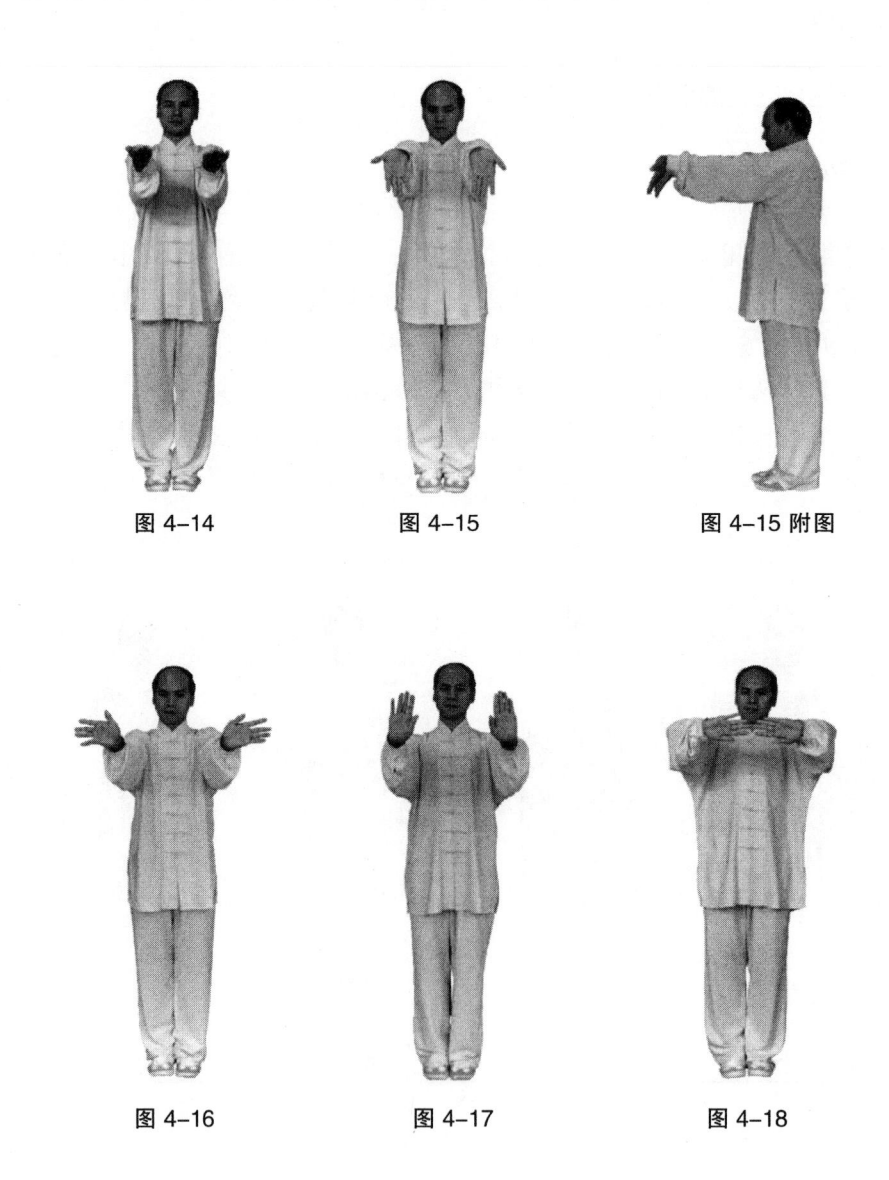

图4-14　　　　　图4-15　　　　　图4-15附图

图4-16　　　　　图4-17　　　　　图4-18

③体侧转掌：接上势。保持外撑姿势，两臂外开、外展至体侧呈一字平肩，两掌心向外，指尖向前呈丁字掌，做外撑 3 次（图 4-19）；保持掌心向外成丁字掌姿势，两臂外旋，转指尖向上（图 4-20）、向后（图 4-21）、向下（图 4-22），外撑 3 次。两臂内旋，转指尖向后、向上、向前，两掌轻轻地向外撑住。

图 4-19 　　　　　　　　　　图 4-20

图 4-21 　　　　　　　　　　图 4-22

④胸前开合：接上势。保持外撑姿势，两臂体前合拢，与肩等宽高；松腕，两臂外旋，转指尖向前，掌心相对（图4-23）；两臂内合，合至两掌距离不小于肩宽的二分之一（图4-24）；两臂外开至原位，开合做3次。

图4-23　　　　　　　　　　　图4-24

(2) 开天关

①托掌上撑：接上势。两臂外旋，转掌心向上，指尖向前（一般手心向上或向外，都称为阳掌，掌心向下或向内，都称为阴掌。本桩中手心向上被称为阳掌；手心向下被称为阴掌），两臂落肘回收，两掌内合于胸前，坐腕呈丁字掌，指尖向前，两小指外侧并合（图4-25）；两掌上托至眉（图4-26），保持阳掌外分（图4-27），至耳侧转指尖向后（图4-28）。

连续转掌上托，至头顶正上方，指尖相对，掌心向上（图4-29），两臂伸直，两中指相接，上撑3次（图4-30）。

图 4-25　　　　　图 4-26　　　　　图 4-27

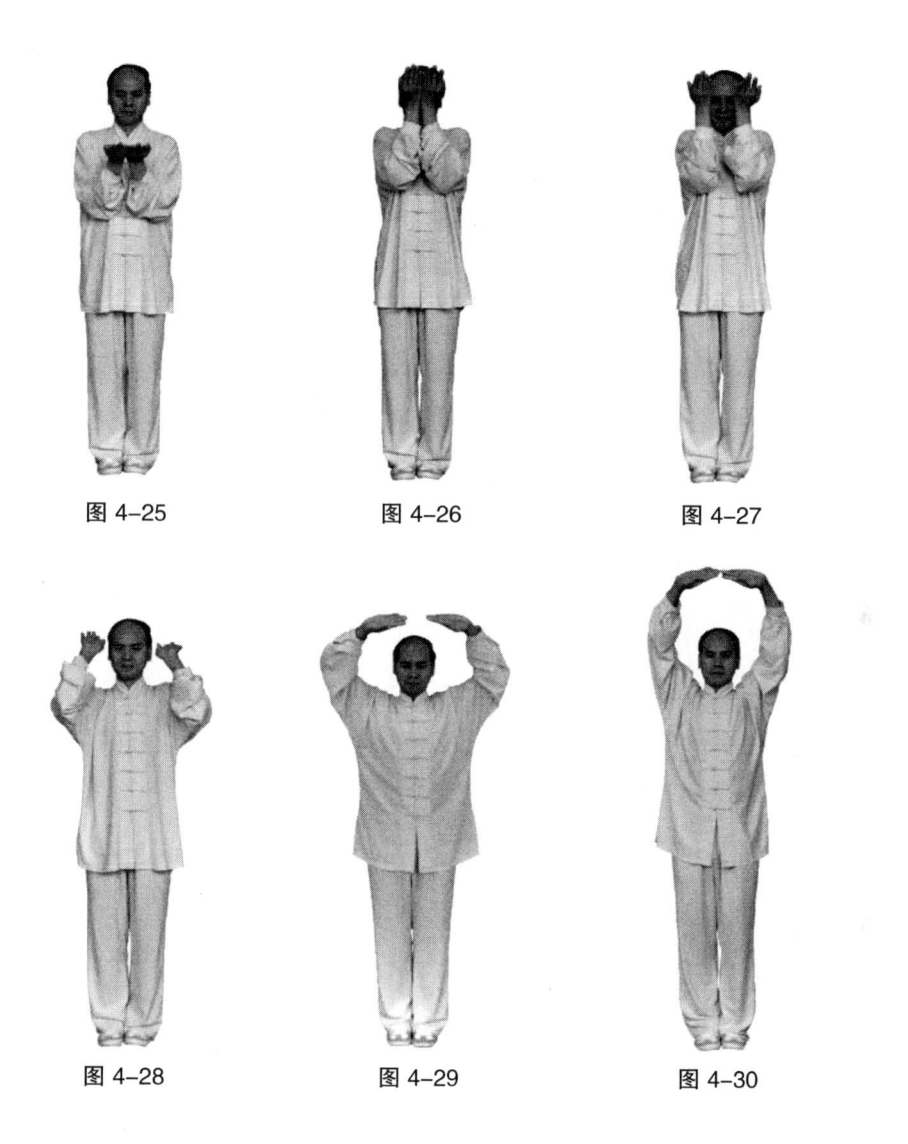

图 4-28　　　　　图 4-29　　　　　图 4-30

②点按天门：接上势。两臂外旋，转掌心向下，中指相接下落至头顶，两中指点住天门穴（百会至卤会之间均属天门范围），两手背上拱，指背并拢，合至指根，沿左、前、右、后的方向转 3 圈，再反转 3 圈（图 4-31）；手势保持不变，中指下按天门，两掌放平（图 4-32），中指相接，手背向上，上提，两臂伸直（图 4-33），两掌再次下落至头顶，重复天门转圈和下按动作。

③揉腕划圆：接上势。两手上提，同时十指交叉（图 4-34），两臂内旋，翻掌心向上，上举至头顶上方，两臂伸直（图 4-35），肩臂放松，交叉的双手

向上如托物，在头顶正上方轻轻地揉动，两腕交替沿前、上、后、下的方向划立圆，肩、臂、肘配合作相应揉动：左腕向前、向上，这时左肩往上带，左腕向上拽，左臂伸直，同时右臂向后、向下放松，肘微屈（图4-36），然后右腕向前、向上，右肩往上带，右腕向上拽，右臂伸直，同时左臂向后、向下放松，肘微屈（图4-37），揉腕时身体保持开胸，收腹，腰向后放松，百会上领，下颌回收，尾闾下垂。揉腕动作要求做3~6次。

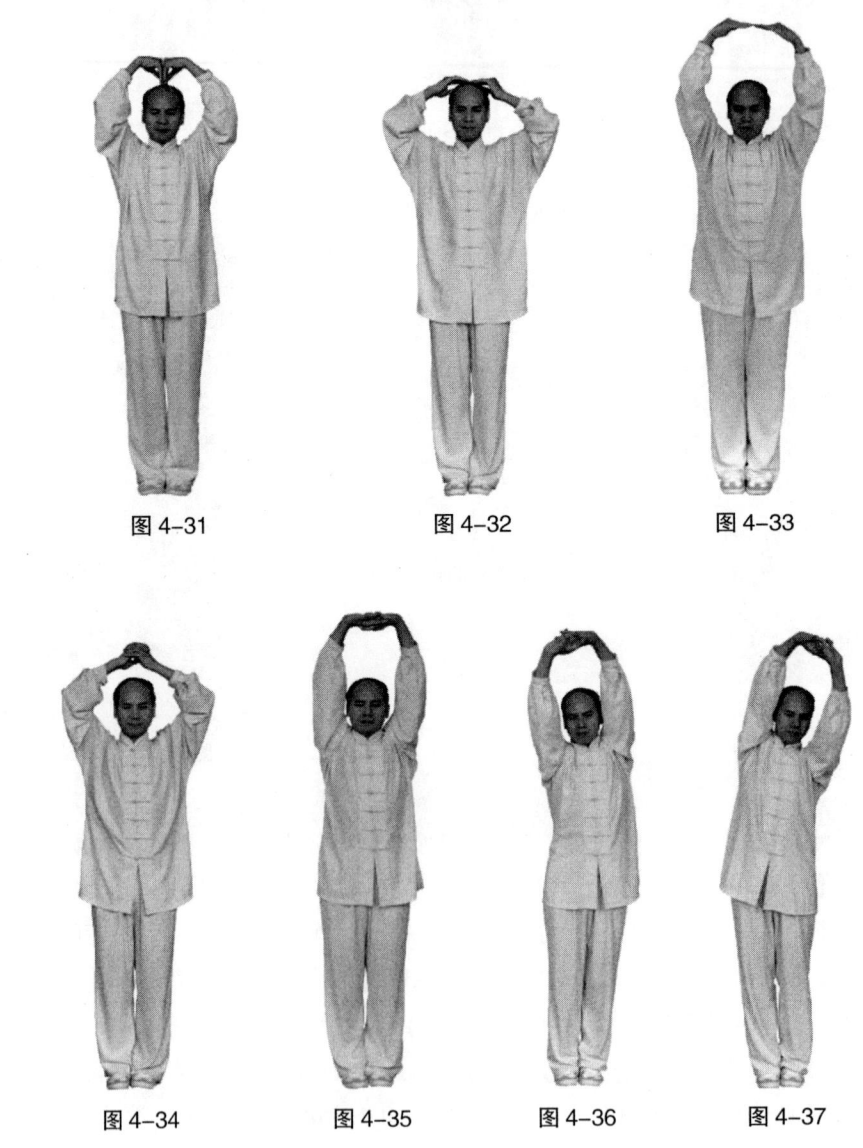

图4-31　　　　　图4-32　　　　　图4-33

图4-34　　　图4-35　　　图4-36　　　图4-37

(3) 开地关

①按掌、翘趾：接上势。揉腕结束后，交叉手回原位（图4-38）；交叉手经体前直臂下落至小腹前，掌心向下，下按（图4-39）；两手分开，中指相接，掌心向下与臂约呈丁字掌；下按，同时两脚趾尖上翘（图4-40），按掌、翘趾动作做3次。

图 4-38

图 4-39

图 4-40

②掌、膝划圆：接上势。肩肘放松，两掌微向外拉，中指分开，两掌保持指尖相对，两臂向两侧圆撑，分别与两膝同时划圆，先沿前（图4-41）、外（图4-42）、后（图4-43）、内（图4-44）的方向转3圈，再反方向转3圈。两掌下按，脚趾落平。

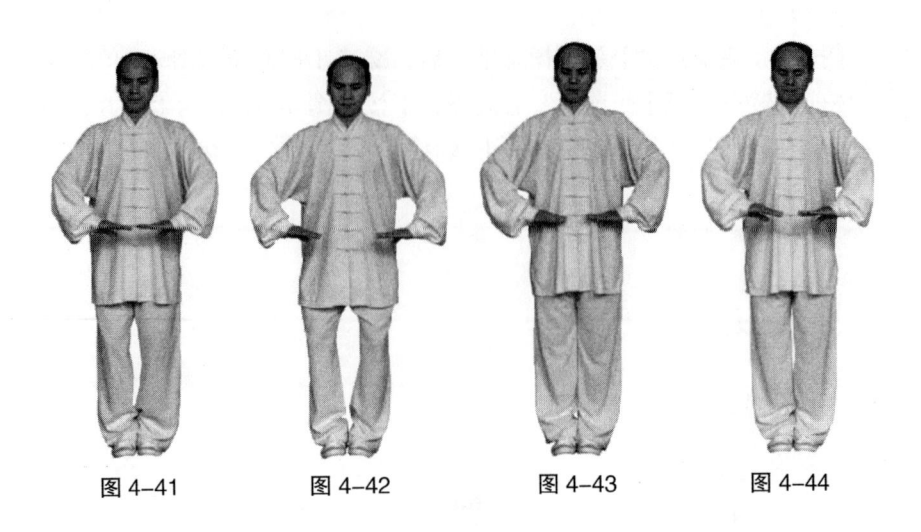

图 4-41　　　　图 4-42　　　　图 4-43　　　　图 4-44

(4) 开窍穴

①命门收凸：接上势。两臂外旋，两掌中指相接，转掌心向内并，上提至腹，中指点肚脐（图 4-45）；中指沿腰带拉开，经体侧向后合（图 4-46），合至命门（命门穴位于腰部，体后正中线上，第二腰椎与第三腰椎棘突之间），中指点按（图 4-47、图 4-47 附图）。

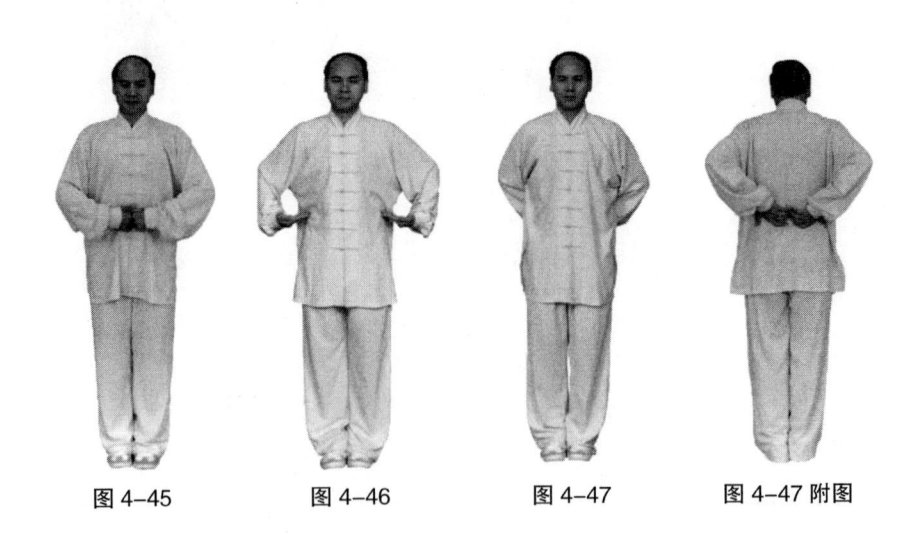

图 4-45　　　　图 4-46　　　　图 4-47　　　　图 4-47 附图

转掌心向后，两掌重叠，左掌在外，右掌在内，呈交叉状，两中指根重叠正对命门（图4-48）；两掌水平向后推（幅度不能大），命门部同时后凸（图4-49）；两掌回收至命门，腰部复原，如此重复3次。

②体侧开合：接上势。转掌心向内，中指点按命门，两手沿腰带拉开至体侧（腰侧含章门、京门穴，此两穴分别位于第十一、十二肋骨游离端的下方），转指尖向下，掌心向内（图4-50）；两掌带动两肘做开合，两肘尖于体侧分别指向左右两方；外开，水平离体约10厘米（图4-51）；回收至原位（似按非按于章门、京门穴），开合3次。

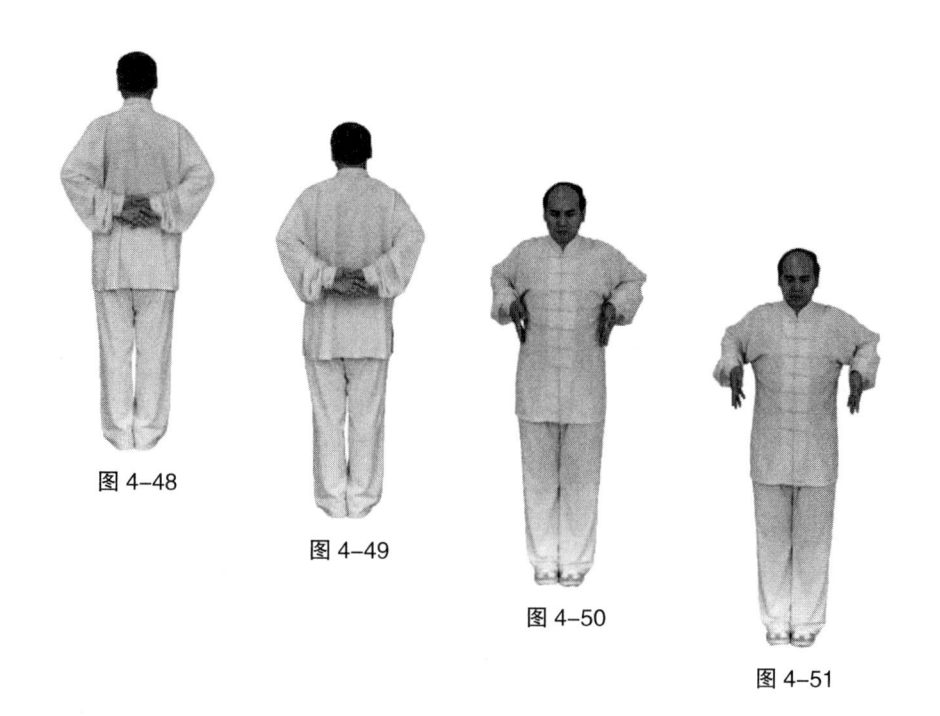

图 4-48

图 4-49

图 4-50

图 4-51

③掌指开合：接上势。两手沿腰带（带脉）向前合，同时转指尖向前，中指合于肚脐点按，两掌横贴于脐两侧（图4-52）；中指相接前伸，带动手指前合，合至指根，掌根仍贴在脐两侧（图4-53）；两掌回收，指根分开回原位，中指点肚脐；指根开合（指尖前伸，指根相合；指根分开，中指点肚脐）。动作重复3次，完成后两掌前伸，指根、掌根皆相合（图4-54），上升至混元（图4-55）。

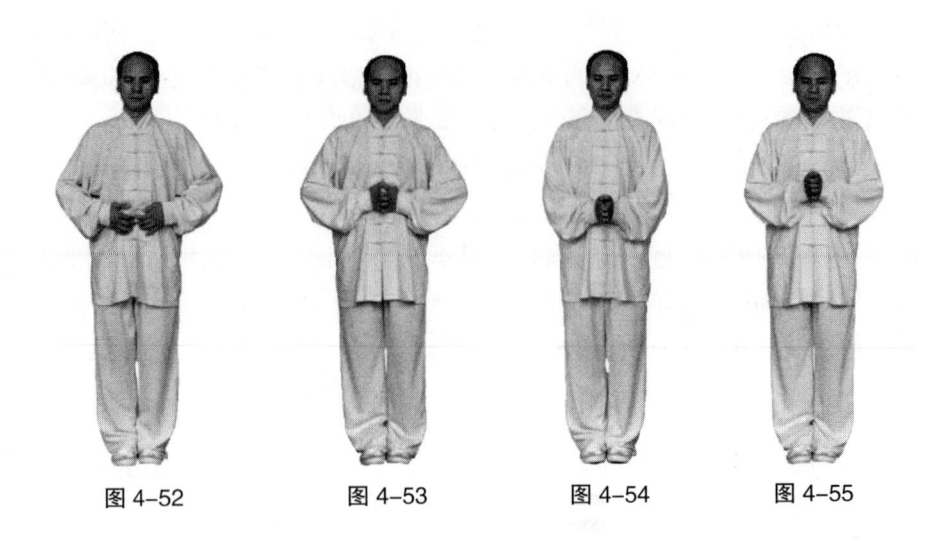

图 4-52　　　　图 4-53　　　　图 4-54　　　　图 4-55

【意境指导】

①开人关的意境：在开合的过程中，首先打开全身的毛窍、穴道和腠理，意想混元开合，上、中、下三个丹田也在开合，丹田开合，好像命门、两肾在吞吐呼吸，广收天地之混元气。两掌上升时，意念体内外的混元气连成整体在手的带动下一同往上升，同时下丹田真气也上升至中丹田。掌臂前伸，一直伸到无限远的虚空。

掌臂外撑时注意掌心外突，意念从神门穴带着掌心往外拱，掌根外推到天边，指尖回翘与混元窍相连。当掌臂向两侧外展，或从两侧向前合时，意念要沿着天边无限远处走，同时连着混元窍。转掌时，要把意念放到指尖上均匀缓慢地转动，好像手指尖挑着一根细丝，小心翼翼地、慢慢地转，不能把丝抻断。不要把意念放在掌心，这是做好转圆的关键；在转的过程中，保持丁字掌，意念指尖在无限远的虚空中旋转。

②开天关的意境：掌臂在体前做三个开合后，转掌心向上，前臂往回收，此时意念两臂中间相连，整体地收回来。两手心向上升时，两掌如同托着一个珍贵的大气球，很谨慎地往上托（手不能偏，一偏气球就掉了）。闭着眼睛向内看，意念往头里收，从脑中心往天门处连，从天门处看着手。

指根相合转圆时，意念指尖穿过头皮在里面约 5 厘米处转。指尖下按，意想按到混元窍或会阴（不是引着下去，而是一按就想混元窍内）。当两手往上提时，意念手拉着混元窍向上走，与上方的虚空连在一起，把虚空的混元气源源不断地收入体内。

③开地关的意境：两臂揉腕下落时，意念两臂之间撑着一个气球直臂整体地往下落。两掌下按、脚趾上翘的动作是带着混元窍的气往下走。脚尖上翘时，脚心往下踩，好像把脚心拉开了，意想脚心着地，踩到地下虚空中。两掌下按时，是一按再按，不能往回收，手按不动了，意念还要往下按，脚尖往上翘也是同样。

④开窍穴的意境：脚落平后，慢慢转掌上升，意念把地下虚空之气裹起来通过点按肚脐收入体内（下丹田）。中指沿腰带向后拉时，意想中指与肚脐、命门连线的中心点相连，如此划向命门，点按命门使前后连成一体。开身体后面、两侧、前面的窍穴时，意念随着形体做体内与虚空的开合，达到内外相合的境界。

【内涵解说】

①本式动作旨在"开关"，开关以开人关为主，开人关就是打开掌心的劳宫穴。关键是在两掌外撑时，要掌根外推，指尖回翘，回翘越多对开关越有利；外撑时，撑出去不回收，再撑时，只用意与气，即以内劲外撑。

②在托掌上撑的过程中，意念把两手和头顶连到一起，小心翼翼地体会着，这样气感就会大一些。当两掌上升到头顶上方时，如果没有体验到气感，意念连不上，可以把双手翻过来，对着头顶拉气，待有了气感，再往下落。

天门旋转时，要使小指、四指、中指指根靠住。中指、四指指尖点于头顶，意念其合于一体，穿过头皮在里面约5厘米处转，随着功夫的提高，将其与混元窍相合更好。指尖下按时，也要按到混元窍或会阴。慢慢混元窍的气足了往上冲，就能把天门冲开。当十指交义翻掌往上升时，意念从混元窍带着头顶往上拉，手心一托好像托到天上去了，要想到高空很远很远的蓝天，达到人天混融。

③开地关时，注意人体的重心要放在前脚掌与脚心上，两脚的趾尖上翘时，足跟不能吃力似乎也在上翘，同时以脚心部位用力下踩，下边就是混元气。如此用力用意，气容易从涌泉（脚心）冲出，渐渐地就把地关（脚心）冲开了。掌膝划圆时，保持中指相对，脚掌不能离地，膝带手转，动作幅度不能过大，身体也没有大的起伏。

④开窍穴时，通过姿势和意念的导引，开通关窍、腠理，使体内外混元气融通，可使练功者进入"人在气中，气在人中"的感受。随着功夫的提高，逐渐做到上下相随、内外相合，开关、展窍都是全身整体性运动。当意念外开与内合都是整体性的开合时，则更能体现周身一家的混元整体。

第四式　鹤企四顾　神守中寰

【动作详解】

①混元前开合：接上式。两掌分开与两乳等宽，掌心相对，指尖向前，上臂放松靠在两肋上，意注混元（图4-56）；两掌合，合至原距离的二分之一（图4-57）；两掌开，回原位，要求开合做3次。然后左臂内旋，右臂外旋，两掌旋转成上下相对，左掌在上，指尖向右，掌不高于膻中穴；右掌在下，指尖向左，掌不低于肚脐，两手五指自然舒展，如抱球状（图4-58）。

图 4-56　　　图 4-57　　　图 4-58

②磨掌揉气：接上势。以腰带动，左手沿右（图4-59）、后（图4-60）、左（图4-61）、前（图4-62）的方向磨转；同时右手沿左、前、右、后的方向磨转，磨掌揉气共转6圈。两手在旋转过程中伴随着上下微微伸缩：当右手由右向后再向左运行时，左手由左向前再向右运行，此时两掌上下距离逐渐缩小；当右手由左向前再向右运行时，左手运行由右向后再向左，上下距离

逐渐增大。磨掌时还要注意始终保持左手掌心向下，右手掌心向上；两掌距离相近时不要碰上；距离增大时，上不过心口，下不过肚脐；前后、左右错开时幅度要小，两手始终有上下垂直重叠的部分。

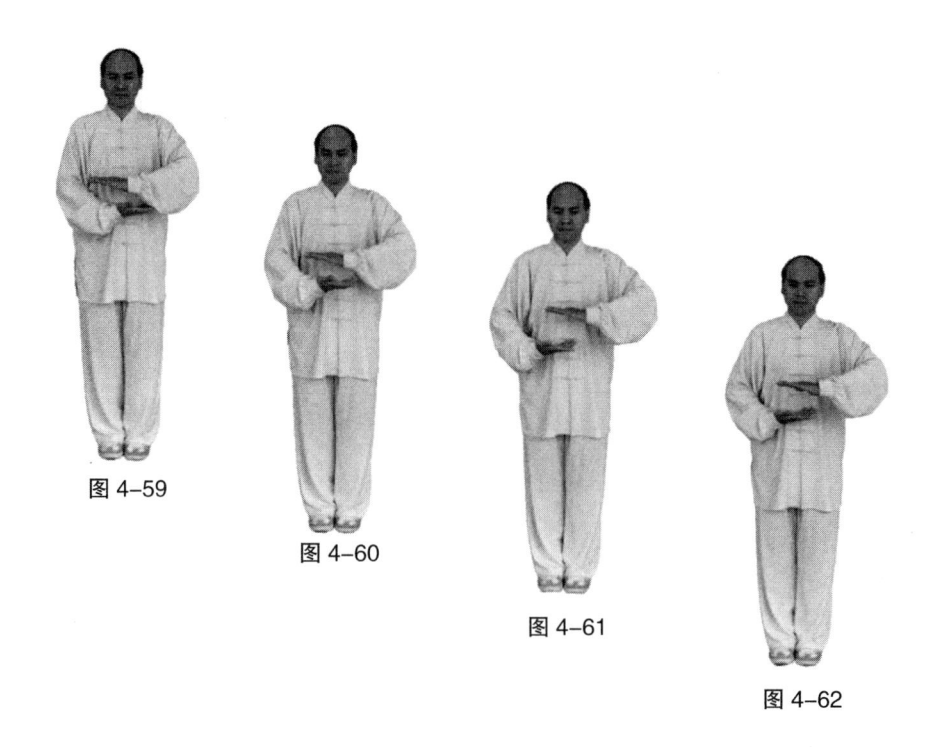

图 4-59

图 4-60

图 4-61

图 4-62

③两掌撕开：接上势。抱球的两手呈撕拉状上下分开：左臂内旋，左手沿体前下落，掌心斜向外，指尖斜上；同时，右臂内旋，右手虎口带动掌臂沿体前上升，掌心向内，指尖指向斜下方，与左手指相对；两手撕开的同时逐渐提左腿（图 4-63）；左手下落至体侧，呈丁字掌，掌心向下，指尖向前；右手上升至头右侧（手高过头顶），大拇指带动手掌外翻，指尖斜向上，掌心斜向前上方，肘尖向前不外撇，上臂斜向上约15°，肩、腕、掌放松；同时左大腿上提至水平状，小腿自然下垂，脚腕放松，脚尖向下（图 4-64）。

④鹤首推揉：接上势。两侧肩、肘、腕放松，以腰带动，脊柱、两臂自然推揉3次。推时两掌心外凸，收时掌心内含，熟练后可以加鹤首动作，鹤首与推揉动作幅度不必过大（图 4-65~图 4-67）。

第四章 敛气入脏五元桩义解

257

图 4-63　　　　　　图 4-64　　　　　　图 4-65

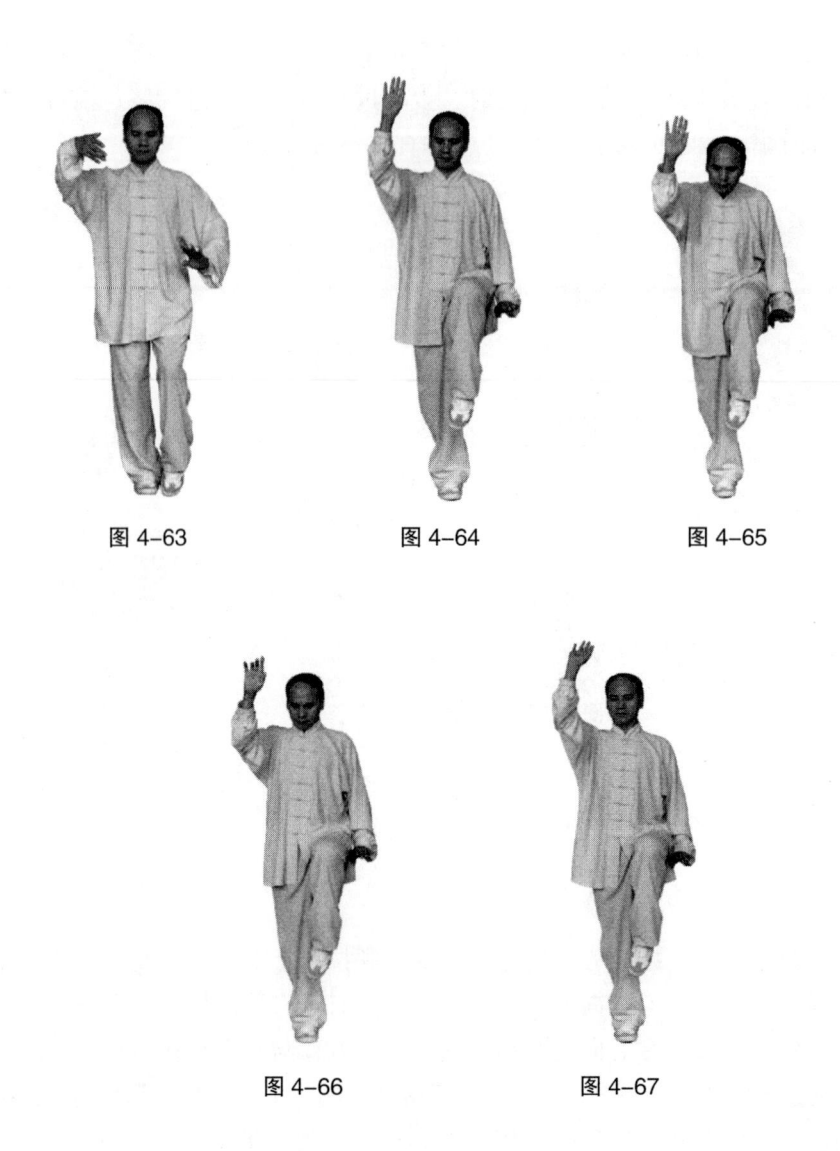

图 4-66　　　　　　图 4-67

⑤神游四方：接上势。左脚跟抵右膝血海穴处（血海穴位于膝盖内侧），右腿直立，身体左转 90°，注意开胯，整体转动（图 4-68），然后回转，回到原位。身体右转 90°，同时左腿稍上提，左脚经过右膝上方下落至右脚外侧，两脚呈丁字步（图 4-69、图 4-70），重心移至左腿，提右脚外旋向前与左脚并拢（图 4-71）。

右臂外旋下落，转掌心向内，微照头部贯气（上丹田）；同时，左臂外旋上提，至左腹部贯气（下丹田），掌心向内（图 4-72）；右臂体前继续下落，于混元前转掌心向下，呈横掌，与前臂平，指尖向左（右掌不高于膻中穴）；同时，左臂体前继续上提，于混元前转掌心向上，指尖向右（左掌不低于肚脐），两掌上下成抱球状（图 4-73）。

图 4-68　　　　　图 4-69　　　　　图 4-70

图 4-71　　　　　图 4-72　　　　　图 4-73

⑥磨掌揉气：动作要领与②相同，唯左右式及方向不同（图略）。

⑦两掌撕开：动作要领与③相同，唯左右式及方向不同（图 4-74、图 4-75）。

图 4-74 　　　　　　　图 4-75

⑧鹤首推揉：动作要领与④相同，唯左右式及方向不同（图 4-76~图 4-78）。

图 4-76 　　　　　图 4-77 　　　　　图 4-78

⑨神游四方：动作要领与⑤相同，唯左右式不同（图 4-79~图 4-84）。

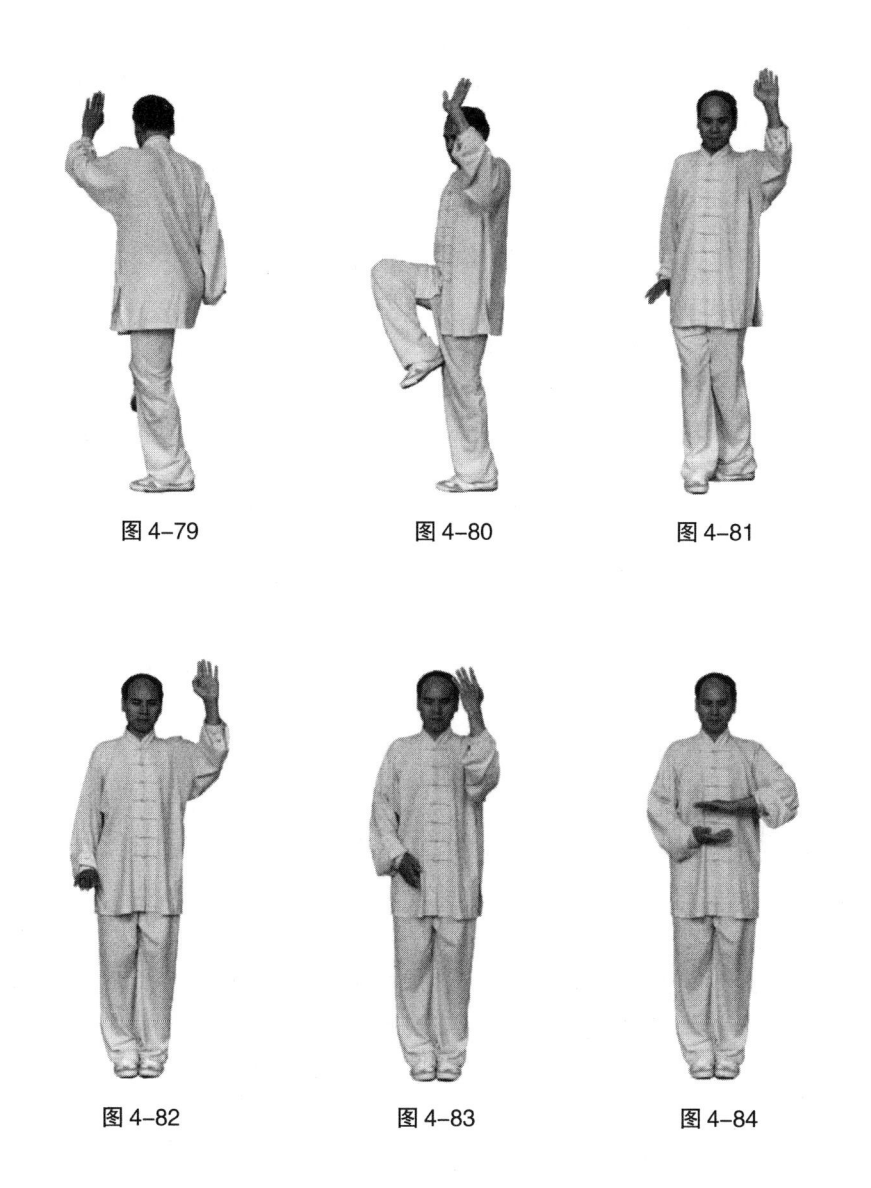

图 4-79　　　　　图 4-80　　　　　图 4-81

图 4-82　　　　　图 4-83　　　　　图 4-84

【意境指导】

①开合、磨掌的意境：混元开合转掌时，手臂之间应有混元气相连，仿佛抱着一个气球，气球连着混元窍。磨掌时意念要带着混元窍里边磨转。

敛气入脏五元桩的整体动作都体现周身一家，身体任何部位都应随时与全身整体的混元气连成一体。

②两掌撕开的意境：两掌撕开时，要意注两手之间的气球，这个气球有弹性，撕拉时，意念上下手相连着不断开，直至两掌到位，然后一分为二，左右手各一球。单腿独立时，要和地气相连，意注两足之涌泉（即脚心部位），如同踩着一个气垫，有个柱子支撑着，身体便容易站稳。撕拉时注意两手协调，同时到位，手动作到位时，提左腿动作也正好到位，手脚动作要协调同步。

③推揉、转体的意境：鹤首推揉时，要全身放松，通过掌心的含吐，把外在之混元气内收于体内为己所用。意念掌对着天边，同时又连着混元窍内，如此自身之气和大自然的混元气融为一体。转体四顾，要有神游四方之意，但神意不可专注在外，而是神定于中，使外在之虚空连于体内。

④拢气回收的意境：两手转掌回收时，上面的手从天边把气收回来，下面的手从地下虚空把气收回来；达到"天地人合，合于混元"；"五心相合，合于混元"；"三田相合，合于混元"；"五脏的脏真之气相合，合于混元"。

【内涵解说】

①本式总体要求在于广收天地之混元气，凝神聚津，聚津成精。要点是神意悠闲，精神宁静。习练时心要始终宁静，若有浮躁，则气不易收住；神要始终观着头顶，这样用意可把收进体内的混元气及时化开。意罩天边，神守体内，点点滴滴，融化混元。

②此式取意于仙鹤独立，旧称立鹤或宿鹤。仙鹤羽色纯洁，体态飘逸雅致，鸣声超凡不俗，在中国古代神话和民间传说中成为高雅、长寿的象征。练习本式时，神态上要体现出仙鹤的宁静悠闲、鹤性不争的特点。

③初练者两眼相合时可留一丝光线，透出眼睛的余光照顾着做动作。同时要做到神光收敛，神气结合，因为眼睛是收气的，眼睛一看，意念即到，意到气到，所以能把"心、神、意、气、形"结合在一起。习练时要全身放松，百会上领，尾闾下垂，上下一体，内外相合。

④此式熟练后，可在单腿独立推揉时加鹤首动作；若单腿独立时能

闭目习练，则可加练脚跟提起。加提脚跟再加鹤首，可为练轻功奠定基础。如为强化收气效果，可在鹤首推揉时两手掐成鹤嘴劲（参看第十三式），其作用会更加明显。这是凝神聚津的绝妙桩法，也是广收外界混元气之手段。此式与第二式之立意虽都主合，但第二式重在聚合混元之中，此式则中连于外，引外入内。

第五式　展翅翱翔　揉抻弹颤

【动作详解】

①混元开合：接上式。左臂外旋，右臂内旋，两手抱球转掌，成平行掌，掌心相对，指尖向前，约与两乳等宽（图 4-85），于混元处开合；两掌合，合至原距离的二分之一（图 4-86）；两掌开，回原位，要求开合做 3 次。

②整体展翅：展翅分四部分，即：外展一、返回一、外展二、返回二。

外展一：接上势。转掌心向上，上臂贴肋（图 4-87），前臂上举，两掌如托物上升至肩前成丁字掌（图 4-88），上臂不动，前臂外转，指尖随前臂转向两侧（图 4-89），掌臂外开（以指尖带动）向两侧平伸成一字（图 4-90）。

图 4-85 　　　　图 4-86 　　　　图 4-87

图 4-88　　　　　图 4-89　　　　　　　图 4-90

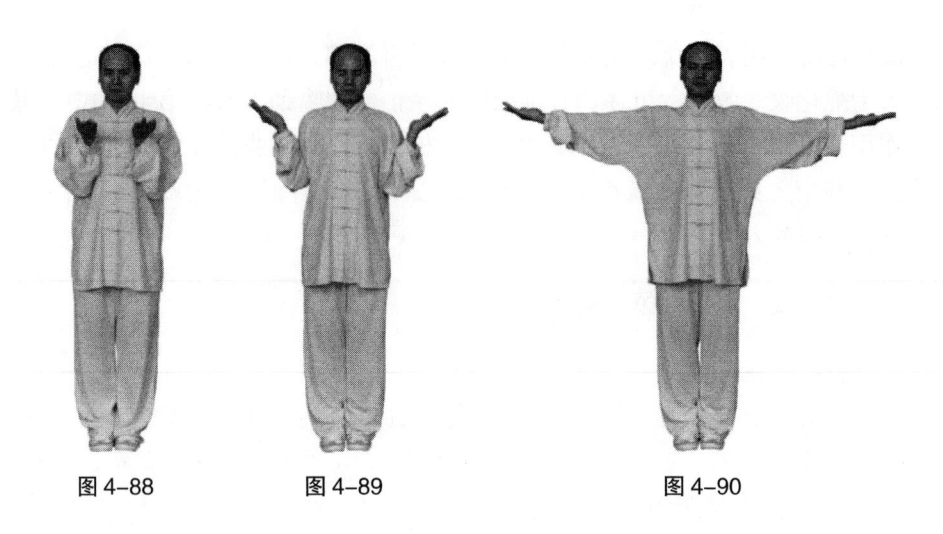

返回一：接上势。松肩松肘，两臂落肘回抽，上臂贴肋，前臂回收于体侧，两掌保持掌心向上并收至肩旁与肩平，成丁字掌，参阅图 4-89，上臂不动，前臂回转于胸前，指尖向前，参阅图 4-88，前臂下落，与上臂成 90°，掌心向上，掌与前臂同在一水平线上（图 4-91）。

外展二：接上势。上臂贴肋，前臂与上臂保持 90°外展至体侧（图 4-92），上臂不动，前臂从两侧上举，两手保持掌心向上升至肩旁，掌臂成丁字掌，参阅图 4-89，以指尖带动两臂向两侧平伸成一字，参阅图 4-90。

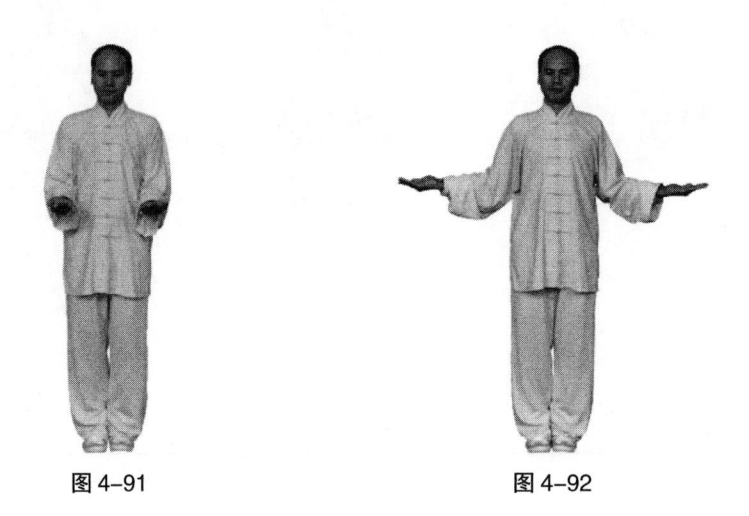

图 4-91　　　　　　　　图 4-92

返回二：接上势。松肩松肘，两臂落肘回抽，上臂贴肋，前臂回收于体侧，两掌保持掌心向上并收至肩旁与肩平，指尖指向两侧成丁字掌。上臂不动，前臂回转于胸前，指尖向前。前臂下落，与上臂成90°，掌心向上，掌与前臂同在一水平线上，参阅图4-91。

③整体飞翔：飞翔分三部分，即：起飞、翱翔、降落。

起飞：接上势。两臂内旋，转掌心相对，参阅图4-85，两臂以肘带动肩与腕做蛇形开合运动，向两侧斜上方外展。开时两肘沿下、外方向而开，幅度较大；合时肘沿上、内方向而合，幅度较小。经4次开合运动，两臂展至体侧，成一字平肩，掌心向前斜向下（图4-93~图4-100）。

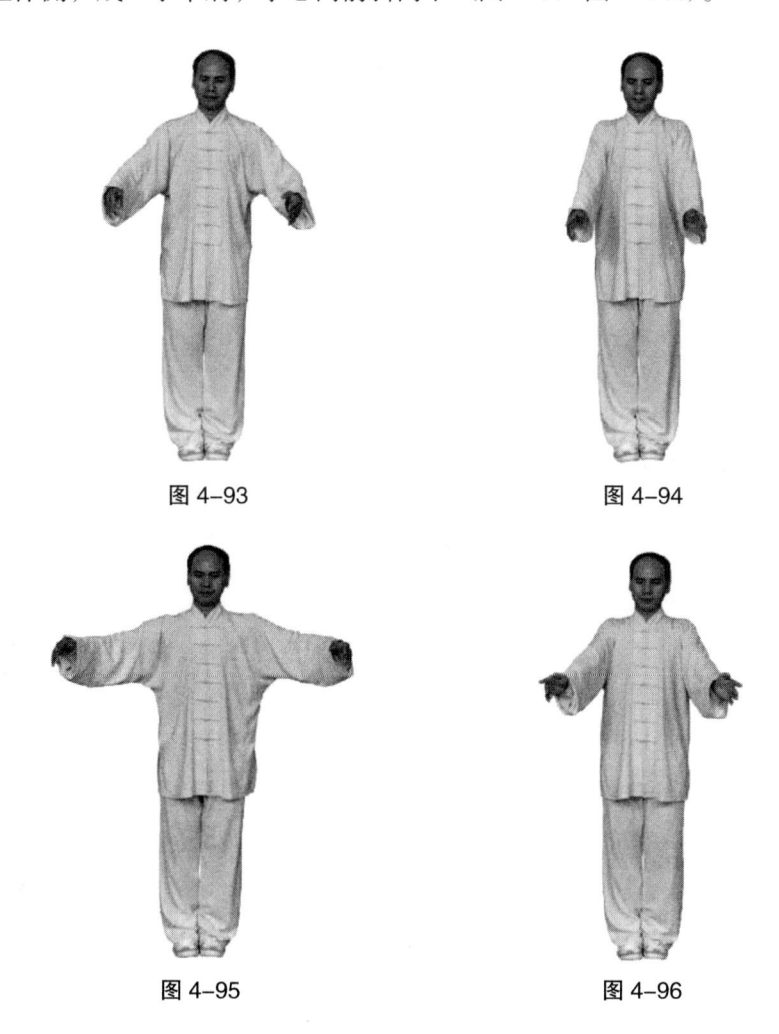

图 4-93　　　　　　　　图 4-94

图 4-95　　　　　　　　图 4-96

图 4-97　　　　　　　　　　　图 4-98

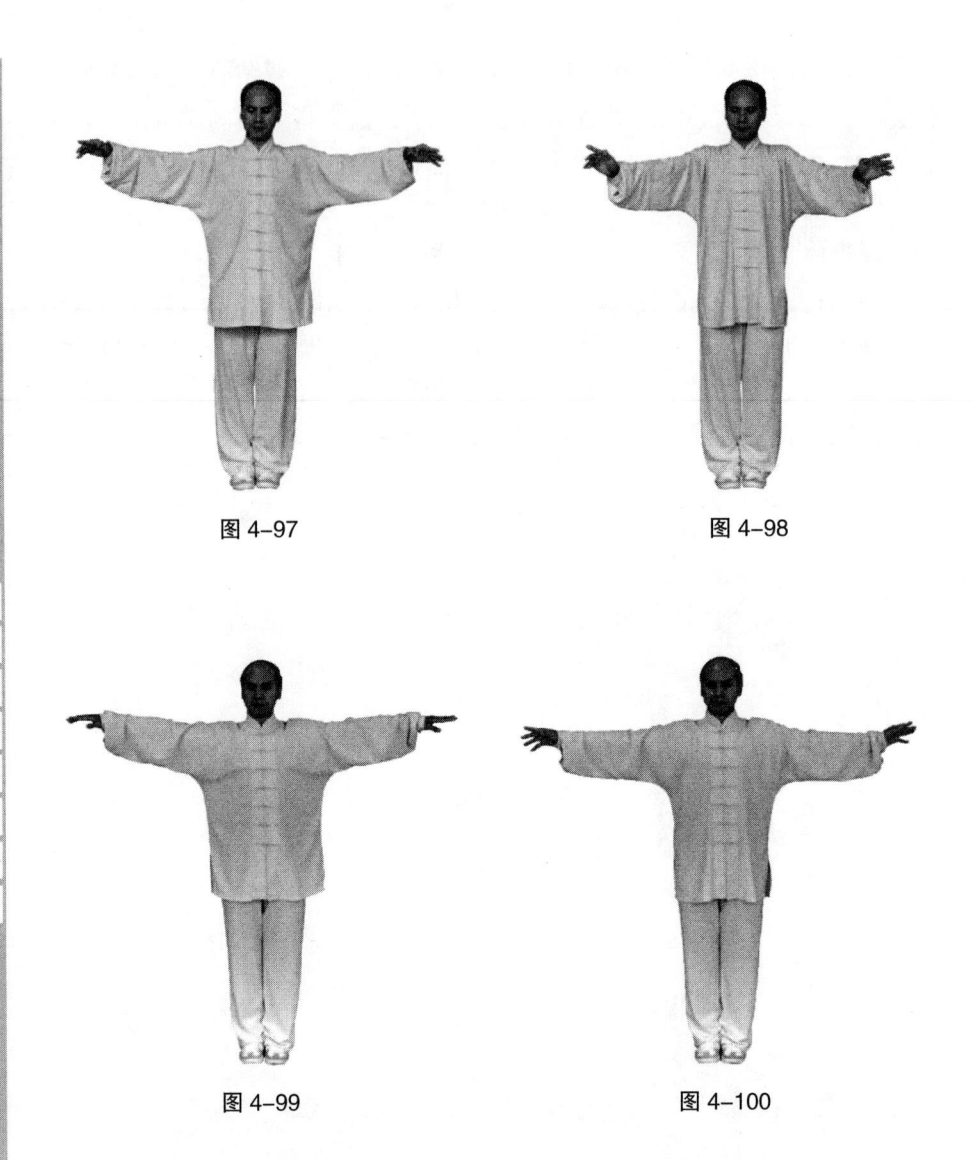

图 4-99　　　　　　　　　　　图 4-100

翱翔：接上势。转掌心向下（图 4-101），两臂以肘带动肩与腕做蛇形运动，于同一水平面向前合拢。先合后开，合时肘沿下、内方向而合，幅度较大；开时肘沿上、外方向而开，动作幅度较小，尽量保持掌心向下。经 4 次开合，两臂合至正前方，约与肩等宽高（图 4-102~图 4-109）；继而两臂做蛇形开合动作，于同一水平面向两侧外展。先开后合，开时肘沿下、外方向而开；合时沿上、内方向而合，合的动作幅度小于开。经 4 次开合运动，两臂外展至两侧，保持掌心向下。

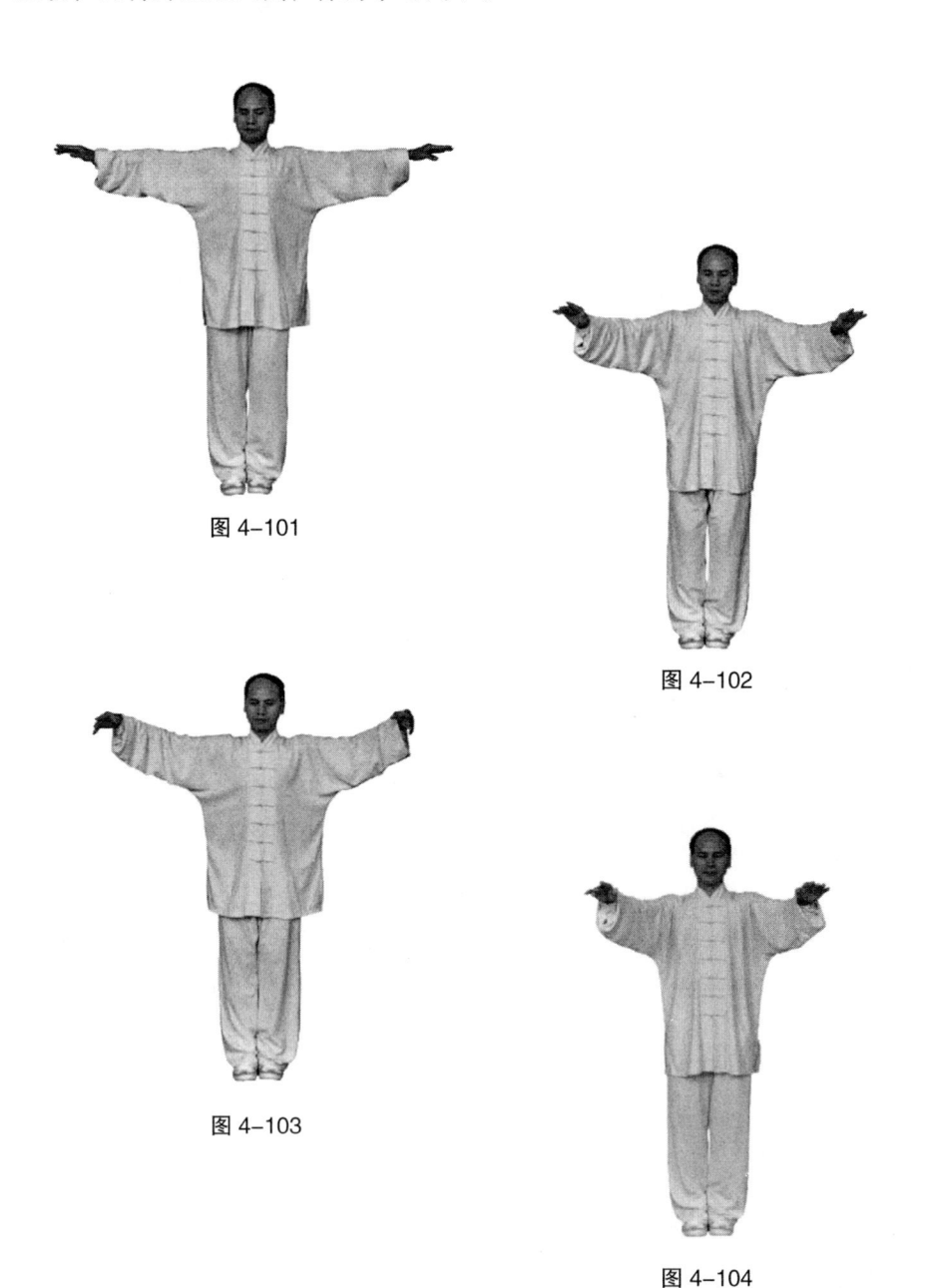

图 4-101

图 4-102

图 4-103

图 4-104

图 4-105

图 4-106

图 4-107

图 4-108

图 4-109

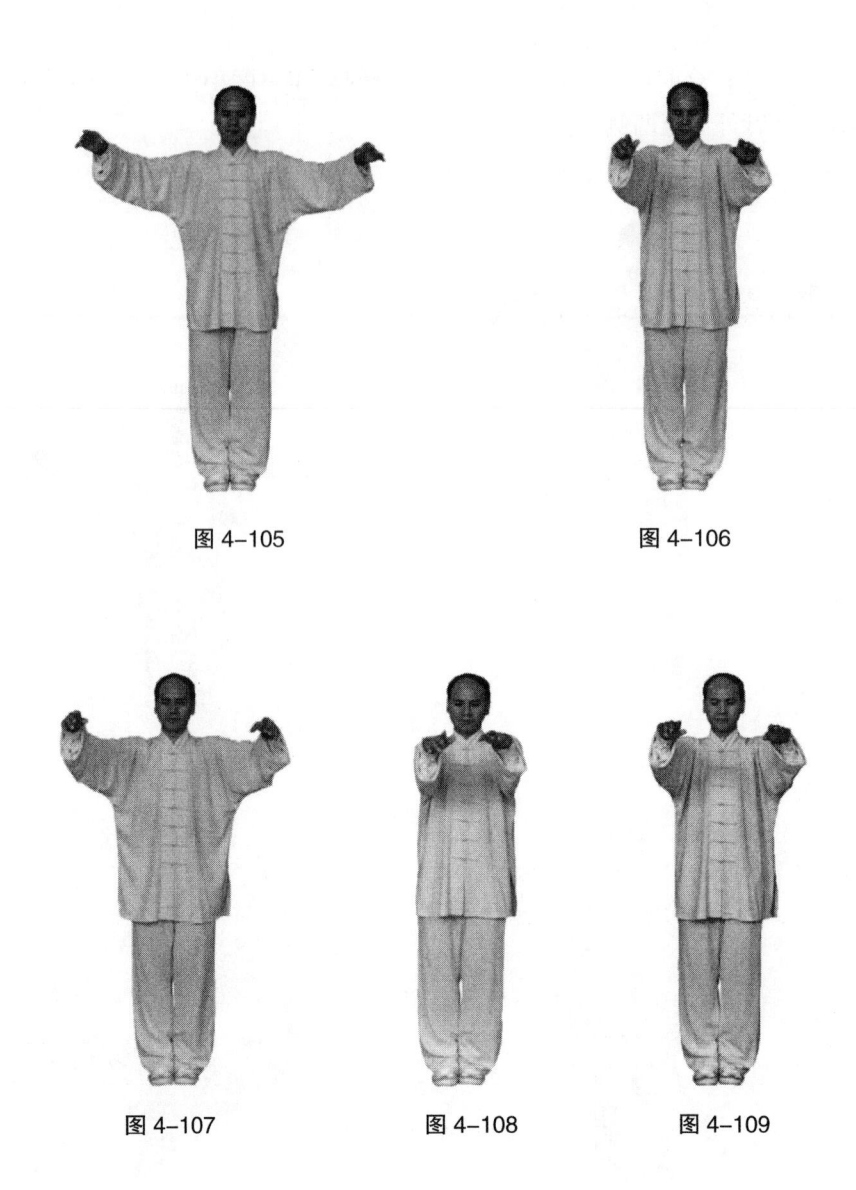

降落：接上势。转掌心向前，两臂做蛇形动作向前下方合拢。先合后开，合时肘沿外、下方向而合；开时肘顺内、上方向而开，其幅度小于合。经4次开合，上臂落于体侧，两掌回至体前，掌心相对，指尖向前，参阅图4-85；两掌相合收于混元前（图4-110、图4-110附图）。

图 4-110　　　　　　　　　　图 4-110 附图

【意境指导】

①展翅的意境：在展翅过程中，两臂虽然有伸与曲、升与降的变化，掌心则始终保持向上的水平状，为此，腕部需放松，随前臂的曲、伸自然变化，切勿执著。当前臂与上臂保持 90°外展至两侧时，必须注意上臂贴肋，并通过张胸、扩胸，以及两肩胛骨的内合，使得两前臂处在同一水平线上。两臂外伸时，两肩胛骨要拉开，肩推着手，指尖带着上肢向两侧伸出去。成丁字掌收至肩旁时，两肩胛骨须用力向中间挤。展翅时意注两掌心，当丁字掌置于肩前与臂旁时，意念中要把掌与肩连为一体，以促进头部之"灵光"与肩部之"灵光"合为一体。

②飞翔的意境：做飞翔动作时，肩、肘、腕必须放松，注意以腰带动，动作自然。尤其注意两肩胛要随臂转动，表现在肩关节部位似乎在做划正反立圆的运动。每一次开合（合开）肘部相当于划了一个圆圈，半圆为开，半圆为合。不仅如此，肩、肘、腕、掌、指部都在划圆。飞翔时还需注意，整个上肢（不仅在手）在做揉和弹的动作，一般外开为弹，内收为揉；要配合胸部的吞吐（开吐、合吞），同时配合两下肢一松一紧的自然变化；意注膻中与背部两肩胛间，从而加强飞翔时人在气中、气在人中之感觉。

【内涵解说】

①习练此式，不仅可以增强体内混元气的开合聚散，而且可使人体混元气与大自然混元气融为一体，从而增强内脏与外界的联系。当内气强化到一定程度，飞翔时会出现振颤，这是自然的，切勿强求。

②本桩法，前面五式为一段，旨在开窍聚气，使人体和大自然的混元气混融。练这一段功主要是练外混元与形神混元，是练五脏真元的准备阶段。

③第一式，无极而太极，是意、气外开；第二式，外合于内，主要是意、气内合；第三式，畅通关窍，属于气机外开；第四式，神气守中，则属意、气外合于内；第五式，神气通自然，为意、气内开于外。

④通过前面这五式的开合混化，不仅促成意、气混融，而且内外合一得到强化。在此基础上，修炼五脏真气，使之归于混元，可收到事半功倍的效果。

第六式　喜笑助心神　中峰立山根

【动作详解】

①指点山根：接上式。两臂内旋，两掌于混元窍前以腕为轴向上转掌90°，指尖向上成合十手（图4-111）；掌根分开，两中指仍相连，其余八指向内交叉进入掌中，而后掌根相合，此手势被称为中峰指，也称心印诀（图4-112、图4-112附图）。用中指尖带动，转指尖向前伸出，伸至与肩平（图4-113、图4-113附图）。

图4-111 　　　　　图4-112 　　　　　图4-112附图

图 4-113 　　　　　　　　　图 4-113 附图

上臂不动，以肘为轴，中峰指带动前臂向上划弧回收，中指上翘指天（图 4-114、图 4-114 附图），继续回收，肘微抬，头微后仰，中峰指指尖点住山根（山根位于两内眼角连线与鼻梁的交叉点），两肩胛前扣，含胸，中峰指呈水平状（图 4-115、图 4-115 附图）。

图 4-114 　　　图 4-114 附图 　　　图 4-115 　　　图 4-115 附图

发音：掌根划圆（用肘推腕，腕推掌指，整体地旋转），按左、上、右、下的方向转圈，同时发"惺（xing）"字音。每转一圈发"惺（xing）"1次，正转3圈，然后反转3圈，每转一圈的过程中包含吸气（用鼻自然吸气）和发音呼气。

②中指点膻中：接上势。两臂微内旋，诀指沿身体中线下落至胸，诀指点住膻中穴，抬肘、含胸，肩胛前扣，掌根不分开，诀指呈水平状（图4-116）。

发音：掌根划圆（用肘推腕，腕推掌指，整体地旋转），按左、上、右、下的方向转圈，同时发"心（xin）"字音。每转一圈发"心（xin）"字音1次，正转3圈，然后反转3圈，每转一圈的过程中包含吸气（用鼻自然吸气）和发音呼气。

③中指点心口：接上势。两掌臂外旋，转诀指尖向前，掌指微下落至心口部位。

发音：掌根不动，中峰指尖沿左、上、右、下的方向划圆，同时发"香（xiang）"字音。每转一圈发"香（xiang）"字音1次，正转3圈后再反转3圈，每转一圈之中包含吸气，吸气（鼻自然吸气）发音呼气。中峰指划圆时，掌根（神门）要固定，手腕要灵活，动作幅度可尽量大一些（图4-117、图4-117附图）。

图4-116

图4-117

图4-117附图

【意境指导】

①调动情志的意境：习练本式要打开心窍，进入到喜的意境。本式又称为心功。心之情绪为喜，所以练心功时要高高兴兴，满面春风。喜的气机是向外展的，气机外展有助于增强气的活力，使精神得到开放通达，使血脉通利，气机通畅，从而使人体各部组织与机能得以成长和养护。

②印诀点按的意境：中指，根节指腹属小肠，上节指腹属心，故本节手势被称为中峰指，也称心印诀。当两手掐诀向前伸出时，意念诀指伸到天边，随着前臂的回收从天边收气升至上方虚空。然后拢着气点按山根揉气（气和诀指在山根里合住），贯气入头部，意想上丹田真气充足；进而随着诀指的下移，至膻中点按揉气（气和诀指在胸腔里合住），贯气入胸部，意想中丹田真气充足；进一步转诀指向前，掌根贴于心口点按揉气（气和诀根在混元内合住），贯气入腹部，意想下丹田（混元窍）真气充足。

③呼吸发音的意境：本节功练心，发"xin-xiang-xing-（心——香——惺——）"音，三音的前面都是"xi"（西），只是后面的韵母不同。发"xi"（西）音时齿要合住，如果认真体会，能感觉到心口会动，往回缩（在剑突微靠上的地方），所以发此音能促使气从心口往里收。发音的关键是要发好前面的"xi"，发后面的尾音"n""ang""ng"时，要保持"xi"的口型，舌尖不松开。

点山根发"xing（惺）"音时可增强心之明觉。心藏神，神之功能必须明觉，古德谓："主人翁惺惺否？"就是说，自己的本性是否灵明。心静时发"xing（惺）"音，可以体会到从心连到脑，意想上丹田，发音时从眉间往里收，意想印堂里边明了（空明）。有的人会出现亮感，这是性光呈现的征象。敏感的人会感觉到"空空荡荡，虚灵明镜"的状态。

"xin（心）"音要发得慢。"x"轻而"i"稍重，再舌尖往下抵发"n"。如此发音是因为，发"i"音能使肾之元气上升，一直升到肺，待"n"音出来时，此气又降下来，进入到心脏。点膻中发"xin（心）"音时意想中丹田，有功底的人在状态中能体会到"心包天地，心包太虚"的意境。

"xiang（香）"音中"xi"要发得重，"ang"音念得轻，"xiang（香）"是把心口之气往混元窍上连。掌根贴心口发"xiang（香）"音时意想混元窍，功夫高的人会感觉到"似有非有、若有若无""神入气中、气包神外"

的境界。诗曰："天人合一练心神，气归混元养脏真；谦谦礼貌恭敬道，喜喜修德养我心。"

【内涵解说】

①心，位于胸腔之中，包在两肺中间，下面是隔膜，上至膻中下到鸠尾。心脏之气上至玉堂下至巨阙，气之集聚处在膻中至中脘之间。心主血脉、主神明（神不是鬼神的神，指人体的精神活动），人体最根本的精神活动由心来主宰。从现代医学讲，在胎儿发育过程中，神经系统中最早参与生命活动的是心脏系统形成后心脏的自律神经支配心脏跳动。这可能是人体中的神最早活动的地方。也许古人通过练功懂得了这个道理，所以说"心藏神"，只要和神有关的东西都和心有关。

②心开窍于舌，"舌为心之苗"，活动舌头似练心。心在情绪为喜，心主血脉，血脉畅通则全身舒服（喜、高兴），发出的音也是笑声。"喜则气和志达，营卫通利"，体内营卫之气都能很好流通，气血开张，气血充足，身体就强壮起来。心的气化为长，成长、茂盛、繁华。所以习练本式要自始至终保持喜悦的心情以促进成长的气化功能。有的人不会喜，就要学会用面部表情来调节情绪。将面部五官眉、眉中、嘴、嘴角、腮部向外一松一展，喜象就出来了。需注意气机外展不能过，不能太喜，哈哈大笑会守不住神，导致气机外散。要从精神上、内心中产生并存有喜悦的情绪，才能使体内各种机能成长。还需注意，如果骄傲自满，洋洋得意，有了一点小成绩就显摆，这样长点气就都散了，体内各组织成长不起来。

③在本桩法练五脏的式子中，每一式都有一个手诀，各不相同。它是根据人体局部反映整体的理论，按照人手上的五脏六腑分布规律而制定的。目的是为了更好地调动每一脏的气机，以加强这一脏的功能。手诀的制定有两种方法。一是开指法（或称空指法），即把代表所练脏腑的手指空出来而把其余手指闭合；二是闭指法，即练哪一脏腑就把代表这一脏腑的手指部位掐在该脏所属部位。本式是练心脏，其手诀比较特殊，综合了开指、闭指两种方法。掐中峰指时，两中指应尽量并合，其余八指向掌内交叉，两掌根尽量靠拢。

④练此式补益心脏的形、气、神志的功能，强化心脏脏真之气的开合以及与脏真混元整体的联系。山根属心，内连于脑，点之发"惺"音可增强心之明觉。当头脑昏乱时，主动念"xing（惺）"并想象空明，往往是即刻神清心宁。

第七式　凸腰强肾志　命门连耳门

【动作详解】

①前后点按：接上式。松开中峰指，掐肾水诀（拇指压住二、三、四指的指甲，小指直伸紧靠四指）（图 4-118）；两肘微外拉，诀指尖相接，掌心向内，下降至肚脐，诀指点按（图 4-119），诀指沿腰带（带脉）拉开，经体侧向后合（图 4-120），合至命门点按（图 4-121、图 4-121 附图），转掌心向外，诀指尖相接，手背贴于腰部两肾的位置，全身放松（图 4-122）。

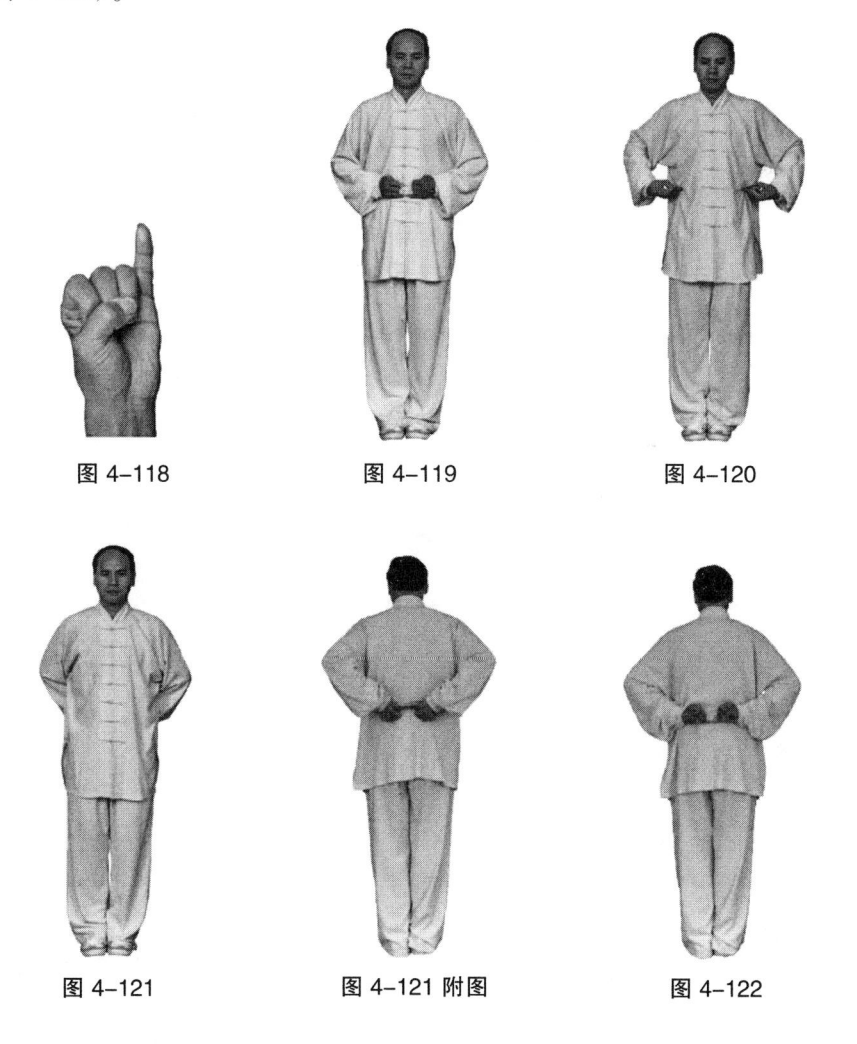

图 4-118　　　图 4-119　　　图 4-120

图 4-121　　　图 4-121 附图　　　图 4-122

②塌腰、拱腰：接上势。上身自然拉直，脊柱节节放松，小腹回收，直腰前弯约90°，头与胯平，抬头，下颌回收，两腿绷直，重心微微后移（图4-123、图4-123附图）；塌腰，腰部下塌，尾闾上翘，前后阴放松，同时配合腹式呼吸之呼气（图4-124）；拱腰，腰部上拱，提前阴，收小腹，松臀，扣尾闾，同时配合腹式呼吸之吸气（图4-125）；塌腰、拱腰动作重复12次。

塌腰、拱腰动作可以反复体会。此动作是松腰、松脊柱的好方法，可以单独习练。另外可以直立身体习练塌腰、拱腰（图4-126、图4-127）；做好尾闾的扣翘是习练塌腰、拱腰的关键。

图4-123　　　　　图4-123附图　　　　　图4-124

图4-125　　　　　图4-126　　　　　图4-127

③诀指入耳：接上势。深吸一口气后拱腰，身体慢慢直立。转掌心向内，诀指点命门，参阅图4-121；诀指沿腰带拉开，经体侧，向前合，合至肚脐点按，参阅图4-119；两诀指似接非接沿任脉腹中线上升，两臂随手整体上升，手升至胸（图4-128），转掌心向上（图4-129），诀指继续上升至璇玑穴（体中线与锁骨低端连线的交点），转诀指尖向前，小指外侧并拢，同时两肘自然下落（图4-130、图4-130附图）。

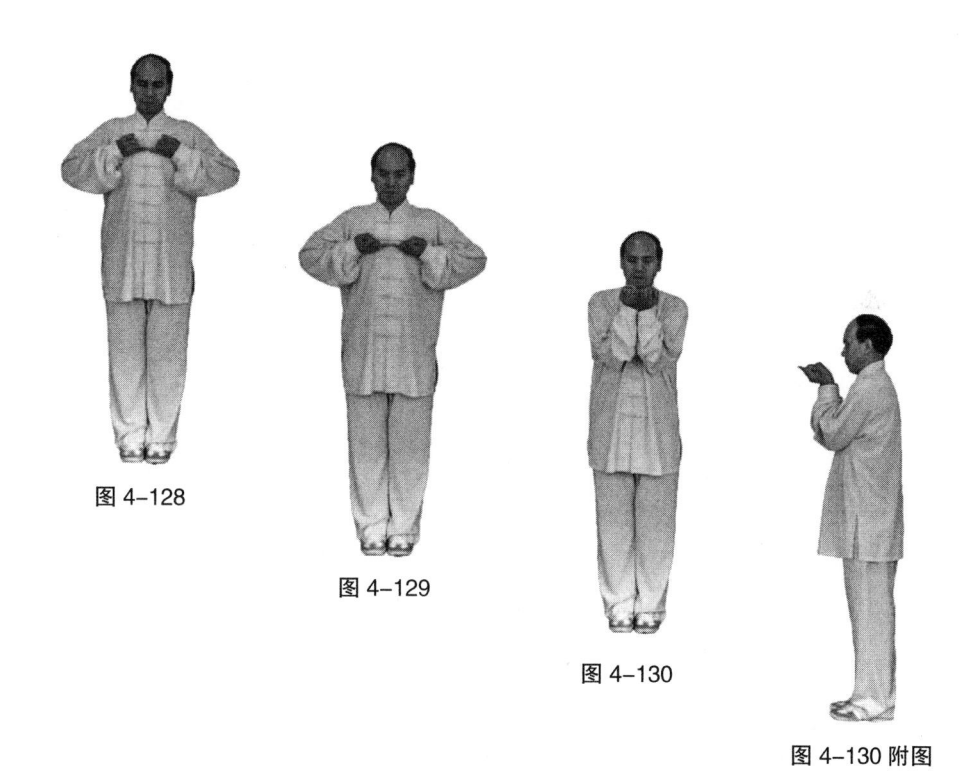

图4-128

图4-129

图4-130

图4-130附图

相合的两肾水诀指继续上升至山根（图4-131、图4-131附图），两掌根分开，转掌心向内，诀指平着回收，指尖至山根，轻点山根（图4-132）。

两肾水诀指沿眉下、眼上向两侧分开至耳尖（图4-133），沿耳轮角前缘下降入耳，诀指插到耳朵深处（图4-134），两前臂内旋，转掌心向前，全身放松（图4-135）。

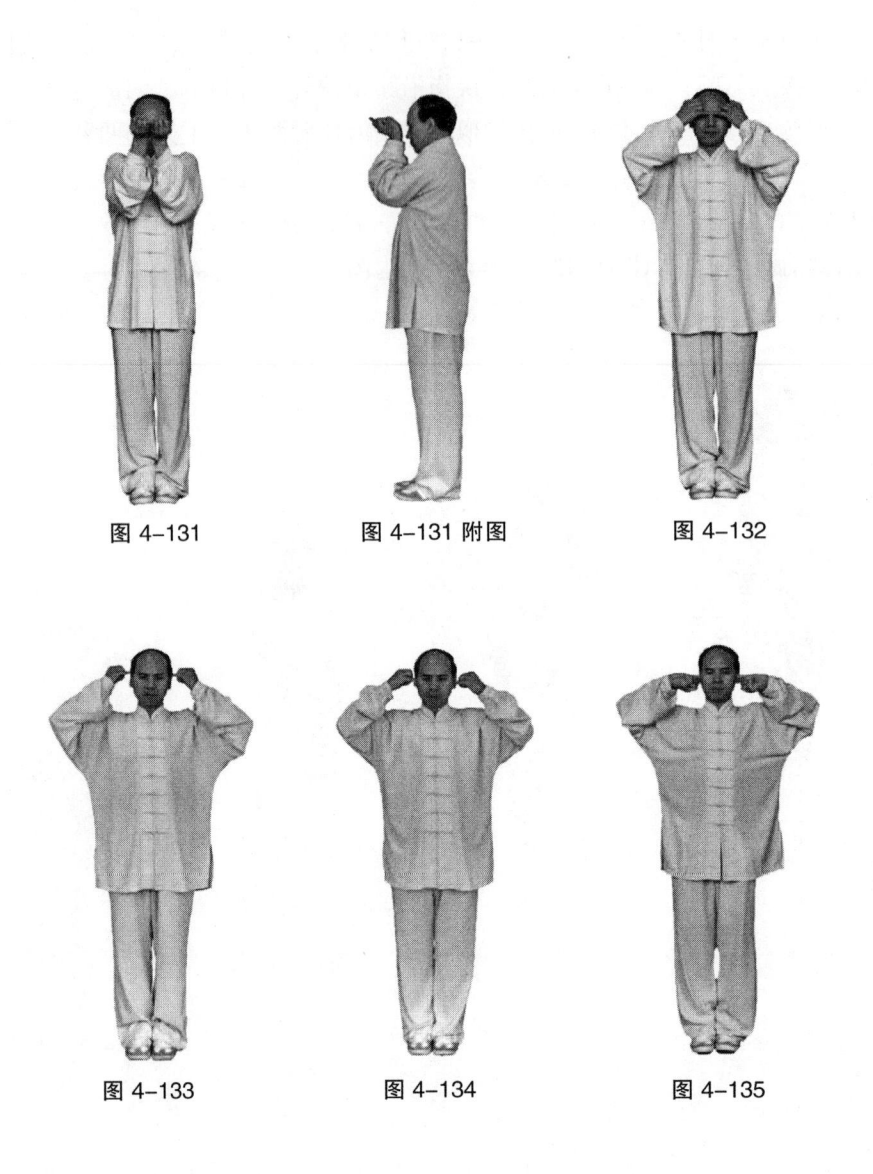

图 4-131　　　　　图 4-131 附图　　　　　图 4-132

图 4-133　　　　　图 4-134　　　　　图 4-135

④发音、振颤：接上势。头微后仰，翘尾闾，自然吸气（同时舌抵门齿缝），发 "ei、yu-ying-（欸、吁——英——）" 音，发音的同时头与尾闾逐渐复原，如此反复 5 次（图 4-136、图 4-136 附图）；而后小指在耳内轻轻振颤（30~40 秒钟）。振颤结束，小指从耳内迅速拔出，要快而猛，然后松开肾水诀，两手向耳内混气、贯气（图 4-137），意想五官连于五脏。

图 4-136 　　　　图 4-136 附图 　　　　图 4-137

【意境指导】

①调动情志的意境：本式习练之前要将上一式的喜悦心情向里收，进入到恐的意境。本式又称为肾功。肾之情绪为恐。恐是怵惕之意，是从内心里"小心谨慎""提高警惕"。古人谓"战战兢兢，如临深渊，如履薄冰"，即指此心理状态而言。

②印诀点按的意境：小指根节指腹属膀胱，上节指腹属肾。故本节手势被称为肾水诀。当肾水诀（小指）沿腰带拉开时，意念带着肓俞穴从身体里边拉开。肾水诀体前上升时，意念带着肾气从命门沿脊柱上升至百会，随诀指入耳引气入内。同时意想气从身体当中上升，使得肾中之阴上升至心，温养心阳；心中之阳下降至肾，温养肾阴。这样心火下降，肾水上升，彼此交通，相互协调，就能心肾相交而水火相济。

③塌腰、拱腰的意境：塌腰、拱腰是松腰、松脊柱的好方法，可以单独习练。注意弯腰时，要直身前折胯部，小腹回收；配合腹式呼吸，意念想着两肾，吸气时拱腰，命门后凸，气直达腰部，腰鼓得越大越好，把气向肾处挤压；呼气时塌腰，注意体察两肾，意想腰椎节节松开。由于意念都集中到腰部，久而久之，气就会向命门处集中，肾部的混元气就更加充足。气足腰松，待腰松开了，整个脊柱（脊椎）会渐渐松开，气直达腰部先天气穴，丹田气贴脊，炼炁入脊。

第四章　敛气入脏五元桩义解

279

④呼吸发音的意境：本节功练肾，发"ei、yu-ying-（欸、吁——英——）"音。发音时，要注意两肾，前后阴及会阴都要微微收缩上提。

"ei"音要发得急促、短促，如同突然被人叫，而很惊奇地应答。它是含气音，气流不会往外冲。"ei"的发音在口腔的后半部分，舌的前半部分往下落，舌中和舌根往上挺，主要起作用的是舌根（属肾）和腭垂。发音正确时，混元窍、心口、会阴、肛门等部位都会有触动感，会把肾气从肾脏处连着会阴提起来，使上下内外贯通。

"yu"音的发声在前口腔，口型要撮，舌头两边要向内裹，发音时间越长越好，呼气、吸气发音均可。牙齿属肾，发音时意念要向牙里贯气，炼炁入骨。发"yu"音时，通过会阴的收缩使气往上挤，往上升，升到心口、中田处，意念把气收入中宫、混元窍里。

"ying"音要发成"yi-ing-"，音要发得慢，要长。发"yi"（一）音时，配合二阴收缩，可使气从会阴往上升，把肾气连于混元窍并继续上升于头部，使肾精去养脑，即"还精补脑"；发"yi"音可以促使气从口腔直接往顶上冲（不是前面，是从后面走）。要想把头上的气和会阴的气上下连在一起，就要注意发"yi"最后变成"ying"。"yi（一）"的音可以作用到肾，但其音太刚，难以和脏真混元相合，故而把"yi（一）"音改成"ying（英）"音。"yi"音要发得重一点，发音时意念要专一，志不可散。肾主志，即志向、意志，练功与做事都必须"一其志"，所谓"用志不分"。诗曰："小心翼翼提肾气，如履薄冰练脏真；战战兢兢恐不惧，气收神藏强功能。"

【内涵解说】

①肾，位于上腹腔两侧，上限接肝（左侧是现代医学的脾），下限平脐。传统功法中所讲的肾还包括生殖系统，其精液可下降于会阴，其气聚集之标位前在脐，后在命门。肾主藏精、主髓、主骨，决定着"志"向高低大小与顽强程度。五脏六腑之精，一身的精气都由肾来收藏，而精气是全身的生化之本，与人的骨骼、骨髓、牙齿、脑髓都有关系。肾气充足，头部脑髓也较满，精神充沛；肾气虚，则会出现头晕耳鸣。

②肾开窍于耳和二阴。气化为藏。所以练本节功发音时将诀指插入耳内堵住耳朵并收缩二阴，是用肾诀闭肾窍，能把提气的力量练强，使肾气往身体里走，内收不外散。此符合肾蛰藏之性，同时使心肾相通。肾的声

音为呻吟，似痛苦的呻吟声，当发肾音时应带出类似呻吟的哼哼的调。肾的精需要去养脑——"还精补脑"，所以发肾音能自然把气提升到头上来。

③肾在情绪为恐，故习练本式自始至终都要带有恐的情绪。恐则气怯。肾气从下往上升，由于恐而胆怯，升不上来，往回退，退回肾藏起来。所以胆小恐惧的心理状态，有助于气的蜇藏，可防止气外散，加强气的收藏，收藏到一定程度即可化为有形之物。修养气时要做到"小心翼翼""忍辱负重"，免得出错。

④肚脐与命门是肾的标位——是肾气聚集之处。在本桩法中，肾不仅包括解剖学中所指的肾，而且男女生殖系统也同属于肾。人在胎儿期间，所需的营养的输入与废物的排出，都是经脐带到胎盘和母体进行交换，也就是说，胎儿在生长过程中摄取的混元气是由母体通过脐带输送的。因而脐处成了混元气的聚集与出入之门。成人的睾丸、卵巢虽然离脐较远，但从胚胎发生学来看，睾丸、卵巢与肾都源于尿生殖嵴，在胎儿内脏形成时期，睾丸（或卵巢）的位置在肾的内侧，这一位置相当于脐的深处，而后逐渐下降。男性的左侧睾丸的静脉至成年后与左肾静脉相连，可见两者关系密切。鉴于人的混元气的分布保持着与人体先天结构的一致性，所以保证睾丸、卵巢各种功能活动的混元气集中在脐的深处，正对着肾后的命门部位。当带有全部生命信息的精将要化生时，混元气就是在这一部位集中与生化的。

躯体混元气集中于此，不仅是先天之气的肾间动气，而且也有后天的水谷之气，所以这里是先天气与后天气生发、集中的地方，肚脐与命门又是其最为典型的代表部位。当手点于肚脐、命门时意念想到深处，就对此处（肾）加了气，使肾气更加充足。此节功有培益肾脏之形、气、志之功能，能强化肾脏脏真之气的上升以及与混元窍的整体联系，使肾之蜇藏功用得以加强。

第八式　缠绵中宫意　混元四脏真

【动作详解】

①俯身拱腰：接上式。混气手变双峰掌（指尖向上，掌心向内）（图4-138），上举伸直，转掌心向前，上臂贴耳（图4-139、图4-140）。

俯身拱腰向下弯：脊柱从上至下逐节卷曲而下，手臂随体而行，上体弯至头与胯平（图 4-141），手臂继续下落垂于地面，注意收小腹，缩会阴，腰部放松（图 4-142）。

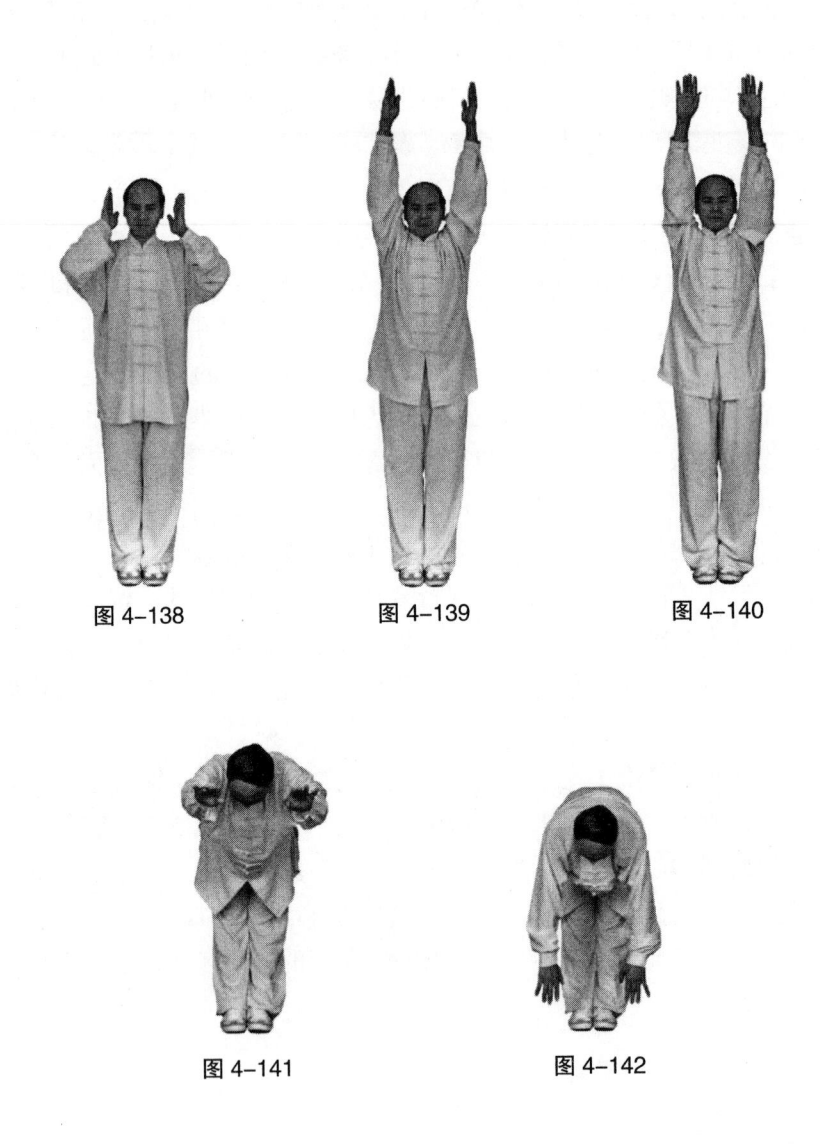

图 4-138

图 4-139

图 4-140

图 4-141

图 4-142

②混元缠手一：接上势。转掌心相对，拔气上升（两手犹如从地下拔出一个气球上提）；同时，两脚趾尖微微上翘（直至发音时放下），人体重心落在脚掌后半部（图 4-143）；两手逐渐收至混元处，掌心向上，上下重

叠，但不接触，左手在上，指尖向右；右手在下，指尖向左（图4-144）；两臂以肘带手相互缠绕，右手沿下、内、上、外的方向转圆，同时左手沿上、外、下、内的方向转圆；转圆时两掌之间相距10~20厘米，指尖与对侧掌根相齐，共缠绕5圈（图4-145、图4-146）。

图4-143　　　图4-144　　　图4-145　　　图4-146

③心肺相连：接上势。两肘外拉，中指相接点按肚脐，拇指合于上腹（图4-147、图4-147附图）（本节③与⑤中的站立图系拱腰之站立展示图，请勿看成直立）；拇指、中指似接非接沿身体中线上升，依次至天突穴（胸骨柄上方的凹陷处），再沿锁骨向两侧分开至肩前（图4-148、图4-148附图）。

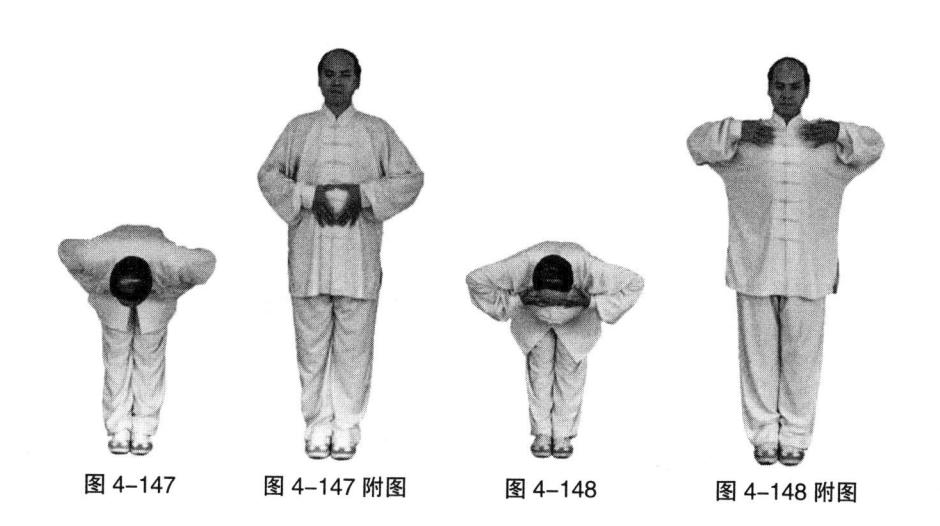

图4-147　　　图4-147附图　　　图4-148　　　图4-148附图

两掌指于胸部沿外、下、内、上的方向绕乳划圆（与身体似接非接），正转3圈后再反转3圈（图4-149~图4-152）。

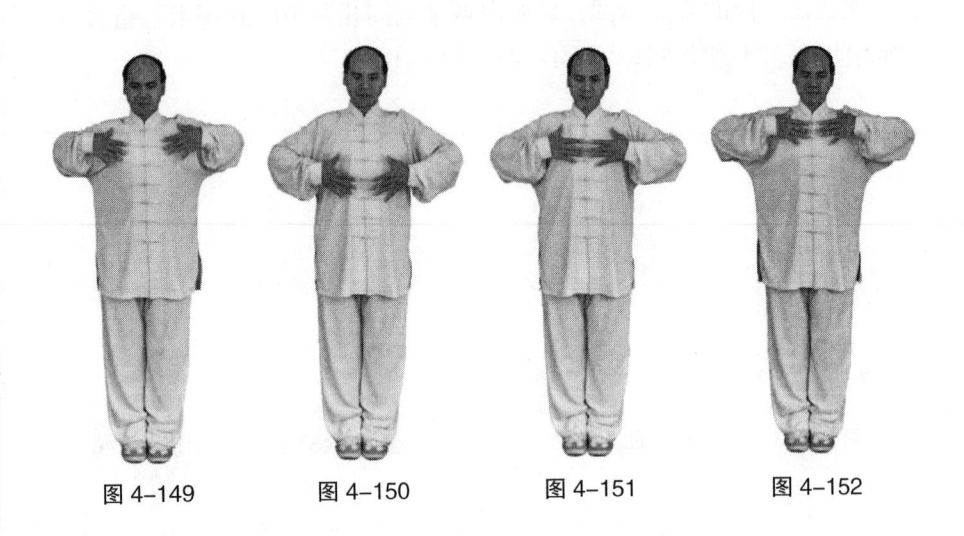

图4-149　　　图4-150　　　图4-151　　　图4-152

两掌成横掌沿锁骨内合，中指、拇指依次于天突穴相接后下行至心口（图4-153）；两掌外分，从腋下大包穴（腋中线上，当第六肋间隙处）处向外后方约45°伸出，高度与背持平，掌心向上（图4-154），两臂伸直后于同一水平高度向前合，至肩两侧约成一字水平时外旋成掌心向下（图4-155、图4-156），继续前合两臂，合至约与肩等宽时，手臂落下垂于地面（图4-157、图4-158）。

图4-153　　　　　　　　图4-154

图 4-155

图 4-156

图 4-157

图 4-158

④混元缠手二：动作要领与②相同。

⑤肝肾相连：接上势。两肘外拉，中指相接点按肚脐，拇指合于上腹部，参阅图 4-147，拇指、中指似接非接上升至心口部位，参阅图 4-153；两掌沿肋弓外分拉开，同时轻轻震颤（图 4-159、图 4-159 附图），两掌向后转至背后，停止震颤，中指相接点按命门（图 4-160、图 4-160 附图）。

两掌心敷于腰部（两肾处）沿外（图 4-161）、上（图 4-162）、内（图 4-163）、下（图 4-164）的方向轻轻揉按，体会两肾气机的变化；中

第四章 敛气入脏五元桩义解

285

指相接点按命门，两掌沿原路返回，同时轻轻震颤至体前，中指、拇指依次回至心口相接下降，拇指降至肚脐（图4-165）。

图 4-159

图 4-159 附图

图 4-160

图 4-160 附图

图 4-161

图 4-162

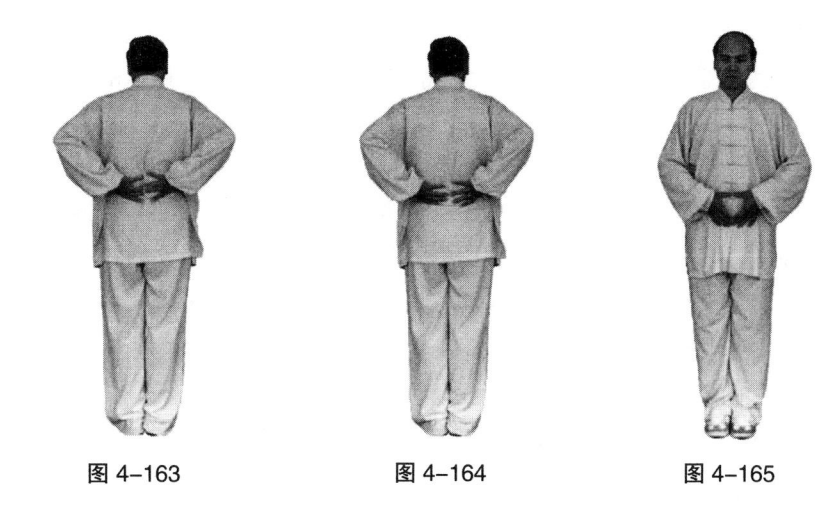

图 4-163　　　　　图 4-164　　　　　图 4-165

⑥掐诀发音：接上势。两手分开，拇指沿腰带向两侧外开至肋下章门穴点住，脚趾落下放平，两手掐脾诀（拇指外腆直伸，其余四指握紧），诀指直对身体（图 4-166、图 4-166 附图）。

深吸气至腰部，呼气时发"gang-fu-zhong-（刚——夫——中——）"音，如此发音共 5 次。发音结束，身体慢慢直起（老年人或身体虚弱者可以先直立身体后发音）；身体左右转动 3 次（图 4-167、图 4-168），而后身体转正，全身放松。

图 4-166 　　　图 4-166 附图 　　　图 4-167 　　　图 4-168

第四章　敛气入脏五元桩义解

287

【意境指导】

①调动情志的意境：本式习练之前要意想鼻端，进入到思的意境。本式又称为脾功。脾之情绪为思。脾之气主于化，气在体内生发长养以后还要让它起变化，发生质变，这就需要思，思则气结，深思时可改变气之生长、流通、运动之性，使之集结而变，使人体发生变化。练脾功时的思不是胡思乱想，而应集中精神沉思，要体现出安安静静的一种精神境界。办法是用意念鼻子尖下边一点的地方，此处叫中天门，是天门穴的窍，直通中宫。把精神集中于此处，神有所归气就随之而来，自然而然地与脾胃的位置连上，向混元窍集中。

②印诀点按的意境：拇指根节指腹属胃，上节指腹属脾。本节手势（拇指外腆直伸，其余四指握紧）被称为脾土诀。

做俯身拱腰动作，是为了把脊柱（脊椎）拉开，当身体弯到头与胯平时，背部的脊中穴（后正中线上第十一胸椎棘突下凹陷中）位于最高点，脊中穴下面正是身体里面的混元窍，意念脊中穴、混元窍（穴）上冲到天，连接天（天顶）之气。通过弯腰，使心、肺、肝、肾四脏和脾中宫更加接近，可以强化这四脏与混元窍、脾中宫的联系，强化五脏脏真之气的混融。

两手相缠时手要和气结合上，意想两手间似乎有微丝相连，缠绵不断，在缠手的过程中把两手的气往混元深处贯送。缠手时肘部要跟着划圈，把手和上臂前臂连成一个整体，同时脚趾上翘，后脚跟并合，重心放在脚跟（该处有一穴位通奇经八脉和肾经），这样可使先天后天一块练（肾主先天，脾主后天）。

脾主中宫，要合心肝肺肾。所以当两手在躯干上运行时，其运行路线是在联络心、肺、肝、肾。手到之处，意念要深入于内，进入脏体。以此增强脾和五脏的联系，这是五脏脏真之气整体混化的关键。

③呼吸发音的意境：本节为脾功，发"gang-fu-zhong-（刚——夫——中——）"音。脾开窍于口，其华在唇。脾在声音主于歌，当发脾音时，要柔和，要有唱歌的韵律。初练者可直立发音，诀指点住章门后即把身体慢慢直起，不熟练时弯腰发音气下不去，只能在胸部震动。

发"gang（刚）"音时要把嘴全部张开、放松，把舌头的中部往上抬与上腭相触后，马上往下落平，"gang（刚）"音就发出来了。发"gang

（刚）"音用意有二：一是取其用肝生脾，发挥肝生发脾的作用；二是把胃气生起来，这样可以引气走中宫。

发"fu（夫）"音时，下唇要用点力靠住上门齿，如同吹气一般。"fu（夫）"音要发得轻，要自然、要柔和，这样发能很好地使气往脾中宫合。因为脾主运化，所以发"fu（夫）"音也可以使身体内气往外散发，同时发这个音还可以把胃（属于阳）气调动起来。

"zhong（中）"的发音比较容易，要发得慢一些，发得很平和、很圆活。可以将"zhong（中）"发成"zh-u-eng-"。发"zh"时嘴要开，但不是全开，舌头要卷；"u"是撮口呼，把嘴缩起来，舌头要平；发"eng"音时，舌头动作也不大。"zh"连心，"u"连脾，"eng"是连脾走中宫，这三个音碰到一起，把气从心降到中宫里，这是神和气相合。

"中"字所含学问很多。按古之理论，所谓中就是无形无象，一物不着，没有分别；大道之"中"，不内不外，不偏不倚，既无形又无名，为一种境界的形容；以在身中之中，求不在身中之中，此是大道修炼的心法；在恍恍惚惚的状态下发"zhong（中）"音，用意元体去体会身心，直接走清静无为的"中"；功夫练到上乘，如果感觉到意念内视体中时，会出现一条无形的气线上下相连，这是中脉的引子。初练者通过发音仔细体会，功到自然成。诗曰："水火既济心肾通，脾藏中宫融四脏；肝肺相亲情性守，天地人合混元中。"

【内涵解说】

①脾，位于身体的正当中，胃的后面，相当于现代医学中的胰、大小网膜及系膜的有关部分。其标位在建里穴与下脘穴之间。脾主肌肉，与胃合作完成消化功能。脾主运化，把吃入体内的营养、水谷走运，把身体里的气运化到四肢百骸（身体四肢、手脚四末气的敷布和脾的运化功能有很大关系），身体各部的营养也需靠脾来运化。

②脾在气化里主化（一个事物长到一定程度达到了高峰，要在体内起变化，化是发生性质转化，从量变到质变，如植物发芽、成长、开花结出新的果实，发生了转化，化生出新的东西）。怎样化生？化生靠沉思，靠意念。脾之情绪为思（精神专注即为思），脾主真意，真意是练功的根本，意念通过"化"，所化之气一聚一散，一开一合，使体内发生转化。所以习练本式功从始至终都要有思的情志。必须集中精神沉思，思

则气到，把脾的真意加强锻炼，强化中宫的功能，使体内发生变化、转化。人要从不健康到健康，从低层次健康水平到高层次健康水平，就靠沉思，集中精神思，使气集中，就能发生转化。传统功法中，无论是在"水火既济""心肾交通"之过程，还是"性情相合""肝肺相亲"之过程，都须借助脾之意念。

③由于脾主四末，通过翘脚趾和缠手就使四末得以运动，使得脾的阳气散发到四肢上去，而四肢（四末）的运动又增强了脾脏的功能。脚后跟女膝穴通奇经八脉和肾经，肾主先天，本式练脾，又由于脾主后天，重心放在脚后跟，起到先天、后天同练之功效。同时通过缠手向混元处收气，又能达到强化脾脏之功能。

④心口为心气出入的通道，当两手上下往返心口与心脏处时就联络了心。手在乳房处转是因为乳头和乳晕代表肝，乳房代表胃，乳房里面代表脾，乳房深处代表肺，手在乳房外面转，意念要在乳房深处转，主要是为联络肺，同时把几脏的气也混化于一起。为联络肺，手转圆时不在肺尖而在乳房处，因为乳房属于胃，里边属于肺，在乳房外转，是取五行里边土生金之意，从这里转，从肺经和脾经的关系来讲，比单纯补肺效果会更好。大包是脾之大络，从大包掏出的目的是把脾的阳气敷布到全身，把全身之气连通在一起。

⑤初练者可以直立发音，即掐脾土诀点章门穴后身体慢慢直立，待身体中正后吸气发音。熟练以后，慢慢会感觉发音时中宫脾部有明显的音符振动，有了这种感觉后再行拱腰式发音。无论是直立发音还是拱腰发音，都要求诀指（拇指）指腹点章门，且诀指直对身体，不可歪斜，更不可将其他手指靠在身上。发音时拳面始终对向地面，拳背斜向前，上臂和前臂放松靠于体侧。直立发音时，腕部打折；弓腰发音时，肘尖尽量指天，但腕部不打折。

⑥脾之位是混元窍的一部分，因此心、肺、肝、肾四脏之真气与混元真气混化，与脾有着至关重要的作用。本节功的动作主要是往返于四脏，因而不仅强化了脾脏形、气、神之功能，而且强化了四脏与混元窍的联系，是五脏脏真之气混化为一体的关键一步，本式也是敛气入脏五元桩关键性的一节，须勤学苦练，悉心体会。

第九式　展臂护日月　转目炼肝魂

【动作详解】

①左手掤出：接上式。两眼慢慢睁开。松开脾土诀，成掌心相对，指尖引动两臂向前方伸出，逐渐转掌心向内拢气回收，两前臂收于胸腹前，右臂在上，右掌收至左胸，掌心敷于心脏的部位，指尖斜向上；左掌收至右肘下，掌心敷于右肋，指尖不能超过右肘尖（图 4-169、图 4-170）；右手从左胸斜行下落至右肋部呈横掌，掌心敷于肋弓（按在右侧期门、日月穴），中指尖不超过身体中线；同时，左手变阳掌，虎口带动掌臂于右肘下向左前上方掤出，与肩等高，目视食指端（图 4-171）。

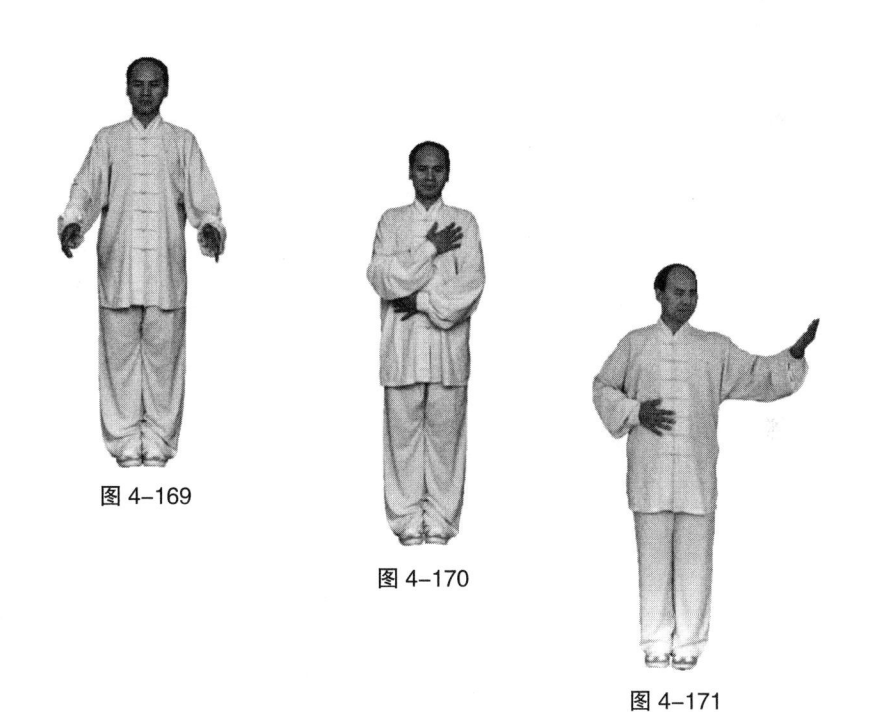

图 4-169

图 4-170

图 4-171

②转身点指：接上势。以左臂带动身体左转至 90°（图 4-172），掐肝诀（拇指盖住三、四、五指甲，食指直伸）（图 4-173、图 4-173 附图）；左臂继续左转直至指向正后方，左手变阴掌（图 4-174、图 4-174 附图），诀指

向后方点出；以肩带动掌腕微回缩，肘微下垂，然后诀指带臂向外点出（图 4-175、图 4-176），一缩一点，共点 8 次。

图 4-172

图 4-173

图 4-173 附图

图 4-174

图 4-174 附图

图 4-175 　　　　　　　图 4-176

诀指放平，左臂外展伸直带动身体右转 90°至身体左侧（图 4-177），变阳掌，转至 180°时回到正前方，转至 270°时至身体右侧（图 4-178），变阴掌，身体继续右转，同时屈前臂，直至掌臂指向正后方（图 4-179、图 4-179 附图）。

图 4-177 　　　　　　　图 4-178

图 4-179　　　　　图 4-179 附图

左肩带动掌腕微回缩，肘微下垂，然后诀指带臂向外点出（图 4-180、图 4-181），一缩一点，共点指 8 次。诀指放平，左臂外展伸直，带动身体左转 90°至身体右侧（图 4-182），变阳掌，身体继续左转至正前方（图 4-183、图 4-183 附图）。

图 4-180

图 4-181

图 4-182

图 4-183 　　　　　　　　图 4-183 附图

③右手掤出：接上势。左手松开诀指，左臂屈肘回收，左掌敷于右胸；同时右掌沿腹横向移至左肋部，位于左肘下方，指尖不超过左肘尖（图 4-184）。左手从右胸斜行下落至左肋部呈横掌，掌心敷于肋弓（按在左侧期门、日月穴），指尖不超过身体中线；同时，右手变阳掌，虎口带动掌臂从左肘下向右前上方掤出，与肩等高，目视食指端（图 4-185）。

图 4-184 　　　　　　　　图 4-185

④转身点指：与②相同，唯左右式不同（图4-186~图4-197）。

⑤闭目发音：接上势。右臂屈肘回收，肝诀指环扣于右侧日月、期门穴（乳头直下，分别在第六肋骨间隙和第七肋骨间隙）；左手掐肝诀，指环扣于左侧日月、期门处，指尖向下指地，上臂自然放松（图4-198）。两眼轻轻闭合时发"ti、ju—ling"音（ti、ju-ling，应该发成"tü、ju-ling"但"tü"不符合拼音规则也无此发音和相应的汉字，为保证其发音准确，我们用"ti、ju-ling"代替，要求在发"ti"时，将"i"发成撮口音"ü"），共发音5次。

图4-186

图4-187

图4-188

图4-188附图

图 4-189

图 4-190

图 4-191

图 4-192

第四章 敛气入脏五元桩义解

图 4-193　　　　　　图 4-193 附图

图 4-194

图 4-195

图 4-196

图 4-197　　　　　图 4-197 附图　　　　　图 4-198

【意境指导】

①调动情志的意境：开始习练本式前，要意照指端，进入到怒的意境。本式又称肝功。肝之情绪为怒。适度的肝怒有助于气之生发，气机上冲，俗称生气。激怒失控时外部会出现立眉瞪眼，面红耳赤，直至怒发冲冠；内部则气血散乱，可以吐血、呕吐、腹泻，严重时能致人死亡。亦有人怒后气生发而不能正常运化，在体内壅结呈现病态。练功时意想作怒，此怒可控，气生发而不淤结。肝主条达，练肝功时手臂展开，通过体式使之运化全身，强化练功效果。

②印诀点按的意境：食指（二指）根节指腹属胆，上节指腹属肝。本节手势（三指、四指、五指弯曲，拇指盖住其三者指甲，食指直伸）为肝木诀。诀指向后点缩时，注意动作中肩、肘、腕的放松，不要僵硬用力。要配合两肩部的伸缩。如右手点指回缩时，以右肩带动臂指往回收，同时左肩微前扣，带动左臂掌按肋，意念送入深处，好似把通过点指臂回缩时引回的气收入肝部，使外气入内以养肝；外点时按肋的左掌放松，左肩关节微后收，好像往右肩部传送，推动外点臂的肩、掌指外伸，似乎把肝之气通于外。

习练时不能眨眼，要目不转睛地注视诀指端，注意力从肋部的日月穴上合于头部的上星穴（鼻中线直入发迹一寸）照住指端，意念也要带上照海穴（足内侧，内踝尖下方凹陷处）。以两眼内眦连线为底边向上连成等边三角形，意念集中到以此三角形为底向头内所形成的正四面体的顶点处，然后，两目集中看着食指端，天目穴就会自然地起变化。

右手掤出前，左臂屈肘回收，右手从右肋部推向左肋部，此时意念要把肝气推到中宫混元窍。这是融肝气于混元窍，促进混元窍之生发功能的关键一举，切勿等闲视之。若连续做左手亦然。

③呼吸发音的意境：本节功练肝，发"ti、ju—ling（发音规则请参照296页）"音。"ti"音是吐气音，使肝之形振动向外散发，从而使肝气通畅条达，有病也能把病气疏散出去。发时用舌尖顶住上腭，用气流往舌尖一冲，"t"就发出了，发"t"的同时变撮口，"ti"就发出来了。"t"与"i"不能分开，要一起发出，方能体现肝脏的刚阳和开展之性，发"ti"音要轻，要短促，要具有爆发的力量。

"ju"与"ti"发音法基本相同，只是"ju（拘）"嘴合拢得多一点，目的是把气压一压，使肝气不致生发太过，使肝气收拢往混元窍走，因为肝主升发，如若肝气升发太过，致肝气横肆，则容易生气发怒，所以练肝还要把气收住。"拘"就是"聚"的意思，发音时意念要往混元窍聚气。练肝之后刚阳之气生发起来，要把它收敛住，肝性需要柔和，阴气阳气一齐收，不仅从混元，从肝本身，还包括肾气都收聚起来往混元走。

发"ling"音需心存目观，意念中应有"灵"的含意，"灵"是"灵通""灵明"的意思。发音的同时要体察两边肋和混元窍的下面这三点缩连成的月牙似的部位，实际是"心如偃月"。发音时想这里很灵明，肝的灵光集中在这里，这个灵还可以往上升。因为肝藏魂，魂属阳。魂是意识活动的一部分，必须要灵，若魂不灵、呆滞，人就会表现的呆傻（俗称魂丢了），甚至危及生命活动。诗曰："身如将帅之威风，眼观六路听八方；心似明镜照万物，濡养正气柔克刚。"

【内涵解说】

①肝，位于上腹部，膈膜下右侧胁肋内。中医学认为"肝主两胁，其体在右，其用在左"，而现代医学认为左肋内是脾脏，有贮藏血液与生淋巴球及菌体的功能，这正与中医理论"肝藏血""肝者将军之官，使之以候外"的功能相符合，所以说两肋应同属于肝。肝为少阳之脏，

主魂灵，主生发之气，有生发之功能。生命体里的生发、生殖气机是由肝脏主管的。肝主木，木有柔和之性，柔和能生，不柔为僵。柔是肝的正常之性，正常的柔中具有刚阳之气，特别柔软才是真刚。如好的宝剑可削铁如泥，可围在腰中做腰带，就因为它柔才可以刚，不柔之刚即脆、易折。肝主身体内的刚阳上升之气，所以肝脏要求，人的性格要柔，能忍耐、不急躁。

②肝在情绪上为怒。肝的气化为生，主生气、生长、生成、生育。肝受到怒的刺激能生气，能把生发之气调动起来增强肝脏的功能。肝脏生出气来是好事，但还需要条达疏散，营养周身，所以肝又主条达发散。如果肝生出的气多了，运不走而把它淤住了，就会难受、得病，比如高血压、吃不好饭、睡不好觉等，就是肝气多了冲的。若能在练功时主动、自觉地制造点怒气，不是假怒，而是真心瞪眼生气，能帮助肝脏的气生发出来，随着练功的动作发散出去，就能达到营养周身的目的。

③肝开窍于目，与眼睛有关系，所以武术界常用瞪眼转目来练肝魂。习练本式从松脾诀即要睁眼，到发音时方可闭目，做动作时要瞪着眼睛，最好不眨眼睛，流眼泪也不要管，这样一方面练目力，再有另一方面是练肝的刚直之性，练魂的刚阳之性。点指时瞪眼看指甲，翻掌运转时要看指肚。

④肝在声音为呼，肝生了气容易大声呼喊，所以在练肝功发音时要带着怒气呼喊的意思，不能细声细气、和风细雨。肝主筋（身体里的筋实际包括肌腱、一部分神经、肌肉的筋膜和一部分结缔组织），练动功必须把筋抻开，气才好通。筋要舒展，肝气要通畅，要调达、疏散，所以练本节功，动作要舒展、调达，以符合肝之特性。

⑤此式主要是培益肝脏之形、气、神，尤其发"ling（灵）"音时，心下（旧说之绛宫部）会微微振动，此系借肝之气打开中宫混元窍，晓此位置，方能自觉地把五脏脏真之气聚于该处进行混化。

第十式　伸缩开肺气　悲心益魄身

【动作详解】

①掐诀上升：接上式。两手松肝诀，转掌心向上呈横掌，掐肺诀（无

名指直伸，大指压在二、三、五指的指甲上，掩住指甲）（图 4-199），诀指至肚脐前相接（图 4-200）；掌心向上，沿任脉上升至心口（图 4-201），转掌心向内（图 4-202），继续上升至喉部，两肘同时上升至上臂呈水平状（图 4-203）。

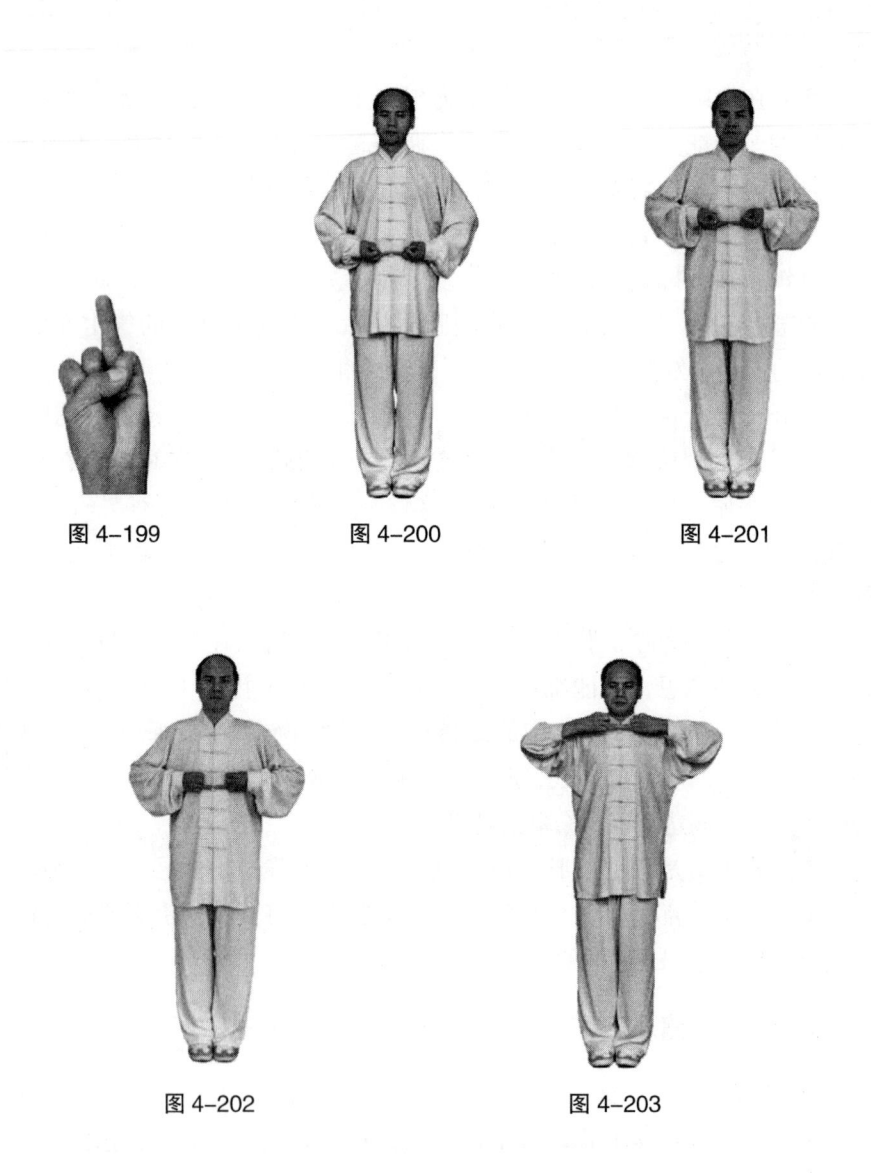

图 4-199　　　　图 4-200　　　　图 4-201

图 4-202　　　　图 4-203

②肩前转圆：接上势。两上臂微向后展，前臂带动诀指沿锁骨外拉，张胸、拱手腕，诀指端外开至肩前，锁骨外端（图 4-204）；以肘带动肺诀掌指于乳外上方（云门、中府穴处）划圆，先沿外（图 4-205）、下（图 4-206）、内（图 4-207）、上（图 4-208）的方向转 3 圈，再反方向转 3 圈。注意两肘勿下落。

图 4-204　　　　　图 4-205　　　　　图 4-206

图 4-207　　　　　图 4-208

③外展回收：接上势。两前臂向上划弧外展，两臂落成一字平肩，掌心向上，诀指向外（图4-209）；两臂保持平直，手腕回扣，诀指向上指天，两肩胛骨内缩向脊柱挤合（图4-210）；手腕放松，诀指指向两侧，掌指外抻将两肩胛拽开，而后上臂不动，前臂从上方划弧回收，诀指收至肩前（图4-211）。

图4-209

图4-210

图4-211

④肩前转圆：接上势。以肘带动肺诀掌指于乳外上方（云门、中府穴处）划圆，先沿内、下、外、上的方向转3圈，再反转3圈（要求与②相同）。

⑤外弹回收：接上势。两臂向斜前方弹出（约45°），两臂伸直，掌心斜向上（图4-212）。

转掌心向内，腕内扣，两诀指相对（图4-213）；两臂体前相合，至两手诀指相接，虎口略低于肩（图4-214）；诀指保持相接，两手回收，收至膻中上方，玉堂穴稍下（图4-215）；诀指上升至喉部，两肘同时上升至与上臂平。两上臂微向后展，前臂带动诀指沿锁骨外拉，张胸、拱手腕，诀指端外开至云门穴（位于锁骨外端下方凹陷处的正中）（图4-216、图4-217）。

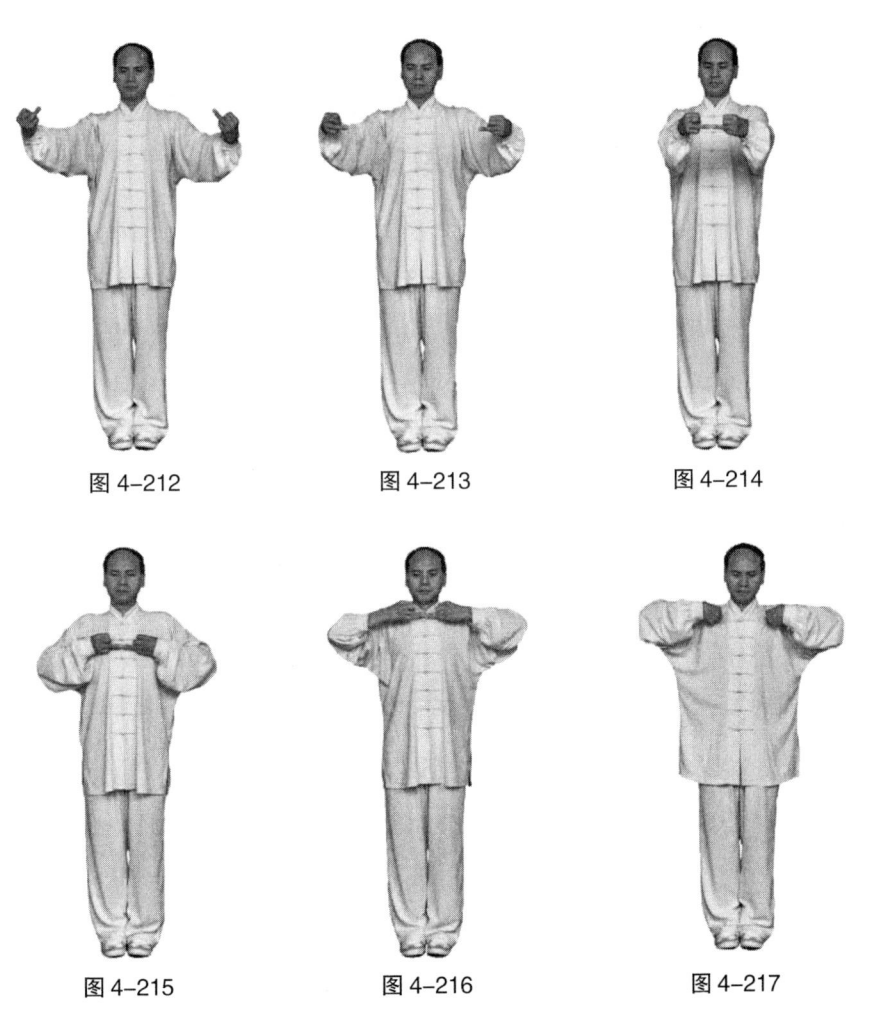

图4-212　　　　图4-213　　　　图4-214

图4-215　　　　图4-216　　　　图4-217

⑥转圆发音：接上势。肺诀指按于云门穴。以肩、肘带腕、掌、指划圆，肘沿外（图4-218）、下（图4-219）、内（图4-220）、上（图4-221）的方向转圈，一组为4圈。转第一圈自然吸气，第二圈时发"sang（桑）"音，第3圈的前半圈发"si（嘶）"音，而后快速吸气发"si"音（旧称此为"倒吸'嘶'字加气罡"），第4圈发"song（松）"音。如此转圆发音再重复一组，然后反转发音两组，要求同前。松开肺诀，两臂下落，两手胸前自然下落至体侧，掌心向上，指尖向前（图4-222）。

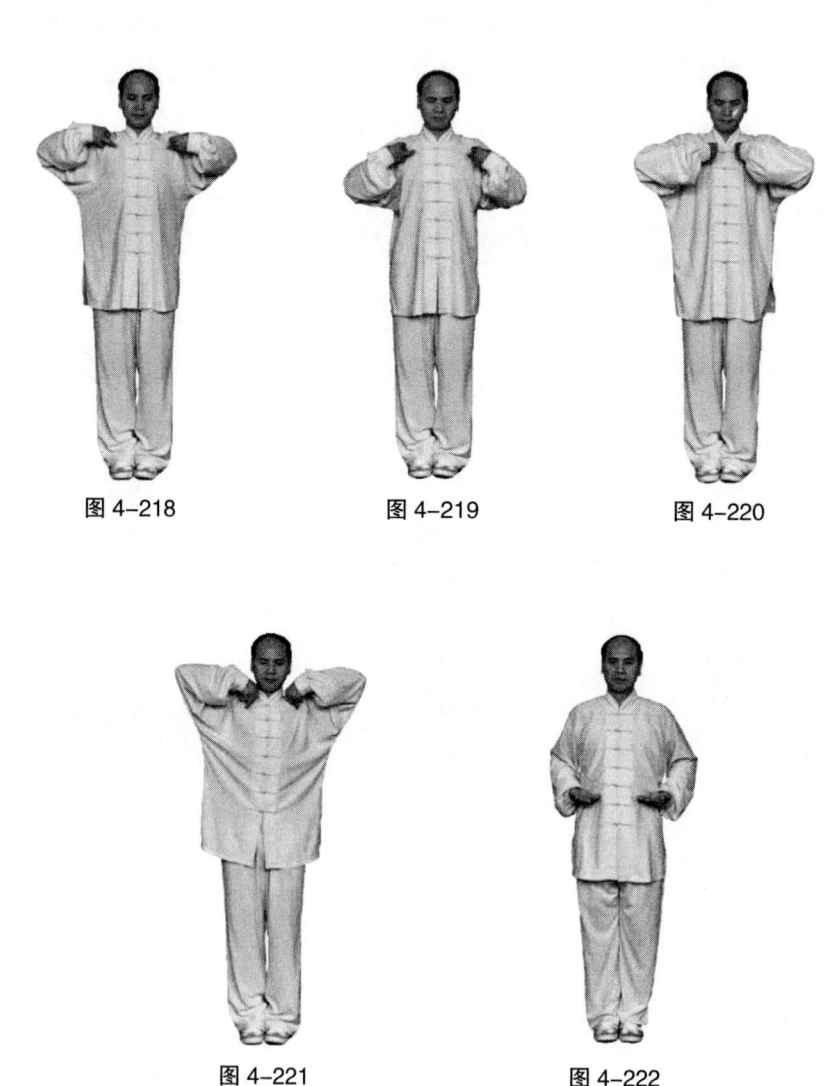

图4-218　　　　　图4-219　　　　　图4-220

图4-221　　　　　图4-222

【意境指导】

①调动情志的意境：习练本式从始至终都要有悲的情绪，意想大慈大悲，走混元整体。本式又称为肺功。肺之情绪为悲。悲，含悲哀、慈悲。慈悲是悲天悯人之悲，佛家叫大慈大悲，离苦得乐，哀叹世间的艰难，怜惜人们的痛苦；慈是见人受苦而心中难过，生发同情怜悯之心。习练时可用意想丧气来造想悲情，不是自己丧气，是看到他人悲惨、丧气的事，希望对方好起来的一种心情。肺主一身之气的敷布与调节，悲之情绪有助于气之收敛，表现为面部深沉，有哭相但不是哭泣心情。

②印诀点按的意境：四指根节指腹属大肠，上节指腹属肺。本节手势（二指、三指、五指弯曲，拇指压在其三者指甲上，无名指直伸）为肺金诀。

诀指在体前上升时，意念要深入到体内。在肺尖处转圈时，意念重点放在两肩上。一是上臂勿下坠，肩部放松；二是意念，要注意诀指与肩头相合。这是冲开肩锁节之诀窍，只有肩部与肺尖气机充实且畅通无阻，肩头气光才能出现，旧称两肩头与头顶之光为"三盏性灯"。手往两侧展开及回收时，意念注意肺诀诀指的指腹，并要有诀指挑着气的意念，手向斜前方弹出时，要有通过诀指把气带出、拉出、拔出的意念。

③呼吸发音的意境：本节功练肺，发"sang-si-song-（桑——嘶——松——）"音。"sang（桑）"音要发得慢："s-a-ng-"，"s"是齿音，发得长一些、重一些，这样发音符合肺气向周身敷布的意思，对肺震动得多，如果发快了，就不能振动到肺。

过去有人生气了，就念"大慈大悲观世音，观音菩萨真慈善"来使气消降和开散，"真慈善"的"慈（ci）"有往下降气的作用，"善（shan）"的"an（安）"音能使气开散。"si（嘶）"要发得细，牙齿微微闭合，仅留一点缝。当倒吸"si"时，舌尖往前一顶，同时快速吸气，要短促，这样从丹田到腹部都可以往里边一绷，就把丹田气加足了。

肺主魄，魄是神的一种表现形式，相当于现代医学讲的生命反射之类的神经活动。传统功法认为魄属阴，与有形之体紧密结合，因此发"song（松）"字音时，意念有形之体的皮、肉、筋、脉、骨、内脏等都要放松。然而放松的关键在于背部第三胸椎下的身柱穴。身柱穴与肺密切相连，是一身之支柱（因其与肺魄相关），所以在念"song（松）"音时，要把精神集中在身柱穴，随着发"松"音的延伸，意念引导其放松。身柱一放松，全身自然随之放松。发"sang-si-song-（桑——嘶——松——）"音到结尾只有气流没有声音时，变"song（松）"为四声的"sòng（送）"，但"送"的声音不出来，意念送到身柱穴，使全身整体的放松。诗曰："意识渗透点性灯，一炁混元开潜能；大慈大悲开拓路，练就金刚不坏身。"

【内涵解说】

①肺在胸中两侧，上到肺尖缺盆中，下到膈膜，随呼吸而张缩，肺底可随膈肌运动而降升。标位在云门、中府。肺主一身之气，主皮毛，主呼吸与人体的基本生命活动（即魄）。肺主于后天呼吸之气，同时和心共同完成真气向全身各部的输布。肺的呼吸之气是后天之气，但它和先天之气紧密相连。必须把后天呼吸练得越慢越好，逐步变得深细匀长。若能精神凝静，把气渗透体内深层，呼吸就细，越细越深，达到深细匀长，这样通达真气的效果就越好。

②肺从声音上是哭声。当肺气受拘束、不通畅、开不了时就出现哭，能帮助肺气收敛。肺在气化里主于收，收敛不张扬。肺在情绪为悲，悲哀时气往里收。人悲哀时，脸上的气不丰满，也不会有趾高气扬的表现；看别人受难，自己有点悲哀同情的心理状态，希望他好起来，这时气机处于收敛状态，能使气往里收、往下降。练肺功时，需从意识、情志活动中有一种悲心，有悲的情绪，帮助肺气收敛。悲过度，痛心哭泣，则收敛太过，哭泣往往伴有回噎，导致气之消散而使心神受伤。

③前两次转圆都在肺尖部，注意诀指不接触身体。第三次转圆诀指点在云门处。当两臂向上划弧外展，落成一字平肩后，两肩胛骨向内挤合并扣腕立指，此时气在臂肘的背侧（即阳面），有酸胀感；诀指外弹时，两臂向斜前方直伸，腕内扣，平指内伸，肩胛骨处在向外拽开之势，气在臂之内侧（即阴面），有酸胀感，两者起到相辅相成的作用。

习练发音时，吸气都是通过鼻自然吸气，要把气吸满，吸进的气越多越好，当然不要吸得全满。不能只顾发音不吸气，应该把呼和吸作为一个整体，两者要平衡。吸满时膈膜下降，腹部凸、胸抬、肺尖举起来。

④发倒吸"嘶"字音时，舌尖要抵紧门齿，吸气短促，丹田自然会猛然间收紧，这是增强丹田气的有效方法，同时可以把肺气（后天之气）、丹田气（先天之气）连到一起，这就是古人说的"倒吸'嘶'字加气罡"。这个音不能多发，一般连续发不超过四五个，最多也不能超过9个。

练本节功应有悲悯之心情，以增加肺之"收"的作用。第二部分动作中臂往两侧展开及回收时，肘要定住，诀指都要有个指天的过程，好像挑着东西一样，这样气感更强，做好这个动作的关键是注意肺诀诀指的指腹。

⑤第六式练"心"功，整体补益心脏的形、气、神、志和强化脏真之气的功能；第七式练"肾"功，强化肾脏脏真之气与混元窍的整体联系，使肾之蜇藏功用得以加强；第八式练"脾"功，往返于四脏，强化四脏与混元窍的整体联系；第九式练"肝"功，借肝之气打开中宫混元窍，能自觉地把五脏脏真之气相互混化；第十式练"肺"功，加强肺气、脏真之气与躯体混元气的整体联系与转化，使周身混元气得到充足。

总之，五节正功须"勤学研练，悉心体悟"，才能强化五脏形、气、神之功能；强化五脏与混元窍的整体联系，使人体的身心素质从量变到质变。

第十一式　悠悠鹤步　运引形躯

【动作详解】

悠悠鹤步这一式与其余各式不一样，约需要两三米长的距离来回行走习练，习练者要根据人的多少和场地的长宽来调整本式习练方向。比如场地正面行走不够，而左右有两三米宽余时，练完第十式（伸缩开肺气、悲气益魄身）结束动作后，身体向左转（向左旋转90°），习练"悠悠鹤步"两组，继而身体向后转（旋转180°），习练两组，最后身体继续向左转（向左旋转90°），回到原来位置。下面即以此为例进行讲解。

①左转、提膝：接上式。两掌向前平伸，前臂贴肋，左脚尖抬起外旋90°落下；同时，右脚跟抬起内旋90°，两者同时进行，带动身体向左转；右脚向前，与左脚齐平，右脚跟落下，身体中正（图4-223）；重心右移，提左膝，大腿上抬约呈水平状，小腿自然下垂（图4-224）。

图 4-223 　　　　　　　　图 4-224

②左脚鹤步一：

　　a. 出手、蹬脚：接上势。左脚向前蹬出，腿蹬直后脚尖尽量向后翘，然后脚尖向上、向前、向下划弧下扣，带动左腿下落，脚尖先着地，重心逐渐前移，左脚跟落地全脚踏实，右脚跟随后抬起。与此同时，两臂缓缓向前伸出至与肩平，掌心向上，指尖向前（图4-225、图4-226）。

图 4-225 　　　　　　　　图 4-226

b. 抬腿、分手：接上势。身体前倾，同时两臂外分并内旋；右腿后伸，脚背绷直；当躯体倾至呈水平状与左腿似丁字形时，两臂展至两侧呈一字平肩，掌心向下，指尖向外；注意抬头、张胸、塌腰以维持平衡（图 4-227）。

c. 收腿、收手：接上势。收右胯，右腿屈膝向下，小腿回收，脚心向上；两臂向后展，两手回收于腰部（图 4-228）；右腿继续回收，以膝带动收胯向前，大腿上抬约呈水平状，小腿自然下垂；两掌从腰部向前掏出，两肘向后靠，掌心向上，指尖向前，与此同时，躯体逐渐上起姿势（图 4-229）。

图 4-227

图 4-228

图 4-229

③右脚鹤步一：

a. 出手、蹬脚：接上势。右脚向前蹬出，蹬直后足尖向下扣，带动右腿下落，足尖先着地，重心逐渐前移，右脚跟落地，全脚踏实，左脚跟随后抬起；同时，两臂缓缓向前伸出至与肩平，掌心向上，指尖向前（图 4-230、图 4-231）。

b. 抬腿、分手：接上势。身体前倾，两臂外分并内旋；左腿后伸，脚背绷直，脚心向上；当躯体约呈水平状与右腿似丁字形时，两臂展至两侧呈一字平肩，掌心向下。注意抬头，并张胸、塌腰以维持平衡（图 4-232）。

图 4-230   图 4-231

图 4-232

c. 收腿、收手：接上势。收左胯，左腿屈膝向下，小腿回收，脚心向上，趾尖向后；两臂向后展，继而外旋两掌回收于腰部（图4-233）。左腿继续回收，以膝带动收胯向前，大腿上抬约呈水平状，小腿自然下垂，脚踝放松；两掌从腰部向前掬出，两肘向后靠，掌心向上，指尖向前；同时，躯体逐渐上起（图4-234）。

重复动作②与③。

④后转、提膝：接上势。身体直立，左脚下落与右脚齐平，身体中正（图4-235）。右脚尖抬起外旋180°落下；左脚跟抬起内旋180°，两者同时进行，带动身体向后转；左脚上前与右脚齐平，身体中正（图4-236）。重心右移，提左膝，大腿上抬约呈水平状，小腿自然下垂（图4-237）。

图 4-233

图 4-234

图 4-235

图 4-236 　　　　　　　　　图 4-237

⑤左脚鹤步二：接上势。与②左脚鹤步一相同，只是方向相反（图 4-238~图 4-242）。

图 4-238 　　　　　　　　　图 4-239

图 4-240

图 4-241 　　　　　　　　图 4-242

⑥右脚鹤步二：接上势。与③右脚鹤步一相同，只是方向相反（图 4-243~图 4-247）。

重复动作⑤与⑥。

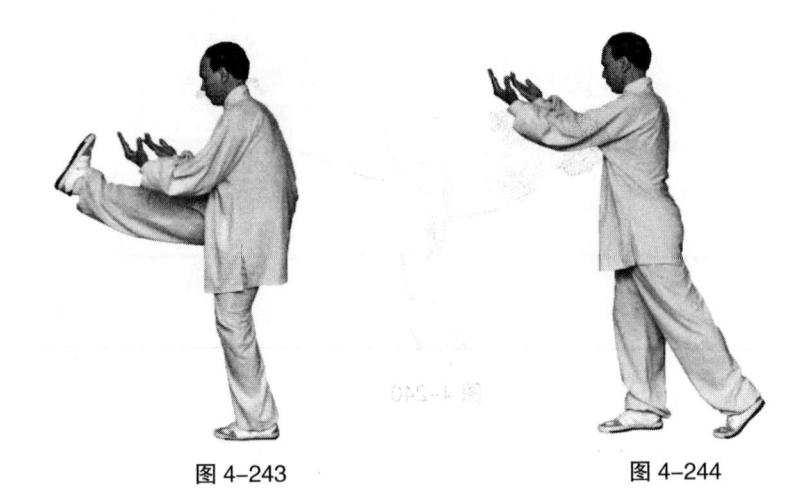

图 4-243   图 4-244

图 4-245

图 4-246    图 4-247

混元太极拳功法学

316

⑦左转、返回：接上势。身体直立，左脚下落与右脚齐平，身体中正（图 4-248）；左脚尖抬起外旋 90°落下；同时，右脚跟抬起内旋 90°，两者同时进行，带动身体向左转；右脚上前，与左脚齐平，右脚跟落下，身体中正（图 4-249）。

图 4-248　　　　图 4-249

【意境指导】

①提膝、抬腿的意境：武学指出："单腿独立，逍遥自在。"如果没有很好的基本功是不易掌握平衡的，要想掌握好平衡，首先精神上要放松，因为精神放松能带动形体放松。初练者可以在抬腿时，独立脚微微坐胯，先吐一口气，把气打实，由丹田沉入脚跟，同时在抬起脚的脚心处稍加意念，防止全虚与全实的出现。这样既能做到虚灵顶劲，气沉丹田，落地生根，又能把握平衡，神形相合，来去自如。

②出手、蹬脚的意境：习练蹬脚应做到四肢躯干整体协调一致。以蹬左脚为例，要用脚跟带着左脚向前蹬出，寓弹劲于其中，以展示仙鹤轻灵矫捷之姿；在蹬脚的同时，两手掌心向上，向前伸出，左腿蹬至似直非直时，手掌伸出约臂长的二分之一，出手与落脚要一致，都要有圆的意念；左腿蹬直后，左脚尖从遥远的虚空划弧下扣，左腿顺势下落，两手继续前伸；左脚尖先落地，身体逐渐前倾，右脚跟逐渐抬起，左脚逐渐踏实，意

想接通地下虚空；重心随之由右脚转移至左脚，至此时，两臂完全伸直。

定势要求：重心在左脚，右脚跟抬起，脚尖虚点地面，右脚伸直，体微前倾，腰微塌，胸微张，头微抬，两臂体前平伸，与肩等宽，掌心向上，丹田混元气向外开，人与自然融为一体。

③抬腿、分手的意境：抬腿分手时（以右脚抬腿为例），保持上体的体势，折胯前倾，两臂外展，意想两手绕天边划弧，指尖连接两侧虚空。同时右腿后伸上抬，脚背绷直，至躯体呈水平状与左腿略呈丁字时，刚好两臂外展至两侧呈一字平肩。此时定势要求：左腿直立，右腿直伸向后，脚背绷直，脚心向上，两胯平齐，塌腰，张胸，收下颌，头上抬，两臂左右平伸，掌心向下。要保持右腿、两臂伸直的平衡，不仅意想丹田真气连接地下虚空，而且左脚五趾抓地，有落地生根之意。这样才能达到上下、左右、前后、内外完整一气，节节贯通。

④收腿、收手的意境：收腿（以右脚为例）收手时须缩腰裹臀，膝脚高抬。两臂由一字平肩继续向后展转时，意想把四面八方的混元气收到体内；在收手的同时膝向下落，右脚心向上与臀水平，收胯、缩腰裹臀，大腿近于贴胸。然后身体逐渐直起，两手从胯前向前掏出。躯干向上直起，右腿继续回收，以腰带动收胯，大腿前抬，小腿与大腿保持相对不动，脚踝放松，大腿抬到近水平状，收脚踝，脚尖转向前，两手收于肋下，掌心向上，全身放松。

【内涵解说】

①本式动作取意于仙鹤在浅水中行走，故练此功时，心神须格外宁静、悠闲，动作要舒展大方，故称"悠悠鹤步"。习练本式旨在以神运形、驭气。展翅注意中指，收膝需缩腰裹臀。在提腿前蹬时须寓弹劲于其中，以展示其轻灵矫捷之姿，展臂、收臀均须轻舒自然，以体现鹤性之不争之态。

②本式强化神意驾驭形、气的功能，不仅是健美身形之良法，而且是练神入形之门径。做这节功要保持躯体的平衡稳定，关键要神意安祥，精神集中、悠闲自在。不想动作，能做到什么程度算什么程度，切忌勉强。动作的标准合度要在单项训练中来解决。

③本式在形体运动中特别要注意放松，要求习练者能松开八段九节。所谓八段，是指脚、小腿、大腿、脊背、上臂、前臂、手、头；所谓九节，是指踝、膝、胯、腰、颈椎、肩、肘、腕、指（趾）关节。练太极能松开

八段九节不是一件容易的事，初学者在修炼内功时要用意不用力，呼吸自然，周身顺随。

④动作熟练后要求应用端引。什么是端引？以出手为例，一般的练法是由肩到肘到腕到掌指，即由根到梢把手推出去。这样练肌肉是紧张的，关节是闭合的，而混元太极则把这个过程倒过来，用手指尖把胳膊引导出去，这种端引是靠意识引导的。同样，出腿时用脚趾尖把腿引导出去，以头引导全身，即所谓"虚灵顶劲"。养生的途径是以松达静，"松"包含思想放松和形体放松，通过有氧代谢运动，以消除精神和身体的疲劳，增进新陈代谢的机能，调节呼吸、血液循环、消化等各个系统，延缓衰老，达到健康长寿之目的。

第十二式　抖翎心宁　四末一齐

【动作详解】

①螺旋摆动：接上式。人体自然站立，两脚并拢，周身中正，两手下落，两臂自然下垂，全身上下、内外皆放松，舌抵门齿缝，进入状态（图4-250）；以骨盆两侧为动点，前后摆动（带动躯干、四肢抖动）；右胯向前，则左胯向后，脐向左转动约30°（图4-251）；左胯向前，则右胯向后，脐向右转动约30°（图4-252），在连续摆动的同时带着躯体、四肢自然抖动。本式练习时间要求约9~12分钟，而后慢慢地停下来，身体中正。

图4-250 　　　　　图4-251 　　　　　图4-252

②绷臂坐腕：接上势。两臂内旋，转掌心向后，直伸下垂；手腕带动两臂快速前绷约15°，绷臂用力的位置在前臂与手腕的背面，掌指垂直向下，掌背向前（图4-253、图4-253附图）；坐腕后拉，两臂迅速回至体侧，掌心向下，指尖向前；绷臂与坐腕动作重复3次，要猛而有力（图4-254、图4-254附图）。

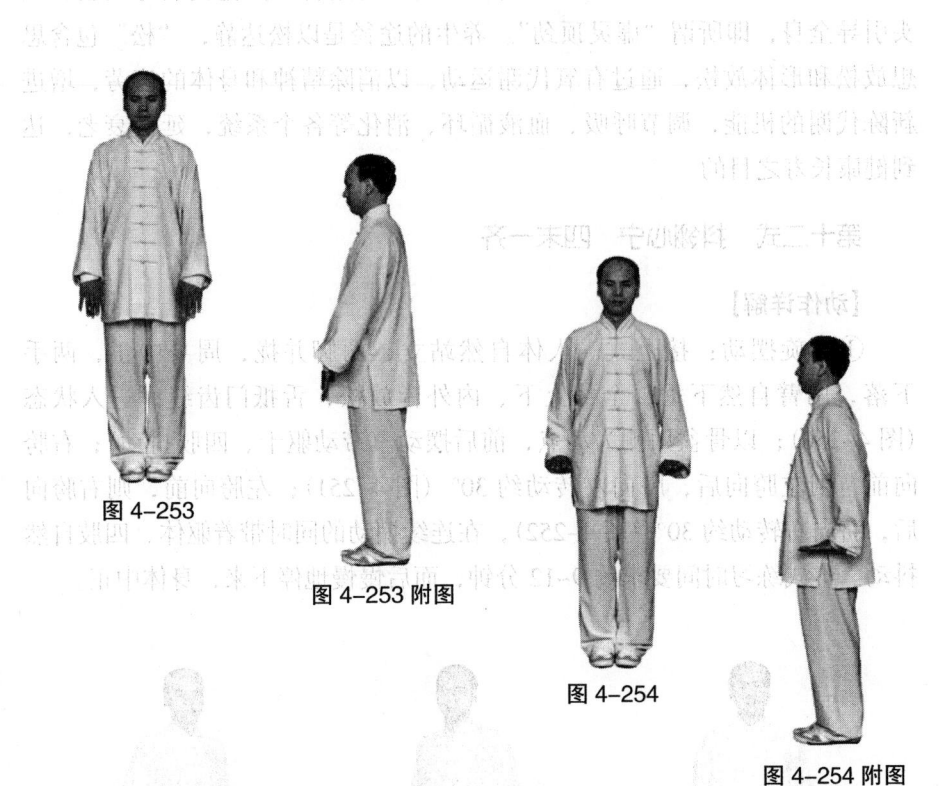

图 4-253

图 4-253 附图

图 4-254

图 4-254 附图

③提脚震气：接上势。保持直臂下垂坐腕姿势，身体中正，百会上领，两脚跟提起，分3次提至最高点，重心在脚掌趾端，五趾抓地第一次，（图4-255、图4-255附图）；第二次，（图4-256、图4-256附图）；第三次，（图4-257、图4-257附图）；下落时首先要放松百会上领的意念，然后放松脚掌，重心微后移，身体自然下落的同时脚跟快速震落到地（图4-258），提震脚跟动作重复做3次。

320

图 4-255　　　图 4-255 附图　　　图 4-256　　　图 4-256 附图

图 4-257　　　图 4-257 附图　　　图 4-258

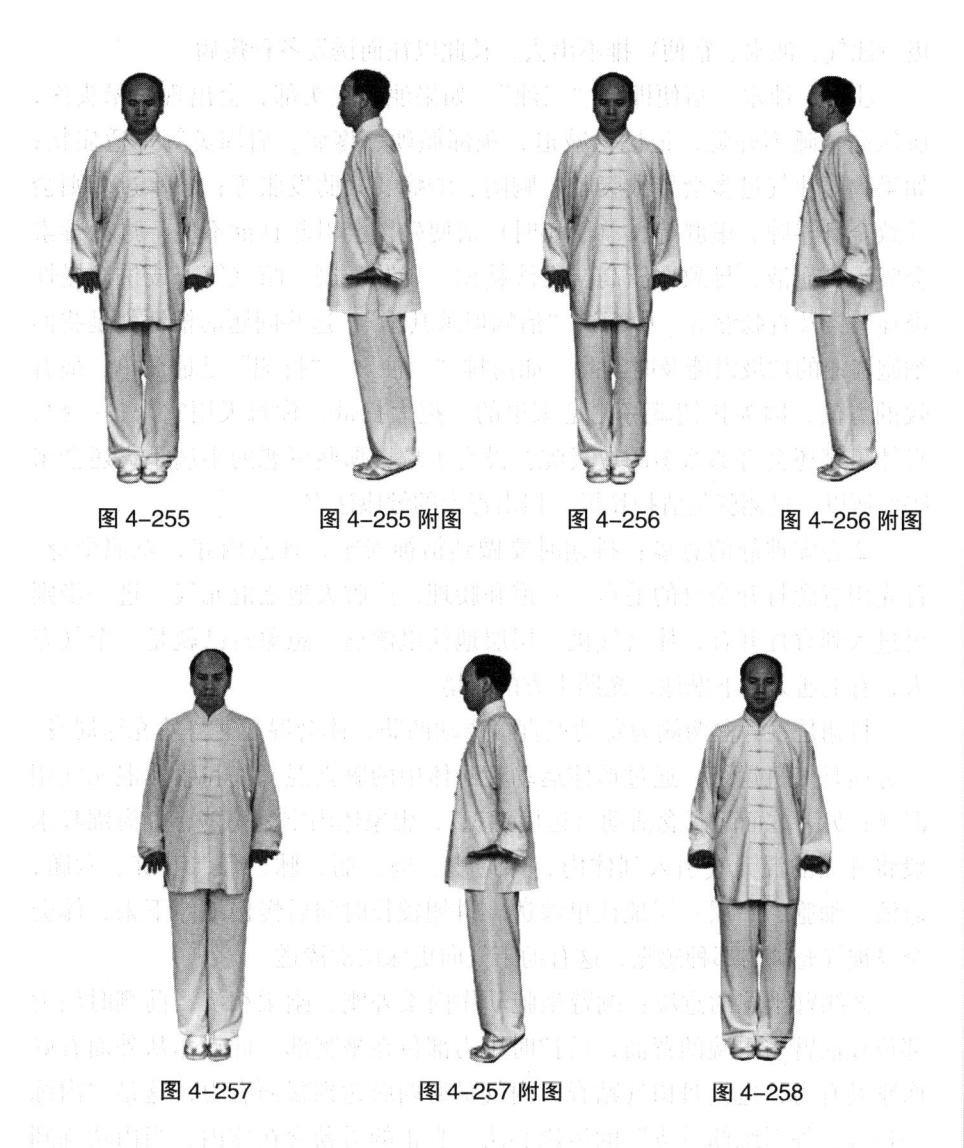

【意境指导】

①抖出"三浊"的意境：现代人由于生活压力及种种不良的生活习惯，如天天上网，看电视，经常加班熬夜，缺乏锻炼，气血长期呆在头部，循环受到障碍，在体内分布不匀，人体的四肢、五脏长期得不到充足气血的滋养，导致机体新陈代谢紊乱，细胞所需营养得不到及时供应，体内的垃

圾（浊气、浊水、宿便）排不出去，长此以往而诱发各种疾病。

浊气、浊水、宿便即为"三浊"。如果浊气在头部，会出现头晕头疼，血压高，睡不好觉，记忆力减退，颈部僵硬、疼痛，肩周炎等不适症状；如果胸腹浊气过多会导致腹胀、胸闷、酸痛、两肋发胀等；浊水过多则会导致全身浮肿、虚胖等；（便秘时）宿便残留会引起食欲不佳，进而毒素会吸入到血液，导致血脂高、血液粘稠、皮肤长斑、暗沉等，或诱发慢性炎症感染及直肠癌等。中医讲"治病但求其本"，这些问题的根源就是我们细胞代谢的垃圾没能及时清除。如何排"三浊"？"抖翎"是最简单、最有效的方法，因为抖翎就好比是家里的一把大扫帚，你每天用它来扫一扫，身体里哪还会有那么多的垃圾呢？没有了垃圾那些可恶的小病小灾还会来吗？所以，抖翎就是清扫垃圾，扫出毒素的健康法宝。

②心虚神静的意境：抖翎时要做到精神安宁，神意内守，意照全身。首先用意念打开全身的毛窍、穴道和腠理，广收天地之混元气。进一步则可进入到脊柱开合，体会气机一层层地往里渗透，想象自己就是一个气态人，有上通天、下融地，光照十方的意境。

抖翎是以骨盆两侧为发动点直接牵动两肋，体会混元气自然充斥周身。一方面是气机运行，通过形体运动使身体中的脏真混元气和躯体混元气相混融；另一方面是意念活动（运用意识），想象体内空空荡荡，如海绵吸水般将外面的混元气引入到体内，穿透皮、肉、筋、脉、骨、五脏、六腑、血液、细胞，一层一层地往里渗透。抖翎较长时间后慢慢地停下来，体会全身被气充满的那种感觉，这有助于气向更深层次渗透。

③绷臂坐腕的意境：绷臂坐腕动作内柔外刚，刚柔相济。前绷时用力部位在前臂与手腕的背面，后拉时用力部位在坐腕部。此动作从外面看好像刚劲有力，这是丹田气贴脊，内气贯通四肢达到猛而有力，这是"内练一口气，外形练筋骨皮"的运用心法。真正的柔劲含在体内，当内功练到上乘境界，外形硬如铁，体内软如棉，上下内外一气贯通。

④提脚震气的意境：提脚震气动作中向上提身、提脚跟时，要以百会上领带动躯体往上升，脚下五趾抓地。提脚要一个劲一个劲地往上提，提到不能再提了，意想头顶接通上方的虚空。上提到极点后，不得马上下落，而是稍停一会，再放松下落，下落时意念百会上领，尾闾下垂，脚掌趾放松，重心后移，自然直身下落接地，意想脚心接通地下的虚空。这样有节

奏地上下起落，会有很强的震动感直到头部，这种震动可使周身气机趋于平衡并向更深层次渗透，也是炼精化炁，还精补脑的修炼心法。

【内涵解说】

①抖翎时必须以胯为动点带动全身运动，切不可以用臀部或肩臂带动。抖动时上肢就像脱臼似的，如两条柳枝随风摇摆，肩关节、肘关节和腕关节同步抖动，有一种轻盈的节奏感、洒脱感。进而带动全身抖动，腰与肩部的放松是关键。两胯的前后动带动腹部左右动，牵动胸与肋部动，而带动上肢抖动。另外，由于两腿放松、骨盆前后动也必然牵动下肢相应地动。抖动时要身体放松，精神安宁，意照全身。以骨盆两侧为发动点，直接牵动两肋，可使混元中的脏真之气下降入到丹田以充实躯体混元气，因而当脏真之气未充实于混元窍时，抖动时会有肋痛、混元窍中空痛及气不足的感觉。通过抖翎直接调动丹田中的混元气自然充斥周身，可收到丹田、脏真之气混融之效果。

②抖翎是上乘功夫技击的"仿生"动作，比喻鸟儿振翼解乏，又像是猫狗沾水后抖动脱水，其动作简单易学，也不受场地和时间的限制，是一种简单有效的健身、养生方法。俗话说：百步走不如抖一抖。平时人们往往放松不彻底，而抖翎的特点就是让人彻底地放松，从头到脚、由里至外通透放松，这样可以很好地减轻压力，解除疲乏，恢复身心平衡。如果运用在技击上，丹田内劲充实筋骨，肩靠、胯击，无处不拳。

③抖翎应注意以下几点：一是练功中应主动地内向性运用意识，这样能达到引气入内的作用。习练时，动作由生硬慢慢到协调，它是循序渐进的过程，不能一开始贪快，要体会动作要领、意境指导，然后达到自然合度。二是尽管我们意想虚空，但意守的点在体内，也就是想虚空时是与体内连着的。三是意注形体开合时，进一步体会脊柱的开合。这是引外面混元之气入内，向皮、肉、筋、脉、骨层层通透。四是抖翎到最高境界时能体会到两个涌泉穴在划圆旋转，旋转地引动清阳之气上升，以百会领起全身运动，特别是在抖翎较长时间后慢慢停下来时，要体会气充的那种放射性感觉，身体里面气机在哗哗地流动，直接达到炼炁入骨，全身贯通。

④抖翎能促进五脏六腑有序运动，其效果比发声振动内脏还好，我们知道"六字诀"发一种声能振动一种内脏，但抖翎练到深层时，相当于同时发多种声音振动内脏，所以，效果是一步到位的，是全方位。例如，使胃肠的蠕动加速，气血畅通，食物发酵产生的浊气、废物以及肝胆郁结产

生的浊气被轻松地排出体外。所以，有的人练了抖翎后感觉两肋也不发胀了，心情也舒畅了，其实就是体内的气被抖顺了。有的人抖翎后解决了便秘，其实就是促进胃肠蠕动的结果。

⑤本式既是混元太极入门功夫，又是混元太极拳内功之上乘功夫。抖翎可以单独习练。运动时脊柱作螺旋式旋转运动，这种方式能把气摇动，甚至嚓嚓响，当然需要长期练习才能进入到这样的深层境界，若练到这层境界，就能炼炁入脊，炁入脊则生髓，生髓则生气血、生免疫、生正气，练到此境界会有脱胎换骨之功效。所以，凡脊柱上的毛病都很适合练抖翎。如：腰疼腰酸、椎管狭窄、增生、骨刺、腰间盘突出、脊柱侧弯、颈椎病等。通过绷臂与脚跟落地震动全身，不仅可以调整全身气机，使周身气机平衡，而且有助于气向更深层次渗透，同时还可以避免自发动作的出现。抖翎练到上乘境界，用在技击中，能达到来去自如，攻防并用的效果。

第十三式　逍遥起落　神意贯顶

【动作详解】

①引气上升一：接上式。全身放松。两臂外旋，松腕转掌心向内，两掌内合上升至小腹前，同时转掌心逐渐向上，中指相接（图4-259），两手沿身体中线上升至混元，重心右移，提左膝，左脚跟抬起，第四、五脚趾虚点地（图4-260）。

图4-259　　　　　　图4-260

②掌托天门一：接上势。两手保持掌心向上，继续上升至璇玑（图4-261），转指尖向前，小指外侧并合（图4-262），上托至眉前（图4-263）。

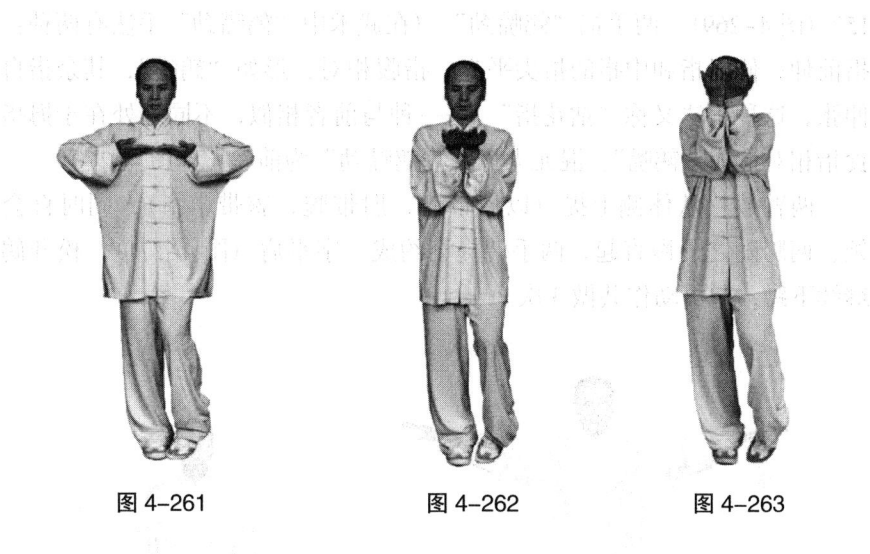

图4-261　　　　　图4-262　　　　　图4-263

两臂内旋上托，同时将指尖转向两侧，再分开掌根，继而两臂边内旋边上托，同时指尖由两侧转向后、再转向内（图4-264~图4-266），至头顶上方两臂成托天掌（两臂基本上伸直，掌心向上，十指相对）（图4-267）。

图4-264　　　图4-265　　　　图4-266　　　　图4-267

③上下起落：接上势。两臂两侧外展、下落至体侧成一字，掌心向下，指尖向外（图4-268）。起落：两腿屈膝下蹲，两臂随之下落至与躯体约成15°（图4-269）。两手掐"鹤嘴劲"（在武术中"鹤嘴劲"手法有两种：拇指前伸，使拇指和中指的指尖平齐，指腹相对，形如"鹤嘴"，其余指自然伸张，这种手法又称"拈花指"。另一种与前者相似，不同之处在于拇指和食指相对形成"鹤嘴"。混元太极的"鹤嘴劲"为前者）（图4-270）。

两臂放松从体侧上提（以肩带肘，肘带腕，腕带掌指），同时百会上领，两腿随之慢慢直起，两手臂提至约成一字平肩（图4-271），松开鹤嘴继续下蹲，起落动作共做3次。

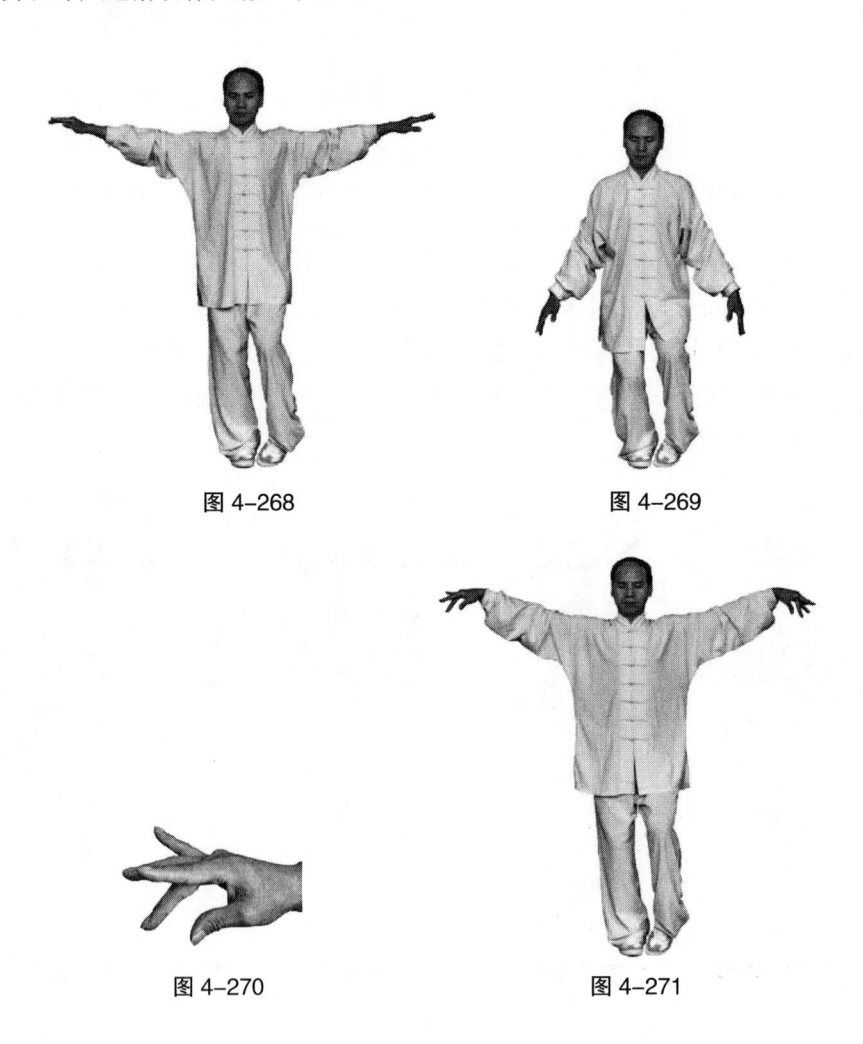

图4-268　　　　　　　图4-269

图4-270　　　　　　　图4-271

④引气上升二：接上势。两腿屈膝下蹲，两臂随之下落至与胯平，左脚放平（图4-272），两手顺势从体侧向体前合拢至小腹前，掌心向上，中指相接；同时百会上领，身体直立（图4-273）。

两手沿身体中线上升至混元窍，重心左移，提右膝，右脚跟抬起，第四、五脚趾虚点地面（图4-274）。

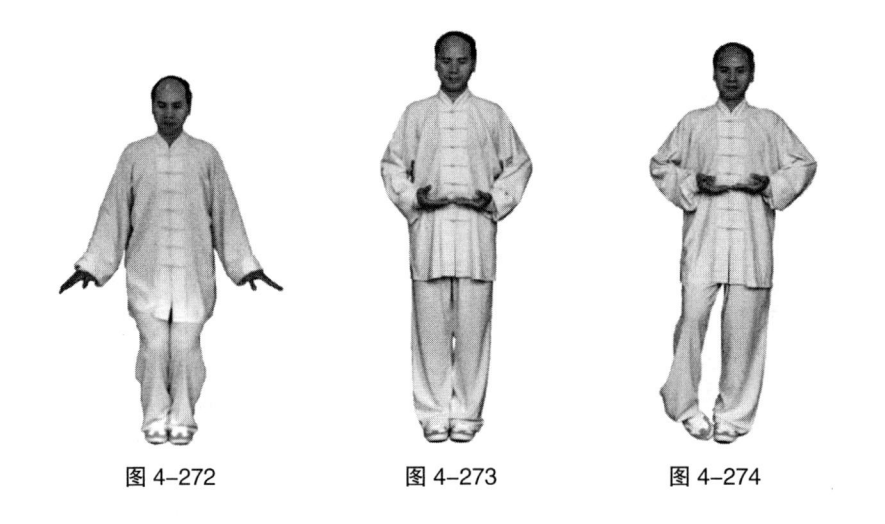

图4-272　　　　图4-273　　　　图4-274

⑤掌托天门二：与②掌托天门一相同，唯脚之左右式不同（图4-275~图4-281）。

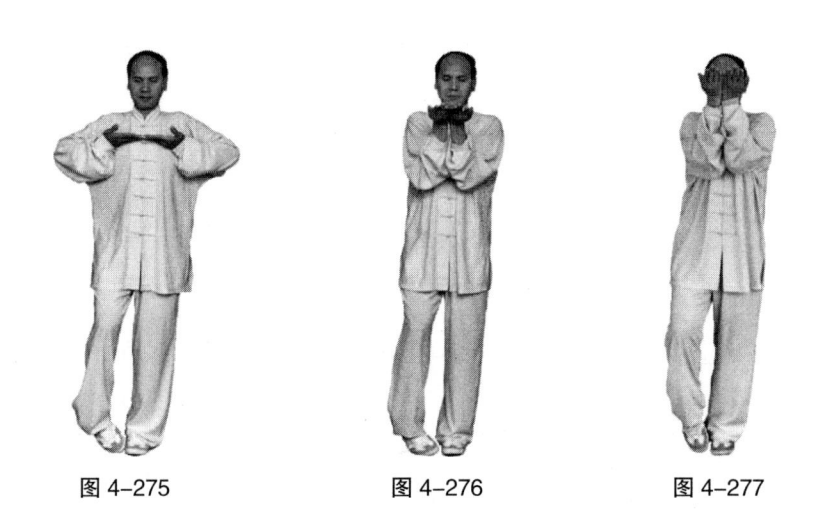

图4-275　　　　图4-276　　　　图4-277

图 4-278

图 4-279

图 4-280

图 4-281

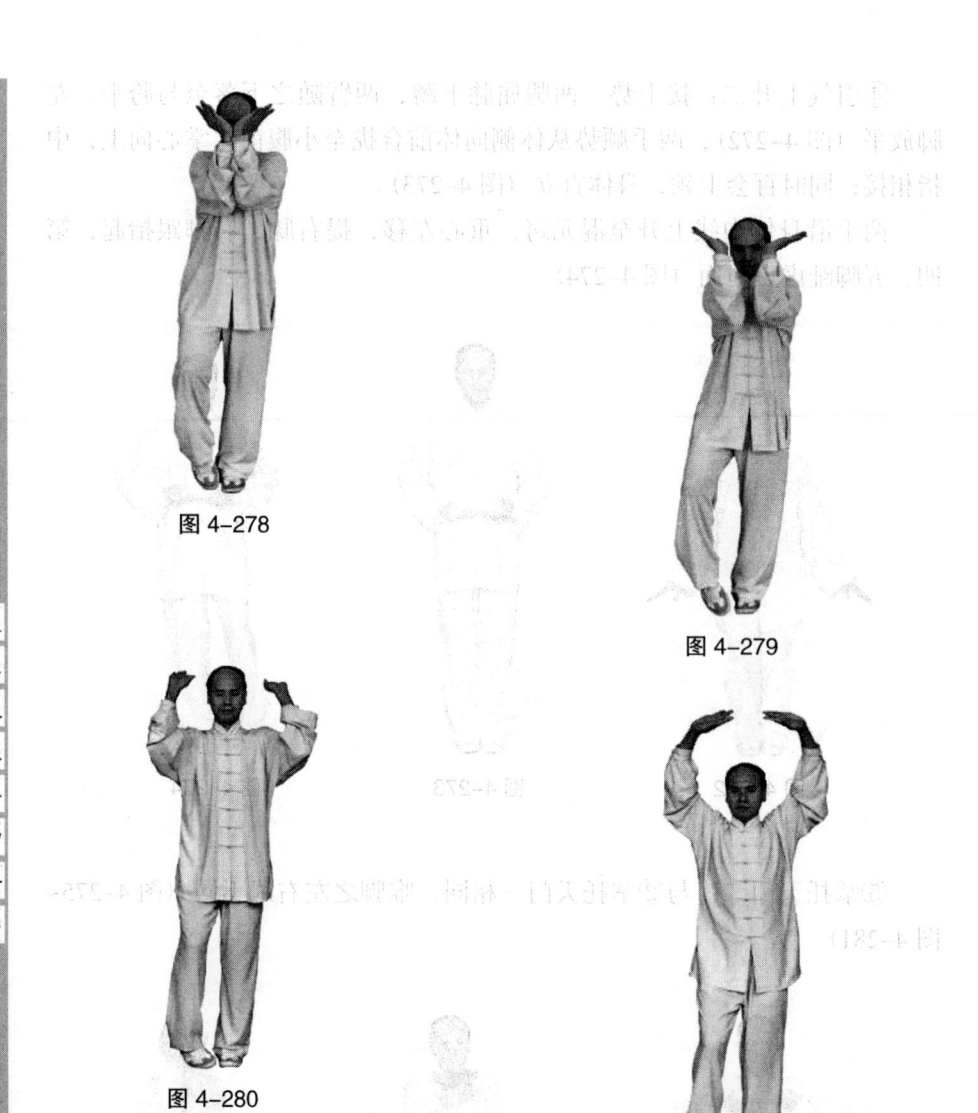

⑥上下起落二：与③上下起落相同，唯脚之左右式不同（图 4-282~图 4-284）；起落动作重复3次后，再一次下落，两腿屈膝下蹲，两臂随之下落至与胯平，左脚放平（图 4-285），两手顺势向体前合拢至小腹，同时掌心逐渐向上，中指相接，百会上领，身体直立，全身放松（图 4-286）。

图 4-282

图 4-283

图 4-284

图 4-285

图 4-286

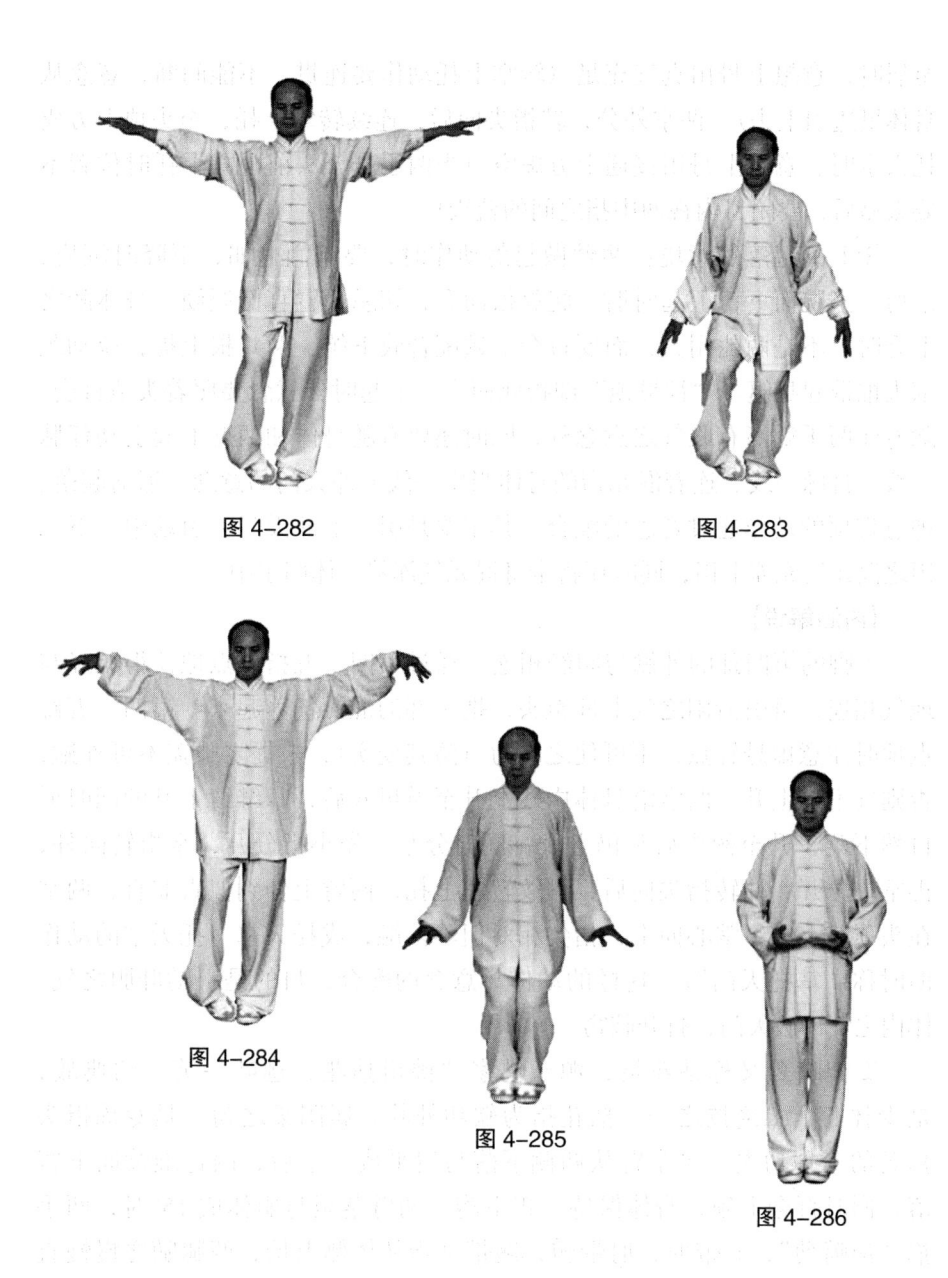

【意境指导】

①引气上托的意境：两手在混元处相接，沿中线上升至璇玑时，意想胸腔里（中丹田大气海）充满混元气。转指尖向前，小指外侧并合，上托

至眉时，意想上丹田真气充足（转掌上托动作要连贯，不能间断，意念从身体里边引上去）。两掌外分，转指尖向后，连续转掌上托，至头顶上方成托天掌时，意想上丹田接通上方虚空（当两手升至头前上方上托时位置不要太靠后，要闭目内视两中指之间的蓝天）。

②上下起落的意境：两臂做起落动作时，要潇洒自如，下降时沉肩、落肘、坐腕而下；上起时肘、腕放松而升，切忌两臂直挺僵硬。身体随之上升时，不是两腿用力，而要百会上领配合收下颌，两耳根上提，拉动颈部大椎带起身躯。"神贯顶"即指此而言。上起时，意念要照着头顶百会，除专注两手鹤嘴有收气之意念外，同时还要有随身体和两臂上起引动任脉一线、督脉一线、连着混元窍的身体当中一线上冲天门的意念。逍遥起落、神意贯顶的动作通过意念的配合，其主要是引气上冲天门，引动中、下二田之混元气充养上田，同时还将全身混元气浑然一体归于中。

【内涵解说】

①脚的第四趾的外侧与胆经相连，通过第四、五指虚点地使得胆经与地气相连，可引清阳之气上冲至头，把头部的混元气养起来。第四、五趾点地时注意虚悬轻点，不可使之吃力（防其变实），上提之膝盖不可外撇，否则气不易上升。两掌沿身体中线上升至璇玑穴后，掌继续上升的同时肘自然下落，升至额头后掌仍上升，同时分掌，先小指分开，掌指转向外，再掌根分开，并转指尖向后，继续转掌上托，两臂上伸到似直非直，两掌在头顶前上方，掌心向上，指尖相对但不接触，成托天掌（托天掌的动作旧时称"掌托天门"）。这样的动作与意念的配合，目的是引动肝胆之气、体内之气冲破天门，打开脑窍。

②鹤嘴劲又称拈花指，源于佛家"佛祖拈花，迦叶一笑"的典故，是少林七十二绝技之一。拈花指为软功外壮，属阴柔之劲，是专练指头拈劲的一种功夫。当掌臂从两侧下落与肩平成一字后，两臂继续向下飘落，同时百会上领，身体保持中正下蹲。两臂落至与躯体成15°时，两手掐"鹤嘴劲"，肩带肘、肘带腕、腕带掌指从体侧上抬，两腿随之慢慢直立。两腿完全直立时，两臂成一字平肩，然后放开鹤嘴成阴掌。反复起落共3次。

此式动作旨在将全身混元气回归于中，使下、中二田混元气上升充养上田。

第十四式　混元一气　连通天地

【动作详解】

①天地人合：接上式。两眼慢慢睁开。两手上升至混元，并逐渐成弥陀定印诀：两掌掌心向上，左右重叠，左掌在上右掌在下，大拇指微微相接（图4-287）；弥陀定诀手上升到膻中（图4-288），转掌心向内（图4-289），继续上升到额前（图4-290），两臂内旋，转掌心向外，升至额前上方（此时掌与额约距10厘米，头微后仰）（图4-291）。

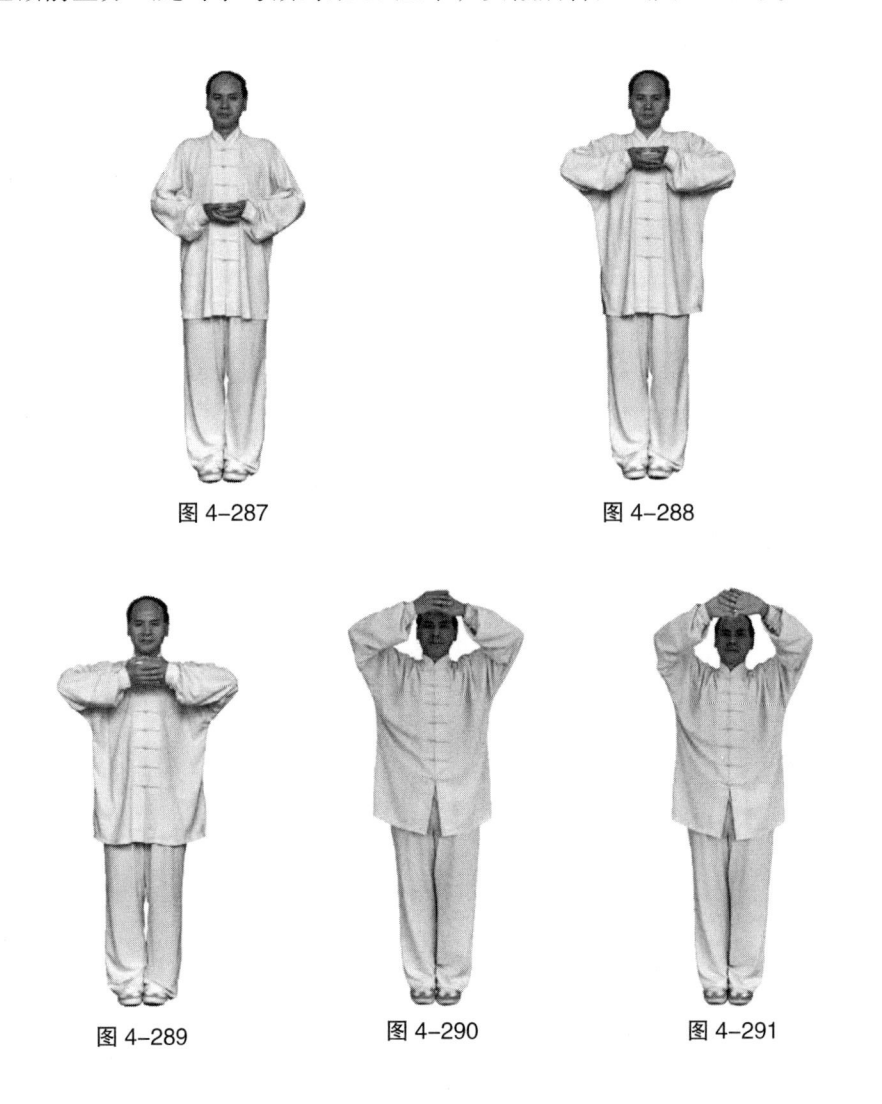

图4-287　　　　　　　图4-288

图4-289　　　　图4-290　　　　图4-291

两手臂向两侧拉开落下（图 4-292），落至两侧成一字，掌心向下，指尖向外（图 4-293），手臂继续下落至手与胯平（图 4-294），两掌内收至小腹前，逐渐重叠成双环定印诀上升至混元。此后重复上述动作，共 3 次。

第三次手臂两侧下落后，两手内收于小腹前相合重叠，成双环定印诀：左掌在上，右掌在下，两手掐双环定印诀，两拇指端微微相接，掌心向上（图 4-295）。

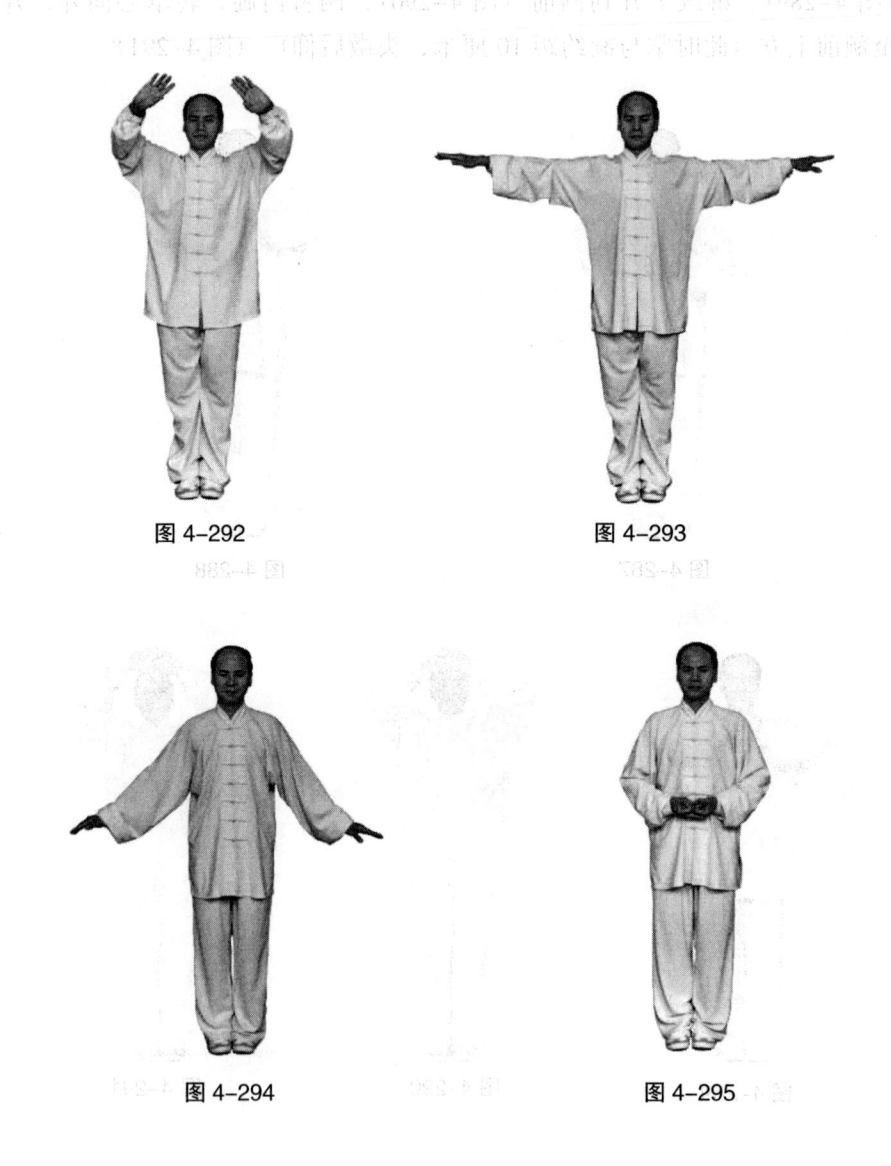

图 4-292

图 4-293

图 4-294

图 4-295

②气收混元：接上势。双环定印诀上升至混元窍，左臂内旋，左手转掌心向下，成两掌上下相对，两手中指尖大约齐于对侧腕横纹处（图4-296），左臂外旋，右臂微内旋，两手向两侧拉开，顺势转掌心为斜相对（图4-297）；以肘带动两臂外旋、外展至一字平肩，掌心向上，指尖向外（图4-298）。

图4-296　　　　　　　　　图4-297

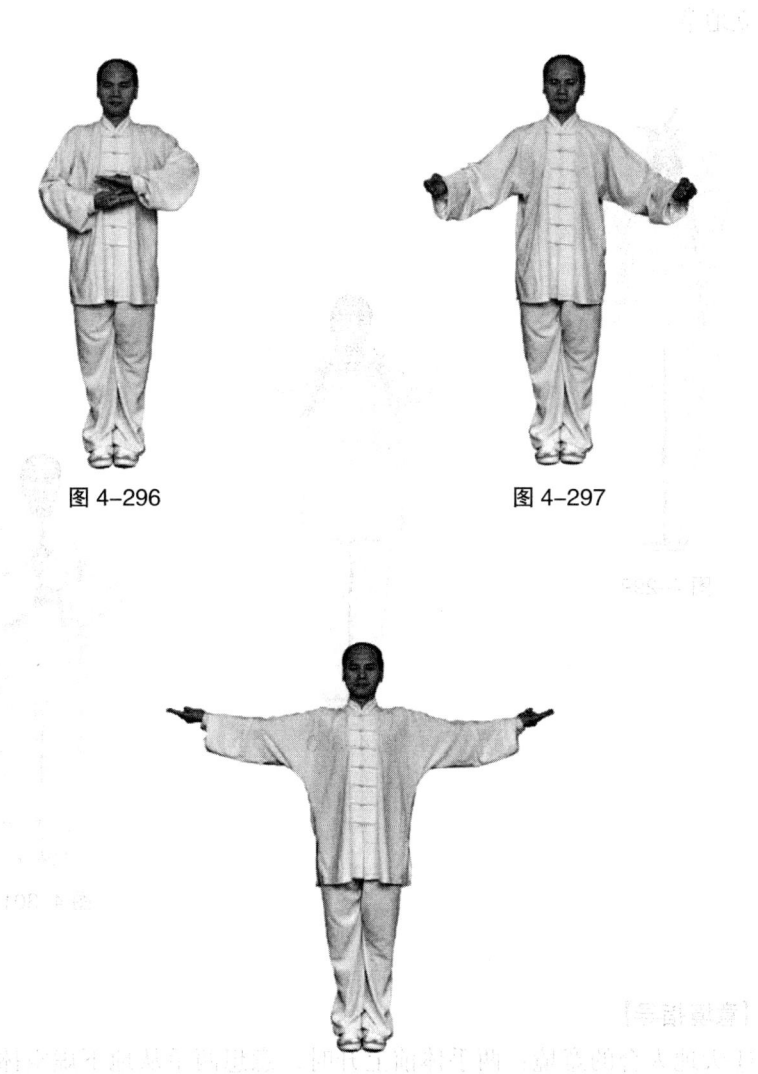

图4-298

两臂掌向上划弧至额前上方，两腕相互交叉下落，左手在上逐渐呈立掌，掌心向右，指尖向上；右手在下逐渐呈横式，掌心向下，指尖向左（图4-299、图4-300）；两手沿中线下落至胸腹、混元窍前成顶天立地掌（图4-301）；右手转掌心向上，左手松腕下落，掌心向下；两手向两侧拉开，重复上述动作，共做3次，结束于第三次两手落至胸腹、混元窍前成顶天立地掌。

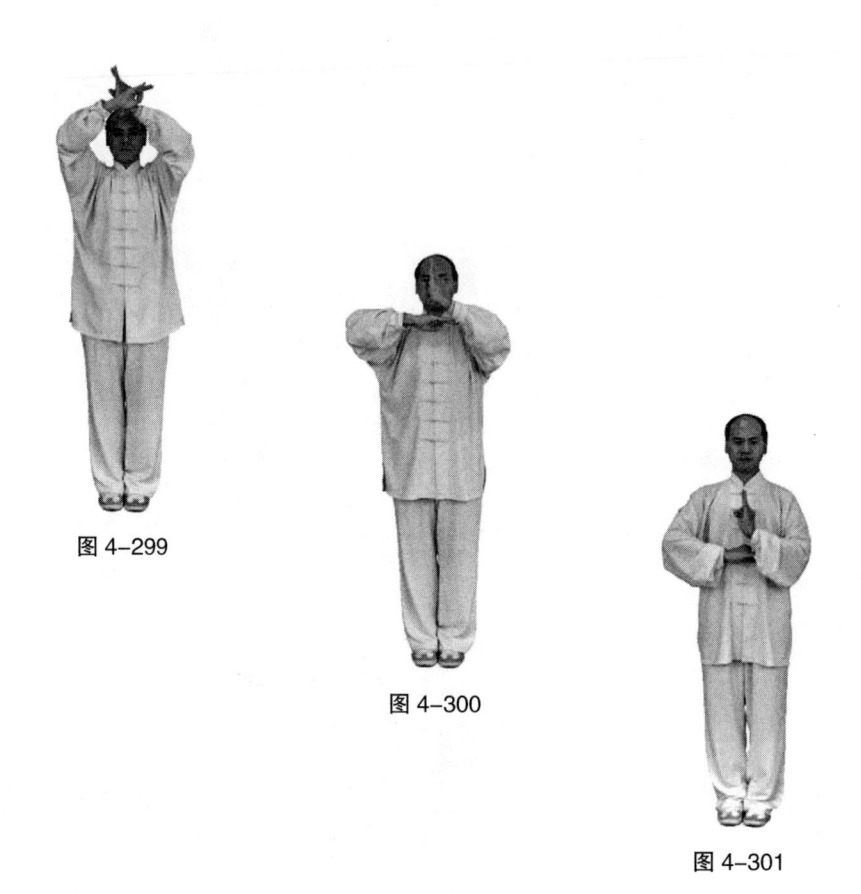

图4-299

图4-300

图4-301

【意境指导】

①天地人合的意境：两手体前上升时，意想两手从地下虚空捧气上升至下丹田混元前重叠，进而沿中线上升至中丹田，进一步上升至上丹田。翻掌心向外，两手拉开时，意想人与大自然混融。两臂左右下落继续捧气上升时，意想天地人相合、精气神相融的境界。两手顶天立地下落，到混元处自然拉开外分，此为几个天地人交合（大自然与人体相合），收虚空混

元气（太和元气）为人体所用。

②气收混元的意境：本式主要作用在于导顺全身上下内外之气机，使气内归于混元。在两手先后拉开时要注视顺序，要用目之余光照顾两手分开下落动作，两手两侧划弧拢气上收时，注视两手动作与姿势。当两手至头前上方时，亦尤需注意两手动作与姿势，必要时头可微仰，但不可过，否则影响气机。

两手腹前掐双环定印诀上升至混元时，意想三田相合合于混元。转掌、外拉、外展、捧气上升时，意想体内混元气向外开，进一步与虚空混化。双环定印诀顶天立地下落至混元时，意想天地人合合于混元，五心相合合于混元，五脏的脏真之气相合合于混元。

【内涵解说】

①习练此式要求眇眼，在动作中当弥陀定印上升时，意注拇指端，把气引到头顶养神。两手额前外分拉开时，目光从手中间直看到天边，并用两眼余光照顾两手分开下落动作，目光随手下落，这是形神混元的锻炼，强化躯体混元气与脏真混元气的联系与转化，使混元气内归于中，颐养形神。

②敛炁入脏五元桩重在姿势变化与神意气的结合，因而动作较多。一方面，每一势都有其特定的练气作用，练之效果快；另一方面，以形动而使神有所系，心猿得安，进而使形神气意相合，逐步进入到高层次的修炼。

第十五式　返回无极　一炁混元

【动作详解】

①一炁混元：接上式。松开双环定印诀，右臂外旋，右手转掌心向上，指尖向左；左手松腕下落，掌心向下，指尖向右（图 4-302）；两手向两侧拉开，两中指尖按在另一手的第四指根部，卷曲手指，相互握住，拇指掩住小指与食指的互握部，成混元灵通印，两眼轻轻闭合，全身放松，天地人相合，精气神相融（图 4-303、图 4-304）。发音收气：身体中正，自然吸气，呼气发"qing（清）"音，发音时，安静体察体内，收气归混元。发音共 5 次，而后安静，收气、养气，静养 1~2 分钟。

②两手还原：接上势。松开混元灵通印，还原体侧，两手自然下垂，周身中正，全身放松，两眼含着神光慢慢地眇开（图 4-305、图 4-306）。

335

图 4-302 　　　　　　　　　　　图 4-303

图 4-304 　　　　　　图 4-305 　　　　　　图 4-306

【意境指导】

①两式合元的意境："混元一气、连通天地"与"返回无极、一 混元"，这两式都是收气归于混元的心法，紧紧地连在一起，一气呵成。特别是通过两手于两侧划弧拢气上收，继而顶天立地下落，到混元处自然拉开外分这几个天地交合，进而发"清"音收气的动作都是人与大自然融合妙

法，习练者意想混元窍，把神入到混元里，全身的气都集中到混元里，达到"神入气中，气包神外"的意境。

②返回无极的意境：本式是最后一节功，其目的在于返回无极，一炁混元。本式动作虽然简单，但很关键，最后的收气，意念至关重要，如果练了以后不收气，达不到健康之目的。收气的诀窍在于"敛"气（神意照体，体察身体内哪里需要气就向哪里想），这里不但躯体（包括皮、肉、筋、脉、骨、五脏、六腑、血液、细胞）放松，关键在于神意放松，气是随着意念而变化，意想全身毛孔都在收气，气机随意念一层一层地向里渗透，脏腑之气与混元相融，意到气到，气足窍开，这一意境其内奥妙无穷。

③收气养气的意境：本式动作，主要是发音和静养。发"清"音，收气归于混元，随后进入到养气的状态。修炼者必须重视收气、养气，让意念回到体内，只有神意在体内，外面的气才能收回到体内。然后意想三田合一，合于混元，静静地濡养，感觉到神清气爽的景象，这就完成了整个练养的过程。

【内涵解说】

①混元窍是传统功法中神气并练的玄关窍，我们也把它看作是神气混融的处所，所以体认混元窍是非常重要的练功内容。不仅在练功中，而且在平时要经常发"灵"字音体会，首先体会到发灵字音时"振动"的部位，继而体认到该处的空洞无涯、无形无象的景象。至此，则要引动外气在此间的开合聚散，体会气的内外出入。

②若能使神意与之紧密结合，则属于传统功法中的结丹，练此功夫可直达上层。另外，还要体认五脏之气在混元窍混融的景象。初练功可用以意引气在混元窍进行开合聚散，这是采气、练气、聚气、补气的妙法。

③后面五节功，练功的意念活动要求不多，按照口令词做就行了。主要的目的在于运形驭气，把形运动开，把气充起来，注意动作要领和动作的整体性。前面练五脏的动作是局部的动作多，用意念多、发音多，而后面这几节完全靠习练者形体的互相配合，协调一致。

本功法是所有混元太极修炼者，从初级层次进入到中级层次后能否进一步修炼高级层次的关键之一。对于每一脏腑的修炼，只要是习练者的气机向气光转化（由量变产生质变），都会激起该脏相应的情绪，使之达到中和（以心求道）之态。练功时要注意手诀姿势要正确，发音要准确，尤其要注意手诀点窍穴时与发音的配合。点窍穴意念要透入到深部，并且体察发音后内部的变化。练习发音与正式练功的发音最好分开。开始练发音时，可不配合动作与手诀。先出声念，待发音的口型与声音比较准确以后，再练习默念，但需保持正确的发音口型，最后才练习意（神）念。

发音时要主动地运用意识，促进其发挥体内能量的作用。发音的同时要自觉地调动情绪，以之支配练功的心、意、神、形。特别是在丹田、混元窍的开合过程中，意想五脏连于混元，收虚空信息转化为体内能量，由能量转化为真气，由真气凝结为精丹，由精丹转化为真元，从"炼精化炁，炼炁化神，炼神还虚……直到返朴归真"。诗云："道生万物法自然，玄关窍内起氤氲；蒸融皮肉筋脉骨，处处光明神注田。造化炉中烹日月，乾坤鼎内产金莲；五真混然何处去，绵绵迤逦炁归元。"

第四节　敛炁入脏五元桩口令词

1. 混沌无极　心静体松

两脚并拢，周身中正，两手自然下垂。百会上领，虚灵顶劲，气沉丹田，落地生根，目平视前方（10~15秒钟）。目光合着意念匀速回收，两眼轻轻闭合，把神收回来，把气收回来，收到大脑中心。闭着眼睛向里看，耳朵向里听，用意念体察脑中心，空空荡荡、虚灵明镜。以脑中心虚灵明镜的状态向下察照全身，全身连成一个整体。头部放松，颈项部、胸背部放松，腰腹部放松，两脚平铺于地，两上肢、两下肢放松，全身从上到下，由里至外通透放松，松——

大家心心相印，信息相通，我们共同用意念想虚空，无边无际，想体内，无形无象，灵明的意识察照体内外的虚。用八句口诀的意境进一步强化大气场："顶天立地，形松意充，外静内敬，心澄貌恭，一念不起，神注太空，神意照体，周身融融。"

2. 顶天立地　合化混元

两手插入到地下的虚空，在浓浓的大气海中心，虎口带动，体前捧气上升至与小腹平，两臂交叉合拢，掐指环诀，上臂外撑，成顶天立地掌。叩齿：门齿，一、二、三、四、五、六、七、八、九；左齿，一、二、三、四、五、六、七、八、九；右齿，一、二、三、四、五、六、七、八、九；门齿，一、二、三、四、五、六、七、八、九。赤龙搅海：左、下、右、上、二、三；反转，一、二、三。开三皇锁：舌点下腭，一、二、三；点上腭，一、二、三；点门齿缝，一、二、三。

舌尖轻抵门齿缝，松诀，转掌心上相对，开合。两掌合、天地合、至混元，两掌开、混元开、至虚空；合，开；合，开；合，开；合，开；合，开。两掌慢慢相合，外拉，握混元掌，放在混元窍。发"ling（灵）"音，从一声转至二声，用金钥匙打开混元窍。吸气，līng-líng（灵——灵）；吸气，līng-líng（灵——灵）；吸气，līng-líng（灵——灵）；吸气，līng-líng（灵——灵）；吸气，līng-líng（灵——灵）；吸气，līng-líng（灵——灵）；吸气，līng-líng（灵——灵）；吸气，līng-líng（灵——灵）；吸气，līng-líng（灵——灵）。哪里有动感，哪里就是混元窍的中心。

发"e、weng、qing（哦、嗡、清）"音：吸气，e、weng、qing（哦——嗡——清）；吸气，e-weng-qing-（哦——嗡——清——）；吸气，e-weng-qing（哦——嗡——清——）；吸气，e-weng-qing-（哦——嗡——清——）；吸气，e-weng-qing-（哦——嗡——清——）；吸气，e-weng-qing-（哦——嗡——清）；吸气，e-weng-qing-（哦——嗡——清——）；吸气，e-weng-qing-（哦——嗡——清——）；吸气，e-weng-qing-（哦——嗡——清——）。意想混元窍打开，混元窍开了，窍开了。混元灵通通宇宙，混元气场连天地。

3. 畅通毛窍　开启三关

松开混元掌，转掌心相对，指尖向前，掌心相对，意注体内。开合：两掌合，开；以腰带动，合，开；合，开。转掌心向上，上托，过乳头，掌臂前伸，指尖向下。掌心外撑，腰向后放松，外撑，撑。转指尖向外，

339

向上，向内。掌心外撑，五心开，松腰，外撑，撑。转指尖向上，向外，向下。掌心外撑，撑，撑。转指尖向外，向上，向内，掌心外撑。两臂外展，展，展成一字。掌心外撑，劳宫开，外撑，撑。转指尖向上，向后，向下。掌心外撑，撑，撑。转指尖向后，向上，向前，掌心外撑。

两臂体前合拢，与肩等宽高，松腕，转掌心相对。两掌合，开；合，开；合，开。转掌心向上，肘臂回抽，掌至胸前。小指外侧并合，上托，至眉。两掌外分，至耳侧，转指尖向后，连续转掌上托。至头顶上方，中指相接，两臂伸直。掌心向上撑，五心开，撑，撑。转掌心向下，贯气下落，中指点天门，指背相合，意想混元。正转，左、前、右、后，二、三；反转，一、二、三。下按，手放平。上提，两臂伸直。下落，中指点天门，指背相合。正转，一、二、三；反转，一、二、三。下按，手放平。上提，十指交叉翻转掌心向上，上举，两臂伸直。揉腕：一、二、三。向上轻轻地撑住。

两臂体前下落，至小腹前，下按。两手分开，中指相接。下按，翘脚趾；按，翘；按，翘。掌、膝划圆：前、外、后、内，二、三；反转，一、二、三。下按，脚趾放平。中指相接，转掌心向内，上升至肚脐中指点按。想体内，下丹田真气充足。中指沿腰带拉开，至体侧，向后合，合至命门点按。转掌心向外，两掌重叠，外推，命门开、松腰，内合，向里贯气；外推，内合；外推，内合。转掌心向内，中指点命门。沿腰带拉开，至体侧，转指尖向下。外开10厘米，内合，似接非接；外开，带脉开，内合，贯通、贯透；外开，内合。中指沿腰带向前，至肚脐点按。指尖前伸，指根相合，想虚空，回收，指根分开，中指点肚脐，想体内，丹田真气充足。前伸，回收，点肚脐；前伸，回收，点肚脐；前伸，两掌相合，上提，至混元。

4. 鹤企四顾　神守中寰

两手分开，意注混元。两掌合，开；合，开；合，开。转掌，上下抱球，以腰带动摩掌：一、二、三、四、五、六。两掌撕开，提左腿，鹤首推揉：一、二、三。神游四方：体左转，90°，回原位；体右转，90°。踩莲，两脚并拢，转掌拢气回收，混元前抱球。

摩掌：一、二、三、四、五、六。两掌撕开，提右腿。鹤首推揉：一、

二、三。神游四方：体右转，90°，回原位；体左转，90°。踩莲，两脚并拢，转掌拢气回收，混元前抱球。

摩掌：一、二、三、四、五、六。两掌撕开，提左腿，鹤首推揉：一、二、三。神游四方：体左转，90°，回原位；体右转，90°。踩莲，两脚并拢，转掌拢气回收，混元前抱球。

摩掌：一、二、三、四、五、六。两掌撕开，提右腿。鹤首推揉：一、二、三。神游四方：体右转，90°，回原位；体左转，90°。踩莲，两脚并拢，转掌拢气回收，混元前抱球。

5. 展翅翱翔　揉抻弹颤

转平行掌，指尖向前。两掌合，虚空合，至混元，混元开，至虚空；合，开；合，开。展翅：转掌心向上，上升至胸，掌臂外开，至体侧，外伸成一字；落肘回抽，与肩头平，前合，下落；前臂外开，至体侧；上起，外伸，成一字；回收，前合，下落。

转掌心相对，以腰带动练翱翔。外开，小合；开，小合；开，小合；开，小合。成一字，转掌心向下。前合，小开；合，小开；合，小开；合，小开，与肩等宽。外开，小合；开，小合；开，小合；开，小合。成一字，转掌心向前。向前、向下合，小开；合，小开；合，小开；合，小开，至混元。外开，小合；开，小合；开，小合；开，小合，成一字，转掌心向下。前合，小开；合，小开；合，小开；合，小开，与肩平。外开，小合；开，小合；开，小合；开，小合。成一字，转掌心向前。向前、向下合，小开；合，小开；合，小开；合，小开，两掌相合于混元。

6. 喜笑助心神（中峰立山根）

转指尖向上，上提，成合十手，立中峰指。"天人合一练心神，气归混元养脏真；谦谦礼貌恭敬道，喜喜修德养我心。"打开心窍，进入到喜的意境。转指尖向前，向前伸出。中指上翘指天，前臂回收，中峰立山根。意想脑中心，划圆发"xing（惺）"音：吸气，xing-（惺——），xing-（惺——），xing-（惺——）；反转、吸气，xing-（惺——），xing-（惺——），xing-（惺——）。空空荡荡，虚灵明镜。

中指沿中线下降，至膻中。意想心脏，划圆发"xin（心）"音：吸气，

xin-（心——），in-（心——），in-（心——）；反转，吸气，in-（心——），in-（心——），in-（心——）。心包天地，心包太虚。转指尖向前，掌根至心口。意想混元，发"xiang-（香——）"音：吸气，xiang-（香——），xiang-（香——），xiang-（香——）；反转，吸气，xiang-（香——），xiang-（香——），xiang-（香——），安静。

7. 凸腰强肾志　命门连耳门

"小心翼翼提肾气，如履薄冰练脏真；战战兢兢恐不惧，气收神藏强功能。"喜悦的心情向里收，进入到恐的意境。松心诀，变肾水诀。小指相接，下降至肚脐点按。小指沿腰带拉开，至体侧，向后合，合至命门点按。转掌心向外，小指相接，弯腰向下，头与胯平。

塌腰翘尾闾，拱腰扣尾闾；塌腰，拱腰；塌腰，拱腰；塌腰，拱腰；塌腰，拱腰；塌腰，拱腰；塌腰，拱腰；塌腰，拱腰；塌腰，拱腰；塌腰，拱腰；塌腰，拱腰。身体慢慢直起，全身放松。我们站着继续练松腰，吸气，吸到命门，吸满，腰向后放松，呼气，回原位；吸气，松腰，呼气，回原位；吸，呼；吸，呼；吸，呼；吸，呼；吸，呼；吸，呼；吸，呼；吸，呼；吸，呼。腰要松，腰要松，腰松开了，整个脊柱都松开了，安静。转掌心向内，小指点命门，先天气场真气充足。

小指沿腰带拉开，至体侧向前合，合至肚脐点按。向里收气，下丹田真气充足。小指相接，沿中线上升，至胸。转掌心向上，升至璇玑。小指向前并合，两掌上托至眉。掌根分开，小指内收点山根，意想脑中心。小指沿眉下眼上外开，至耳尖，下经耳轮角入耳。转掌心向前，头后仰翘尾闾。发"ei、yu、ying（欸、吁、英）"音：吸气，ei、yu-ying（欸、吁——英——）；吸气，ei、yu-ying（欸、吁——英——）；吸气，ei、yu-ying（欸、吁——英——）；吸气，ei、yu-ying（欸、吁——英——）；吸气，ei、yu-ying（欸、吁——英——）。

小指向耳内振颤（10~15秒），小指拔出，松诀，两掌向耳内混气、聚气。意想五官连于五脏，空空荡荡，荡荡虚空。

8. 缠绵中宫意　混元四脏真

"水火既济心肾通，脾藏中宫融四脏；肝肺相亲情性守，天地人合混元中。"意想鼻端，进入到思的意境。混气手成双峰掌，两臂伸直，转掌心向前。俯身拱腰，下，头与胯平，两臂下落，翘脚趾，转掌拔气，收至混元。缠手：一、二、三、四、五。中指相接点肚脐。拇指相合上升至天突，拇指外分，中指升至天突，外分，两掌绕乳划圆按摩。外、下、内、上、二、三；反转，内、下、外、上、二、三。中指相接下降，拇指相接降至心口，外分，沿大包穴掬出，掌心向上，外展，逐渐转掌，体前下落，转掌拢气，收至混元。缠手：一、二、三、四、五。中指相接点肚脐。合拇指，两掌从心口处沿两肋振颤外分，至背后，中指点命门。两掌心于腰部揉按，一、二、三，中指相接点命门。两掌至原路振颤返回，至两肋。中指相接下降，拇指相接下降至肚脐，沿腰带外分，至体侧，拇指点章门。

四指握拳，脚趾落平，身体慢慢直起。发"gang、fu、zhong（刚、夫、中）"音：吸气，gang-fu-zhong（刚——夫——中——）；吸气，gang-fu-zhong（刚——夫——中——）；吸气，gang-fu-zhong（刚——夫——中——）；吸气，gang-fu-zhong（刚——夫——中——）；吸气，gang-fu-zhong（刚——夫——中——）。体左转，体右转，左转，右转，左转，右转。身体转正，全身放松。

9. 展臂护日月　转目炼肝魂

"身如将帅之威风，眼观六路耳听八方；心似明镜照万物，濡养正气柔克刚。"两眼慢慢睁开，意照指端，进入到怒的意境。松诀，两手前伸，前臂回收。右手下落护日月，左手前掤、外展。以腰带动，体左转，90°，掐诀，转至体后，转阴掌。点指：一、二、三、四、五、六、七、八。回转90°，转阳掌，转至体右侧，转阴掌，继续后转，指向背后。点指：一、二、三、四、五、六、七、八。回转，90°，转阳掌，身体转正。

松诀，左手回抽，下落护日月，右手前掤，体右转，90°，掐诀，转至体后，转阴掌，点指：一、二、三、四、五、六、七、八。回转，90°，转阳掌，转至体左侧，变阴掌，继续后转，指向背后，点指：一、二、三、四、五、六、七、八。回转，90°，转阳掌，身体转正。

松诀，右手回抽下落护日月，左手前掤、外展，体左转，90°，掐诀，转至体后，转阴掌，点指：一、二、三、四、五、六、七、八。回转，90°，转阳掌，转至体右侧，变阴掌，继续后转，指向背后，点指：一、二、三、

343

四、五、六、七、八。回转，90°，转阳掌，身体转正。松诀，左手回抽下落护日月，右手前掤，体右转90°，掐诀，转至体后，转阴掌，点指：一、二、三、四、五、六、七、八。回转，90°，转阳掌，转至体左侧，变阴掌，继续后转，指向背后，点指：一、二、三、四、五、六、七、八。回转，90°，转阳掌，身体转正。

右手回抽至日月穴，双手掐诀，指环扣日月，指尖向下，两眼轻轻闭合。发"ti、ju、ling（发音规则请参照296页）"音：吸气，ti、ju—ling；吸气，ti、ju—ling；吸气，ti、ju—ling；吸气，ti、ju—ling；吸气，ti、ju—ling，安静。

10. 伸缩开肺气　悲心益魄身

松诀，掐肺诀，掌心向上，四指至肚脐相接。"意识渗透点性灯，一炁混元开潜能；大慈大悲开拓路，练就金刚不坏身。"意想悲情，大慈大悲，离苦得乐，走混元整体。两手沿中线上升至心口，转掌心向内、上升、至喉。外开，四指在肩前云门处划圆：外、下、内、上，二、三；反转，一、二、三。掌臂向上划弧，外展，成一字。肩胛内含，扣腕，诀指向上指天，松腕，外开，诀指放平。掌臂至原路回收，至肩前。四指划圆：内、下、外、上，二、三，反转，一、二、三。

手臂向斜前方弹出，转四指相对，前臂内合，诀指相接，前臂向内平收，四指至玉堂穴上升，至喉，向两侧拉开，四指点云门穴。划圆发"sang、si、song（桑、斯、松）"音（注："si"音从一声转倒吸）：吸气，sang-si-song（桑——斯——松——），sang-si-song（桑——斯——松——）；反转；吸气，sang-si-song（桑——斯——松——），sang-si-song（桑——斯——松——）。松诀，两手下落至两肋，掌心向上，安静。

11. 悠悠鹤步　运引形躯

悠悠鹤步运形躯。向左转，重心右移提左腿，出手蹬脚，伸手落步，抬腿分手，收腿收手；出手蹬脚，伸手落步，抬腿分手，收腿收手；出手蹬脚，伸手落步，抬腿分手，收腿收手；出手蹬脚，伸手落步，抬腿分手，收腿收手。身体直立，左脚下落。

向后转。重心右移提左腿，出手蹬脚，伸手落步，抬腿分手，收腿收手；出手蹬脚，伸手落步，抬腿分手，收腿收手；出手蹬脚，伸手落步，抬腿分手，收腿收手；出手蹬脚，伸手落步，抬腿分手，收腿收手。身体直立，左脚下落。向左转。两手自然下垂，全身放松。

12. 抖翎心宁　四末一齐

抖翎心宁四末齐，混元一气松筋骨。抖翎（跟随音乐抖动 9~12 分钟）。慢慢地停下来。掌臂前绷，坐腕；前绷，坐腕；前绷，坐腕。提脚跟，提，提，提，落；提，提，提，落；提，提，提，落。放松。

13. 逍遥起落　神意贯顶

松腕转掌捧气体前上升，小腹前中指相接。掌心向上，升至混元，提左膝，四趾点地。沿中线上升，至璇玑。转指尖向前，小指外侧并合，上托，至眉。两掌外分，转指尖向后，连续转掌上托，成托天掌。外分，两侧下落成一字。下蹲，两臂下落，起，鹤嘴劲；落，起；落，起；落，脚放平。

两手下落捧气，小腹前中指相接，上升至混元。提右膝，四趾点地，沿中线上升至璇玑。转指尖向前，小指外侧并合，上托，至眉。两掌外分，转指尖向后，连续转掌上托成托天掌。外分，两侧下落成一字。下蹲，两臂下落，起；落，起；落，起；落，脚放平。

两手下落捧气，小腹前中指相接，上升至混元。提左膝，四趾点地，沿中线上升至璇玑。转指尖向前，小指外侧并合，上托，至眉。两掌外分，转指尖向后，连续转掌上托成托天掌。外分，两侧下落成一字。下蹲，两臂下落，起；落，起；落，起；落，脚放平。

两手下落捧气，小腹前中指相接，上升至混元。提右膝，四趾点地，沿中线上升至璇玑。转指尖向前，小指外侧并合，上托，至眉。两掌外分，转指尖向后，连续转掌上托成托天掌。外分，两侧下落成一字。下蹲，两臂下落，起；落，起；落，起。落，脚放平。身体直立，两手下落，捧气小腹前中指相接。

14. 混元一气　连通天地

两眼慢慢睁开，两手上升，至混元重叠。沿中线上升，至膻中，转掌心向内，上升至额前，翻掌心向外，两手拉开，成一字。两侧下落，捧气，腹前逐渐重叠。沿中线上升，至膻中，转掌心向内，上升至额前，翻掌心向外，两手拉开，成一字。两侧下落，捧气，腹前逐渐重叠。沿中线上升，至膻中，转掌心向内，上升至额前，翻掌心向外，两手拉开，成一字。

两侧下落，捧气小腹前掐双环定印诀，上升至混元。意想体内，转掌，外拉，外展，成一字。捧气上升，至上方虚空。顶天立地下落，至混元；转掌，外拉，外展，成一字。捧气上升，至上方虚空。顶天立地下落，至混元；转掌，外拉，外展，成一字。捧气上升，至上方虚空。沿中线下落，成顶天立地掌。

15. 返回无极 （一炁混元）

松诀，握混元掌，放在混元窍。天地人相合，精气神相融，两眼轻轻闭合。意注体内，发"qing（清）"音，收场、收气。吸气，qing-（清——）；吸气，qing-（清——）；吸气，qing-（清——）；吸气，qing-（清——）；吸气，qing-（清——）。安静，收气，把虚空超常的信息，大气场灵通的混元气都收到体内。通透全身，三田合一，合于混元，养气，静（静养1~2分钟）。

从练功境界慢慢地走出来，打开心窍，发"xin（心）"音：吸气，xin-（心——）；吸气，xin-（心——）。松开混元掌，两手还原体侧，含着神光，两眼慢慢地睁开。

附　录

一、太极拳解

身虽动，心贵静，气须敛，神宜舒；心为令，气为旗；神为主帅，身为驱使。刻刻留意方有所得。

先在心，后在身。在身则不知手之舞之，足之蹈之。所谓："一气呵成，舍己从人"，引进落空，四两拨千斤也。须知：一动无有不动，一静无有不静。视动犹静，视静犹动。内固精神，外示安逸。

须要从人，不要由己。从人则活，由己则滞。尚气者无力，养气者纯刚。彼不动，己不动；彼微动，己先动。以己依人，务要知己，乃能随转随接；以己粘人，必须知人，乃能不后不先。

精神能提得起，则无双重之虞；粘依能跟得灵，方见落空之妙。往复须分阴阳，进退须有转合。机由己发，力从人借。发劲须上下相随，乃一往无敌；立身须中正不偏，方能八面支撑。

静如山岳，动如江河。迈步如猫行，运劲如抽丝；蓄劲如张弓，发劲如放箭。行气如九曲珠，无微不到；运动如百炼钢，何坚不摧。形如搏兔之鹘，神似扑鼠之猫。曲中求直，蓄而后发。收即是放，连而不断。极柔软然后极坚刚，能粘依而后能灵活。气宜直养而无害，劲以曲蓄而有余。渐至物来顺应，是亦知止能得矣。

二、混元太极拳解

"混元"一词历史悠久，原为内丹术术语，"丹田"的异名。《金丹大要·鼎器妙用章》曰："叶文叔注以玄牝为两肾中间，混元一穴。"《枕中记》曰："混元一窍是先天，内面虚无理自然。"《性命圭旨·退藏沐浴功夫》曰："欲通此窍，先要存想山根，则呼吸之气，渐次通夹脊，透混元，而直达于命府，方才子母汇合。"《云笈七签》中说："混元者，记事于混沌之前，元气之始也。元气未形，寂寥何有？至精感激而真一生焉，元气运行而天地立焉，造化施张而万物用焉。混沌者，厥中惟虚，厥外惟无，浩浩荡荡，不可名也。"《性命圭旨》中说："阴阳既判，天地位焉，人乃育焉，是谓二生三，是曰混元。"

"混元"从字义上讲，"混"字是中国古典哲学的核心，古人已有详细的论述，《云笈七签·元气论》中说："五气未形，三才未分，二仪未立，谓之混沌，亦谓混元，亦谓元块如卵，五气混一。"《道德经》中说："视之不见名曰夷，听之不闻名曰希，搏之不得名曰微，此三者，不可致诘，故混而为一。其上不皦，其下不昧，绳绳不可名，复归于无物，是谓无状之状，无物之象，是谓恍惚。迎之不见其首，随之不见其后……是谓道纪。"这里所说的"混而为一"就是后世所说的混元。此混元的体性与道并没什么差别，两者都是"夷""希""微""混而为一"的结果。又说："有物混成，先天地生，寂兮寥兮，独立而不改，周行而不殆，可以为天下母，吾不知其名，强名之曰道。"可见，道是由物混成的，道与混是并存的，是不可分割的整体。混是运动、变化，是道的第一规律。"混元"从字义上讲，"混"字古人认为是"二五合凝而未兆"之意，即阴阳、五行聚合而成，尚未呈现出阴阳、五行的特性。既然包括阴阳与五行的两个层次上的"合凝"，就不会是混合，而应理解为混化之意；"元"字，可以作"一"字解。《公羊传》中说："元者，气也。无形以起，有形以分，起造天地，天地之始也。"所以，混元是混化为一的意思。《至言总》云："混元之气，自无而生有，有曰太极，是生两仪，两仪既分，四象昭晰，阴阳变化，万物生焉。"混元一词在传统功法理论中也称混沌、混沦、混元气、先天混元一气等。

太极，从字义上讲，前人认为："太"字原为大，《易乾》上讲："大哉乾元，万物资始。"意思是说"大"是世上万物形成之前的乾元之境。后来，当人们为表示比"大"更广、更深之境时，就在"大"字底下又加了一点，成为"太"，意为无边无际、无穷无尽。"极"字为至高、至上之意。"太""极"二字合起来，就是无时不在、无处不有、无始无终之意。"太极"，是宇宙万物本体的代名词，是生成天地万物的本源。原始的混沌即为无极，中国古代哲学称其为派生宇宙万物的本源。无极生太极，太极生两仪，两仪生四象，四象生八卦，八卦生六十四卦以至生成万事万物。古代哲学把繁杂的世界归纳为天、地、风、雷、水、火、山、泽八种，进而统一于"一""元""无"等抽象的本源，充满了唯物主义的可贵认识。

《道德经》中说："窈兮冥兮，其中有精，其精甚真"，唯此真精，乃吾身中之真种子也，以其入于混沌，故曰太极。太极其可得而名乎？夫太极者，在天地之先而不为先，在天地之后而不为后，终天地而未尝终，始天地而未尝始。是故夫太极者，有物之先，本已混成，有物之后，未曾亏损，从古至今，无时不存，无时不在。宇宙虚空是一个大"太极"，此"太极"贯穿于万事万物中，所以，万物各具一太极，人体处处皆太极。

《性命圭旨》中说："天地以混混沌沌为太极，吾身以幽幽冥冥为太极。天地以此阴阳交媾而生万物，吾身以此阴阳交媾而生大药。大药之生于身，与天地生万物不异，总只是阴阳二气一施一化而玄黄相交，一禀一受而上下相接，混而为一，故曰混沌。"《道脉图解》中指出："无极者，无形也，无名也，无量无边，至虚至灵，静极不动之理天也。此理，虽神妙以浑然，实条例之分明，至无能生至有，至虚能御至实，为宇宙万物之本源。视之无形，而能形形；听之无声，而能声声；超乎九天之上，贯乎大地之下；虽不离乎气，亦不杂乎气；贯乎太极之中，包乎太极之外；寂兮寥兮，独立而不改；杳兮冥兮，万劫而不坏，为天地之中，万物之始祖也。"

太极本无极，故又名太虚。"虚"者，空虚无物之意，理气未分，混沌一体。太极言无极者，是指太虚流行之气中主宰之"理"；太虚言太极者，是指太虚主宰之理中流行之"气"。太虚为空空之境，真气所充，神明之府。真气精微无运不至，故主生化之本始，运气之真元。太极乘气动而生阳，静而生阴，这就是太极阴阳之理。师曰："无极太虚气中理，太极太虚理中气；乘气动静生阴阳，阴阳之分为天地。未有天地气生形，已有天地形寓气；从形究气曰阴阳，即气观理曰太极。"

三、人身太极解

人之周身，心为一身之主宰。主宰，太极也。二目为日月，即两仪也。

头像天，足像地，人中之人及中脘，合之为三才也。四肢，四象也。

肾水、心火、肝木、肺金、脾土，皆属阴；膀胱水、小肠火、胆木、大肠金、胃土，皆阳矣，兹为内也。

颅顶火、地阁、承浆水、左耳金、右耳木，两命门土兹为外也。

神出于心，目眼为心之苗；精出于肾，脑肾为精之本；气出于肺，胆气为肺之源。视思明心动神，流也；听思聪脑动肾，滑也。

鼻之息香臭，口之呼吸出入，水咸、木酸、土辣、火苦、金甜及言语声音，木亮、火焦、金润、土湿、水漂，鼻息口呼吸之味，皆气之往来肺之门户。肝胆巽震之风雷，发之声音，出入五味，此言口、目、耳、舌、神、意使之六合，以破六欲也，此内也；手、足、肘、膝、肩、胯亦使之六合，以正六道也，此外也。

眼、耳、鼻、口、大小便、肚脐，外七窍也；喜、怒、忧、思、悲、恐、惊，内七情也。七情皆以心为主，喜心、怒肝、忧脾、悲肺、恐肾、惊胆、思小肠、怕膀胱、愁胃、虑大肠，此内也。

夫离：南、正午、火、心经；坎：北、正子、水、肾经；

震：东、正卯、木、肝经；兑：西、正西、金、肺经；

乾：西北隅、金、大肠、化水；坤：西南隅、土、脾、化土；

巽：东南隅、胆、木化土；艮：东北隅、胃、土、化火。

此内八卦也。

外八卦者，二、四为肩，六、八为足，上九、下一、左三、右七也。坎一、坤二、震三、巽四、中五、乾六、兑七、艮八、离九，此九宫也。内九宫亦如此。

表里者，乙肝左肋化金通肺，甲胆化土通脾，丁心化木中胆通肝，丙小肠化水通肾，已脾化土通胃，戊胃化火通心，后背前胸山泽通气，辛肺右肋化水通肾，庚大肠化金通肺，癸肾下部化火通心，壬膀胱化木通肝，此十天干之内外也，十二地支亦如此之内外也。明斯理，则可与言修身之道矣。

四、十三势行功心解

以心行气，务令沉着，乃能收敛入骨。以气运身，务令顺遂，乃能便利从心。精神能提得起，则无迟重之虞，所谓顶头悬也。意气须换得灵，乃有圆活之趣，所谓变转虚实也。发劲须沉着松净，专注一方。立身须中正安舒，支撑八面。行气如九曲珠，无微不到（气遍身躯之谓）。运劲如百炼钢，何坚不摧？形如搏兔之鹘，神如捕鼠之猫。静如山岳，动若江河。蓄劲如开弓，发劲如放箭。曲中求直，蓄而后发，力由脊发，步随身换。收即是放，放即是收，断而复连。往复须有折叠，进退须有转换，极柔软，然后极坚刚。能呼吸，然后能灵活。气以直养而无害，劲以曲蓄而有余。心为令，气为旗，腰为纛，先求开展，后求紧凑，乃可臻于缜密矣。

又曰：先在心，后在身，腹松净，气敛入骨，神舒体静，刻刻在心。切记一动无有不动，一静无有不静，牵动往来气贴背，敛入脊骨，内固精神，外示安逸，迈步如猫行，运劲如抽丝。全神意在精神，不在气。在气则滞，有气者无力，无气者纯刚，气如车轮，腰似车轴。

五、十三势行功要解

"以心行气，务使沉着，乃能收敛入骨"，所谓"命意源头在腰隙"也。意气须换得灵，乃有圆活之趣，所谓"变转虚实须留意"也。

立身中正安舒，支撑八面；行气如九曲珠，无微不到，所谓"气遍身躯不少滞"也。发劲须沉着松静，专注一方，所谓"静中触动动犹静"也。往复须有折叠，进退须有转换，所谓"因敌变化示神奇"也。曲中求直，蓄而后发，所谓"势势存心揆用意，刻刻留心在腰间"也。精神能提得起，则无迟重之虞，所谓"腹内松净气腾然"也。虚领顶劲，气沉丹田，不偏不倚，所谓"尾闾中正神贯顶，满身轻利顶头悬"也。以气运身，务令顺遂，乃能便利从心，所谓"屈伸开合听自由"也。心为令，气为旗，神为主帅，腰为驱使，所谓"意气君来骨肉臣"也。

六、八五十三势长拳解

自己用功，一势一式，用成之后，合之为长，滔滔不断，周而复始，所以名长拳也。万不得有一定之架子，恐日久入于滑拳也，又恐入于硬拳也。决不可失其绵软，周身往复，精神、意气为本，用久自然贯通，无往不利，何坚不摧也。

于人对待，四手当先，亦自八门五步而来，站四手，四手碾磨，进退四手，中四手、上下四手、三才四手。由下乘长拳四手起，大开大展，练至紧凑，屈伸自由之功，则升至中、上成矣。

七、太极体用解

理为精、气、神之体，精、气、神为身之体。身为心之用，劲为身之用。身、心有一定之主宰者，理也；精、气、神有一定之主宰者，意诚也。诚者天道，诚之者人道，俱不外意念须臾之间。

要知天人同体之理，自得日月流行之气。其意气之流行，精神自隐微乎理矣。夫而后言乃武，乃文，乃圣，乃神，则得矣。若特以武事论之于心身，用之于劲力，仍归于道之本也，故不得独以末技云尔。

劲由于筋，力由于骨。如以持物论之，有力能执数百斤，是骨节、皮毛之外操也，故有硬力。如以全体之有劲，似不能持几斤，是精气之内壮也。虽然，若是功成后。犹有妙出于硬力者。修身、体育之道有然也。

八、太极文武解

文者，体也；武者，用也。文功在武用于精气神也，为之体育；武功得文，体于心身也，为之武事。

夫文武犹有火候之谓，在卷放得其时中，体育之本也。文武使于对待之际，在蓄发当其可者，武事之根也。故云：武事文为，柔软体操也，精气神之筋劲也。武事武用，刚硬武事也，心身之骨气也。

文无武之预备，为之有体无用；武无文之伴侣，为之有用无体。如独木难支，孤掌不响。不惟文体、武事之功，事事诸如此理也。

文者，内理也；武者，外数也。有外数无内理，必为血气之勇，失于本来面目，欺敌必败。有文理无外数，徒思安静之学，未知用于採战，差微则亡耳。自用，于人，文武二字之解，岂可不解哉！

九、太极懂劲解

自己懂劲，接及神明，为之文成。而后采战，身中之阴七十有二，无时不然。阳得其阴，水火既济，乾坤交泰，性命葆真矣。

于人懂劲，视听之际，遇而变化，自得曲成之妙形，著明不劳，运动知觉也。功至此，可为收往咸宜，无须有心之运用耳。

十、太极阴阳颠倒解

阳：乾、天、日、火、离、放、出、发、对、开、臣、肉、用、气、身、武（立命）、方、呼、上、进、隅；阴：坤、地、月、水、坎、卷、入、蓄、待、合、君、骨、体、理、心、文（尽性）、圆、吸、下、退、正。

盖颠倒之理，水火二字详之，则可明。如火炎上，水润下者，水能使火在下而用水在上，则为颠倒。然非有法治之则不可得矣。

譬如水入鼎内，而置火之上，鼎中之水得火以燃之，不但水不能下润，借火气，水必有温时。火虽炎上，得鼎以隔之，是为有极之地，不使炎上之火无止息，亦不使润下之水渗漏，此所谓水火即济之理也，颠倒之理也。

若任其火炎上，水润下，必至水火必分为二，则为水火未济也。故云：分而为二，合而为一之理也。故云：一而二，二而一也。总斯理为三，天、地、人也。

明此阴阳颠倒之理，则可与言道。知道不可须臾离也，则可与言人。能以人弘道。知道不远人，则可与言天地同体。上天；下地，人在其中矣。

苟能参天察地，与日月合其明，与五岳、四渎之华朽，与四时之错行，与草木并荣枯；明神鬼之吉凶，知人事之兴衰，则可言乾坤为一大天地，人为一小天地。

夫如人之身心，致知格物于天地之知能，则可言人之良知、良能。若思不失固有，其功用浩然正气，直养无害，悠久无疆矣。

所谓人身生成一小天地者，天也、性也、地也、人也、虚灵也、神

353

也。若不明此者，怎能配天地为三乎？然非尽性立命，穷神达化之功，胡为乎来哉！

十一、太极分文武三乘解

盖言道者，非自修身无由得也。然又分为三乘之修法。

乘者，成也。上乘，即大成也；下乘，即小成也；中乘，即诚之者成也。

法分三修，成功一也。文修于内，武修于外。体育，内也；武事外也。其修法内外，表里成功集大成，即上乘也；由文体之文而得武事之武，或由武事之武而得体育之文，即中乘也；然独知体育之文，不各武事而成者，或专武事，不为体育而成者，即小乘也。

十二、太极下乘武事解

太极之武事，外操柔软，内含坚刚。而求柔软之于外，久而久之自得内之坚刚。非有心坚刚，实有心之柔软也。所难者，内要含蓄坚刚而不外施，外终柔软而迎敌。以柔软应坚刚，使坚刚尽化无有矣。

其功何以得乎？要非粘黏连随之功已成，自得运动知觉，方为懂劲，而后神明之，化境极矣。

夫四两拨千斤之妙，功不及化境，将何以能是所谓懂粘黏连随，得其视听轻灵之巧耳。

十三、太极正功解

太极者，圆也。无论内外、上下、左右，不离此圆也。

太极者，方也。无论内外、上下、左右，不离此方也。

圆之出入，方者进退，随方就圆之往来也。方为开展，圆为紧凑。方圆规矩之至，其孰能出此以外哉。

如此得心应手，仰高钻坚，神乎其神，见隐显微，明而且明，生生不已，欲罢不能矣。

十四、太极轻重浮沉解

双重为病，干于填实，与沉不同也。双沉不为病，自尔腾虚，与重不一也。

双浮为病，只如缥渺，与轻不例也。双轻不为病，天然轻灵，与浮不等也。

半轻半重不为病，偏轻偏重为病。半者，半有着落也，所以不为病；偏者，偏无着落也，所以为病。偏无着落，必失方圆，半有着落，岂出方圆。

半浮半沉为病，失于不及也；偏浮偏沉，失于太过也。

半重偏重，滞而不正也；半轻偏轻，灵而不圆也。

半沉偏沉，虚而不正也；半浮偏浮，茫而不圆也。

夫双轻不近于浮，则为轻灵；双沉不近于重，则为离虚，故曰"上手"。轻重半有着落则为"平手"。除此三者之外，皆为"病手"。

盖内之虚灵不昧，能致于外气之清明，流行乎肢体也。若不穷研轻重、浮沉之手，徒劳掘井不及泉之叹耳。然有方圆四正之手，表里精粗无不到，则已极大成，又何云四隅出方圆矣。所谓方而圆，圆而方，超乎象外，得其寰中之"上手"也。

十五、太极四隅解

四正，即四方也，所谓掤、捋、挤、按也。初不知方能始圆，方圆复始之理无已，焉能出隅之手矣。

缘人外之肢体，内之神气，弗得轻灵方圆四正之功，始出轻重浮沉之病，则有隅矣。

譬如半重偏重，滞而不正，自然为採、挒、肘、靠之隅手。或双重填实，亦出隅手也。病多之手，不得已以隅手扶之，而归圆中方正之手。虽然至底者，肘靠亦由此以补，其所以云尔。

夫日后功夫能致上乘者，亦须获採挒，而仍归大中至正矣。是则四隅之所以为用者，乃因失体而补缺云云。

十六、太极平准腰顶解

顶如准，故云"顶头悬"也。两手即平左右之盘也，腰即平之根株也。"立如平准"，所谓轻重浮沉，分厘毫丝，则偏显然矣。

有准顶头悬，腰之根下株。
上下一条线，全凭两手转。
变换取分毫，尺寸自己辨。
车轮两命门，一纛摇又转。
心令气旗使，自然随我便。
满身轻利者，金刚罗汉炼。
对待有往来，是早或是晚。
合则放发出，不必凌霄箭。
涵养有多少，一气哈而远。
口授须秘传，开门见中天。

十七、太极血气根本解

血为营，气为卫。血流行于肉、膜、络；气流行于骨、筋、脉。

筋、甲为骨之余；发、毛为血之余。血旺则发毛盛，气足则筋甲壮。

故血气之勇，力出于骨、皮、毛之外壮；气血之体用，出于肉、筋、甲之内壮。气以血之盈虚，血以气之消长。消长盈虚，周而复始，终身用之不能尽者矣。

十八、太极力气解

气走于膜、络、筋、脉，力出于血、肉、皮、骨。故有力者皆外壮于皮骨，形也；有气者是内壮于筋脉，象也。气血功于内壮，血气功于外壮。

要之，明于"气、血"二字之功能，自知力气之由来矣。知气力之所以然，自能知用力、行气之分别。行气于筋脉，用力于皮骨，大不相侔也。

十九、太极尺寸分毫解

功夫先练开展，后练紧凑。开展成而得之，才讲紧凑；紧凑得成，才讲尺、寸、分、毫。

由尺进之功成，而后才能寸进、分进、毫进，此所谓尺寸分毫之理也，明矣。

然尺必十寸，寸必十分，分必十毫，其数在焉。故曰对待者，数也。知其数，则能得尺寸分毫，要知其数，必秘授、而能量之者哉！

二十、太极膜脉筋穴解

节膜，拿脉，抓筋，闭穴，此四功由尺、寸、分、毫得之后而求之。

膜若节之，血不周流；脉若拿之，气难行走；筋若抓之，身无主地；穴若闭之，神昏气暗。

抓筋节之半死，申脉拿之似亡，单筋抓之劲断，死穴闭之无生。

总之，气血精神若无，身何有主也。如能节、拿、抓、闭之功，非得真传不可。

二十一、太极补泻气力解

补泻气力于自己难，补泻气力于人亦难。

补自己者，知觉功亏则补，运动功过则泻，所以，求诸己不易也；补于人者，气过则补之，力过则泻之，此胜彼败，所由然也。

气过或泻，力过或补，其理虽亦然，其有详夫过补为之过上加过，过泻为之缓他不及，他必更过，仍加过也。

补气泻力于人之法，均为加过于人矣。补气名曰"结气法"；泻力，名曰"空力法"。

二十二、太极字字解

挫、揉、捶、打（于己于人），按、摩、推、拿（于己于人），开、合、升、降（于己于人），此十二字皆用手也。

屈、伸、动、静（于己于人），起、落、缓、急（于己于人），闪、还、撩、了（于己于人），此十二字于己气也，于人手也。

转、换、进、退（于己身也，于人步也），顾、盼、前、后（己目也，于人手也），即瞻前瞄后、左顾右盼也。此八字关乎神矣。

断、接、俯、仰，此四字关乎意、劲也。断接关乎神气也，俯仰关乎手足也。

劲断意不断，意断神可接；劲、意、神俱断，则俯仰矣。手足无着落耳。俯为一扣，仰为一反而已矣。不使扣反，非断而复接不可。

对待之字，以俯仰为重。时刻在心，身、手、足，不使断之无接，则不能俯仰也。

求其断接之能，非现隐显微不可。隐微，似断而未断；现显，似接而未接。接接断断，断断接接，其意、心、身体、神气，极于隐显，又何虑不粘黏连随哉。

二十三、太极指掌捶手解

自指下之腕上，里者为"掌"，五指之首为之"手"，五指皆为"指"。五指权里，其背为"捶"。

如用者按、推，掌也；拿、揉、抓、闭，俱用指也。挫、摩，手也；打，捶也。

夫捶有：搬拦捶，指裆捶，肘底捶，撇身捶。四捶之外，有栽捶。

掌有：搂膝，换转，单鞭，通背。四掌之外，有穿掌。

手有：云手，提手，合手，十字手。四手之外，有反手。

指有：屈指，伸指，捏指，闭指。四指之外，有量指，又名尺寸指，又名觅穴指。

然指有五指，有五指之用。首指为手，仍为指，故又名"手指"。其一，用之为旋指、旋手；其二，用之为根指、根手；其三，用之为弓指、弓手；其四，用之为中合手指。

四手指之外，为独指、独手也。食指为下指，为剑指，为佐指，为粘指。中正为心指，为合指，为钩指，为抹指。无名指为全指，为环指，为代指，为扣指。小指为帮指、补指、媚指、挂指。若此之名，知之易而用之难。得口诀秘法，亦不易为也。

其次，有如对掌、推山掌、射雁掌、晾翅掌；似闭指、拗步指、弯弓指、穿梭指；探马手、弯弓手、抱虎手、玉女手、跨虎手；通山捶、叶下捶、背反捶、势分捶、卷挫捶。

最后，步随身换，不出五行，则无失错矣。因其粘连黏随之理，舍己从人，身随步自换，只要无五行之舛错，身、形、脚、势，出于自然，又何虑些须之病也。

二十四、太极节拿抓闭尺寸分毫解

对待之功，既得尺寸分毫于手，则可量之矣。然不论节拿抓闭之手易，若节膜、拿脉、抓筋、闭穴，则难。非自尺寸分毫量之，不可得也。

节不量，由按而得膜；拿不量，有摩而得脉；抓不量，由推而得筋；拿闭，非量而不能得穴。由尺盈而缩之寸、分、毫也。

此四者，虽有高授，然非自己功夫久者，无能贯通焉。

二十五、太极十三字行功诀

　　　　　　掤手两臂要圆撑，动静虚实任意攻。
　　　　　　搭手捋开挤撑使，敌欲还着势难逞。
　　　　　　按手用着似倾倒，二把採住不放松。
　　　　　　来势凶猛挒手用，肘靠随时任意行。
　　　　　　进退反侧应机走，何怕敌人艺业精。
　　　　　　遇敌上前迫近打，顾住三前盼七星。
　　　　　　敌人逼近来打我，闪开正中定横中。
　　　　　　太极十三字中法，精意揣摩妙更生。

二十六、太极十三字用功诀

逢手遇掤莫入盘，粘沾不离得着难。
闭掤要上採挒法，二把得实急无援。
按定四正隅方变，触手即占先上先。
将挤二法趁机使，肘靠攻在脚跟前。
遇机得势进退走，三前七星顾盼间。
周身实力意中定，听探顺化神气关。
见实不上得攻手，何日功夫是体全。
操练不按体中用，修到终期艺难精。

二十七、太极八字法诀

三换二挤一挤按，搭手遇掤莫让先。
柔里有刚攻不破，刚中无柔不为坚。
避人攻守要採挒，力在惊弹走螺旋。
逞势进取贴身肘，肩胯膝打靠为先。

二十八、太极虚实诀

虚虚实实神会中，虚实实虚手行动。
练拳不谙虚实理，枉费功夫终无成。
虚守实发掌中窍，中实不发艺难精。
虚实自有虚实在，实实虚虚攻不空。

二十九、太极乱环诀

乱环术法最难通，上下随合妙无穷。
陷敌深入乱环内，四两千斤着法成。
手脚齐到横竖找，掌中乱环落不空。

欲知环中法何在，发落点对即成功。

三十、太极阴阳诀

　　　　太极阴阳少人修，吞吐开合问刚柔。
　　　　正隅收放任君走，动静变化何须愁。
　　　　生尅二法随着用，闪进全在动中求。
　　　　轻重虚实怎的是，重里显轻勿稍留。

三十一、太极三环九转诀

　　　　太极三环九转功，环环盘在手掌中。
　　　　变化转环无定式，点发点落挤虚空。
　　　　见实不在点上用，空费功夫何日成。
　　　　七星环在腰腹主，八十一转乱环宗。

三十二、太极十八在诀

　　　　掤在两臂，捋在掌中，挤在手背，按在腰攻，
　　　　採在十指，挒在两肱，肘在屈使，靠在肩胸，
　　　　进在云手，退在卷肱，顾在三前，盼在七星，
　　　　定在有隙，中在得横，滞在双重，通在单轻，
　　　　虚在当守，实在必冲。

三十三、太极五字经诀

　　　　披从侧方入，闪展无全空，担化对方力，搓磨试其功。
　　　　歉含力蓄使，黏粘不离宗，随进随退走，拘意莫放松。
　　　　拿闭敌血脉，扳挽顺势封，软非用拙力，掤臂要圆撑。
　　　　搂进圆活力，摧坚戳敌锋，掩护敌猛入，撮点致命攻。
　　　　坠走牵挽势，继续勿失空。挤他虚实现，摊开即成功。

三十四、太极轻重分胜负五字诀

　　双重行不通，单轻反成功。
　　单双发宜快，胜在掌握中。
　　在意不在力，走重不走空。
　　重轻终何在，蓄意似猫行。
　　隅方得相见，千斤四两成。
　　遇横单重字，斜角成方形。
　　踩定中诚位，前足夺后踵。
　　后足从前卯，放手便成功。
　　趁虚则锋入，成功本无情。
　　展转急要快，力定在腰中。
　　舍直取横进，得横变正冲。
　　生克随机走，变化何为穷。
　　贪歉皆非是，丢舍难成名。
　　武本无善作，含情谁知情。
　　情同形异理，方为武道宏。
　　术中阴阳道，妙蕴五音中。
　　君问意何在，道成自然明。

三十五、混元太极全体大用诀

　　太极拳法妙无穷，混元一气周身松。
　　开合升降融心意，顶天立地路路通。
　　两仪四象成八卦，无极化生圆与空。
　　来去自如雀尾生，掤捋挤按融十方。
　　拨云见日圈内走，提手上势封胸膛。
　　白鹤亮翅捌如钢，挑打软肋情不容。
　　猿猴献果拗步行，手挥琵琶化神掌。
　　千变万化搬拦捶，如封似闭护正中。

十字莲花遍地开，抱虎归山势勇猛。
肘底看捶攻防守，回头望月倒卷肱。
闪身撤步飞沙起，燕子斜飞把喉封。
探腰望海躬身就，乘风破浪前后攻。
掩手肱拳力千斤，左右拦截显威风。
青龙出水撇身捶，快如闪电势难挡。
金童观图顺逆缠，上下相随内外畅。
神马探路穿心掌，太公钓鱼快如风。
飞龙升天腾空起，落地生根示神奇。
流星赶月截胸腹，武松打虎逞英雄。
白蛇吐信如闪电，黑虎掏心取双瞳。
铁脚破身粉筋骨，英雄迎敌无人挡。
破敌端坐紫金莲，双峰贯耳法灵通。
野马分鬃步步进，採挒肘靠上下攻。
单鞭下势如雁落，金鸡独立似青松。
提膝上打致命处，下伤二足情不容。
玉女穿梭六合步，八面玲珑十方丛。
猛虎下山旋风起，指裆捶落破先锋。
上步七星架双拳，退步跨虎击西东。
转身摆莲三百六，横扫千军似旋风。
罗汉坐马定如钟，拉弓射虎敌难挡。
飞针走线须谨慎，弹簧内劲攻防用。
天地人合返无极，一炁混元不老翁。
内功修炼精气神，禅武一体现神功。

三十六、混元太极套路运用法诀

在混元太极功法中，以混元太极拳械和混元太极桩法两部分内容为主。以原地动作为主的基本都属于混元太极桩法（有站桩势、坐势等），是为行步混元太极拳械套路打基础的。如混元太极开合桩、内外相合混元桩、松腰开窍太极桩、易筋易骨形神桩、敛气入脏五元桩、天地人合洗髓桩等，混元太极易筋经、六字诀等，混元太极桩法基本功等。

混元太极拳械套路的习练（行拳走架）是桩法内功的运用。如十六式、二十八式、三十六式、四十六式、六十四式、九十九式、一百零八式混元太极拳等，三十六式、四十六式混元太极剑等，三十八式、四十六式混元太极刀等，三十八式、四十八式混元太极棍等，三十八式、四十八式混元太极枪等。

混元太极拳械和混元太极桩法有共同点，都属于动功。不同点在于混元太极桩是强化内气为主，混元太极拳械的练习，就是内气的应用。两者合起来才是真正的混元太极功夫。

三十七、太极运用周身经脉诀

早功：日将出即起，面对太阳光，吸气三口，即将口闭。提起丹田之气到上，即将口闭之，将气与津液咽下。然后将身往下一蹲，两手转托腰眼。左足慢慢伸直，三伸，收转左足。又，右足伸直，三伸，收转右足。将头面朝天一仰，又朝地一俯，伸起腰，慢立起。两手不用，就拿开。立起之时，将右手慢慢掌向上，三伸，往下一耸。又，左手慢伸起，将掌向上，三伸，亦往下一耸。然后一步一步作一周围，一步步完，将两足在圈内一跳，静坐一刻，取药服之。

午功：正午，先盘膝坐，两手按膝，腰直起，闭目运气，一口送下丹田。念曰："本无极之化身，包藏八卦有真因。清通一气精其神，日月运行不息。阴阳甲乙庚辛，生克妙用，大地回春。扫除六贼三尸，退避清真。开天河之一道，化玉之生新。圆明有象，净彻无垠。养灵光于在顶，出慧照于三清。不染邪祟之害，不受污秽之侵。水火既济，妙合地、天、人。学道守护五方主令元神四时八节宰治之神养我魄，护我魂，通我气血，生育流行。天罡地煞，布出元精。二十四气十二辰，妙应灵感，观世音、太上老元君、道祖侣真人、一一玉清真王长生大帝化作太极护法韦陀。日月普照来临。"（念七遍）开目，运动津液，徐徐咽下。将左手按腰，右足伸出。右手按腰，左足伸出。伸出后，将两足并合，往前一伸，头向身后一仰，立起。将两掌擦热，往面一擦，擦到两耳，左手按左耳，右手按右耳，两手中指上下交，各弹三下，往项下一抹到胸。左手擦心，右手在背腰中一打，然后两手放开，头身往下一勾，再以右手往前头一拍，抬起腰身。左手腹中一抹，然后前足换后足，往前跳三步、退三步。口中津液，作三口咽下，朝西吐出一气，复面东吸进一气。闭鼓气一口送下，此导阴补阳也。

晚功：面朝北，身立住。左右手，捧定腹。两足并，提起一气。运津液，待满口，一气咽下。两手左右伸如一字，掌心朝外竖起，将少蹲，作弯弓之状。左手放前，对定心。右手抬过头，掌朝上，四指捻定，空中指直竖。右掌朝下，捻大少指，中三平竖。两手相对，如龙头虎颈抱合之相。头于此时侧转，面向东，往前一起一蹲，走七步，立正，将两手平放，以右手抱左肩，左手抱右肩，蹲下，头勾伏胸前，两目靠闭膀中间，呼吸一回。将两目运动，津液生起，以舌尖抵上腭，上下齿各四五下，将津液徐徐咽下。两手一抄，踪起一步，右手向上一抬，放下。左手往上一抬，放下。轮流三次。左足搭右足，往下一蹲，立起。右足搭左足，往下一蹲，立起，将腰扭转一次。乃呵气一口。收转气，两手在膝盖上各捻两三下，左边走至右边，右边走至左边，共八十步，此要对东北走，东北对西南走。完，坐下，略闭神一会，将两手对伸一下，站起，再服晚药。以清水漱净口，仰众到寅，再住，翻动睡之。此通养神功，败魂聚魄也。

三十八、太极指明法

用力不对，不用力不对，绵而有刚对。
丢不对，顶不对，不丢不顶对。
沾不对，不沾不对，不即不离对。
浮不对，沉不对，轻灵松沉对。
胆大不对，胆小不对，胆要壮而心要细对。
打人不对，不打人不对，将敌制心服对。

三十九、太极审敌法

与人对敌，先观其体大小：如身体大，必有莽力，我以巧应之；如其身体瘦小，必巧，我以力攻之。此谓遇弱者力取，遇强者智取，无论其人大小，如彼高势，我可以低势；如彼低势，我可以高势，此谓高低阴阳之法也。

欲观敌人之动作，先观其眼目情形，次观其身手。敌想用拳打，先观其肩尖必凸起，或观其后撤。如敌欲用脚蹬，其身必先艮。理之所在以定情形。如能先知，何其不胜。如敌喜色交手，我以柔化之；如敌怒目突来，其心不善，我用力十分击之。此为出乎尔者，反乎尔者。望敌无怒，练太极拳的人，先礼后兵。

与人对敌，出手快慢不等。如敌手慢，我使粘黏连随手；如敌手快，乱打，我心要静，胆要壮，观其最后来近之手，我专注一方，或左右化之而还击。常言：不慌不忙，顺手牵羊，为太极"动急则急应，动缓则缓随"之理。

与人对敌，其法不一，如敌来近，上搭手，下进步，走即粘，粘即走。如敌窜跃为能，不敢来近，我以十三势择一势等之；不要遂其窜跃，如虎待鹿之理。敌为卦外之行走，我为太极之中点。我主静，稳也；敌主动，躁也，躁火上升而不能忍。十分钟定来攻击，此为相生相克，敌不难而入内圈矣。此太极生两仪，四象、八卦，定而不可移也。

太极用功法有三：分天盘、人盘、地盘。先练顺，次练劲，后练巧；先开展，后紧凑。如此练法，然后可用矣。

四十、太极行功说

太极行功，功在调和阴阳，交合神气，打坐即为第一步下手功夫。行功之先，犹应治脏，使内脏清虚，不着渣滓，则神敛气聚，其息自调。进而吐纳，使阴阳交感，浑然成为太极之象，然后再行运各处功夫。冥心兀坐，息思虑，绝情欲，保守真元，此心功也。盘膝曲股，足根紧抵命门，以固精气，此身功也。两手紧掩耳门，叠指背弹耳根骨，以祛风池邪气，此首功也。两手擦面待其热，更用唾沫偏摩之，以治外侵，此面功也。两手按耳轮，一上一下摩擦之，以清其火，此耳功也。紧合其睫，睛珠内转，左右互行，以明神室，此目功也。大张其口，以舌搅口，以手鸣天鼓，以治其热，此口功也。舌抵上腭，津液自生，鼓漱咽之，以润其内，此舌功也。叩齿三十六，闭紧齿关，可集元神，此齿功也。两手大指擦热揩鼻，左右三十六，以镇其中，此鼻功也。既得此行功奥窍，还须正心诚意，冥心绝欲，从头做去，始能逐步升登，证悟大道。长生不老之基，即胎于此。

若才得太极拳法，不知行功之奥妙，挈置不顾，此无异炼丹不採药，採药不练丹，莫道不能登长生大道，即外面功夫，亦决不能成就。必须功拳并练，盖功属柔而拳属刚，拳属动而功属静，刚柔互济，动静相因，始成为太极之象。相辅而行，方足致用。此练太极拳者所以必先知行功之妙用，行功者所以必先明太极之妙道也。

四十一、太极行功歌

两气未分时，浑然一无极。阴阳位即定，始有太极出。人身要虚灵，行功主呼吸。

呵、嘘、呼、哂、吹，加嘻数成六，六字意如何？治脏不二诀。治肝宜用嘘，嘘时睁其目。治肺宜用哂，哂时手双托。心呵顶上叉，肾吹抱膝骨。脾病一再呼，呼时把口嘬，仰卧时时嘻，三焦热退郁。

持此行内功，阴阳调胎息。大道在正心，诚意长自乐，即此是长生，胸有不死药。

四十二、积气开关说

其端作用，亦如前功，以两手插金锹，用一念归玉府，全神凝气，动俾静忘。先存其气，自左涌泉穴起于膝胫，徐徐上升三关，约至泥丸，轻轻降下元海。次从右涌泉穴，俾从右升降，作用与左皆同。左右各运四回，两穴双升一次，共成九转，方为一功。

但运谷道轻提，踵息缓运，每次须加九次，九九八十一次为终。其气自然周流，其关自然通彻。倘若未通，后加武诀，逐次搬行。先行狮子倒坐之功，于中睁睛三吸，始过下关，后乃飞金精于肘后，掇肩运筶，自升泥丸，大河车转。次撼昆仑，擦腹搓腰八十一，研手摩面二十四，拍顶转睛三八，止集神叩齿四六通。凡行此功，皆缩谷闭息。每行功讫，俱要嗽咽三分，方起摇身，左右各行九纽。此为动法。

可配静功，互为运行，周而复始，如此无间，由是成功。上士三昼夜而关通，中士二七以透彻，下士月余关亦通。功夫怠惰，百日方开，若骨痛少缓其功，倘睛热多加呵转。一心不惰，绪疾无侵。其时泥丸风生，而肾气上升。少刻鹊桥瑞香，而甘露下降。修丹之士，外此即诬。若非这样开道，岂能那般升降而炼已配合也哉？

四十三、太极丹功要术

天地人灵，道存唯此。欲修丹功，象天法地。参自然而合人身，夺造化在悟玄机。人内三宝，精气神也。修者，寅时合道，须择幽静之处。背北面南，气收地灵。直立两肩之中，安定子午之位。气沉腹脐，意导孕合。心静而息寂，呼吸悠长，若无脉流。而气摧神意俱，会似如失意。导气运腹轮，常转杂念止。则内外松，适心念静，而呼吸若一，意气互感，暖流回转。其态若轮，生生不息。此为一气浑圆，修之可享遐龄。

气流转而无微不到，阴阳和合而化育五脏。运行于筋骨经脉，营卫于肌肤毛孔。通连于天地祖气，气机循环还升降有序。身遂升降而起伏，手随机势而运形。形动而神静，意会而势灵。微风亦能顺化，叶落亦能知警。蹬此门堂，许为初成。

功既有成，须明用道。太极之妙，首在心神。唯心静，能详察进退之机。唯神领，可体悟起伏之道。进因降而起，退而合而伏。其法，曰：神，曰：气，曰：形。神者能轻灵，气者有刚柔，形者可纵横。以神击敌为先，身未动威先发於瞳，伤敌之神，令彼胆寒。以气击敌势未成，而无畏浩气出，破敌之气，令彼心怯。以形击敌俟敌动，身应形合之制敌之形，令彼跌仆。内静外动，外疾内缓。神静而意动，心静而气动，息静而身动。眼欲疾而神须缓。步欲疾而气须缓，手欲疾而心须缓。内态静缓，外形愈疾。息无此乱，无虞自疲。

运功发劲，外柔内刚。卷之则柔，发之成刚。柔为长劲，刚为瞬间。化敌之力，缠绵如丝。圆而劲柔，击敌空门。势若奔雷。循方直达。柔则松弛，内气如缕不断。刚则开张，瞬间一泻千里。意深如此，惟气行之。动如簧弹箭发，静如山岳雄峙。功不间断，持久通灵。气机活泼，由心外场。感应神通，人来临身，已知来犯之处。意令气发，去则攻其无救，人未明立仆警心寒。

后　记

　　人们对事物的正确认知，往往需要经过由实践到认识，再由认识到实践，多次反复才能够完成，需要不断地总结经验，才能有所发现，有所发明，有所创造，有所前进。中国传统文化正是在这样不断地实践、总结、认识交替反复的过程中应运而生，经过了五千多年的磨砺和积淀，在对宇宙和生命运动的认知上有着不同于西方科学的独特见解。她来之不易，是华夏民族的瑰宝，应该得到妥善继承并发扬光大。尤其在当下，我们更要高度重视对传统文化遗产的挖掘和整理。

　　混元太极正是在继承"传统太极""道家混元派内丹术""少林易筋、洗髓内功"的基础上，经深入挖掘，反复实践，锐意创新的一门新学科。它把传统文化和现代文化有机地结合在一起，在此基础上研究人体生命科学奥秘，指导人们通过科学的锻炼获得身心健康。

　　混元太极功法包括桩法、拳法和器械。桩法是在师传功夫的基础上编创的，有六部主要桩法（混元太极开合桩、内外相合混元桩、松腰开窍太极桩、易筋易骨形神桩、敛炁入脏五元桩、天地人合洗髓桩），以习练内功为主，从抻筋拔骨、松筋松骨开始到炼炁入骨、元炁洗髓。它借鉴了内家拳上乘功夫习练心法，即"明劲"习练易骨法（炼精化炁）、"暗劲"习练易筋法（炼炁还神）、"听劲"炼炁入骨法（炼神还虚）、"化劲"元炁洗髓法（炼虚合道）等，使习练者层层深入、步步提高，桩法是给修炼混元太极拳械打基础的。

　　"混元太极"自创编以来，先后在浙江、河南、北京、上海、天津、重庆、湖南、湖北、江西、河北、江苏、湖北、黑龙江、吉林、辽宁、广西、广东、山东、江苏、山西、陕西、福建、云南、海南、四川、贵州、甘肃、青海、安徽、新疆、内蒙古等省、市、自治区，以及在俄罗斯、新西兰、德国、加拿大、澳大利亚、意大利、比利时等国家和中国香港、台湾等地区，进行了小范围教学，深受武术爱好者的喜爱。特别是《混元太极拳入门》《混元太极拳健身养生学》以及《混元太极拳拳学》书籍出版发行后，越来越多的武术爱好者认识到混元太极及其系统理论是当代健身养生的好方法，应该进一步推广，让更多人受益。在混元太极发展的进程中，还需要广大爱好者的大力支持，向我们多提宝贵的建议，在此向广大爱好者表示衷心的感谢。欢迎广大朋友登陆我们的网站 http：//www.hytj.org，或手机发送"混元太极健身"到12114，或访问我们的博客 http：//blog.sina.com.cn/u/1813048802，与我们共同学习、探讨，共同研练、进步，共同分享和谐、长寿之道。

"上健身养生车，修混元太极课，探生命科学路，享百岁健康福"。在争取人类生命自由解放的道路上，我们今时的努力就是未来的希望。今后还将陆续编写出版"延龙入道内经系列"书籍：《九十九式混元太极拳》《混元太极拳道学》《混元太极人体生理探秘》《混元太极内功循经心法》《混元太极拳自然疗法》等。唯愿为人民造福，为健身、养生事业做出新的贡献。

释延龙
2015年冬于首都北京

图书在版编目(CIP)数据

混元太极拳功法学 / 释延龙著 . -北京：人民体育出版社，2017

(延龙入道内经系列丛书)

ISBN 978-7-5009-5023-3

Ⅰ.①混⋯ Ⅱ.①释⋯ Ⅲ.①太极拳–基本知识 Ⅳ.①G852.11

中国版本图书馆 CIP 数据核字（2016）第 193726 号

*

人民体育出版社出版发行
三河兴达印务有限公司印刷
新 华 书 店 经 销

*

787×960　16 开本　24 印张　375 千字
2017 年 11 月第 1 版　2017 年 11 月第 1 次印刷
印数：1—5,000 册

*

ISBN 978-7-5009-5023-3
定价：65.00 元

社址：北京市东城区体育馆路 8 号（天坛公园东门）
电话：67151482（发行部）　　邮编：100061
传真：67151483　　　　　　　邮购：67118491
网址：www.sportspublish.cn
（购买本社图书，如遇有缺损页可与邮购部联系）